영남대학교
인문학
육성총서
• • • 27

지은이 이현환李玄煥

이현환李玄煥은 본관이 여주驪州로, 남인 명족에 해당하는 소릉공少陵公 이상의李尙毅의 후손이다. 자字는 성수星叟이고 호號는 학서鶴西와 섬와蟾窩가 있으며, 초명은 수환壽煥이다. 그는 1744년(영조 18) 사마시에 합격했으나 이후 과거를 포기하고, 경기도 안산에서 성호星湖 이익李瀷의 가르침을 실천하고 성호학파 지식인들과 종유하며 생을 마감했다.
저서로 『섬와잡저蟾窩雜著』가 남아 전한다.

옮긴이 정은진丁殷鎭

1971년 충북 영동 출신으로 영남대학교 사범대학 한문교육과를 졸업하고, 성균관대학교 한문학과에서 석·박사 학위를 받았다. 한림대학교 부설 태동고전연구소를 수료했고, 현재 영남대학교 한문교육과 교수와 한자문화연구소장을 맡고 있다.
번역서로는 『스스로 역사가 될 수 없었던 사람들, 진휘속고』(공역)·『백운 심대윤의 백운집』(공역)·『표암유고』(공역)와 저서로는 『한국고전문학작품론』(공저)·『일기에서 역사를 엿보다』(공저) 등이 있다.

어느 세상인들 봉황 같은 사람 없으랴 - 이현환의 산문집 섬와잡저

초판 발행 2020년 11월 10일
지은이 이현환
옮긴이 정은진
디자인 정재완
펴낸곳 영남대학교출판부
펴낸이 서길수
출판등록 1975년 9월 5일 경산 제16-1호
주소 경북 경산시 대동 214-1
전화 053) 810-1801~3
FAX 053) 810-4722
홈페이지 book.yu.ac.kr

ISBN 978-89-7581-826-4 93810

어느 세상인들
봉황 같은 사람 없으랴

-이현환의 산문집 섬와잡저蟾窩雜著

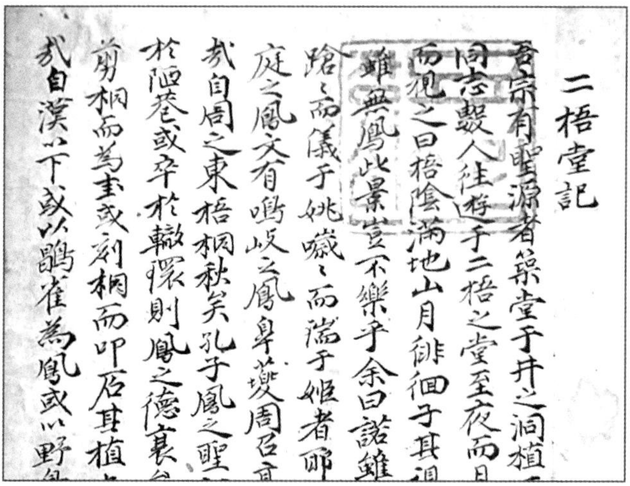

二梧堂記

吾宗有聖源者築堂于井之洞植

同志數人往遊于二梧之堂至夜而

而視之曰梧陰滿地山月徘徊于其

雖無鳳比景豈不樂乎余曰諾雖

蹌蹌而儀于姚墟墟而瑞于姬者邪

庭之鳳文有鳴岐之鳳阜茰周召

哉自周之東梧桐秋矣孔子鳳之聖

於陋巷或卒於轍環則鳳之德衰

剪桐而為圭或刻桐而叩石其植

哉自漢以下或以鶡雀為鳳或以野

정은진 옮김

영남대학교출판부

머리말

예전 은사님께서 공부에도 인연이 있다고 말한 것이 떠오른다. 그러한 것 같다. 한문을 공부하게 된 것도 특정 인물을 연구하게 된 것도 지나고 보면 인연이 작용했음을 실감한다. 특히 이번에 출간하는 섬와蟾窩 이현환李玄煥의 『섬와잡저蟾窩雜著』는 더욱 더 그러한 것 같다.

『섬와잡저』는 필자가 표암豹菴 강세황姜世晃의 박사학위를 준비하던 과정에 국립중앙도서관 위창문고 귀중본 서고에서 만난 책이다. 이현환은 강세황이 경기도 안산에서 만난 벗이었다. 18세기 예원의 총수답게 강세황의 관심이 예술 방면에 경도되어 있었다면, 이현환은 경세나 문예 등 제 방면에 관심을 지니고 있었다. 이런 이면에는 바로 그의 스승이었던 성호星湖 이익李瀷과 그 주변에 있었던 성호학파 인물人物들의 관심과 무관하지 않을 것이다.

『섬와잡저』에는 강세황에 대한 신선한 기록 외에도 18세기 예술가 및 경기도 안산의 성호학파의 분위기가 녹아 있다. 현재 성균관대 한문학과에 재직하고 있는 안대회 교수께서 『섬와잡저』를 『문헌과 해석』에 소개할 것을 권유하였다.

이를 계기로 필자는 『섬와잡저』에 있는 호생관毫生館 최북崔北 관련 내용 2편을 소개하게 되었다. 이현환은 조선통신사를 수행해서 일본에 가는 최북에게 송서送序를 써주었고, 또 최북이 일본에서 돌아오자 「최북화설崔北畵說」을 써 주었다. 이현환은 이 글에서 최북의 예술적 역량을 한층 드러내는 한편 최북에게 일본 형세를 담아 그림을 그려오고, 일본인들을 그림으로 유인하여 그들의 침략 의욕을 마비시키라는 언사를 강하게 표출하기도 하였다. 기인적 행동을 보였던 화가 최북의 기록이 드물었던 점과 최북에게 요청한 내용들이 신선하고 흥미로워 당시 학계의 주목을 끌었다. 『섬와잡저』는 이후 성균관대학교 대동문화연구원에서 『근기실학연원제현집』을 발간할 때 함께 영인되기도 하였다.

『섬와잡저』를 발굴하고 소개한 인연으로 필자는 이현환에 대한 논문을 한두 편 더 쓰기도 하였지만, 영남대학교에 부임한 이후 여러 가지 일로 『섬와잡저』 내용을 차분히 다시 볼 여유가 없었다. 그렇게 『섬와잡저』와의 인연도 멀어져갔다.

영남대학교에서는 번역서 발간을 지원하는 인문학육성 사업을 진행해오고 있다. 필자는 당초 다른 주제를 가지고 인문학육성 번역 사업을 진행하였는데, 필자가 준비하던 같은 내용의 책이 지인에 의해 출판되었다. 책이 범람하는 세상에 같은 내용을 또 내는 것은 어떤 의미일까? 여러 생각이 스쳤다. 고민한 끝에 이 책을 내가 굳이 다시 발간할 이유를 찾지 못하였다. 인문학육성 사업 관계자에게 이 사실을 말씀 드리고 시간이 걸리더라도 번역이 필요한 다른 저서로 대체할 기회를 달라고 부탁드렸다. 그 순간 머리에 스친 것이 『섬와잡저』였다. 그렇게 『섬와잡저』와의 인연이 다시 시작되었다.

이현환은 『근기실학연원제현집』에 있는 이용휴李用休나 이병휴李秉休 등 다른 인물에 비해 조명을 많이 받은 인물이 아니다. 필자가 바라본 이현환은 경기도 안산에서 이익의 가르침을 묵묵히 실천하고자 했으며, 그러면서도 문학과 예술에 대한 관심도 매우 깊었다. 뒤의 해제에서 관련 내용에 관해서 자세히 언급했으므로 머리말에서는 중언부언하지 않고자 한다.

책 제목에 대해 잠시 언급하고자 한다. 번역을 시작하며 『섬와잡저』 전체를 관통하는 문장은 무엇일까? 하고 줄곧 고민하였다. 「삼두회서三豆會序」에 등장하는 "고기든 나물이든 목으로 넘기면 똑같다."라는 구절은 성호학파의 삶을 보여주는 것 같아 인상 깊었고, 「명치암기明致菴記」에 등장하는 "나의 편안함과 고요함을 지킬 뿐이다."라는 구절도 이현환 말년의 의식을 보여주는 듯하여 필자의 가슴에 와 닿았다.

그럼에도 불구하고 "어느 세상인들 봉황 같은 사람 없으랴"라고 책 제목을 삼은 이유는, 이 구절이야말로 이현환과 그와 교유했던 성호학파 인물 및 그 외 『섬와잡저』에 등장하는 인물들의 가치를 잘 표현했고 현대에도 유효한 말이라 판단했기 때문이다. 이 구절은 『섬와잡저』 첫 작품인 「이오당기二梧堂記」에 등장하는 내용이다. 이현환은 이 글에서 공자나 맹자 등을 봉황 같은 인물에 비유하며 '우리나라에 어찌 봉황 같은 사람이 없겠는가? 도덕을 갖춘 봉황이 있고 충의를 갖춘 봉황이 있고 문장을 갖춘 봉황이 있다. 그러나 참다운 도道를 통해 오게 하지 않는다.'라고 당대 상황을 개탄스러워하였다. 때문에 이현환은 스승 이익을 비롯하여 이관휴, 강세황, 최북 등 그와 동시대를 살았던 18세기 근기지역 봉황 같은 인물들의 삶과 사상, 문학, 예술을 이 『섬와잡저』에서 표현하고자 하였다.

2020년은 코로나19로 인해 유난히 힘들었던 시간들이었다. 특히 초기 대구에서의 시간은 더욱 더 그러했다. 이 시간 번역을 하며 이현환의 사유에 공감하고 전염병으로 지인들을 잃은 그의 애통함에 젖어보기도 하였다. 또한 『섬와잡저』에 등장하는 18세기 인물들을 만나 대화하기도 하였다. 그렇게 2020년 코로나의 시간들을 견디고 내면의 목소리에 귀 기울였다. 그 과정에 이현환의 고민과 삶이 현재의 시간과 연결되어 있으며, 좀 더 나은 세상을 지향하는 꿈 역시 동질성이 많았음을 느꼈다.

번역이 당초 계획보다 지체되었다. 『섬와잡저』는 필사본 중간 초서도 많이 들어 있고 글을 고친 흔적들도 있으며 글 역시 난해한 부분이 많았다. 원문을 일일이 입력하는 일 역시 매우 번거로운 일이었다. 그러나 번역은 잘해야 본전이라고 한다. 출판하고 나면 오역도 많이 보일 것이고 더 좋은 표현들도 떠오를 것이다. 하지만 이 번역 작업을 통해서 잊혀진 인물들이 다시 세상에 나오고, 그 안의 내용들이 세상의 신선한 공기가 되어 줄 수 있다면 그것으로 위안을 삼을 수 있을 것이라 생각한다. 아울러 이현환은 자신을 이해해줄 사람을 기다리고 기다렸다. 그러한 기다림에 이 번역서가 이현환에게 지음知音을 안내하는 길라잡이가 되어 주기를 바래본다.

번역서가 나오기까지 여러 사람의 도움이 많았다. 학문적 동반자로 늘 든든한 울타리가 되어준 김혈조 교수님을 위시한 영남대 한문교육과 동료 교수님들, 난해한 번역과 초서를 함께 고민해준 한문서찰연구회 선생님들, 바쁜 일정에 교정을 도와준 친구 여주영 선생, 이 책이 나올 수 있도록 기다려준 인문학육성 사업 관계자 및 출판부 이종백 실장님께 감사를 드린다. 이 외에도 『섬와잡저』와 인연을 맺어준 모든 분들께 고맙다는 말로 머리말을 마감하고자 한다.

2020년 10월 정은진 쓰다.

차 례

번역 및 원문

일러두기

1. 이 책은 이현환李玄煥의 『섬와잡저蟾窩雜著』을 번역하고 역주를 붙인 것이다. 원본 자료는 국립중앙도서관 「위창문고葦滄文庫」에 전하는데, 저자의 친필 고본이다. 2002년 성균관대학교 대동문화연구원에서 영인출판한 『근기실학연원제현집近畿實學淵源諸賢集』에도 『섬와잡저』가 수록되어 있다.
2. 번역은 원의를 충실히 전달하기 위하여 축자역逐字譯을 위주로 하였고, 필요에 따라 의역을 하기도 하였다. 독자의 편의를 위해 제목은 풀이하였고 원본 수록 순서대로 번호를 부여하였다.
3. 번역문 뒤에 원문을 첨부하였으며, 원문 자체의 명백한 오자誤字나 누락 글자는 바로잡고 각주를 달아 이를 밝혔다. 원문에 저자가 직접 수정한 부분은 저자의 뜻에 따라 원문 정리시 반영하였고, 독자들의 이해를 위해 구두句讀를 표시하였다. 하지만 원문이 흐릿하여 판독이 불가능한 경우는 ■로 표시하였고, 저자의 선대 이름 등 일부러 기록하지 않은 경우는 ○로 표시하였다.
4. 주석은 중요 인물, 단어 및 고사 등을 상세하게 풀이하였다.
5. 맞춤법과 띄어쓰기는 한글 맞춤법과 표준어 규정을 따르는 것을 원칙으로 하였다.
6. 이 책에 사용된 부호는 다음과 같다.

   『 』: 책명

   「 」: 편명

   [ ] : 각주에 사용된 출전 원문 전체 표시

   ‘ ’: 강조, 인용

   “ ”: 대화

섬와잡저蟾窩雜著 해제

정은진

18세기 성호학파의 사상·문학·예술을 엿보다.

1. 위창 오세창의 컬렉션 『섬와잡저』

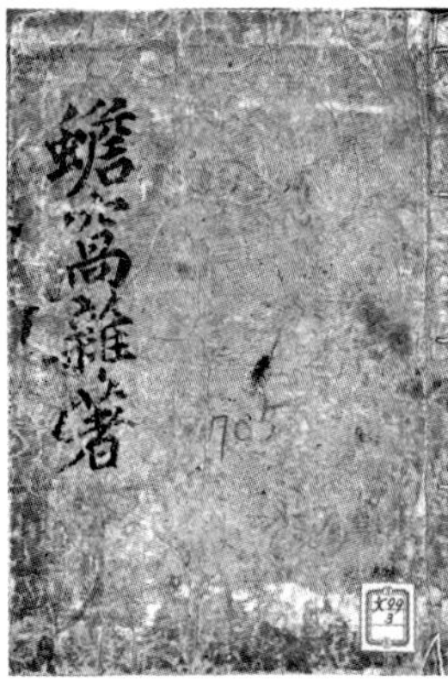

<그림 1,『섬와잡저』 표지, 국립중앙도서관 소장>

『섬와잡저蟾窩雜著』는 18세기 성호학파星湖學派의 인물인 섬와蟾窩 이현환李玄煥(1713~1772)의 저작이다. 이현환의 자字는 성수星叟이고 호號는 학서鶴西와 섬와蟾窩가 있으며, 초명은 수환壽煥이었는데 뒤에 현환玄煥으로 고쳤다. 그는 1757년(영조 33, 45세)에 쓴 제문이나 시회 등에서 수환壽煥이란 이름을 사용하였지만, 1758(영조 34, 46세)년부터 현환玄煥을 사용하여 1758년부터 이현환으로 이름을 고쳤음을 알 수 있다. 호 역시 학서鶴西를 널리 사용하다가 그가 경기도 안산 섬산蟾山 근처로 옮기면서 섬와蟾窩라는 호를 사용하였던 듯하다.

『섬와잡저』는 1책으로 저자의 친필 필사본이며, 현재 국립중앙도서관 위창문고葦滄文庫 귀중본으로 보관되어 있다. 위창문고는 오세창吳世昌(1864~1953)의 소장본을 기증받아 설치된 것으로 국립중앙도서관 제1호 개인문고이다.[1]

---

1 『선본해제』 Ⅷ, 국립중앙도서관 고전운영실, 2006. 「선본해제』 Ⅷ은 위창문고 소재 도서 일부를 해제하고, 권말에 위창문고 전체 목록을 수록하였다. 『섬와잡저』는 별도

오세창은 조선 말기 역관이었던 오경석吳慶錫(1831~1879)의 아들로 그 역시 역관이었다. 오경석은 역관인 동시에 서화 수장가로도 유명했다. 때문에 오세창 역시 부친을 전통을 이어 수많은 서화 자료를 수장했고, 이러한 열정은 『근역서화징槿域書畫徵』·『근역인수槿域印藪』·『근묵槿墨』 등의 출간으로 이어졌다.

그렇다면 오세창은 『섬와잡저』의 어떤 점을 주목하여 이 책을 수장하게 된 것일까? 오세창 개인의 직접적 언표는 없지만 이 책에는 오세창의 관심과 관련된 서화관련 정보가 눈에 띈다. 18세기 시詩·서書·화畵 삼절로 알려진 표암豹菴 강세황姜世晃(1713~1791)과 연객煙客 허필許佖(1709~1761), 자의식이 남달랐던 여항 서화가 호생관毫生官 최북崔北과 화곡花谷 한욱韓旭, 성호학파의 대표적 서화 수장가이자 허목의 전서篆書를 계승했던 근재謹齋 이관휴李觀休 등 서화와 관련한 흥미로운 내용이 들어 있다. 이런 점들이 오세창의 관심을 끌지 않았나 생각된다.

내용을 살펴본 결과 학계에 알려지지 않은 흥미로운 자료가 많았다. 첫 대면 당시 최북 관련 자료가 신선하여 필자는 최북관련 기사를 소개하게 되었고 이를 계기로 이현환 및 『섬와잡저』가 부각되게 되었으며, 이후 점차 개별적인 연구와 『섬와잡저』를 인용한 연구가 진행되었다.[2]

의 해제없이 목록만 권말에 수록되어 있다.

2 정은진, 『섬와잡저』와 최북의 새로운 모습」, 『문헌과 해석』 16호, 문헌과해석사 2001. ; 정은진, 「섬와잡저 해제」, 『近畿實學淵源諸賢集』 6冊, 성균관대 대동문화연구원, 2002. ; 박용만, 「이현환의 瀛州唱和錄序 개작의 양상」, 『한국한문학연구』 40집, 한국한문학회, 2007. ; 안대회, 『조선의 프로페셔널』, 휴머니스트, 2007. 필자는 『근기실학연원제현집』(2002) 발간 당시 『섬와잡저』 해제를 간략히 작성한 바 있다. 『섬와잡저』 전체를 번역하다 보니 이현환에 관한 생애적 사실이나 기타 내용의 수정과 보완이 필요하여 새롭게 해제를 작성하게 되었다.

『섬와잡저』는 잡저雜著라는 제목이 말해주듯 일정한 문집의 체제를 갖추지 못했고 문집을 위한 정고본도 아니었던 것 같다. 이현환의 문집으로 원래 『학서집鶴西集』이 있었던 듯한데[3] 현재는 찾을 수 없고 『섬와잡저』만이 전하고 있다.

이 책에는 「이오당기二梧堂記」로부터 시작하여 71편의 산문이 실려 있는데 문체별로 정리된 것은 아니지만, 년기가 정확한 작품을 중심으로 살펴본 결과 경신년庚申年(1740)에 쓴 「서호창수록서西湖唱酬錄序」를 비롯하여 세상을 뜨던 해인 임진년壬辰年(1772)에 쓴 「일장북관시축발日章北關詩軸跋」에 이르기까지 비교적 연대순으로 배열되어 있다. 작품별로 구분했을 때는 서문序文이 28편으로 가장 많으며, 기문記文 12편, 발문跋文 11편, 논설문論說文 8편, 제문祭文 4편, 서書 2편, 변辨 2편, 기타 묘지문墓誌文·상량문上樑文·전傳 등이 각각 한 편씩 수록되어 있다. 『섬와잡저』 중간에 '시를 써서 준다'라는 표현이 많이 보이지만,[4] 유감스럽게도 그의 시고가 따로 전하지 않는다. 다만 이현환이 주변 인사들과 나눈 시회활동을 기록한 자료에서 그의 시의 편린을 확인할 수 있다.

강세황과의 인연으로 이현환을 만났지만 이현환은 강세황과 또 다른 결을 지닌 인물이었다. 강세황은 당대 시서화의 대표 인물이고, 장수를 한 덕에 정조 때에는 관직에 나가서 문화적 역량을 발휘하기도

---

3 『驪州李氏世譜』 권2(여주이씨상서공파종친회, 回想社, 1992)의 이현환 조條에 "肅宗三十九年 癸巳生 英祖甲子年 進士 忌壬辰六月三日 有遺稿"라고 기록되어 있고, 『여주이씨역대인물지』(여주이씨역대인물지 간행위원회, 1997) 이현환 관련 항목에는 "저술에 필사본으로 된 『鶴西集』이 남아 있다"라고 하였다.

4 이현환, 『蟾窩雜著』, 「送韓君暉之甲山序」, 국립중앙도서관 소장본. 於其別 爲賦詩一章而贈焉 ; 「延諡記」. 戊子之四月晦日也 又作志喜詩數篇 使宗人齊和云爾 ; 「慕榜窩小序」. 又請詩 遂題雜詠五絶二十首 兼小序而揭于壁莊 ; 「送晦根之忠原序」. 余以數首詩 送其行 又序其事如右云爾

했다. 이에 반해 이현환은 포의의 신분으로 경기도 안산에서 삶을 마감하여 크게 그 존재가 드러나지 못했다. 그래서인지 『섬와잡저』에는 자신을 알아주는 양웅揚雄(BC53~BC18)이 없음을 한탄하기도 했다. 하지만 『섬와잡저』에는 성호 이익李瀷(1681~1763)의 영향아래 18세기 안산에서 활동했던 성호학파 지식인들의 사유와 의식들이 비중 있게 언급되어 있었다. 그러면서도 또 문학을 즐기고 예술의 가치를 옹호하고자 하는 문화인으로서의 면모도 표출되어 있었다. 이에 필자는 『섬와잡저』를 번역하여 학계에 제공하고자 하는 계획을 세웠고, 영남대학교 인문학육성총서로 세상과 조우하게 되었다.

2. 이현환의 생애와 삶

이현환의 행장이나 비지碑誌의 기록은 『섬와잡저』 뿐 아니라 다른 문집에서도 찾아볼 수 없어 정확한 생애는 파악하기 어렵다. 하지만 『섬와잡저』의 글을 읽다보면 그의 삶의 이력이 녹아 있고, 이익李瀷(1681~1763)이나 이병휴李秉休(1710~1776), 이가환李家煥(1742~1801) 등 여주이씨 인물이나 강세황, 목만중睦萬中(1727~1810) 등 기타 교유인물들의 문집에도 그 흔적들이 남아 있다. 따라서 본 해제에서는 이런 일련의 자료들을 통해 그의 생애를 복원해보기로 하겠다.

1)서울에서의 수학 시기

이현환은 본관이 여주驪州로, 남인 명족에 해당하는 소릉공少陵公 이상의李尙毅(1560~1624)의 후손이다. 이현환은 부친 이학휴李學休(1687~1765)와 어머니 남양南陽 홍씨洪氏(1685~1751) 사이에서 장남으로 태어났다. 조부는 이직李溭(1644~1728)으로 원래 호산청은공湖山淸隱公 이상신李尙信(1564~1610)의 후손이었으나, 이상의李尙毅의 후손 이세진李世鎭에게 출계出系하여 소릉공파와 인연을 맺었다. 조부에게는 이국휴李國休(1675~1728)·이억휴李億休(1681~?)·이적휴李積休(1681~1757)·이학휴李學休(1687~1765) 네 아들이 있었는데, 이현환의 부친 이학휴는 이 가운데 막내였다.

이현환은 서울 뱃골이라 불리던 이곡梨谷에서 생활하며 조부 이직李溭(1644~1728) 문하에서 공부하였다. 『섬와잡저』를 보면 조부는 이형환李亨煥(1708~1755), 이춘환李春煥(1710~1765), 이영환李英煥(1716~1777), 이재덕李載德(1711~1768) 등 손자들이나 족질들의 교육을 담당하였고, 조부가 세상을 뜬 뒤에는 부친 이학휴가 그 역할을 담당하였다.

> 저와 공은 함께 서울에 있었는데, 매번 함께 거처하며 할아버지에게 공부하였고, 할아버지께서 세상을 뜸에 아버지께서 거두어서 가르치고 경전과 역사책을 주셨습니다.…… 성장함에 우리 이곡梨谷 집에 와서 머물며 과거 공부를 하였는데, 아버지께서 그것을 가져다가 평가함에 번번이 높은 점수를 받았습니다.[5]

이현환은 이재덕의 제문에서 이곡梨谷 집에서 함께 교육받은 사실과 조부가 세상을 뜨고 난 이후는 부친 이학휴가 그 역할을 담당했음을 밝혔다.

이현환은 학문을 연마하는 가운데 1728년(영조 4) 16세에는 김시빈

---

5 『섬와잡저』, 「祭楸翁汝厚文」. 吾與翁 同在京也 每同居 而同受學於吾王父 王父下世之後 先君子 收以敎之 授之經史…… 及長 來留吾梨舍 課習程文 先君子 取而考之 輒多居首

金始鑌(1684~1729)의 딸인 함창咸昌 김씨金氏를 부인으로 맞이했다. 성대중成大中(1732~1812)은 『청성잡기』에서 신유한申維翰(1682~1751)의 문학적 재능을 고평하며 이현환의 장인 김시빈 역시 영남에서 문장으로 명성이 있었음을 시사한 바 있다.[6] 실제 장인 김시빈은 숙종 때 문과에 급제하여 이인좌의 난에 공적을 세우고 학성부사鶴城府使에 임명되기도 하였다. 이인좌의 난에 연루된 여타 일부 남인이나 소론 인물들이 역적으로 내몰린 것과는 달리 가문의 부침이 적었지만, 장인은 이듬해 임지에서 세상을 뜨고 말았다. 혼인한 지 이듬해인 1729년(영조 5) 일이었다.

때문에 이현환은 주로 부친이나 집안 인사들에게 학문적 가르침을 받을 수밖에 없었는데, 1730년(영조 6) 18세 때에는 서울에 역병이 돌아 성호 이익의 집에 와서 수학하게 된다. 주지하듯 18세기 경기도 안산에는 이익을 중심으로 하는 여주이씨 가문의 지식인과 재야인사들이 경학, 문학, 박학, 예술 분야에서 다양한 활약을 하고 있었다. 때문에 이현환 역시 이곳 안산을 매개로 지적 관심과 사유를 넓힐 수 있는 계기를 맞이했다. 당시 이익은 이현환과 동갑내기였던 아들 이맹휴李孟休(1713~1751)와 함께 이현환을 기거하게 하며 가르침을 주었다고 한다.

6 성대중, 『青城雜記』 권5, 「醒言」, 한국고전번역원, 2006. 嶺南亦多能詩者 如金始鑌權萬者 皆以文章 自許 而並推重維翰 莫與之競 金之贈維翰宰平海詩曰 君姿如鶴恨無翎 其奈蓬瀛隔杳冥 細算黃庭堪讀處 世間惟有月松亭

> 아! 저와 정랑공正郎公 이맹휴李孟休는 함께 동갑내기로, 어려서부터 선생의 가르침을 받으며 지냈습니다. 경술년庚戌年[1730]에 역병이 돌아서 아버지께서 저를 안산 섬산剡山으로 보내서, 정랑공과 함께 기거하며 공부하게 하였습니다. 성호 선생께서는 처음에 고문古文 수십 편을 가르쳤는데, 외람되게 저는 선생께서 격려하고 칭찬해주는 은혜를 받았고, 더러는 내실內室에 두면서 저를 마치 집안 자제처럼 여겨 주셨습니다.[7]

이현환은 성호 선생의 아들 이맹휴와 고문 수십 편을 배우면서 선생에게 칭찬을 받았던 사실과 성호가 이현환을 집안의 자제처럼 돌보아 주었다는 일화를 기록하였다. 이현환은 『북성록』 발문에서도 "나와 속계蔌溪 이맹휴는 동갑이어서 한묵 사이에서 노닌 것이 많았다."[8]라고 하며 이맹휴와의 특별한 인연을 소개한 바, 성호에게 가르침을 받으며 성호의 아들 이맹휴와 친분을 쌓은 것으로 보인다. 그러나 정작 이현환은 경서공부를 충실히 하라는 스승의 충고를 뒤로하고 과거 공부를 위해 공령문에 전력하여 선생의 뜻에 부합하지 못했다고 뒷날 후회하였다. 아울러 그의 두 아들 역시 자기와 크게 다르지 않았다고 술회했던 바,[9] 이현환과 그 아들까지 이익에게 가르침을 받았지만 과거공부

---

7 『섬와잡저』, 「祭星湖公文」. 嗚乎 小子與賢胤正郎公 生同甲子 自少周旋於下風 粤在庚戌京有天行之疾 家大人 送小子于剡之中 與正郎公 同居而同學 先生始教以古文數十編 猥蒙先生獎詡之恩 或置之內室 視小子如家中子弟

8 『섬와잡저』, 「跋北城錄」. 余與蔌溪醇叔 生甲子 凡周旋於翰墨間者 多矣

9 『섬와잡저』, 「祭星湖公文」. 嘗書四韻一篇而與之 其結曰 看君志業非容易 勉向遺經着力深 嗚乎 先生之期小子 已不草草 而小子仍從事於博士家業 耗精於功令之文 而積困科場 居然髮種種 卒不能副先生訓戒之意 而爲平生懊恨矣 子生而年可就傅 以厲人恐類己之心 遣載中從先生學焉 業未成而不幸短命 先生嘗作詩以悼之 至今誦之 適增鍾情之慟涕也 其弟載璜又自請從學 遊於門下 至五六年 而先生已篤老 璜也 又分心於擧子業 亦無所成. 이현환은 함창 김씨 사이에서 재중載中(1736~1752)과 재황載璜(1754~1823) 두 아들과 4녀를

에 가로막혀 학업을 지속적으로 이어가지 못했음을 알 수 있다.

조선후기 근기 남인과 영남 남인들은 퇴계退溪 이황李滉(1501~1570)을 주로 하는 학파의 친연성으로 인해 상호 교류가 활발하였다. 경기도 안산의 여주이씨 가문과 권상일權相一(1673~1759), 이재李栽(1657~1730) 등 영남 남인과의 상호 왕래가 깊었듯이, 이 시기 근기 남인인사들의 영남 방문은 자주 엿볼 수 있다.

이현환의 경우는 특히 장인과 부인 함창 김씨의 고향이 영남이었기에 영남 방문이 젊은 시절 이루어졌다. 그는 "내 나이 스무 살 때 영남에 일이 있어서 풍기와 영주를 거쳐 부석사와 취원루를 올라 보고서 돌아왔다."[10]라고 말하기도 했고 "옛날에 내가 영남에 일이 있어 도산서원을 알현할 때, 숙연하게 옷깃을 가지런히 하고 단정히 절을 올리고 물러났다. 또 여러 이름난 덕 있는 선비들이 살던 곳을 만나면 한참동안 배회하며 발길을 돌릴 줄 몰랐는데, 이로 인해 당시 영남 지방을 두루 돌아보지 못한 것이 오히려 한스러웠다."[11]라고 하며 영남을 방문해서 『남정록』이란 시집을 남긴 사실을 밝히기도 했다. 그가 영남을 방문하고 남긴 시집 『남정록』에 관해서는 이현환 본인의 언급은 물론 이병휴의 문집에도 관련 내용이 실려 있다.

얼마 전에 성수星叟가 영남嶺南으로부터 와서 나에게 손수 지은 『남정록南征錄』을 보여주었는데, 내가 읽기를 마치고 탄식하며 말하기를 "기이하

두었다.

10 『섬와잡저』, 「贈孫進士思翼序」. 余弱冠 有嶺之役 歷豊榮 登浮石聚遠而還 不能歷遍溪上河上 躡淸塵於杖屨之鄕

11 『섬와잡저』, 「陶山道脉帖跋」. 昔余有事嶺之南 謁陶山書院 肅然整襟 端拜而退 又遇諸名德栖息之地 徘徊不能去者久之 猶恨夫當時未能歷徧一方

> 여라! 이와 같은 것이 있다니! 마치 그의 발걸음과 수레가 이르던 곳과 사물을 만나 제재를 취한 것이 백 편에 녹아 있고 흘러 넘쳐 다함이 없는 듯하다."라고 하였다.[12]

이병휴는 이현환이 영남을 다녀와서 지은 『남정록』에는 백 편 가량의 시가 수록되어 있었는데, 그 시가 매우 사실적으로 표현되었다고 하며 격찬을 하고 있다. 이현환 자신도 "『남정록』을 살펴보니 곧 내가 스무 살 때 지은 것이다. 요컨대 그 대강은 한결같이 바른 소리와 맑은 음으로 옛 도를 추구하여 일가一家의 말을 이루고자 하였다."[13]라고 하며, 20대 때 영남을 유람하며 시적 성취를 이루고자 했음을 알 수 있다. 여기서 말한 옛 도는 후술하겠지만 『시경』과 「고시 십구 수」의 정신을 계승하는 것을 말한다.

『사마방목司馬榜目』에 의하면 이현환은 32세였던 1744년(영조 20)에 갑자식년사마시甲子式年司馬試에 합격하였는데, 당시의 거주지는 서울로 기록되어 있다. 이를 통해 보면 이현환이 과거공부를 위해 주로 머물렀던 공간은 서울이었음을 알 수 있다. 하지만 1742년(영조 18)에도 또 다시 서울에 전염병이 돌자 안산 성촌聲村에서 지냈다고 언급하기도 한바, 그는 서울에 거처를 두고 경기도 안산을 수시로 왕래했음을 알 수 있다.

사마시에 합격했던 이현환은 그 이후 더 이상 과거합격에 이름을 올

---

12 이병휴, 『貞山雜著』 1冊, 「南征錄序」, 『근기실학연원제현집』 三, 성균관대학교 대동문화연구원, 2002. 乃者, 星叟自嶺還, 示余以所撰南征綠者, 不佞卒業而歎曰 異哉, 有是哉 若其蹄轍所到, 觸象取材 春容百篇 汎濫不竭

13 『섬와잡저』, 「跋南征錄」. 今觀此錄 卽余弱冠時所作也 要其大指 一以正聲雅音 力追古道 欲成一家言

리지 못한다. 그의 이러한 배경에는 당시 이현환 집안의 정치적 입장이 내재해 있다. 남인 가운데 청남淸南에 속하는 이현환 집안은 숙종 때의 경신대출척庚申大黜陟(1680) 이후 정계에서 비운을 맞이했다. 일례로 이익의 부친 이하진李夏鎭(1628~1682)은 경신환국 때 조정에서 쫓겨나 유배지인 평안도 운산에서 생을 마감했다. 또 이익의 둘째 형 이잠李潛(1660~1706) 역시 장희빈의 소생이었던 세자[훗날 경종]를 옹호하는 상소를 올렸다가 장살을 당하는 비운을 맞게 된다.

뿐만 아니라 영조 즉위 하던 해에는 이중환李重煥(1690~1752) 같은 인물은 목호룡睦虎龍(1684~1724)의 당이라고 하여 형벌과 유배를 받아, 급기야 벼슬에 대한 미련을 버리고 전국을 방랑하며 『택리지』를 저술하기도 하였다. 때문에 이익을 비롯한 여주이씨 집안 인사들은 아예 과거를 포기하고 경기도 안산과 충남 예산에 낙향해 학문에 전념하기도 하기도 하였다.

하지만 같은 남인이었던 오광운吳光運(1689~1745)의 경우는 1728년 동부승지로 있으면 무신란을 사전에 대비했다는 공로로 영조의 신임을 얻게 되고, 이듬해 1729년 "노론 및 소론 뿐 아니라 남인까지 공평하게 등용하는 탕평을 추진해야한다"고 상소를 올리는 등 청남淸南의 정치적 기반을 형성해 주었다. 때문에 이현환 집안처럼 정계진출이 어려웠던 가문의 인사들도 과거준비를 다시 하며 관직에 나가고자 하였다. 그러나 영조 대 전반의 정치는 소론 완론 탕평파인 조문명趙文命(1680~1732) 형제와 송인명宋寅明(1689~1746)의 주도로 노론 일부가 참여하는, 즉 노·소론 보합을 우선하는 형태로 운영되었다. 그렇다 보

니 남인들의 정계진출은 여전히 걸림돌이 많을 수밖에 없었다.[14]

일례로 성호의 아들 이맹휴李孟休 역시 1735년(영조 11) 진사시를 거쳐 1742년(영조 18) 정시庭試에서 책문策問으로 수석 합격하여 한성부주부에 제수되었지만, 이듬해인 1743년 이맹휴가 적신賊臣 이잠李潛의 조카라 하여 사간원의 탄핵이 있었다. 다행히 영조의 비호로 무사하였지만[15] 1744년에서 1754년까지 이잠을 비난하는 상소는 지속적으로 올라오고 있었다. 이후에도 이잠의 사건은 정조시대 이가환과 노론 심환지沈煥之(1730~1802)와 깊은 갈등의 골로 다시 부상할 만큼[16] 18세기 정치사의 민감한 사항이었고 성호학파 인물들에게는 깊은 상처로 자리하고 있었다.

이현환은 "예전에 내가 성균관에서 공부할 때 신광수申光洙(1712~1775)와 함께 날마다 사송정四松亭에서 시를 지었는데, 성연이 나를 위해 「만흥漫興」 등 여러 시편을 낭송해 주었다."라고 하며 신광수申光洙(1712~1775)와의 일화를 회고한 바 있다. 다른 글에서도 성균관 시절을 언급하고 있는 것을 보았을 때[17] 상당기간 성균관에서 과거공부를 준비한 것을 알 수 있다.

실제로 이현환이 과거를 준비할 즈음에는 함께 공부했던 이맹휴 등이 관직에 나가 있기도 했다. 이에 이현환 역시 1744년 진사시에 합격

---

14 최성환, 「영·정조대 채제공의 정치 생애와 정치 의리」, 『한국실학연구』 33권, 한국실학학회, 2017.

15 『조선왕조실록』 1743년(영조 19년), 5월 26일, 한국고전번역원 DB자료. "홍익삼은 과거 시험 때 규칙을 위반한 자들에게 군역을 부과할 것을 청하다."

16 『조선왕조실록』 1793년(정조 17), 1월24일, 한국고전번역원 DB자료. "개성부 유수 이가환이 논핵을 입은 것에 대해 상소를 올리다."

17 『섬와잡저』, 「贈孫進士思翼序」. 余在泮 取夢澤集而觀之 法守如畫 機圓如丸 神化變通 如雲煙禽鳥 離合隱見 殆不可測擬

하고, 동생 이경환李絅煥(1719~?) 역시 같은 해 생원시에 이름을 올렸다. 하지만 자신들의 정치적 기반을 형성해주었던 오광운이 1745년 세상을 뜨고 1755년 윤지尹志(1688~1755) 등 급진적 소론들이 나주에서 노론 괘서를 작성하다 발각되어 처형되는 을해옥사乙亥獄事가 터지면서 영조 후반 정치판은 소론은 물론이고 남인도 배제된 채 노론 위주의 정국으로 움직이게 된다.

이현환이 성호 제문에서 "저는 박사가업에 종사하고 공령문에 정신을 쏟다가 과장에서 여러 번 낙방하다 보니 어느덧 머리는 쇠잔하여 드디어 선생의 가르친 뜻에 부합하지 못하여 평생의 한이 됩니다."라고 했듯이, 이현환은 여러 번 과거에 떨어지게 되고 정치적으로도 불리하게 되자, 관직 진출을 포기하고 경기도 안산으로 낙향하고자 하는 뜻을 굳히게 되었다.

2)안산으로의 낙향시기

이현환이 경기도 안산으로 완전히 내려온 시기는 1749년(영조 25) 37세 이전이었다. 그는 사위 황상언黃尙彦(1732~1786)의 고향인 강원도 광평의 정연亭淵을 유람하고 와서 1749년 「유정연기」를 남기는데, 글 끝에 "기사년己巳年(1749) 9월 송촌松村 유거幽居에서 쓰다."[18]라는 기

---

18 『섬와잡저』, 「遊亭淵記」. 己巳之秋九月 書于松村幽居. 정연은 강원도 광평에 있던 명승지로, 이중환의 『택리지』에 강원도에서 살기 좋은 곳으로 꼽았던 곳이다. 광평은 창원昌原 황씨黃氏 세거지로 이곳에는 사위의 부친과 친척들이 거주하고 있었다. 이현환은 창원 황씨 가운데 백서사건을 주도했던 황사영黃嗣永(1775~1801)의 조부 황준黃晙(1698~?)과 친하였다. 당시 이현환은 황사영의 조부 황준과 강원도 광평의 명승지 선유정仙游亭에서부터 창랑각滄浪閣을 탐방하였는데, 「유정연기」에는 이곳의 승경과 창원 황씨 가문의 모습에 대해 자세히 기록하였다. 황준은 장수를 누린 것으로 유명한데, 아들 황석범黃錫範(1747~1801)이 요절하여 손자 황사영이 유복자로

록을 첨부했다. 송촌은 이현환이 낙향해서 지내던 경기도 안산의 지명으로, 「유원당사기遊元堂寺記」에 이곳의 모습을 다음과 같이 묘사해놓고 있다.

> 내가 낙향하여 송촌松村의 옛집에 살았는데 지역이 아주 궁벽하여 문을 닫고 조용히 지내며 매일 저녁 햇살 비치는 산을 마주하여 시를 읊조리며 스스로 마음을 풀었다.[19]

송촌松村은 경기도 안산 송호松湖 근처의 마을로 여주이씨 인물들이 살고 있던 곳이었다. 이현환은 과거를 포기하고 이곳으로 내려와 여주이씨 집안 인물은 물론 당시 안산으로 옮겨왔던 강세황 등을 만나 교유를 맺었다. 낙향한 지 얼마 안 된 39세였던 1751년(영조 27)에는 어머니 남양 홍씨와 지기였던 이맹휴가 세상을 뜨고, 이듬해인 1752년(영조 28)에는 장남 재중마저 세상을 뜨게 된다. 잇달은 가족과 벗의 죽음으로 이현환의 상심은 컸는데, 특히 맏아들 재중의 죽음은 그에게 큰 상처가 되어 노년이 되어서도 그의 글 중간 중간에 그에 대한 그리움을 표현했다.

아들 사후인 1753년(영조 29) 41세부터 이현환은 고통을 잊기라고 하려는 듯 가장 활발하게 경기도 안산 문사들과 모여 시회를 개최하였다. 그는 자기 집은 물론 이재덕李載德(1711~1768)의 거처 의추재, 단원檀園 등에서 이광환李匡煥 등 여주이씨들 그리고 강세황 등과 시회를 개

태어나자 손자의 교육을 손수 담당하기도 했다.

19 『섬와잡저』, 「遊元堂寺記」. 余落鄉 寓於松村之舊舍 境甚僻 閉戶守靜 每日夕 對照山而吟哦自暢

최하였다. 이 때 지은 시가 『섬사편剡社編』,[20] 『단원아집檀園雅集』, 『성고수창록聲皐酬唱錄』 등의 자료로 남아 전한다. <그림 2>사진은 표암 후손가에 소장된 『단원아집檀園雅集』인데, 당대 모임의 흥취가 잘 표현되어 있다. 표지에 이 첩을 만든 이재덕의 호 '성고聲皐'가 찍혀있다. 내용을 보면 시회에 참여했던 인물의 시와 인적사항이 기록 되어 있고, 시 위에는 시인별로 색을 달리해서 찍은 비점이 선명히 남아 있다.[21] 이재덕은 시회활동을 주관하고 장소를 제공하는 등 안산의 시회를 적극적으로 주선했던 인물이었다. 현전하는 『성고수창록』 역시 이재덕이 남긴 원고를 후손이 수습한 것이다.[22] 이현환은 이런 이재덕과 특히 가까웠던 인물로, 이현환 역시 시회 구성의 핵심 구성원으로 안산 문예의 중심축이었다.

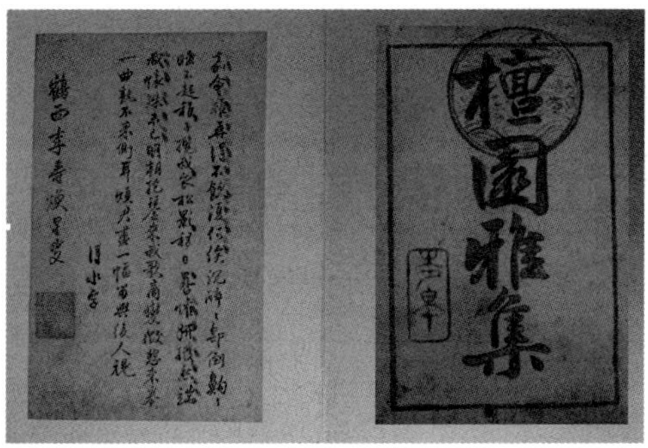

<그림 2, 『단원아집』 표지와 이현환 시고, 천안흥타령박물관 소장>

조선시대 금강산 유람이 하나의 유행이었듯이, 이현환은 1758년(영조 34) 45세 봄에는 한 달 간 금강산 유람을 떠난다. 이현환은 이 금강산 유람을 마치고 수 백 편의 시로 『동유록』을

20 박용만, 「18세기 安山과 驪州李氏家의 文學活動-『剡社編』을 中心으로」, 『한국한문학연구』 25집, 한국한문학회, 2000.

21 정은진, 「『단원아집』에 대하여」, 『한문학보』 제9집, 우리한문학회, 2003. ; 김동준, 「18세기 文人 夜宴의 현장과 예술적 아우라(Aura)」, 한국실학연구』제28호, 한국실학학회, 2014.

22 정은진, 「『성고수창록』을 통해본 표암 강세황과 星湖家의 교유양상, 『東洋漢文學研究』 22집, 동양한문학회, 2006.

남겼는데, 이 『동유록』은 여주이씨 일문 사이에 널리 읽혀졌다.

> 우리 집안의 학서공鶴西公께서는 문장 짓는 것을 매우 즐기시어 5언과 7언 고금체와 절구시를 지었다. 이에 풍악을 유람한 여러 편은 산수의 도움을 받아 더욱 공의 득의작이 되어 지금까지 소장하여 보배로 삼고 있다고 한다.
> 내가 어린 시절 공께서 풍악에 갔다 와서 그 『동유초』를 꺼내자 종조였던 성호선생께서 서문을 쓰시고, 아버지께서 제발을 써서 선후에서 훌륭한 빛깔을 모은 것이 이 한 권에 가득한 것을 보았다. 명산을 사사로이 하여 우리 집안의 소유가 된 것이 어찌 그리도 성대하단 말인가?[23]

이가환은 이현환이 시 짓기를 즐긴 사실과 젊은 시절 금강산 유람 때 지은 『동유록』 초고에 이익이 서문을 쓰고 부친 이용휴가 발문을 달았음을 술회하고 있다. 『성호전집』을 살펴본 결과 이현환이 금강산에 갈 때 써준 시는 전하고 있고,[24] 이 서문은 보이지 않는다. 이가환은 어린 시절 기억을 떠올려 이현환의 시고가 금강산의 면목을 잘 담아냈음을 언급하고 있다.

이가환의 언급처럼 「동유록자서」에는 금강산 유람 후 기행시 수백 편을 남겼다는 기록과 함께 명산은 사람으로 인해서 유명해진다는 이

23 이가환, 『詩文艸』 夏, 「海山勝遊序」, 국립중앙도서관 소장본. 吾家鶴西公 爲文章尤喜爲五七言古今體若截句詩 迺其遊楓嶽諸篇 有山水之助 尤爲公得意之作 至今藏弆 以爲寶云 余少日 及見公從楓嶽還 出其東遊艸 從祖星湖先生爲之序 家大人爲之跋 以先後之攬結秀色 萃於一卷 殆若私名山而爲吾家有者 何其盛哉

24 이익, 『성호전집』 5권, 「送族孫星叟玄煥」, 한국고전번역원. 金剛舊迹夢常通 更有名區半道中 君到仙遊亭上望 緇塵霧氣判西東

현환의 논리가 전개되어 있다.[25] 이 외에도 금강산 여행과 관련해서 이현환은 「금강산총기金剛山總記」에서 금강산 지형을 지도처럼 기록하였고, 내금강과 외금강을 분리해서 보려는 것을 비판한 「금강내외산우열총론金剛內外山優劣總論」을 남기고 있어 금강산 연구에 중요한 정보를 제공하고 있다. 다만 그가 남겼다는 수백편의 시는 현재 자취를 찾을 수 없어 아쉬움이 크다.

이현환은 안산 송촌의 옛집을 정리하고 1761년(영조 37) 48세에 섬산蟾皐에 새 거처를 마련하게 된다. 사륙변려문으로 된 「섬고신사상량문蟾皐新舍上樑文」에는 새 거처에 대한 설명과 이곳에 옮기게 된 저간의 사정이 잘 드러나 있다. 상량문이지만 사륙문으로 자신의 삶을 회고하듯 써내려가며 당시 안산의 지형을 묘사하는 동시에 문학적 역량을 발휘하였다. 섬고蟾皐는 안산安山 수리산의 지류인 섬산蟾山에 형성된 언덕으로, 가산可山을 대하여 높이 솟아난 곳이었다.

섬산의 모습에 관해서는 이재우李載祐(1712~1778)를 위해 쓴 「섬은서蟾隱序」와 「섬은서蟾隱序 개작改作」에 잘 드러난다. 이재우는 섬산蟾山 아래 집을 짓고 섬은蟾隱이라 호를 짓고는 이현환에게 서문을 부탁하자, 이현환은 「섬은서」를 썼다가 다시 개작까지 짓게 된다. 그는 이 글에서 두꺼비가 엉금엉금 기어가는 모습이나 외부에 드러난 모습을 보고 사람들이 혐오하지만, 정작 두꺼비는 작아서는 토혈에 거처하고 커서는 월궁에 거처하며 처신의 도를 안다고 서술했다.[26] 이재우에게 써

---

25 『섬와잡저』, 「東遊錄自序」. 夫士有懷奇深遠之旨者 必托跡於高山峻谷 而地亦有因人而重者也……余已袖拂塵埃 足踏蓬萊 有紀行詩數百篇 而興象不遠 摸寫不眞 以此著于仙山 實侔雀汚佛頭 醉吐文茵

26 『섬와잡저』, 「蟾隱序 改作」. 夫蟾之爲物 其形痱磊 其行爬觰 群虫之中 人以蟾最輕之 蓋夏則時或出而食蚊蜹爲生 冬則伏在泉壤之間 於人無所益 亦無所害 然則自天之自况於蟾

준 글이지만 곧 자신의 처신과도 일맥상통하는 부분이라고 하겠다.

그는 「명치암기明致菴記」에서도 다음과 같이 말하였다.

> 세속에서 비웃는 것은 군자가 숭상하는 것이다. 서까래에 조각하고 단청하고 꾸미는 것은 거실居室의 화려함이니 나에게 무슨 도움이 되겠는가? 여우 가죽 토시에 표범 저고리를 입고 기름진 음식을 삶아 먹고 연한 회를 먹는 것은 복식의 사치함이니, 나에게 무슨 상관이 있겠는가? 나는 흙으로 만든 집과 띠 풀로 처마를 이은 초가집에 살며, 노끈을 매단 문고리와 깨진 옹기로 만든 창문으로 겨우 몸을 움직일 수 있는 것으로써 나의 담박함과 편안함과 고요함을 지킬 따름이다.[27]

이현환은 이 글에서 세속에서 추구하는 의식주를 추구하지 않고, 제갈량諸葛亮(183～234)이 강조했던 담박함과 편안함, 고요함을 지키는 것을 우선시 하겠다고 하였다. 곧 이현환은 섬고로 거처를 옮기면서 당대 집권층들이 추구하는 의식주의 화려함을 버리고 은거와 담박함을 통해 선비로서의 본분에 충실하고자 하였다.

이처럼 담박함을 추구하는 자세는 「졸암기拙菴記」에서도 재차 확인된다. 「졸암기」는 이현환의 생애 말년에 지은 것으로 보이는데, 그는 이 글에서 "덕을 행하는 자는 비록 졸렬한 것 같지만 몸을 편안히 하는 데에 교묘하고, 거짓을 행하는 자는 비록 교묘한 것 같지만 화를 면하

者 取其無求於人 無競於物也耶 然彼蟾以微物 能知處身之道 小或居土穴 藏其形 大或入月宮 秘其身 以天地之大 成其隱者也 又豈特龍鳳龜獜之隱哉

27 『섬와잡저』, 「明致菴記」. 世俗之所嗤 君子之所尙也 雕榱刻桷丹漆黝堊者 居室之華也 于我乎何加 狐袖豹襦烹肥膾腴者 服食之侈也 于我乎何與 我則土室而茅簷 繩樞而甕牖 僅容俯仰 以守吾之淡泊寧靜而已

는 데에 졸렬하다. 그 교묘하고 그 졸렬함이 무엇이 낫고 무엇이 못하단 말인가?"[28]라고 하면서 자신은 '졸拙'을 지키며 살겠다고 천명했다. 결국 초창기 서울에서 가졌던 공명에 대한 의지가 안산에서 내려와 정착하며, 사회 현실을 목도하며 깨어있는 자세로 담박함과 고요함을 유지하겠다는 그의 의식과 연결된다.

1766년(영조 42) 54세에서 1768년(영조 44) 56세까지는 이현환의 부친과 아내 함창 김씨, 마음을 나누었던 이재덕과 차례로 이별하게 된다. 이 가운데서 1768년에 쓴 「제망실함창김씨문祭亡室咸昌金氏文」은 『섬와잡저』에서 가장 긴 작품으로, 부인을 잃은 슬픔과 이현환의 삶의 이력을 사실적으로 표현했다. 그리고 「제추옹여문祭楸翁汝厚文」 역시 친족간의 정리를 넘어선 이현환과 이재덕의 우정이 잘 드러나 있다.

이현환은 부인과 이재덕 사후에 『여강세승』과 『섬중수창록』 등 선대의 시문 정리에 온 힘을 기울이기도 하였다. 하지만 슬픔이 크면 외로움도 큰 것이 인지상정이라 이현환은 부인과 이재덕이 세상을 뜨고 나서 극심한 외로움에 시달렸던 듯하다. 때문에 그는 뒤늦게 소실을 들이게 되는데, 이현환이 쓴 「애첩설愛妾說」에는 소실에 대한 사랑이 잔잔히 그대로 드러나 있다.

내 소실은 비록 미모와 자태는 부족하지만 어찌 모모와 무염 및 술집의 여인과 비교하겠는가? 나는 드디어 내 방을 독차지 하리만큼 소실을 총애했고 책 상자 등 살림살이를 맡겼다. 긴 밤동안 잠이 오지 않으면 번번이 소실과 얘기를 나누었는데, 오순도순 쉼 없이 이야기하니 내 어찌

---

28 『섬와잡저』, 「拙菴記」. 作德者 雖若拙而巧于安身 作僞者 雖若巧而拙于免禍 其巧其拙 孰優孰劣

이 여인을 사랑하고 예뻐하지 않겠는가? 소동파의 시에 "못생긴 아내와 악한 첩도 독수공방보다는 낫다."라고 했는데, 참으로 이치를 잘 설명한 말이다.[29]

이현환이 맞이한 소실은 큰 키에 남상을 띤 여인으로 미모는 뛰어나지 않았으나, 이현환은 이 여인이 퍽이나 마음에 들었던 듯하다. 때문에 그는 이 소실을 총애했고 살림살이를 맡겼으며, 잠이 오지 않을 때는 그녀와 도란도란 대화를 나누었다. 밤새 나누는 대화가 지금도 연상되리만큼 이현환의 감성이 솔직히 표현되어 있다. 특히 못난 아내와 악한 첩도 독수공방보다 낫다고 하는 소식의 시를 소개하여 홀로의 삶보다는 함께 하는 삶의 중요성을 은연중에 드러냈다. 하지만 주위 사대부들은 「애첩설」을 두고 말이 많았던 모양이다. 때문에 이현환은 「애첩설변愛妾說辨」까지 쓰며, 애써 소실을 들일 때는 미색이 뛰어나지 않은 여인을 들여야만 양생할 수 있다는 논리를 피력하기도 하였다.

이현환은 1771년(영조 49) 59세 겨울에 이경연李絅延에게 보낸 글에서 감기로 고생하고 있다고 기술한 부분이 있는데,[30] 이것이 병의 빌미가 되었던지 이현환은 이듬해인 1772년(영조 48) 6월 60세를 일기로 세상을 뜨게 된다. 그는 세상을 뜨던 해인 2월까지 충원忠原으로 가는 회근晦根을 송별하는 서문 「송회근지충원서送晦根之忠原序」와 사돈 이경연이 북관에 유배가서 쓴 시를 품평한 「일장북관시축발日章北關詩軸跋」 등

29 『섬와잡저』, 「愛妾說」. 余之小室 雖乏容姿 豈可與嫫母無鹽暨酒肆女比乎 余遂寵以專房 委以巾箱 時或薦枕空齋 長夜無寐 輒與之語 刺刺不能休 豈不愛且悅乎 東坡詩曰 醜妻惡妾勝空房 眞善說道也

30 『섬와잡저』, 「贈甲州謫客詩序」. 至至月十七日夜 天大雷電 自上倏省而有恩宥 君始與焉 有自京來者 問其行期 嶺有雪 路不通 余方苦寒疾 有詩若文 寄匪所以敍待歸之意云耳

의 글을 남기기도 했다. 그의 묘소는 첨성리 즉 지금의 안산시 일동一洞에 있다.

3. 『섬와잡저』의 내용상 중요 특징

『섬와잡저』에 등장하는 인물을 살펴보면 성호를 비롯한 소릉공파少陵公派 인물 등 여주이씨 인물이 많다. 특히 이관휴李觀休와 이재덕李載德은 『섬와잡저』에서 가장 많이 거론되는 인물이기도 하다. 그 외에 강세황, 신광수, 허필, 목만중, 최북 등 18세기 남인, 소북, 여항인들에 관한 글들도 실려 있다. 이들에 관한 글들을 분석해보면 『섬와잡저』에는 근기 지식인들의 사유와 문학, 예술에 대한 정보들이 다채롭게 드러나고 있다. 이에 본 장에서는 『섬와잡저』에 내용상의 특징을 사상, 문학, 예술로 나누어 살펴보도록 하겠다.

1) 사상思想에 관련된 내용

주지하듯 성호는 학문의 가치를 경세치용經世致用에 두고, 정치·경제·사회 제 분야에서 변화를 시도하였던 인물로 평가 받는다. 이러한 학문은 순암順菴 안정복安鼎福(1712~1791), 소남邵南 윤동규尹東奎(1695~1773) 등과 같은 제자는 물론 그의 자제들에게서 계승 발전되었다.

그러나 조선후기 정권에서 소외된 지식인들에게 독서讀書와 교육教育을 통해 사士로서의 책무를 시행하는 것 외에 경제 기반을 상실한 상황에서 현실적인 생계 문제 역시 도외시 할 수 없는 문제이기도 했다. 때문에 성호 역시 만년에 벌을 키우고 콩을 재배하는 등 직접 농사일에 종사하기까지 했다. 이렇게 몸소 벌을 키우고 콩을 재배하며 생산 활동에 직접 참여함으로써 생계의 자구책을 마련하고 자제들과 공유하며 당대의 제반 모순을 개혁하고자 하는 사상으로까지 나아가게 되었다.

『섬와잡저』에도 이런 성호의 모습을 기록한 대목이 있는데 「삼두회서」가 대표적이다. '삼두회三豆會'란 성호가 직접 콩을 재배 수확하여, 이를 '콩죽, 콩나물, 된장' 세 가지로 만들어서 친족들과 나눠먹던 모임이었다.

> 성호星湖 이익李瀷 선생께서 일찍이 내게 말씀하시기를, "나도 고기 맛을 알기로는 남들의 기호와 같지만, 음식이란 입으로 씹어 목으로 넘기면 고기와 나물이 마찬가지라네."라고 하셨다. 나는 일찍이 이 말씀을 명심하였다. 선생은 몇 이랑의 밭이 있어 콩을 심었으니, 콩은 대두大豆이다. 매년 그것으로 경비를 충당하였고, 한 번은 '반숙가半菽歌'를 지어 벽에 붙여 놓고 종친들에게 화답하게 하였다. 또 이듬해에는 '삼두회三豆會'를 열어 종친들을 불러 즐겼으니, 하나는 콩을 갈아 죽을 만든 것이고, 하나는 절여서 무침을 만든 것이고, 하나는 메주를 띄워 소금을 치고 볕에 말려서 장을 만든 것이다. 이에 세 그릇에 담아 여러 종친을 대접하였는데 밤이 이슥하여 끝냈다.[31]

이현환은 성호 선생께서 자신도 고기 맛을 알지만 고기든 나물이든 목으로 넘기면 똑같다고 했다는 말을 먼저 거론하고 있다. 그리고는

---

31 『섬와잡저』, 「三豆會序」. 星湖先生 嘗謂余曰 吾能知肉之味 猶人之嗜好 而凡飮食咀嚼而下咽 肉與蔬一也 余嘗佩服於斯矣 先生有數頃田 種以菽 菽大豆也 每歲充爲經用之資 嘗作半菽歌 題于壁 使宗人和之 越明季 又設三豆會 會宗族以娛之 盖一以麋爲粥 一以淹爲葅 一以罨黃加塩 曝之成醬者也 於是備三器而餉諸族 竟夕而罷

성호 선생께서 콩을 직접 재배하여 경제활동의 수단으로 삼았고, 「반숙가」를 지어 친족들에게 화답을 구하기도 했다. 또 이듬해에는 삼두회를 열어 친족들과 음식을 나누어 먹으며 그 정신을 기리려고 했다는 것이다. 실제로 이 모임은 1753년 72세 때 시작된 것으로 1763년 성호가 세상을 뜨기까지 정기적으로 개최하였다. 삼두회는 성호집안이 정권에서 소외되고 흉년이 가속화 되면서 가문적 차원의 자구책을 마련하는 데서 출발하였다. 때문에 성호는 평소 소박함과 검소함을 강조할 수밖에 없었고, 이러한 정신을 주위 자제들에게 고취시키려고 했다.[32] 때문에 성호 집안 인사들 역시 직접 채소를 가꾸나 농사를 지었던 인물들이 등장했다.

> 가숙嘉叔 이재종李載種이 도구陶丘 아래에 살며 몇 이랑의 밭을 가지고 채소를 심었다. 채소의 명칭은 부추뿐만이 아니었으니 집안사람들이 모두 그가 노련한 농사꾼인 노포老圃라고 칭찬하였다. 하루는 원양元陽 이구환李九煥이 나에게 가서 보기를 요청하여 드디어 지팡이를 짚고 함께 갔다. 그 밭에 이르니 밭은 곧 산등성이로 자갈이 섞인 흙에 척박하였다. 가숙이 스스로 갈아서 밭을 일구고 그 흙에 거름주기를 매우 노력해서, 밭갈이에 흙이 잘 풀어지며 그 밭두둑은 윤택하게 잘 다듬어 놓았다. 씨앗에 비가 내리고 싹에 연무가 덮이니 매우 무성하여 볼 만하였다. 가숙이 가지와 오이를 따서 나에게 먹어보라고 하였는데, 내가 씹어서 맛을 보니 맛이 좋아 고기와 채소가 어찌 다르겠는가?[33]

---

32 정은진, 「星湖 李瀷의 三豆會 小考」, 『한국어문학연구』 55집, 한국어문학연구학회, 2010.

33 『섬와잡저』, 「陶丘老圃序」. 其伯胤嘉叔 居陶丘下 有數畝田 種以菜 菜之名 不啻庾氏二十七種 族人皆稱其老圃 一日 元陽要余往觀 遂杖而俱焉 至其圃 圃卽山脊也 土磽而薄

이글은 1768년 6월에 쓴 글로 가숙嘉叔 이재종李載種(1729~?)의 채소밭을 방문하고 쓴 것이다. 하루는 성호의 손자 원양元陽 이구환李九煥(1731~1784)이 찾아와 이 채소밭을 방문해보자고 했다. 이에 이현환은 이구환과 이곳을 방문하게 되었는데 이재종은 척박한 산등성이를 일구어 비옥하게 만들어 놓았다. 현대 사회의 소일거리로 하는 텃밭의 개념처럼 보일 수도 있으나 이것은 당시 생계와 직결된 중요한 시험이라고 볼 수 있다. 이재종은 바로 도와陶窩 이경환李景煥(1696~1779) 아들이었는데 그가 살고 있던 도구陶丘아래에 채소밭을 가꾸고 있었다. 그곳에는 남조南朝 제齊나라 유고지庾杲之의 밥상에 올라왔던 부추뿐만 아니라 다양한 채소를 재배하고 있어 성호학파 안에서는 노포老圃로 일컬어졌다.

위 인용문에는 생략했지만 「도구노포서」 첫부분에 또 다시 「삼두회」 서두에서 성호선생께서 "고기든 나물이든 목으로 넘기면 똑같다"라고 했던 말이 등장한다. 여기서는 성호가 했던 말이 아니라 이경환이 했던 말로 기술되어 있다. 이경환은 성호보다 아래 연배로 성호 사후에 그 역시 성호선생의 말씀을 가슴에 새기고 있었고, 이현환 역시 이 말을 명심했다고 재차 강조하고 있어 "고기든 나물이든 목으로 넘기면 똑같다"라는 말은 성호학파 안에서 공공연하게 공유하며 이들의 정체성을 확립시켜나가는 역할을 하였다.

이현환은 「삼두회서」에서 "지금 경기도 일대에는 흉년이 들어 수많은 집이 흩어져 떠돌며 아침에 저녁 끼니를 생각하지 못한다. 애석하다! 선생께서 삼두회를 연 뜻이 온 나라에 시행되고 온 백성을 구제하

嘉叔自耕而爲田 糞其壤甚力 其耕澤澤 其畦濯濯 雨甲煙苗 甚蔚然可觀 嘉叔摘茄瓤而食余 余嚼以啖之 味之美 肉與蔬奚异哉

여 물에 빠진 사람에겐 커다란 뗏목이 되고 위독한 병엔 신묘한 약제藥劑가 되면 좋으련만 그렇게 되지 못하고 있다."[34]라고 하며 당시 집권층에 대한 강한 비판의 목소리를 담아내기도 했다. 선비라고 해서 책만 읽으며 생계를 도외시할 것이 아니라 구황작물 재배나 원예채소의 재배 등 다양한 농업 경영을 통해 식량난을 대체할 방법을 생각했던 것이다. 하지만 당시 집권층에서는 이것을 도모하지 않고 있었기에 이 비판적 어조는 「도구노포서陶丘老圃序」에서도 반복되어 나타나고 있다. 이현환은 "어떻게 하면 노포老圃의 솜씨를 나라에 베풀어 만백성을 이롭게 구제하고, 물에 빠진 사람을 구하는 큰 뗏목이 되며 위급한 병을 구제하는 신묘한 약제藥劑가 될 수 있겠는가? 저 훌륭한 밥상을 대하는 자는 편안히 여기고 근심하지 않으니 또한 어떤 마음인가?"[35]라고 하며, 재차 같은 내용으로 비판하고 있다.

이현환은 「이오당기二梧堂記」에서 "우리나라에 어찌 또한 봉황과 같은 인물이 없겠는가? 도덕을 갖춘 봉황이 있고 충의를 갖춘 봉황이 있고 문장을 갖춘 봉황이 있다. 도를 통해 오게 하지 않으니 이미 가을이 된 오동나무가 어찌 봄이 될 수 있겠는가?"[36]라고 하며, 인재 등용이 제대로 시행되지 않는 문제를 제기했다. 또 「시비설是非說」에서는 당대가 옳은 것을 옳다고 하고, 그른 것을 그르다고 하는 참된 시비가 일어나지 못하는 시대로 규정하고, 남이 그릇되다 하는 것을 올바로 직시할

---

34 『섬와잡저』, 「三豆會序」. 目今王畿歲饑 萬室仳離 而朝不謀夕 惜乎 先生此意 不能施於邦國 利濟萬姓 以爲溺人之巨筏 急症之妙劑也

35 『섬와잡저』, 「陶丘老圃序」. 近者 王圻荐饑 萬室仳離 朝不謀夕 安得以老圃之手 施於邦國 利濟萬姓 以爲溺人之巨筏 急症之妙劑 于彼侊飯珍膳者 晏如而莫之憂焉 抑何心哉

36 『섬와잡저』, 「二梧堂記」. 至於我東 亦豈無鳳 有道德而鳳者也 有忠義而鳳者也 有文章而鳳者也 而致之亦不以其道 既秋之桐 安得復爲春乎

수 있어야만 참된 시비是非라고 말했다.[37] 이를 통해 보면 이현환은 언론의 자유로움과 공정성이 확보된 상태에서 인재들이 다양하게 진출하여 백성을 위한 정책을 실현할 수 있기를 갈구했음을 알 수 있다. 이 때문인지 이현환은 무엇보다도 선비로서의 각성을 강조했는데, 그가 강원도 평해 관찰사로 나가는 군택君擇 홍수보洪秀輔에게 준 말이 이를 입증하고 있다.

> 임금께서 그대를 평해 명승지로 보내신 것이 어찌 다만 그대가 유람이나 하며 시나 읊조리라고 그렇게 하신 것이겠는가? 흉년 든 해에 임금의 근심을 분담해서 지방관으로 보냈으니, 돌아보건대 그 임무가 무겁고 또한 큰 것이다. 내가 듣자하니 사람을 다스리는 자는 반드시 그 자신을 먼저 다스린다고 하였으니, 바라건대 군택은 먼저 오교五敎로써 솔선수범하고 오형五刑으로 다스린다면, 그 처음에는 백성들이 두려워하다가 마지막에는 백성들이 복종하며 모두 오교를 따르는 것을 당연하다고 여길 것이다. 어찌 탐욕스러운 자가 청렴하지 않으며 난폭한 자가 선량하지 않은 것을 걱정하겠는가? 백성들을 교화시키고 감동시키는 기미가 진실로 나에게 있지 않겠는가?[38]

---

37 『섬와잡저』, 「是非說」. 末世無眞是非 其所謂是 未嘗是 其所謂非 未嘗非 是其所謂非 非其所謂是 此豈眞是非哉……不畏人之爲非 而反求諸己 能知淵明伯玉之非 則此所謂眞是非也

38 『섬와잡저』, 「贈箕城使君洪君擇序」. 聖明之畀君以名勝地 豈徒爲君遨遊吟哢而已哉 荒歲分憂 委以字牧之責 則其任顧不重且大歟 余聞治人者 必先治其己 願君先之以五敎 刑以示警 則其始也人畏之 其終也人服之 皆以率敎爲當 夫何患貪者不廉 暴者不良 而其所以轉移感動之機 固不在於我乎

홍수보洪秀輔(1723~1800)는 서호에서 시를 수창하는 등 젊은 시절부터 이현환과 친분이 있던 집안의 인물이었다. 그가 평해 관찰사로 나가 이현환에게 편지를 보내왔는데, 그곳에 "평해 경내는 호수와 산으로 둘려 쌓여 송사를 처리할 문서가 많지 않아 가을걷이를 감독하는 관리가 낮에 잠을 잡니다."라는 내용이 있자 이를 두고 위와 같이 충고하고 있다. 곧 위정자의 역할은 명승지에서 시나 짓거나 유람을 하는 것이 아니라, 군주와 함께 백성들의 고통을 함께 분담하는 것이다. 때문에 이현환은 오교五敎인 부자유친父子有親, 군신유의君臣有義, 부부유별夫婦有別, 장유유서長幼有序, 붕우유신朋友有信을 솔선수범해서 백성을 교화시킬 수 있어야 한다고 주장하고 있다. 이상적인 사회를 만들기 위해서는 무엇보다도 사대부들의 각성이 필요할 수밖에 없었다. 곧 사회 변화의 주체는 위정자 자신에 달려있다고 하면서 지식인들의 철저한 자기검열이 무엇보다 중요한 과제였던 것이다.

2) 문학文學에 관련된 내용

『섬와잡저』에는 문학에 대한 이현환의 사고 및 주위 인물들의 성과를 설명해 놓은 부분이 적지 않다. 이현환은 과거를 포기하고 낙향하여 지내며 자신을 시를 업으로 삼는 사람이라고 말한 바 있다. 이현환은 옛 선현들이 시를 작은 기예라고 지목한 것을 두고, 시의 용도가 크고 작게 되는 것은 모두 사람에게 달린 것이라고 하며 시의 역할이 결코 작은 것이 아니라고 했다.

칠정七情의 표현은 상황을 따라 시가 되니 비록 필부라고 하더라도 가슴 속엔 스스로 온전한 경전이 있다. 이것이 풍아의 연원인데, 시인들의 부류가 기이함에 힘쓰고 능함을 자랑하여 참모습을 상실했다. 위진魏晉 시대 이래로 고시古詩가 변하여 근체시가 되어 시를 짓는 작자들이 당唐나라 때보다 성대한 적이 없었다. 당나라 이후에는 성률에 구애되고 대우를 잘하고자 평생 목숨이 다할 때까지 강산과 초목, 운하雲霞와 어조魚鳥를 위해 꾸미고 수식하여 시를 짓고 세상에 알려지기를 구하지만 이것은 진실로 세상에 도움이 되는 것이 아니다. 이를테면 이백과 두보가 그 사이에 우뚝 솟아 대가라고 일컬어지지만 그 성취로 말하자면 보잘것없다. 그러므로 옛 선현들은 시를 모두 작은 기예라고 지목했으니 이것은 시의 잘못이 아니다. 시의 용도가 작게 되느냐 크게 되느냐는 사람에게 달려 있다.

이현환은 인간의 칠정을 자연스럽게 표현하는 것이 『시경』의 기원인데, 후대에 수식과 기이함을 추구하는 시가 등장하여 시의 정신이 사라졌다고 보았다. 때문에 그는 평소 『시경』과 「고시 십구 수」의 정신을 중시하며 근체시가 등장한 이후에 시의 도가 사라졌다고 하는 강한 주장을 폈다.[39] 심지어 모든 시인들이 추숭하는 이백李白(701~762)과 두보杜甫(712~770)까지도 그 성과에 대해 보잘 것 없다는 논리를 편다. 이러한 논리는 비단 이백과 두보에 그치는 것이 아니라 송나라 소식蘇軾(1036~1101)과 황정견黃庭堅(1045~1105), 명나라 왕

---

39 이현환은 「시인학두변」에서 『시경』 삼백 수와 「고시 십구 수」는 뜻이 매우 높고, 뜻이 매우 커서 다만 웅건만 있는 것이 아니다. 『시경』의 풍아송 속에는 편편구구마다 청광함이 서려있다고 평가했다. 자세한 내용은 정은진, 「섬와 이현환의 시론」, 『대동한문학』 23집, 대동한문학회, 2005. 참조.

세정王世貞(1526~1590)과 이반룡李攀龍(1514~1570)을 비판하기에까지 이른다.

> 아! 당나라가 망하면서부터 시가 없어진 지 오래되었다. 소식蘇軾과 황정견黃庭堅이 나오면서부터 무너지고 찢겨짐이 심하였고, 왕세정王世貞과 이반룡李攀龍이 일어나면서부터 미쳐 날뜀이 극에 달하니, 『시경』 삼백 수와 「고시 십구 수」의 뜻이 거의 인몰되었다. 그러한즉 무너지고 찢겨지며 미쳐 날뛰는 부류들이 흘러 위항의 온갖 이야기가 되고, 하리下里의 비속한 말이 되어 천하에 과연 시가 없어졌으며, 시도詩道가 인몰된 지 오래되었다. 능한 사람뿐 아니라 도리어 오묘함을 알아 매우 좋아하는 자도 없다.[40]

「정사집애사서鄭士集哀辭序」의 일부로, 고려 중기 시단을 휩쓸고 조선시대까지 영향력을 발휘했던 소식과 조선 초기 해동강시파 인물로 추숭 받았던 황정견 그리고 의고주의를 내세워 조선후기 복고주의 문풍을 일으켰던 왕세정과 이반룡의 성과에 대해서도 이현환은 신랄하게 비판을 하고 있다. 그는 여전히 『시경』 삼백 수와 「고시 십구 수」의 정신을 계승할 것을 주장하고 있다. 이러한 견해는 자신의 젊은 시절의 작품을 평한 「발남정록跋南征錄」에서도 거듭 확인되며, 「시인학두변詩人學杜辨」에서 구체화되고 있다.

앞서 이현환의 생애와 삶에서 잠시 언급했듯이 이현환은 안산으로

---

40 『섬와잡저』, 「鄭士集哀辭序」. 噫 自唐亡而天下無詩久矣 蘇黃出而潰裂甚 王李起而猖狂極 三百十九之旨 幾乎湮沒 則潰裂猖狂之餘類 而爲委巷之叢談 下里之鄙語 而天下果無詩矣 詩道之湮久矣 不惟能之者 抑眞知其妙 而篤好之者 絶無其人

낙향하여 집안의 인사들과 시회를 주도하였다.

나의 친척 중에 성원聖源이란 자가 있었는데, 경기도 안산 정지동井之洞에 당堂을 세우고, 그 앞에 오동나무 두 그루를 심고서 '이오당二梧堂'이라고 이름하였다. 하루는 나와 뜻을 같이하는 친구 여러 명이 이오당에 놀러 갔는데 밤이 되자 달빛이 너울거리며 당의 처마로 스며들어왔다.[41]

「이오당기」의 첫 부분이다. 여주이씨 인물 이용징李用徵이 경기도 안산 정자동 자리에 이오당을 세웠는데 이현환과 뜻을 같이 하는 친구들이 모임을 가졌다. 이 기문에는 당시 이오당에 모였던 인물을 밝히지 않았지만, 현전하는 다른 시축을 보면 당시 모였던 인물은 이현환을 비롯하여 이오당 주인 이용징李龍徵, 이창환李昌煥(1699~?), 이광환李匡煥(1702~?), 이재덕李載德(1711~1768), 강세황이었다.[42] 이현환은 이들을 뜻을 같이하는 '동지同志'라고 표현했으니 낙향이후 이들과의 만남이 삶의 활력소임을 알 수 있다. 이들은 대부분 영조 시기 정치일선에 나가지 못한 재야인사들이었다. 이현환은 이렇듯 여러 문인들과의 시회활동을 통해 자신의 문학관 내지 시에 대한 견해를 심화시킨 것으로 보인다. 특히 이현환이 시학 정신을 발전시키게 된 것은 여주이씨 집안 자체의 시회의 영향이 크다.

집안끼리 시로 노니는 것은 우리 여주 이씨의 오랜 풍속이다. 성호공星湖

41 『섬와잡저』, 「二梧堂記」. 吾宗有聖源者 築堂于井之洞 植二株桐於堂之前 仍以名焉 一日余與同志數人 往遊於二梧堂 至夜而月影婆娑 轉入軒戶

42 이재덕, 『성고수창록』, 성균관대 소장본. 齊會井谷李龍徵二梧堂以楊柳鳴蜩綠暗分賦癸酉

公 및 부친이 살아 계실 때에 나는 어린 나이로 자주 끝자리에 참석했었다. 그 후로 우리들은 자주 추재楸齋에 모였는데, 추옹楸翁 이재덕李載德이 돌아가신 후로는 오랫동안 이러한 모임이 없었다. 일전에 추옹의 아들 이시류李是鏐가 동년배 십여 명과 모여 운자를 나누고 시를 지어 이 시축詩軸을 완성하였다.[43]

「제시류시축소서題是鏐詩軸小序」의 일부 내용이다. 이 글에서 이현환은 여주이씨 집안의 시회 풍속, 자신이 어렸을 때 선친 및 성호 선생께서 주도했던 시회의 모습, 성년이 되어서는 이재덕의 집에서 가졌던 시회에 대한 술회와 이재덕의 후사를 이었던 이시류李是鏐(1749~1815)가 선친의 뜻을 받들어 시회를 주선했음을 밝히고 있다. 이현환은 「섬중창수록발」에서도 "우리 여주 이씨는 예로부터 시에 능한 자가 많았다. 대개 경헌공敬憲公 이계손李繼孫으로부터 이 시도詩道가 크게 떨쳐져 집안에서 닦고 사람마다 힘써서 시문에 힘을 다하는 자가 많았기 때문이다."[44]라고 하며 집안의 유구한 시학의 전통을 언급하였다.

여주이씨 인물들이 문학에서 두드러진 업적을 많이 남긴 것이 시회 풍속과 그 속에서 단련된 문학적 기량과 관련이 깊다는 것을 암시한다. 이와 같은 시학의 전통은 「삼두회서」에도 잠시 언급했듯 문학 뿐 아니라 사상적 지평을 넓히는 기회로도 작용했던 것으로 보인다.

시 외에 산문에 관한 견해로는 「상근재논문서上謹齋論文書」가 주목된

---

43 『섬와잡저』, 「題是鏐詩軸小序」. 宗族詩遊 吾李之舊俗也 星湖公暨先君子 在世時 余以少年 累參末席 其後 吾輩頻會于楸齋 楸翁歿後 久無此會 日前楸翁之子是鏐 會同隊近十人 分韻賦詩 成是軸

44 『섬와잡저』, 「剡中酬唱錄跋」. 吾李 自古能詩者多 盖自敬憲公後 玆道大闡 家脩而人勵 致力於斯

다. 이 글은 이현환이 이관휴에 올린 장문의 편지글로, 그는 이 글 첫머리서 "문은 성인이 얻으면 만세에 전해져서 경전이 되고, 현자가 얻으면 사해四海에 이르러 표준이 되니 천지를 돕고 해와 달을 밝히며 음양을 관리하니 이 어찌 문의 지극함이 아니겠습니까?"[45]라고 하며 시의 효용론 못지않게 문의 효용론을 강하게 피력했다. 그러면서 문은 세 가지로 나눌수있는데, 첫째는 『서경』의 「요전堯典」·「순전舜典」·『주례』·『춘추春秋』와 같은 기사문紀事文, 둘째는 『서경』의 「고요모皐陶謨」·『예기禮記』의 「단궁檀弓」, 『악기樂記』와 『논어論語』와 같은 기언문紀言文, 셋째는 『서경』의 「우공禹貢」·『주례』의 「고공기考工記」와 같은 기물문紀物이라고 하였다. 이 외에 유가의 훈고학이라는 문이 있지만 자신은 이것을 문이라고는 보지 않는다고도 밝혔다. 그러면서 문의 계통은 세 가지를 벗어나지 않는데, 당대 사람들이 이를 외면하고 있다고 비판하였다.[46]

이현환이 예로 든 『시경』·『서경』·『주례』·『예기』·『춘추』·『악기』 등은 육경의 핵심이라고 할 수 있다. 알려진 대로 허목은 노론의 주자학과는 다른 육경을 위주로 하는 고학을 강조한 바 있다. 허목의 이러한 문학적 입장은 『기언』에 잘 나타나는데,[47] 허목은 문학이 진한이후로

45 『섬와잡저』, 「上謹齋論文書」. 斯文也 聖人得之 則傳萬世而爲經 賢者得之 則放四海而爲準 輔相乎天地 昭明乎日月 調攝乎陰陽 此豈非文之至者乎

46 『섬와잡저』, 「上謹齋論文書」. 盖文有三者 曰紀事·紀言·紀物 爲文之道 不出此三者 紀事之文祖二典 以及周官三百六十紀·素王春秋 紀言之文祖三謨·誥命 以及檀弓·樂記魯論諸編 紀物之文祖禹貢 以及考工記·山海經及冢書 此其通天地亘古今 媲三光而不墜者 …… 又有爲文者 卽儒家訓詁學 亦有本源於夫子作系易 以至曾思 大學中庸 誨人明理 盡性之文 使天下家行戶踐 如布帛菽粟 是聖人說教之文 而非吾所謂文也

47 허목, 『記言』, 「文學」, 한국고전번역원. 上古載籍無傳 虞夏以來 姚姒之渾渾 殷周之噩噩 可見於六經 聖人之文 天地之文 孔子之門 稱文學子游子夏 周道衰 孔子歿 聖人之文 壞貳於老氏 散於百家 至秦則又焚滅而無餘 天地純厚之氣 至國語左氏 簡奧猶在 至戰國長短書則亂矣 太史公繼先秦古氣漢以降 古變而亂 亂變而奇 奇變而詭

하강한다는 입장 속에 육경을 중시하는 문학론을 피력하였다. 이러한 문학적 조류의 형성에는 주자학 일변도를 벗어나고자 하는 남인계열의 사상적 지향을 반영한 것으로, 후대 남인계 학자들에 의해 수용되고 발전하였다. 이현환 역시 이러한 전통을 계승하며 모방이 아닌 육경의 정신을 기초로 산문의 영역을 확장할 것을 요구하고 있다.

『섬와잡저』에는 이 외에도 당대 남인 문단의 중요인물인 신광수, 목만중 등의 문학적 경향을 언급한 글도 있다. 먼저 「영주창화록서瀛洲唱和錄序」·「개일본改一本」·「우일본又一本」을 들 수 있다. 이 세 편은 모두 신광수의 「영주창화록」에 쓴 글이다.[48] 「영주창화록瀛洲唱和錄」은 「탐라록」을 의미하는 바 현재 『석북집』에 수록되어 있다. 석북집 소재 「탐라록」에는 신광수 자신의 서문 및 그와 동행했던 금오랑 이익, 석북의 친구인 목만중, 정범조의 서문이 실려 있는데, 이현환의 글은 누락되어 있다. 이현환은 석북을 위해서 한 편도 아닌 세 편이나 서문을 지었다. 이 글에는 신광수가 제주에 머물러 시를 짓게 된 배경, 시의 수준, 신광수 인물에 대한 평이 보다 잘 드러나 있다. 강세황의 기록에도 보면 김홍도의 일생을 그린 「단원기」를 두고 개작하는 모습들이 발견되기도 하는데, 당시 경기도 안산 문인들을 위주로 산문 작품 개작들이 일어나고 있음을 알 수 있다.

목만중에 관한 기록으로는 「발관남록跋關南錄」을 들 수 있다. 「관남록」은 목만중이 1762년 6월 29일 함경도 이성현利城縣에 유배를 가서 지은 시를 모은 것이다. 국립중앙도서관 귀중본으로 분류되어 있는 『여와선생문집餘窩先生文集』 1책에 관남록이 있지만 이현환의 글은 빠져

---

48 박용만, 「이현환의 瀛州唱和錄序 개작의 양상」, 『한국한문학연구』 40집, 한국한문학회, 2007.

있다. 이외에 이옥李沃(1641~1698)의 증손 이경연李綱延이 신묘년[1771] 함경도 이산夷山으로 유배가서 지은 시문을 평가한 「일장북관시축발日章北關詩軸跋」 등도 눈여겨볼 만한 작품이다.

3) 예술藝術에 관련된 내용

『섬와잡저』가 학계에 처음 알려진 것이 최북崔北 관련 기사였듯이, 이 책에는 최북 등 여항인물을 비롯한 근기지역 인물들의 예술 관련 내용들이 수록되어 있다.

먼저 최북과 관련해서 최북이 일본에 갈 때 써 준 송별문 「송최칠칠지일본서送崔七七之日本序」와 최북의 예술세계를 언급한 「최북화설崔北畵說」 두 편의 기록을 살펴보기로 한다. 이 두 편의 글은 최북崔北의 일본 사행日本使行을 다루고 있다는 점에서 주목된다. 「송최칠칠지일본서」는 1748년 최북이 일본에 가기 전에 쓴 것으로, 일본에 대한 이현환 본인의 의식이 드러나 있다.

> 지금 나라에서 그대를 뽑아 보내려는 이유를 그대는 아는가? 왜인들이 찾아와 그림을 청하는 자가 있으면 바람처럼 소매를 떨치고 마음대로 붓을 휘둘러 법도 사이에서 신의를 창출하고 호방한 밖에서 신비함을 불어넣어, 내달리는 여울과 큰 물결, 기이한 바위와 괴상한 돌을 묘사하되 사물에 따라 모습을 그리게나. 그림을 그리는 것이 곧장 동해의 높고 성난 파도와 함께 기세를 나란히 하고 역량을 다툰다면 저 사납고 교활한 무리가 모두 환약幻藥을 조제하고 비단을 받들고서 그대가 머문 관의 문턱에 줄지어 있을 것이네.
> …… 또한 그 여가에 몰래 그 산천, 인물, 성지, 기계를 그려서 오면 훗날 공격과 수비의 대책이 될 만하니 그대의 세 치 붓이 나라를 정려鼎呂

보다 중요하게 만들 수도 있으며 또한 나라를 지키는 용도가 될 수 있다.[49]

이현환은 「송최칠칠지일본서」에서 일본이 무력을 숭상하고 침략을 일삼기 때문에, 이러한 일본인들의 마음을 예술 쪽으로 돌리게 하여 무력의 마음을 저지하라고 말하고 있다. 무엇보다 일본 지역의 산천·인물·성지·기계가 담긴 지도를 그려오라고까지 요구하고 있어, 일본을 보다 총체적으로 이해하고자 했던 이현환의 태도를 엿볼 수 있다.

이현환이 이처럼 최북에게 지도를 요청했던 것은 최북의 예술세계를 잘 이해했기 때문이었다. 그가 1749년에 쓴 「최북화설」은 일본사행을 다녀온 이후 최북의 예술적 성취도에 대한 평가가 잘 드러나 있다. 이현환은 여항의 화가였던 최북이 일본을 다녀와 그림의 격조가 더 높아졌으며 고금의 변화를 모두 그림에 담아냈다고 극찬하였다. 아울러 그를 함부로 대하는 사대부들에 대한 거침없는 저항감도 표출했다.[50]

이외에 여항의 서리이자 서예가로 이름났던 한욱의 기사도 주목할 만하다.

49 『섬와잡저』, 「送崔七七之日本序」. 夫倭人國于島 琵琶形局 外亂不入 鐵劍利而詐力究 其中桀頡之輩 以技藝賈勇者 顆矣 今國之揀子以行者 子其知乎 倭人有來而求畵者 奮袂如風縱筆揮霍 出新意於法度之中 寓深機於豪放之外 寫奔湍巨浪 奇巖怪石 隨物而賦形焉 其揮洒之 直與東海之長波怒濤 並氣勢而爭力量 則彼桀頡者 皆將調幻藥而奉生綃 必足相躡於子所館之門矣 …… 一且其暇也 潛畵其山川人物城池器械而歸 以爲我國他日戰守之機宜則子之三寸之管 可使國重於鼎呂 而亦爲干城之用矣

50 『섬와잡저』, 「崔北畵說」. 七七以善畵 鳴于世 人有持屛巾族以請者 七七始喜之 奮袂如風須臾而成 其應若流 粤在戊辰之歲 以畵被選 入日本 倭人以寶貨求其畵甚衆 及歸也 格益奇而名益著 四方之人 來請畵者 足相躡於其門 王公貴人甚或使之以畵師 七七終厭之

> 화곡花谷 한욱韓旭은 여항閭巷의 걸출한 대장부이다. 옛것을 즐기고 세속적인 것을 싫어하며 자신을 감추고 자랑하지 않아 사람들이 그를 알지 못하였으나 자득하며 의기양양하기를 마지않았다. ……처음에는 글씨 잘 쓰는 것으로 그의 명성이 알려졌는데, 한욱은 힘써 옛 법도를 추구하고 세상에서 아름답게 꾸미거나 명예를 도둑질하는 자를 업신여겼다. 내가 보기에 이는 스스로 기이함을 만족해할 뿐 자랑하는 자가 아니었다. 그러나 이외에 다른 무엇을 지니고 있는지는 몰랐다. 간간히 그가 지은 잡된 문장과 시어를 보니 고색이 창연하여 사람 미간을 찔러 그가 잘하는 것이 글씨뿐만 아님에 놀랐다.[51]

이현환이 갑주 막사로 떠나는 한욱을 전송하며 써준 글의 일부이다. 화곡花谷 한욱韓旭은 군부에서 서리 역할을 했던 인물로, 김광익金光翼(1721~1772)과 금란사金蘭社를 결성하여 조선후기 여항문단을 이끌었던 인물이었다. 그에 관해서는 『풍요속선』 권3에 시가 두 편 소개되어 있으며, 술을 즐기고 기운을 숭상했으며 글씨를 잘 썼다고 간략히 되어 있을 뿐 다른 정보는 알 수 없다. 『풍요속선』의 언급처럼 한욱은 시명성 뿐 아니라 글씨로서 명성을 날렸던 인물이었다. 실제로 경남대학교 데라우찌 문고에 있는 『서화첩書畫帖』이라는 필첩에 한욱이 쓴 '한유韓愈의 「송동소남서送董邵南序」가 들어 있다. 한욱은 글 끝부분에 "때는 갑자년(1744) 1월로 화곡산인이 서호에서 쓴다[歲在甲子孟冬 花谷散人書于西湖]" 라고 기록되어 있는데, 여기서 서호는 경기도 안산의 지명으로 『섬와

---

51 『섬와잡저』, 「送韓君暉之甲山序」. 花谷韓君 閭巷之傑夫 嗜古毁俗 韜默不衒 人未之識也 而沾沾自喜不已 將赴甲州幕 謁余徵贐語 爲余雅賞 君亦久而後 知非淺之爲丈夫云者 始聞善書 花谷子力追古則 睨世之姸巧掠譽者 則余見以爲是足自奇而非夸者 然亦莫識其有他也 間見其所撰著雜文韻語 蒼然古色 刺人眉眼 則又驚其所工 非筆藝而已

잡저』에도 서호가 등장한다. 곧 한욱은 안산 서호에서 생활하며 이현환 등과 교유를 맺었던 여항의 시인이자 서예가로 파악된다. 『섬와잡저』에는 이상 살펴보았던 것처럼 여항의 인물 관련 정보 외에도 18세기 예술계를 주도했던 인물들의 기록도 포함되어 있다.

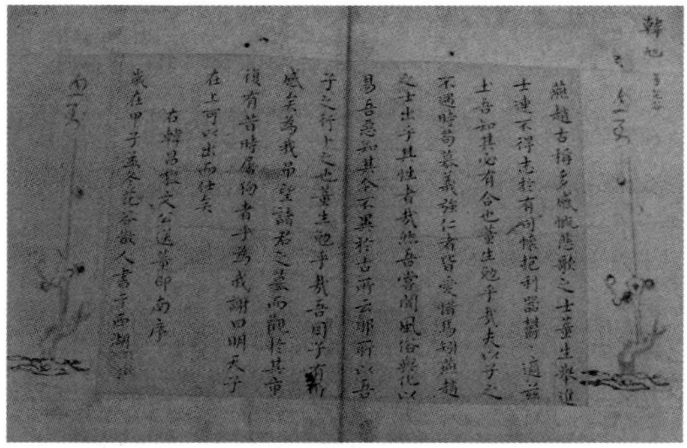

<그림 3, 『서화첩』 소재 한욱 글씨, 경남대 소장>

먼저 강세황 관련 정보를 주목할 수 있다. 강세황과 이현환은 동갑내기 벗이자 시회의 구성원이기도 하였다. 밀양 손씨 후손 가에 전하는 『칠탄정십육경七灘亭十六景』 화첩에는 칠탄정 십육경 그림이 두 폭이 있는데, 하나는 작자미상의 고색창연한 그림이고 나머지 하나는 강세황이 그린 것으로 앞의 그림보다 색도 선명하고 칠탄정의 정경이 잘 묘사되어 있다. 강세황이 칠탄정 그림을 그리게 된 배경에 대해서는 그간 미스터리였는데, 『섬와잡저』의 기록은 그 실마리를 제공해주고 있다.

<그림 4, 『칠탄정십육경』 화첩, 개인 소장 >

이현환이 손사익孫思翼(1711~1794)에게 준 서문인 「증

손진사사익贈孫進士思翼序」를 보면 영남 밀양 사는 손사익이 이현환의 거처 안산 송호에 와서 『칠탄정십육경』 화첩을 보여주어, 이별하는 날이 화첩위에 이현환이 제화시를 썼다는 기록이 있다.[52] 이현환과 손사익은 성균관에서 함께 공부하기도 했던 사이였는데, 밀양에서 직접 안산을 방문했던 것이다. 현전하는 손사익이 이현환에게 준 편지를 보면 손사익은 이현환을 방문하여 이 인연으로 당대 육기陸機와 육운陸雲 같은 문인들을 벗할 수 있었고 성호 선생을 알현하여 선대의 행장을 받았으며, 특히 이현환의 집을 방문하여 삼일 동안 주연에 참석하고 서호 근처의 훌륭한 승경을 마음껏 감상했다고 밝혀 두었다.[53] 손사익은 이현환 뿐만 아니라 성호에게도 이 화첩을 보여주고 제화시를 받았는데, 성호의 제화시는 앞의 고색창연한 화폭에 기록되어 있고 이현환의 제화시는 후자의 강세황의 그림 위에 강세황의 제화시와 따로 나란히 기록되어 있다.

이를 통해 보면 손사익은 집에 보관되어 있던 『칠탄정십육경』 화첩을 들고 와서 성호에게 보여주며 제화시를 받았고, 또 다른 화첩을 강세황에게 새로 요구하여 완성한 뒤 이현환과 강세황이 이 화첩에 동시에 제회시를 남겼음을 추측하게 한다. 이곳에 대한 추가적인 연구가 이루어져야하겠지만 어쨌든 간에 『섬와잡저』의 기록은 『칠탄정십육경』 그림에 대한 적지 않은 정보를 제공하고 있다. 이현환은 이 외에도 강세황에 대

---

52 『섬와잡저』, 「贈孫進士思翼序」. 向者 伯敬有事 訪余于松湖之榭 出示七灘亭十六景畵者 卽其五世祖聱漢先生遺基 而伯敬能堂構而莊修者也……相與大噱而罷 送行之日 遂題詩于十六景畵帖云爾

53 손사익, 『竹圃集』 권2, 「答李星叟壽煥」, 국립중앙도서관 소장본. 暑月蒸溽 敬問足下起居 不佞自以嶺陬冷跡 其窮甚矣 獨有沾沾喜 自謂平生有一事 蓋邂逅足下 友一代機雲 謁星湖先生 望泰山北斗 仍乞家先狀文 已拜賜得靈龜拱璧 旣又訪足下居 升堂拜春府執事 歷三日 醉酒飽德 遂縱觀湖海佳勝

한 정보를『섬와잡저』곳곳에 제시하였는데, 가장 주목할 만한 글은 강세황의 도장 새기는 기술에 대해 언급한「도장설」이다.

> 내 친구 광지光之 강세황姜世晃은 박학하여 시문을 잘 쓰고 기예가 많다. 도화와 전서의 공교함이 그 묘함에 이르지 않는 것이 없는데, 도장을 새기는 것에 있어서도 타고난 재능을 지녔다. 매번 문장을 짓는 틈에 돌을 구하면 새기니 칼을 놀리는 것이 여유로워 잠시 사이에 수십 개를 만든다. 그 기묘하고 정교하고 뛰어난 것이 거의 사람의 솜씨가 아니다. 이것이 어찌 정신을 수고로이 하고 힘을 피곤하게 한 것이겠는가?[54]

표암의 아들 강빈姜儐이 쓴 행장에도 "도장을 새기는 법은 漢魏시대 사람의 바른 법을 얻었다."라고 간략히 언급되어 있지만, 이현환의「도장설」에는 강세황의 박심함과 도장을 새기는 모습을 매우 사실적으로 묘사하였다. 실제로 강세황은 스스로 "나는 인장에 벽癖이 생긴 지가 오랜 세월이다"라고 하며 인장에 대한 애호를 밝힌 글도 있어 이현환의 증언과 일맥상통하고 있다. 실제로 인장에 관한 애호는 서화취미 증대와 함께 강세황. 이현환, 유경종, 이용휴 등 서울을 위시한 근기 남인들 사이에 확산되고 있었고 인장이 하나의 문학적 소재로까지 대두하고 있었던 바,[55] 이현환의「도

54『섬와잡저』,「圖章說」余友光之 博學 善詩文而多技藝 凡圖畵篆隷之工 無不各臻其妙 至於圖章之刻 天得也 每文字之暇 得石則輒刻 其游刃恢恢 俄頃數十餘 其奇巧精絶 殆非人工 是何勞其神而疲其力哉

55 박철상,「정조와 경화세족 장서인」.『문헌과해석』23. 문헌과해석사, 2003. ; 박철상,「표암 강세황가의 장서인.『문헌과해석』26. 문헌과해석사, 2004. ; 정은진,「18세기 近畿 지식인의 印章 관련 담론 연구」,『한국학논집』69호, 계명대 한국학연구원. 2017. ; 김동준,「海巖 柳慶種 가문의 印章 활용 양상에 대한 연구」,『한국문화연구』35집, 이화여대 한국문화연구원, 2018.

장설」 역시 이러한 당시 문화를 반영한다고 할 수 있다.

이현환은 허필에 대해서도 "연객煙客 허필許佖은 마땅히 표암과 함께 중국에 내달리면 동원董源과 거연巨然에 비견할 만하고, 심주沈周와 문징명文徵明을 종으로 부릴 수 있고, 우리나라 혼돈의 그림 구멍을 뚫어서 길 잃은 뗏목으로 바다를 건너고 흩어진 중들로 하여금 성인이 되게 할 수 있으니, 도회법문에 큰 공덕이 있음이 어찌 크지 않겠습니까?"[56] 라고 하며, 당대 화단에의 허필의 위상을 고평하였다. 이를 통해 보면 이현환 역시 서화에 대한 안목이 결코 작다고 평가할 수 없을 것이다. 사실 이현환이 이처럼 서화에 대한 안목을 겸비할 수 있었던 것은 강세황이나 허필 같은 벗들도 있었지만, 같은 집안의 인물이었던 이관휴의 영향이 절대적이었다.

실제로 『섬와잡저』에는 「근재문집서謹齋文集序」·「근재전謹齋傳」·「근재서謹齋序」·「근재설謹齋說」·「근재서화설謹齋書畫說」 등은 이관휴의 삶과 예술을 다룬 작품이 많다. 이관휴李觀休는 이현환과 같은 여주이씨 성호학파에 속한 인물이다. 그는 성호학파 내에서 허목의 뒤를 계승할 정도로 전서에 뛰어났으며, 서화수집에 몰두했던 일종의 서화수집가라고 할 수 있다.[57]

근재 이관휴李觀休공은 타고난 성품이 강직하여 세상에 나가기를 구하지 않았다. 스스로 고지식함을 받아들여 남에게 아첨하거나 비난하는 것을 좋아하지 않았다. 서화로 원유園囿를 삼고 한묵翰墨으로 생애를 삼았는데

56 『섬와잡저』, 「寄煙客求畫書」. 不佞嘗語人曰 烟客當與豹菴 並驅中原 肩比董巨 僕命沈文 鑿青丘混沌畫竅 而可使迷筏渡海 散僧入聖 圖繪法門 大有功德 豈不多乎哉

57 정은진, 「謹齋 李觀休의 서화수장 고찰-성호학맥의 서화에 대한 관심」, 『성호학보』 3집, 성호학회, 2006.

어려서부터 전서를 좋아하여 세상에 이름이 났다.[58]

근재공은 옛 서화를 많이 소장하고 있었는데 모두 보배스러운 것들이다. 그것을 상자에 보관한 것이 벌써 60~70년이 지났으니 반드시 신물神物이 지켜 보호한 것이다. 근재공은 어려서부터 글에 능하고 재예가 많았다. 하늘이 운명을 부여한 것이 어찌 유독 그로 하여금 이처럼 가난하고 출세하지 못하게 하였는가? 평생 집에 모은 것은 인간 세상에서 아주 보기 드문 보배들이었다. 그 보배 됨이 비단 돈이나 보석일 뿐만 아니니, 공의 낙척落拓하고 빈궁함은 오로지 조물주의 시기로 말미암은 것인가?[59]

이현환은 이관휴가 타고난 성품이 강개하고 세상에 부합되기를 구하지 않았기에, 사물에 의탁하여 스스로 즐길 만한 것을 찾고자 하였는데, 그 방법은 바로 서화書畵와 한묵翰墨에 몰두하는 것이었다고 규정했다. 이현환이 그를 두고 '서화로 원유를 삼고 한묵으로 생애를 삼았다'라고 하였듯이 이관휴는 노년이 되도록 글씨와 그림 축이 난만한 서화란의 세계에 묻혀 살았던 인물이었다. 실제로 성호학파 안에서 이관휴는 집안 선대의 작품은 물론 국내외 유명 서화작품들을 망라하였다. 그리고 그는 서화첩을 작성한 뒤에는 당시 안산에 세거하고 있던 친족들에게 열람시키고 품평을 부탁함으로써, 서화첩 제작과 그 의미

58 『섬와잡저』, 「謹齋傳」. 謹齋公 賦性狷介 無求於世 自許孤直 不喜呢訾 以書畵爲園囿 翰墨爲生涯 自少嗜篆文 鳴于世

59 『섬와잡저』, 「謹齋書畵說」. 謹齋公多畜古書畵 皆寶莊也 莊之篋笥 已過六七十年 亦必有神物護持焉 謹齋公自少能文翰 多才藝 天之賦命 何獨使窮賤如此也 平生家畜 人世所罕有之絶寶 其爲寶也 不特銀錢珠貝而已 則公之落拓貧窮 亶由於化翁之猜忌耶

를 주위의 인물들과 공유하고 개방하였다. 때문에 교유인물들의 미적 감식안을 제고시키는 데에도 영향을 주었던 것으로 보인다.

『섬와잡저』에 등장하는 「도산도맥첩발陶山道脉帖跋」·「여강세첩발驪江世帖跋」·「근재공전서발謹齋公篆書跋」·「소릉공간첩발少陵公簡帖跋」·「발한석봉서첩跋韓石峯書帖」·「여강세첩서驪江世帖序 사륙四六」·「해동화첩서海東畵帖序 사륙四六」은 전부 이관휴가 정리한 서화첩에 이현환이 평론을 한 것이다. 이현환은 「발한석봉서첩跋韓石峯書帖」에서 "아! 권재공虞齋公이 출현한 것은 장씨莊氏의 행운이었다. 근재공은 거의 한호로 하여금 지하에서 기뻐 뛰게 할 터이니, 그 전함이 사사로운 것이 아니다."[60]라고 평한 바 있다. 남송南宋 때 인물 임희일林希逸(1193~1270)이 등장하여 『장자莊子』의 주석서인 『장자구의莊子口義』를 저술하여 장자의 가치를 부각했던 것처럼, 근재공 역시 한호의 가치를 부각시켰기 때문에 이관휴의 서화수장은 단지 개인적인 차원에 머물렀던 것이 아니라는 의미이다. 곧 이현환은 이관휴의 서화수장은 공적인 의미에서 그 가치를 지닌다는 의의를 부여했던 것이다.

4. 맺음말

이상 살펴 본대로 『섬와잡저』는 성호의 문인 이현환李玄煥이 남긴 잡저로, 18세기 경기도 안산을 배경으로 하는 근기 지역 문화를 이해하는 데 일독할 만한 문헌이다. 하지만 이현환은 성호학파 내에서 그리 주목받지 못

---

60 『섬와잡저』, 「跋韓石峯書帖」. 噫 虞公出 莊氏之幸也 謹齋殆令石峯雀躍於九原之下 其傳不可私也

한 인물이었다. 벗 신광수는 이현환을 그리워하며 보낸 시에서 이현환의 외모를 아래와 같이 평가했다.

> 성수星叟는 수염이 덥수룩하고
> 칠척七尺의 장신을 타고 났네
> 나직히 읊조려도 소리가 문을 넘고
> 적은 양의 술에도 얼굴이 붉어진다네[61]

둘이 서로 헤어져 만나지 못함을 노래한 시에서 신광수는 이현환이 큰 키에 수염이 무성하고, 목소리는 우렁찼으며 적은 양의 술에도 얼굴이 붉어졌다고 술회하였다. 강세황 역시도 "학서자鶴西子여! 어떡할꼬, 취하여 갓이 떨어지네."[62]라고 하며 시회 도중의 이현환의 모습을 시로 담기도 하였다. 강세황이나 신광수 등이 이처럼 솔직하게 그의 모습을 시로 표현할 수 있었던 것은, 그만큼 마음을 나눌 수 있었던 벗들이었기에 가능했을 것이다.

하지만 강세황이나 신광수의 명성이 세상에 드러났던 것에 견주어 이현환은 보통 사람들처럼 그저 세상에 묻혀 있던 존재였다. 이현환은 "대개 생각해보니 예부터 재주를 지닌 사람들은, 반드시 세상에서 자기를 알아주는 사람을 기다려야 하네."라고 말한 바 있다. 이 말은 예나 지금이나 통하는 고금의 이치이기도 하다. 실제로 이현환 주위에는 봉황처럼 뛰어난 인물이 많았음에도 불구하고 그 가치를 인정받지 못

---

61 신광수, 『石北集』 권3, 「寄星叟」, 한국고전번역원. 星叟鬢髥好 天然七尺身 微吟聲出戶 少酒面如…

62 강세황, 『표암유고』 권3, 「偶集檀園 以空山無人 水流花開 分韻各賦 得人字」, 한국학중앙연구원. ……聯牋各拈韻 吟咏爭紛繽 如何鶴西子 醉倒墮冠巾

하는 사람들이 많았다.

이는 이현환 자신에게도 다르지 않았다. 때문에 그는 "나의 시를 보고서 나의 눈으로 하나의 자운子雲이라 여기고, 나의 시를 읊고서 나의 귀로 하나의 자운子雲이라고 여기는 사람이다."라고 위안한 바 있다. 알려진 대로 자운은 한漢나라 양웅揚雄(BC 53~BC 18)의 자이다. 양웅이 『태현경太玄經』을 짓자 당시 사람들이 비웃었는데, 양웅은 후대에 자운이 다시 나타나면 반드시 이 책을 인정해줄 것이라고 응수한 바 있다. 결국 이현환 자신의 경우는 자신을 알아줄 이가 없어 오로지 스스로의 눈과 귀로 자신을 위로할 수밖에 없었지만, 사실 그는 주위 인물들의 양웅이 되기에는 주저하지 않았다. 때문에 이현환은 『섬와잡저』를 통해 근기 지식인들의 사상, 문학, 예술상을 담고자 하였다.

따라서 『섬와잡저』를 저자의 호흡에 따라 내용을 읽어간다면, 이현환 개인은 물론이거니와 성호를 위시한 여주이씨 학인學人들의 사상과 문학, 예술 등 18세기 근기지역 모습을 다각적으로 파악할 수 있을 것이다. 아울러 그의 글 속에 등장하는 인물들의 인간적 면모와 문예적 가치를 보다 깊이 있게 이해하는 계기가 될 수 있을 것이다.

번역 및 원문

1. 이오당 이야기

二梧堂記

나의 친척 중에 성원聖源[1]이란 자가 있었는데, 경기도 안산 정지동井之洞에 당堂을 세우고, 그 앞에 오동나무 두 그루를 심고서 '이오당二梧堂'이라고 이름하였다. 하루는 나와 뜻을 같이하는 친구 여러 명이 이오당에 놀러 갔는데 밤이 되자 달빛이 너울거리며 당의 처마로 스며들어왔다.

이때 주인이 일어나 나를 보고 말하기를 "오동나무 그늘이 땅에 가득차고, 산의 달빛이 어른거리니 그대는 감상해 보시게나!"라고 하였다. 이에 내가 "오동나무를 심은 이유가 그늘을 취하고자인가"라고 묻자, 성원은 "봉황 때문일세. 지금 비록 봉황은 없지만 이 경치를 어찌 즐기지 않을 수 있겠는가?"라고 대답했다.

내가 다음과 같이 말하였다.

"알겠네. 비록 그렇지만 시절에는 막히고 펴질 때가 있고, 도에는 드러나고 숨겨질 때가 있으니, 우아한 걸음걸이로 순임금에게 예를 갖추어 춤을 추고, 조화로운 가락에 맞추어 문왕께 상서롭게 할 것이 어찌 없을 줄 알겠는가? 순임금과 문왕은 산 동쪽 조양朝陽의 오동나무였다.[2] 그러므로 순 임금의 뜰에는 춤추는 봉황이 있었고, 문왕에

---

1 성원聖源 : 이용징李龍徵을 말한다. 본관은 여주驪州, 호는 이오당二梧堂이다. 성원聖源은 그의 자이다.

2 순임금과~오동이었다 : 조양은 아침 해가 먼저 비추는 산의 동쪽을 가리킨다. 『시경』「대아大雅 권아卷阿」에 "봉황이 우니 저 고강이로다. 오동나무가 자라니 저 아침 해가 뜨는 동산이로다.[鳳凰鳴矣 于彼高岡 梧桐生矣 于彼朝陽]"라고 하였는데, 훌륭한 신하가 명군明君에게 지우知遇를 입는 것이나 걸출한 인재가 정직하고 과감하게 간언諫言하는 것을 비유하는 말로 쓰인다.

게는 기산岐山에서 우는 봉황이 있었고,[3] 고요皐陶와 기夔·주공周公과 소공召公에게는 고강高崗에서 우는 봉황이 있었다.[4] 봉황같은 사람이 봉황을 오게 하였으니 봉황이 날아든 것은 마땅하다.

주나라가 서쪽 호경에서 동쪽 낙양으로 도읍을 옮기면서부터 오동나무는 가을이 되고 말았다. 공자는 성스러운 봉황이고, 안연과 맹자는 어진 봉황인데도 혹은 팔꿈치를 베고서 늙었으며,[5] 혹은 누추한 거리에서 곤란을 당했고,[6] 혹은 수레를 타고 천하를 돌아다니면서[7] 생을 마감했으니 봉황의 덕이 쇠한 것이다.

산 동쪽의 오동나무가 가을이 되어 다시 봄이 되지 못하고 있다. 더러는 오동나무를 베어서 홀[圭]로 삼고, 더러는 오동나무를 깎아 돌을 두드린다. 오동나무를 심은 이유가 물건으로 쓰고자 한 것이지 봉황 때문은 아니니, 봉황이 오지 않음이 마땅하다. 한나라 이후로 참새를 봉황으로 여기기도 하고, 혹은 들판의 새를 봉황으로 여기고 있

---

3 문왕에게는~있었고 : 주周나라 문왕文王 때 봉황이 기산岐山 아래에 날아와 울었다 한다.

4 고요皐陶와~있었다 : 고요皐陶와 기夔는 순舜 임금 때의 훌륭한 신하이며, 주공周公과 소공召公은 문왕의 아들이자 주나라를 세운 무왕의 동생이다. 주나라 무왕을 도와 주나라를 건설하는 데 조력했으며, 무왕 사후에는 어린 성왕成王을 도와 낙양에 도읍都邑을 새로 정하고 정치를 보좌했던 신하들이었다.

5 혹은~늙었으며 : 공자가 "거친 밥을 먹고 물을 마시고 팔을 굽혀서 베더라도 즐거움이 그 가운데 있으니, 의롭지 않으면서 누리는 부귀는 나에게는 뜬구름과 같다.[飯疏食 飮水 曲肱而枕之 樂亦在其中矣 不義而富且貴 於我如浮雲."라고 한 구절을 말한다. 『논어』「술이述而」에 나온다.

6 혹은~당했고 : 공자는 "한 대광주리의 밥과 한 표주박의 물을 먹으며 궁벽한 시골에서 사는 것을 다른 사람들은 견디지 못하는데 안회顔回는 그 즐거움을 고치지 않았다.[一簞食 一瓢飮 在陋巷 人不堪其憂 回也不改其樂]"라고 하였다. 『논어』「옹야雍也」에 나온다.

7 혹은~돌아다니면서 : 공자는 인의의 정치를 실현하기 위해 수레를 타고 춘추시대를 돌았던 바, 이를 지칭하여 철환천하轍環天下라고 한다.

으니 오동나무를 심지만 장차 어디에 쓸 것인가?

우리나라에 어찌 또한 봉황과 같은 사람이 없겠는가? 도덕을 갖춘 봉황이 있고, 충의를 갖춘 봉황이 있고, 문장을 갖춘 봉황이 있다. 도를 통해 오게 하지 않으니, 이미 가을이 된 오동나무가 어찌 봄이 될 수 있겠는가? 또한 봉황 때문이라면 오동나무 한 그루로도 족하다. 무엇 때문에 두 그루나 심었는가?"

성원이 대답하기를 "한 그루는 봉황 때문이고, 한 그루는 거문고 때문이다."라고 하였다.

나는 말하였다.

"봉황이 오지 않으면 누가 거문고를 알겠는가? 그런데도 만약 그대가 거문고를 좋아한다면 봉황을 기다리는 것이 마땅하다. 무릇 거문고는 군자가 즐기는 것이다. 봉황과 같은 사람이 있은 이후에야 능히 거문고를 알 것이다. 그대가 오동나무를 깎아서 거문고를 만든다면 그 소리가 쟁그랑 맑고 시원히 울려서 마치 난새와 봉황이 우는 것 같을 것이다. 진실로 우리 임금에게 남훈금南薰琴[8]를 만들어 올려 봉황을 오게 하는 곡조를 연주한다면, 반드시 순임금과 문왕의 봉황을 이르게 할 수 있을 것이다. 그대는 잘 도모해 보게나."

서로 크게 한바탕 웃고 난 이후에 마쳤다. 성원이 나에게 서문을 청하였기 때문에 비로소 이와 같이 쓰노라.

---

8 남훈금南薰琴 : 순舜 임금이 오현금五絃琴을 타면서 노래하기를, "남풍南風의 따뜻함이여, 우리 백성의 재물을 늘리고 우리 백성의 불평을 푸는도다."라고 하였다.

吾宗有聖源者 築堂于井之洞 植二株桐於堂之前 仍以名焉 一日余與同志數人 往遊於二梧堂 至夜而月影婆娑 轉入軒戶 于時也 主人起而視之曰 梧陰滿地 山月徘徊 子其視之 余曰 植梧取陰乎 曰爲鳳也 今雖無鳳 此景豈不樂乎 余曰諾 雖然 時有丕泰 道有顯晦 安知無蹌蹌而儀乎姚 噦噦而瑞于姬者耶 舜文朝陽之梧桐也 故舜有儀庭之鳳 文有鳴岐之鳳 皐·夔·周·召·高崗之鳳凰也 鳳以致鳳 鳳之至 宜哉 自周之東 梧桐秋矣 孔子鳳之聖 顏孟鳳之賢 而或老於曲肱 或困於陋巷 或卒於轍環 則鳳之德 衰矣 朝陽之梧桐 秋而不復春矣 或剪桐而爲圭 或刻桐而叩石 其植也 爲物而非爲鳳也 鳳之不至也 宜哉 自漢以下 或以鷃雀爲鳳 或以野鳥爲鳳 植梧而將焉用哉 至於我東 亦豈無鳳 有道德而鳳者也 有忠義而鳳者也 有文章而鳳者也 而致之亦不以其道 旣秋之桐 安得復爲春乎 且也 爲鳳則一梧足矣 奚爲二哉 主人曰 一爲鳳 一爲琴 余曰 鳳不至 則孰知琴乎 然子若好琴 則待鳳宜矣 夫琴者 君子之樂也 人之鳳而後 能知琴焉 子其削桐而造琴 則不但其聲之鏗然冷然 若鸞鳳之鳴 苟能獻吾王作南薰琴 而奏致鳳之曲 必致儀庭鳴岐之鳳 子其圖之 相與大噱而罷 聖源請序於余 故遂爲之識如右

2. 서호창수록 서문

西湖唱酬錄序

무릇 시의 묘미는 산수에 깃들어 있다. 그 모습은 다양하게 변화하며 그 경계도 끝까지 궁구하기 어렵다. 바라보면 정신이 용솟음치고 다가서면 마음이 융화된다. 시와 산수 이 둘이 서로 만나서 정신과 기운이 서로 모이고 경치와 흥취가 서로 드러나니, 이는 진실로 그렇게 하지 않으려 해도 그렇게 되는 것이다. 대개 조물주는 오로지 신령스럽고 아름다운 기운을 산수에 모이게 하였으니 산수가 있는 곳이라면 시가 없을 수 있겠는가?

슬프구나! 천하에 시가 없어진 지 오래되었구나. 시를 잘 짓는 사람도 드물 뿐만 아니라, 진실로 그 묘미를 알고 깊이 좋아하는 사람도 전혀 없다. 나는 시의 도가 진작되지 않은 것은 사람들이 진실로 산수를 많이 외면하기 때문이라고 생각한다.

나는 경기도 안산 서호西湖에 살았는데, 서호의 산수는 평소 우리나라에서 훌륭한 경치라고 일컬어졌다. 홍치경洪致卿[9]과 그의 숙질, 그리고 형제 등 여러 사람이 또한 함께 하목정霞鶩亭에 살고 있어서 서로의 거리가 그리 멀지 않았다. 나는 홍씨의 여러 군자들과 세교가 있었고 또 산수의 마을에 서로 인접해 있었다. 게다가 여러 군자들은 모두 시를 업으로 삼았다.

이에 나는 군자들과 만날 때마다 시를 지었으니 훈지壎篪가 번갈아

9 홍치경洪致卿 : 홍중효洪重孝의 아들 홍처보洪處輔(1715~?)를 말한다. 본관은 풍산豐山이며, 치경致卿은 그의 자이다. 형은 홍우보洪友輔·홍래보洪來輔·홍철보洪哲輔가 있으며, 동생은 홍수보洪秀輔와 홍화보洪和輔가 있다.

연주하는 듯,[10] 구슬이 서로 어리어 있는 듯했다. 혹은 서로 산마루를 오르기도 하고 강에서 노닐기도 하였는데, 산수의 그윽한 조화와 기이한 형상에 우리는 그 오묘함을 찾아내고 그 뜻을 표현했다. 글을 짓고 말로 엮어 낸 것들이 진실로 조화에 참여하고 귀신을 놀라게 하는 것은 어려우나, 사물에서 느낀 시인의 감회와 풍자에 뛰어났던 『시경』의 정신이 깃들어 있었다. 또한 사람으로 하여금 성률 밖에서 일창삼탄一唱三歎하게 하니, 진실로 시도詩道를 알고 시를 좋아하는 사람이라고 할 만하다. 또한 시를 아는 것이 참되며, 시를 좋아하는 것이 독실하여 얻는 것이 바르고 이룩한 경지가 깊다고 하겠다.

아! 홍치경 등 여러 군자들은 지은 시가 있을 때마다 나에게 화답하기를 요청했다. 그 시를 읽어보니 청광淸曠하면서 경절警絶하며 격조는 우아하고 품격은 높으며, 생각은 깊고 운치는 원대하였다. 또한 말은 다하였으나 뜻은 다하지 않고, 곡은 마쳤으나 남은 울림은 더욱 낭낭하여 그윽한 뜻과 질탕한 흥취를 상상할 수 있었으며, 창연한 색감과 빼어난 기운이 노추鑪錘와 기저機杼[11] 밖에 흘러넘쳤다.

아! 산수를 유람하는 사람이 모두 시를 짓는 것은 아니고, 시라고 해서 모두 산수를 읊은 것도 아니다. 또한 시와 산수 이 둘이 겸비되었다고 하더라도 모두 동지同志가 시를 주고받는 것이 아니니, 지금은 대개 좋은 일들이 모두 겸해진 것이다. 매우 희귀하고 드문 경우라

---

10 훈지가~연주하는 듯 : 훈지는 악기 이름으로 훈壎은 흙을 구워서 만든 질 나팔이고, 지篪는 대나무로 만든 피리이다. 『시경』「소아小雅 하인사何人斯」에 "형은 훈을 불고 동생은 지를 분다.[伯氏吹壎 仲氏吹篪]"라고 하였는데, 서로 조화된 음률을 이룬다는 뜻에서 형제간에 화합하는 것을 비유하는 말로 쓰인다.

11 노추와 기저 : 노추鑪錘는 달구고 저울질한다는 뜻으로 문장의 단련을 뜻하며, 기저機杼는 베틀과 북이라는 뜻으로 문장을 구성하는 기량을 말한다.

할 만하다.

무릇 사물 중에서 얻기 힘들고 희귀한 것은 사람들이 반드시 귀중하게 여긴다. 때문에 나는 이 시편이 전해질 것을 의심하지 않는다. 또한 시의 도가 오늘날 다시 진작되었고 우리들은 또한 서호의 산수를 외면하지 않았다고 할 수 있다.

드디어 각각 시편 한 책을 만들어서 훗날 헤어진 후 그리울 때 이것으로 얼굴을 대신할 수 있는 방법으로 삼는다면, 시의 묘미가 단지 훌륭한 산수에 있는 것만이 아니라 오직 서로 권면하고 경계하는 사이에도 있으니 어찌 즐겁지 않겠는가?

생각해보니 나와 홍치경 등 여러 군자는 나이가 서로 같고 뜻도 서로 같으며, 거처하는 곳도 서로 같아서 서로 시로 노닐었다. 자갈과 기와가 큰 보물 사이에 끼여 있어도 해가 되지 않을 것이다. 드디어 기록한다. 경신년庚申年[1740] 8월 초 9일이다.

夫詩之妙 寓於山水 其爲態多變 其爲境難窮 望之而神聳 即之而心融 二者相値 而精氣互注 景趣交發 是固莫之然而然者矣 蓋造物者 專以神秀淑麗之氣 鍾於山水 有山水而可無詩乎 噫 天下無詩 久矣 不惟能之者鮮 眞知其妙而篤好之者 絶無其人 余謂詩之道不振 人之負山水也 固多也 余居于西湖 西湖之山水 素稱我東之奇勝 而洪致卿叔侄昆季諸人 亦同居乎霞鶩之亭 相距莽蒼 余與數君子有世好 而又接隣於山水之鄕 且也數君皆業詩 余與數君會 輒有詩 壎篪迭奏而珠璣交映 或相與陟其巓而泳其波 幽閒之化 奇崛之形 抽其玄而瑰其志 其摛辭屬語 固難參造化驚鬼神 而有騷人感物之懷 風詩善謔之意 又使人一唱三歎於聲律之外 則亦可謂眞知詩道而篤好之者歟 知之眞 好之篤 故得之正而造之深 嗟夫 數君有所詠 輒

要余和之 讀之 淸曠警絶 調雅而格高 思深而致遠 言盡而意不窮 曲盡而響逾亮 想見其幽遠之意 跌宕之興 而蒼然之色 挺然之氣 流動溢發於鑪錘機杼之表矣 噫 遊於山水者 未必皆詩 作詩者 未必皆山水 能是二者 未必皆與同志而唱和 則盖好事兼之者 可謂至難得而極希有也 凡物之難得而希有者 人必貴而重之 余知此編之傳 無疑矣 且謂詩之道 不振於今日 而吾輩亦不負於西湖之山水矣 遂各爲一冊 以備他日別後之顔 則詩之妙 不但在於山水之勝而已 亦惟在於交相勉戒之間 豈不樂乎哉 顧余於數君子年相同也 志相同也 居相同也 而又從而詩以同之 則不害爲瓦礫之厠於拱璧也 遂識之 庚申八月初九日

3. 삼두회 서문

三豆會序

성호星湖 이익李瀷[12] 선생께서 일찍이 내게 말씀하시기를, "나도 고기 맛을 알기로는 남들의 기호와 같지만, 음식이란 입으로 씹어 목으로 넘기면 고기와 나물이 마찬가지라네."라고 하셨다. 나는 일찍이 이 말씀을 명심하였다. 선생은 몇 이랑의 밭이 있어 콩을 심었으니, 콩은 대두大豆이다. 매년 그것으로 경비를 충당하였고, 한 번은 '반숙가半菽歌'를 지어 벽에 붙여 놓고 종친들에게 화답하게 하였다. 또 이듬해에는 '삼두회三豆會'를 열어 종친들을 불러 즐겼으니, 하나는 콩을 갈아 죽을 만든 것이고, 하나는 절여서 무침을 만든 것이고, 하나는 메주를 띄워 소금을 치고 볕에 말려서 장을 만든 것이다. 이에 세 그릇에 담아 여러 종친을 대접하였는데 밤이 이슥하여 끝냈다. 이 세 가지 콩 음식을 씹어 목으로 넘기니 또한 고기나 채소와 무엇이 다르겠는가? 선생께서는 구하기 쉽고 비용이 적게 드는 점을 취하여 이 모임을 개최하고, 또 그것을 가법家法으로 전수하였던 것이다.

아! 빈궁함은 옛 군자들도 어쩌지 못한 것이니, 세상에 부귀한 사람은 적고 빈천한 사람은 늘 많다. 그러니 빈천이 근본이요, 부귀는 늘 할 수 없는 것이다. 좋은 옷에 좋은 밥은 군자가 부끄러워하는 것이다. 선

---

12 이익李瀷(1681~1763) : 본관은 여주驪州, 자는 자신自新, 성호星湖는 그의 호이다. 남인南人 실학자로 숙종 경신환국 때 부친 이하진李夏鎭(1628~1682)은 평안도 운산으로 유배 가서 이곳에서 생을 마감했고, 둘째 형 이잠李潛(1660~1706)마저 장희빈의 소생 경종을 옹호했다는 이유로 곤장을 맞아 목숨을 잃는 비운을 맞게 된다. 이를 계기로 벼슬에 대한 미련을 버리고, 경기도 안산의 첨성리에 은거하여 학문을 연마하고 후학을 양성하였다. 저서로는 『성호사설』·『곽우록藿憂錄』·『성호선생문집』 등이 있다.

생은 가난함 속에서도 태연히 사셨으니 비록 삼두회를 열었더라도 그 것은 형편이 그러한 것이지 사람들이 칭송할 것은 아니다. 그러니 이 모임으로 또한 어찌 선생의 덕이 검소하다고 할 수 있겠는가?

그렇다면 선생은 무엇을 취하신 것인가? 대개 사람의 삶이란 오직 재물을 써야 하니, 그 씀씀이에 절도가 없으면 재물이 다하고, 재물이 다하면 삶을 영위할 수 없는 것이다. 때문에 집안의 조그만 텃밭 소출로 반드시 삼두회를 열었던 것이다. 그 모임에는 젊은이나 늙은이가 함께 모여 해박한 지식과 웅대한 언사로 크디크게 오직 옛것을 이야기하였다. 그 모습이 옛스러우며 적절히 헤아려 처리함이 말마다 법도에 맞아서 감화되는 자가 많았으니, 삼두회를 연 것이 과연 어떠한가?

지금 경기도 일대에는 흉년이 들어 수많은 집이 흩어져 떠돌며 아침에 저녁 끼니를 생각하지 못한다. 애석하다! 선생께서 삼두회를 연 뜻이 온 나라에 시행되고 온 백성을 구제하여 물에 빠진 사람에겐 커다란 뗏목이 되고 위독한 병엔 신묘한 약제가 되면 좋으련만 그렇게 되지 못하고 있다. 저 훌륭한 밥상을 대하는 자들은 편안히 근심하지 않으니 또한 무슨 마음인가? 옛말에서 이르기를, "고기를 먹는 자는 그 뜻이 비루하니, 콩잎을 먹는 자가 일을 도모한다."[13]라고 하였다.

대개 일을 도모함에 고기 먹는 자와 콩잎 먹는 자를 어찌 가릴 것인가? 백성은 건드려주면 표현하고 안아주면 실토하니, 진실로 나라

13 옛말에서~도모한다 : '콩잎을 먹는 자'란 야인野人을 이른 것으로, 관리를 뜻하는 '고기 먹는 자'와 상대적인 말이다. 『춘추좌씨전春秋左氏傳』「장공莊公 10년 조」에 제齊나라와 노魯나라가 싸울 때, 사람들이 조귀曹劌에게 묻기를 "고기 먹는 자들이 잘 알아서 할 텐데, 또 무엇 하러 끼어드는가."라고 하자, 조귀가 대답하기를, "고기 먹는 자들은 식견이 낮아서 큰 계책을 내지 못한다."라고 말한 바 있다.

와 백성에 이롭게 하고자 한다면 콩잎을 먹는 자와 고기 먹는 자가 한가지인 것이다. 고기를 먹는 자는 진실로 콩잎을 취할 수 있지만 저들은 자진해서 고기를 먹고 콩잎을 먹지 않는 것이다. 우리는 자진해서 콩잎을 먹고 스스로 금하니 고기 먹는 자도 도모하지 못하고 콩잎 먹는 자 또한 마땅히 도모하지 못한다. 지붕만 쳐다보며 탄식함만 있고 관문을 두드리며 호소하는 일은 드무니, 비록 성인과 현인이 있더라도 일을 이루지 못할 것이다. 아! 드디어 서문을 쓴다.

星湖先生 嘗謂余曰 吾能知肉之味 猶人之嗜好 而凡飮食咀嚼而下咽 肉與蔬一也 余嘗佩服於斯矣 先生有數頃田 種以菽 菽大豆也 每歲充爲經用之資 嘗作半菽歌 題于壁 使宗人和之 越明季 又設三豆會 會宗族以娛之 盖一以糵爲粥 一以淹爲菹 一以罨黃加塩 曝之成醬者也 於是備三器而餉諸族 竟夕而罷 三豆之咀嚼下咽 亦與肉與蔬 奚異哉 先生取其辦易而費省 旣設斯會 而又傳爲家法 噫 貧屢 古君子所不免 天下富貴少 貧賤常多 貧賤其本也 富貴非其常也 華衣華食 君子恥焉 則先生屢空恒居 雖設豆勢也 人不足稱 而玆會也 亦何足爲先生之德之儉乎 然則先生奚取焉 盖人之生 惟財是用 用不節則匱 財匱則無以爲生 故家有擔石 必設豆而會之 其設也 少長咸集 淹博宏辭 嘐嘐然 惟古是譚 酌量擘畫 言言中規 觀感而化之者多 豆會之設 何如哉 目今王畿歲饑 萬室仳離 而朝不謀夕 惜乎 先生此意 不能施於邦國 利濟萬姓 以爲溺人之巨筏 急症之妙劑也 彼侊飯華膳者 晏如而莫之憂焉 抑何心哉 古人云肉食者鄙 故藿食者謀之 夫謀 藿肉奚擇 有觸則發 有抱則吐 苟利於國與民 藿猶肉也 肉食者 良乃能采藿也 彼自肉而禁藿 我自藿而自禁 肉不謀 藿又不當謀 有仰屋而歎 尠叩關而譚 雖神聖大賢在 事蔑以濟 嗟夫 遂爲之序

4. 손사익에게 증정한 서문

贈孫進士思翼序

대저 영남嶺南 지역은 명산이 광대하게 연결되고 큰 시내가 흘러 모여 모두 예전의 어진 선비들이 태어나 사색하며 거처하던 곳이다. 대개 청숙淸淑한 기운이 꿈틀거리며 힘차서 명망과 덕행을 갖춘 선비를 그 사이에서 양성할 수 있었기 때문이다. 그래서 한 번 큰 유람을 나서지 못한 자들이 영남의 길에 오고 가는 일이 종종 있었다.

내 나이 스무 살 때 영남에 일이 있어서 풍기와 영주를 거쳐 부석사와 취원루를 올라 보고 돌아왔으나, 계곡과 강가를 두루 다니고 현인들이 지팡이 짚고 나막신 신고 다니던 지역에서 맑은 먼지를 밟아 보지 못했으니 애석하다.

그런데 나의 벗 밀양密陽 백경伯敬 손사익孫思翼[14]은 박아博雅한 선비로 시문詩文을 잘한다. 내가 성균관에 있을 때 『몽택집夢澤集』을 가져다 보니[15] 획을 긋듯 법도를 지키고 공을 굴리듯 작용이 원활하여 신묘하게 변화하는 것은 운무 속에 새가 보였다 사라졌다 하여 이루 다 헤아릴 수 없는 것과 같았다. 대개 그 체제가 여유가 있으면서도 세밀하고 문장을 아로새기는 것은 풍부하여 작자의 법도를 열었기 때문

---

14 손사익孫思翼(1711~1794) : 본관은 밀양密陽, 자는 성모聖謨·백경伯敬, 호는 죽포竹浦·몽택夢澤이다. 성호 이익의 문인으로, 저서 『죽포집竹浦集』이 전한다.

15 내가~보니 : 손사익의 『죽포집竹浦集』 권2에 이현환에게 쓴 「답이성수현환서答李星叟壽煥書」라는 편지가 전한다. 이수환은 이현환이 젊은 시절 사용했던 이름인데, 이 글에 의하면 이현환이 자신의 글을 너무 과찬했다고 하면서 "세상에 어찌 『몽택집』이 있겠는가? 크나큰 부끄러움과 후회를 감출 수 없다.[但足下懃懃眷愛於友道至矣 而獨謬獎過甚 世豈有夢澤集 既大慙又大悔 其不閟也]"라고 자신의 심회를 밝히고 있다. 이를 통해 보면 『몽택집』은 손사익의 젊은 시절 글들을 모은 문집으로 보인다.

이니 '대아大雅는 짝할 수 없다.[16]'라고 이를 만하다. 비록 스스로 높여서 오만하게 한 시대를 바라본다고 해도 지나친 것이 아니다.

매번 마음에 들어맞는 것이 있으면 읊어 사물을 대할 때마다 소재로 취하고 백여 편을 냈다. 흘러넘치고 끊임없는 산천과 인물에 대하여 그 형세를 기록하고 그 행실을 표현하였으니, 시문을 그만둘 수 없음이 이와 같다.

지난번에 백경伯敬이 일이 있어 안산 나의 송호松湖 정자를 방문했다가 『칠탄정십육경七灘亭十六景』 그림을 보여주었으니 곧 그의 5세조인 오한聱漢 손기양孫起陽[17] 선생이 남긴 터전으로 백경伯敬이 집을 짓고 은거하며 학업에 전념하는 곳이다. 산수가 아름다워 종종 정신과 몸이 초연해지는 듯했다. 자세히 그곳을 살펴보니 시내와 골짜기의 안개와 노을은 조석으로 띠를 두른 것 같아 황홀하여 마치 흐르는 물에 다다라 노래를 부르는 것 같고 묘연渺然하여 천리에 강호江湖를 생각하게 하여, 이 경치를 보는 사람들이 선생의 유풍遺風을 존경하고 고산유수高山流水 사이에서 서성이며 돌아보고 잊지 못하게 한다.

---

16 대아大雅는~없다 : 한나라가 흥성하여 효제·평제에 이르러는 제후국의 왕이 백이나 될 정도였다. 그러나 오직 대아大雅만이 짝할 수 없자, 하간헌왕河間獻王이 가까이 했다고 한다.[漢興 至於孝平 諸侯王以百數 唯大雅不羣 河間獻王近] 『전한서前漢書』에 나온다.

17 손기양孫起陽(1559~1617) : 본관은 밀양密陽, 자는 여중汝重, 오한聱漢은 그의 호이다. 그는 조선 선조 때 문과에 급제하여 요직을 거쳤고, 임진왜란 때는 의병을 조직하여 충의를 떨치기도 하였다. 칠탄정은 광해군의 계속된 실정失政으로 손기양이 1613년 요직을 거절하고 고향 밀양으로 돌아와 마을 남쪽 진암 아래 칠 리에 흐르는 맑은 시냇물에 취하여 '칠리탄'이라 이름하고, 그 언덕에 세운 정자 이름이다. 현재 경남 밀양시 단장면 미촌리에 소재해 있다. 밀양 손씨 후손 가에는 손사익이 이현환에게 보여주었던 『칠탄정십육경화첩』을 비롯하여, 강세황이 새로 그린 『칠탄정십육경화첩七灘亭十六景畵帖』이 전해지고 있다. 특히 강세황이 그린 그림에는 이현환의 제화시가 강세황의 제화시와 함께 들어 있다.

손사익이 기쁜 모습으로 나를 보고 다음과 같이 말하였다.

"주위의 문장가들이 또한 간간이 이곳을 찾아 머물며 글을 지어 나를 위해 읊조려 주었네. 간혹 사람들의 입에 흥미진진하게 회자되는 것도 있었다네. 그러나 진실로 현인과 호걸들이 모여서 이름난 문장과 빼어난 글로 산수를 표현하고 인간 세상을 성대하게 하는 것이 아니라면 칠탄정을 위해 기운을 토해내기 부족할 것이니, 거의 연꽃이 진흙에게 더럽혀지고 한단邯鄲의 미인이 마구간 하인에게 욕을 당한 것[18]에 가깝지 않겠는가!"

그렇지만 사방의 벼슬아치들이 기약하지 않아도 모여드는 자가 많았다. 이를테면 화창한 봄날에 긴 하늘이 사방에 드리우고 저무는 해는 산마루에 걸려 있고, 붉은 절벽과 푸른 골짜기가 보여 영롱하고 층층 절벽의 늙은 나무는 솟아 날아오르고, 중첩된 난간의 웅장하게 지은 집은 산을 의지해서 교태를 부리며, 기이한 꽃과 풀은 구름을 헤치고 무성하였다. 이때에 시인들은 모여들어 술잔과 산가지를 들고 운을 내어 시를 읊조리다가 밤이 다해야 마치니 손사익의 문장이 호탕한 것은 당연한 것이다.

그러나 칠탄정이 어찌 손사익을 윤택하게 했겠는가! 대개 천지의 지극한 문장을 만나는 때가 있었을 것이다. 항상 남방의 산천에 의탁하여 내가 그 꼭대기를 오르고 그 물결 속을 노니니, 곧 유한幽閑의 조화에서 그 현묘함을 뽑고 기굴奇崛한 형체에서 그 뜻을 표현하고, 광대한 형상에서 그 실마리를 넓히고 밝은 경치에서 그 문장을 빛내니

18 한단邯鄲의~당한 것 : 한단邯鄲에 살던 아름다운 미녀가 마구간 하인에게 시집가서 그의 아내가 되었다는 고사가 있는데, 이는 뒤에 악부 잡곡가사雜曲歌辭 「한단재인가위시양졸부邯鄲才人嫁爲厮養卒婦」 작품으로 탄생하기도 하였다.

문장에 드러남이 진실로 거침없는 물결 같았다. 손사익은 이곳에서 출생하고 이곳에서 장성하였으니, 천지의 지극한 문장은 만나는 때가 있다는 것이 아니겠는가?

손사익이 말하기를 "나의 시문은 그럭저럭 있는 일을 기록했을 뿐이고 매우 교묘한 것은 구하지 않는다네."라고 하였다. 아! 지나치게 아로새기다 보면 그릇이 손상되고, 수놓고 그린 것이 사치스럽게 된다면 문장이 경박하다. 때문에 양웅揚雄[19]은 문장에서 반드시 기이함을 구했지만, 군자들은 기이하지 않다고 여겼다. 만약 공교함을 구하지 않는다면 어찌 공교롭게 되지 않겠는가?

나는 드디어 글을 지어 말하였다.

"천지 사이의 아름다운 일은 마음을 즐겁게 하고 흥취에 부합하는 것에 불과하니, 가령 강산과 풍월로 여생을 즐겁게 한다면 종정鍾鼎에 이름을 새기고,[20] 죽백竹帛에 이름을 올리는 것[21]은 관여하지 않겠네. 이 아래 세상은 모두 화택火宅[22]이니 장차 혼사가 끝나기를 기다려서

---

19 양웅揚雄(BC53~BC18) : 촉군蜀郡 성도成都 사람으로, 그의 자는 자운子雲이다. 어려서부터 학문을 좋아하고 박학다식하며 사부辭賦에 능통했다. 40세가 되어 도성에 가서 「감천甘泉」, 「하동河東」의 부賦를 올리고 황제의 부름을 받았다. 성제成帝 때에 급사황문랑給事黃門郎이 되었고, 왕망王莽이 집권할 때에 대부大夫, 교서천록각校書天祿閣을 지냈다. 그는 사마상여司馬相如 이후, 서한西漢 시대의 가장 유명한 사부가辭賦家로 평가받고 있다. 저서로 『태현경太玄經』, 『법언法言』, 『방언方言』, 『훈찬편訓纂篇』 등이 있다. 특히 그의 『태현경』을 두고 당시 사람들이 비웃자, 양웅은 후대에 자신과 같은 양웅이 다시 출현한다면 반드시 이 책을 인정해 줄 것이라고 응수하였다고 한다.

20 종정鍾鼎에~새기고 : 종鍾과 정鼎은 쇠로 만든 그릇으로, 큰 공이 있는 사람의 사적을 새겨서 길이 전하는 것을 말한다.

21 죽백竹帛에~것 : 죽백은 옛날 역사歷史를 기록하던 곳으로, 역사에 올라 길이 빛남을 뜻한다.

22 화택火宅 : 번뇌에 시달리는 이 세상을 불타는 집에 비유한 불가佛家의 용어이다.

나는 남쪽으로 갈 것이다."라고 하였다.

이에 손사익이 말하기를, "나는 박사가업博士家業[23]을 버리고 칠탄정의 천석泉石을 노닐며 남은 생을 마치고자 하네. 앞으로 칠탄정으로 나를 방문하겠는가? 그렇다면 어부에게 무릉도원을 다시 방문하게 하여 마을을 이룰 것이네. 또한 금강산과 오대산의 좋은 경치를 아직 감상해보지 않았으니 그대는 장차 여가가 있는가?"라고 하니, 서로 한바탕 크게 웃고 파하였다. 이별할 때 드디어 『십육경화첩十六景畵帖』에 시를 썼다.

夫嶺之南 名山磅結 巨川流滙 皆古儒賢 所自生而桓盤棲息之地也 蓋淸淑之氣 蜿蟺而扶輿 養成名德之士於其間矣 故負壯遊者 結轍于塗 殆往往焉爾 余弱冠 有嶺之役 歷豊榮 登浮石聚遠而還 不能歷遍溪上河上 躡淸塵於杖屨之鄕 惜哉 迺者 余友密陽孫伯敬 博雅士也 善詩文 余在泮 取夢澤集而觀之 法守如晝 機圓如丸 神化變通 如雲煙禽鳥 離合隱見 殆不可測擬 蓋其體裁宛密 藻績繁富 以開作者之軌範 可謂大雅不群者矣 雖高自標植 傲睨一世 非過也 每有所會于心則詠之 觸象取材 春容百篇 汎濫不竭 于山川人物 紀其勢而表其行焉 詩文之不可以已也 如是哉 向者 伯敬有事 訪余于松湖之榭 出示七灘亭十六景畵者 卽其五世祖聱漢先生遺基 而伯敬能堂構而莊修者也 山佳水麗 種種奇觀 神超而形越 細而察之 煙霞泉壑 猶朝夕襟帶間 怳如臨流嘯歌 渺然有千里江湖之思 令人景仰先生之遺風 徘徊顧戀於高山流水之間也 伯敬欣然謂余曰 遠近操觚之輩 亦

23 박사가업博士家業 : 가업을 계승하여 벼슬길에 나가는 것으로, 과거공부 하는 것을 말한다.

間有至者 輒留篇詠 爲余誦之 或津津人口者有之 而苟非賢豪湊會 名章秀藻 照映山水 砰隱人代 不足爲灘亭吐氣 不幾乎蓮華涴於塵土 邯鄲辱於厮養乎 然四方冠蓋 不期而會者 多焉 若春和氣朗 長天四垂 斜日半嶺 丹厓翠洞 嵌空而玲瓏 層巖老樹 拔地而軒翥 重欄傑構 緣山而夭矯 奇花異草 披雲而蒙茸 于時也 舃履亂 觥籌擧已 而拈韻賦詩 竟夕而罷 宜乎伯敬之文詞之踈宕也 然灘亭 豈能潤色伯敬也哉 蓋天地之至文 有所遇矣乎 恒寄於南方之流峙 吾陟其巓而泳其波 則幽閒之化 抽其玄 奇崫之形 瑰其志 廣大之象 肆其端 昭明之景 煥其章 發乎文詞 固沛如也 伯敬生於長於 無乃與天地之至文 有所遇矣乎 伯敬曰 余詩文聊紀事而已 弗求甚工 噫 雕鏤勝則器以弊 絺繪侈則詞以漓 故楊子雲 詞必求奇 君子曰 弗奇也 若弗求工 豈能以弗工耶 余遂著論曰 天壤間佳事 無過怡情適趣 假江山風月以樂餘生 而鍾鼎竹帛不與焉 此下皆火宅也 將俟昏嫁之畢 吾轅再南矣 伯敬曰 余欲棄博士家業 翶翔乎灘亭之泉石 以終余年 其能訪我于灘亭之上乎 然而武陵桃源 使漁子 再跡之 便成村巷矣 且也金剛五臺之勝 未一賞也 子其暇哉 相與大噱而罷 送行之日 遂題詩于十六景畵帖云爾

5. 갑산에 가는 휘지 한욱을 송별하는 서문

送韓君暉之之[24]甲山序

화곡花谷 한욱韓旭[25]은 여항閭巷의 걸출한 대장부이다. 옛것을 즐기고 세속적인 것을 싫어하며 자신을 감추고 자랑하지 않아 사람들이 그를 알지 못하였으나 자득하며 의기양양하기를 마지않았다. 장차 함경도 양강도 갑주甲州 막사에 부임함에 나를 찾아와 송별의 말을 구하였으니, 내가 평소에 칭찬하였고 한욱 또한 오래 사귄 뒤에 내가 대장부됨을 대충 아는 자가 아님을 알았기 때문이었다. 처음에는 글씨 잘 쓰는 것으로 그의 명성이 알려졌는데, 한욱은 힘써 옛 법도를 추구하고 세상에서 아름답게 꾸미거나 명예를 도둑질하는 자를 업신여겼다. 내가 보기에 이는 스스로 기이함을 만족해할 뿐 자랑하는 자가 아니었다. 그러나 이외에 다른 무엇을 지니고 있는지는 몰랐다.

간간히 그가 지은 잡된 문장과 시어를 보니 고색이 창연하여 사람 미간을 찔러 그가 잘하는 것이 글씨뿐만 아님에 놀랐다. 이미 다시 자신의 마음에 온축된 바를 드러내어 세상을 흘겨보며 기쁘게 이야기하기도 하며, 강개하고 호방하게 굴어 일체 악착 떠는 무리들의 뜻에 해당되는 것이 없었다.

내가 안타까워 깊이 탄식하고 소매를 떨치며 말하기를 "그대를 오랫동안 알지 않았다면 아마 자네의 진면목을 놓쳤을 것이네. 내가 듣기로 갑주는 이름난 고을로서, 산봉우리는 빼어나고 계곡은 아름다

---

24 원문에는 '之'가 생략되어 있으나, 의미로 보아 삽입하였다.

25 한욱韓旭 : 본관은 한산韓山, 자는 휘지暉之, 화곡花谷은 그의 호이다. 『풍요속선』 권3에 한욱韓旭에 관한 인적사항과 시가 두 편 소개되어 있는데, 술을 즐기고 기운을 숭상했으며 글씨를 잘 썼다고 한다.

우며 백성은 순진하고 풍속은 순박하다고 하니 이번 행차는 자네 마음에 꼭 맞을 걸세. 산마루에 올라가서 두루 바라보고, 노래와 풍속을 물어본다면 어찌 즐겁지 않겠는가. 글씨는 더욱 신묘하고 문장은 더욱 기이할 것이며, 시를 읊조림은 더욱 교묘해지고 기개는 더욱 커질 것이니, 이는 진정 이 행차에 달려 있을 것이네."라고 하고, 이별할 때 시 한 수를 써 주었다.

花谷韓君 閭巷之傑夫 嗜古毁俗 韜默不衒 人未之識也 而沾沾自喜不已 將赴甲州幕 謁余徵聽語 爲余雅賞 君亦久而後 知非淺之爲丈夫云者 始聞善書 花谷子力追古則 睨世之姸巧掠譽者 則余見以爲是足自奇而非夸者 然亦莫識其有他也 間見其所撰著雜文韻語 蒼然古色 刺人眉眼 則又驚其所工 非筆藝而已 已復揭其心之所蓄 眄睞談扢 慷慨跅弛 視一切齷齪輩意無當也 則余瀌然艶歎 投袂起曰 非久於子 幾失其人矣 余聞甲名邑也 峰秀而川媚 氓嫱而風淳 玆游也 其必有契於心乎 登眺歷覽 徵謠問俗 豈不媮快 筆益神而文益奇 吟哢益工而氣志益曠 其在斯行乎斯行乎 於其別 爲賦詩一章以贈焉

6. 일본에 가는 칠칠 최북을 송별하는 서문

送崔七七之日本序

임진왜란 이후에 우리나라는 일본[26]과 껄끄러움을 버리고 강화를 하였다. 성스러운 임금께서는 먼 지방 백성을 회유하기 위해 변방에 왜관을 짓고 그들로 하여금 서로 왕래하고 무역하게 하여,[27] 그들이 성명聲明의 교화에 따르고 복종한 것이 오래되었다. 때때로 폐백을 써서 우호를 맺은 것은 장차 그들을 어루만져 편안하게 하게 위해서였다. 일본에 사신으로 갈 때에는 문예·무술·글씨·그림에 능한 사람과 백공百工의 직책이 수행되지 않음이 없었다.

무릇 글을 주고받음에 굴욕을 당하게 되면 군명君命을 욕보이는 격이 되기 때문에 대개 우리나라 인재의 성대함을 보여서 저 일본으로 하여금 확실히 침범하지 못하겠다는 생각을 가지게 하려는 것이었다.

지난 무진년戊辰年[1748]에 또한 사신의 명이 있어[28] 이를 수행하는 신하들이[29] 재주가 뛰어난 자를 물색해서 각기 직역을 수행하게 했

26 일본 : 원문은 흑치黑齒로, 일본 사람들이 이를 옻으로 검게 물들이는 풍속을 두고 한 말이다.

27 성스러운~하여 : 성스러운 임금은 세종을 말한다. 1419년[세종1]에 대마도를 정벌한 이후 왜인들의 간청으로 인해 삼포三浦에 왜관을 설치한 것을 말한다.

28 사신의~있어 : 『시경詩經』「소아小雅 황황자화皇皇者華」에 "찬란하게 핀 꽃들, 저 언덕과 습지에 있도다. 무리져 질주하는 사신들 일행이여, 해내지 못할까 걱정이 태산 같네.[皇皇者華 于彼原隰 駪駪征夫 每懷靡乃]"라는 구절이 있어, '원습'은 사신의 어려움을 뜻하게 되었다. 무진년에는 9차 통신사행이 있었는데, 제술관 박경행朴敬行과 서기는 이봉환李鳳煥이 담당했다.

29 이를~신하들이 : 원문은 '음빙지신飮氷之臣'으로, 사신의 임무를 수행하는 어려움을 뜻한다. 『장자莊子』「인간세人間世」에 "내가 오늘 아침에 사신으로 가라는 명을 받고는 속이 뜨거워져 저녁에 얼음물을 마셨다."라는 구절이 있다.

다. 이때 칠칠七七 최북崔北[30]은 그림으로 세상에 이름이 알려져 있었는데, 드디어 이 선발에 발탁되어 사행을 떠나게 되자 송별하는 글을 나에게 요청하며 다음과 같이 말하였다.

"이 임무는 국가의 명이라 의리상 진실로 감히 사양할 수 없습니다. 게다가 좁은 땅덩어리에 태어난 사람이라 본 것이라고는 불과 수백 리에 불과하고 높은 산과 큰 강을 오르고 바라보며 스스로 그 마음을 넓힐 만한 것이 없습니다. 제자와 백가의 책을 비록 두루 읽었다 하더라도 고인의 지난 발자취에 불과하니 또한 저의 지기志氣를 격발시키기에는 부족합니다. 결국 세상살이에 골몰汨沒할까 두려워 결연히 떨쳐 버리고 장차 바다 건너 동쪽으로 가서 천하의 기문奇聞과 장관壯觀을 보고 천지가 넓고 크다는 것을 알고 돌아오려 합니다."

내가 대답하였다.

"일찍이 들으니 일본[31] 지역은 기궤한 볼거리가 많다고 한다. 최북은 재주를 지닌 자라 조물주가 기궤한 볼거리를 만들어 재주 있는 자와 함께 보려 하였으니 진실로 천고의 유쾌한 일이다. 내가 일찍이 들으니 도성으로부터 동남쪽 천여 리를 달리면 바다에 다다라 멈추는 곳이 있는데, 곧 옛사람이 말한 동제학東鯷壑[32]이다. 하늘은 낮고 물

---

30 최북崔北 : 조선후기 유명한 화가로 최북의 초명은 식植이었으나 만년에 북北이라 개명하였다. 자는 성기性器·유용有用이 있으나 후에 그의 이름 '북北'을 파자破字하여 칠칠七七이라고 하였고, 호는 성재星齋·기암箕庵·거기재居其齋·좌은坐隱·삼기재三奇齋를 사용하다가 말년에는 '붓으로 먹고 산다'는 의미의 '호생관毫生館'으로 바꾸었다.

31 일본 : 원문은 박상搏桑으로, 전설상 해 돋는 곳에서 자란다는 신목神木을 뜻한다. 부상扶桑·부상榑桑으로 쓰기도 한다.

32 동제학東鯷壑 : 『한서漢書』에 "회계해會稽海 밖에 동제학이 있으니 그 지역을 나누어 20여 국이 되었고, 세시歲時가 되면 와서 조공朝貢을 바쳤다."라고 하였다.

은 높으며 드넓은 파도가 넘실거려 끝이 없으며 때때로 거대한 땅덩어리가 기운을 내뿜어[33] 어룡이 전도되고 신이하고 괴상한 것이 날뛰고 설쳤다. 멀리 외로운 상앗대와 한 척의 배가 고래와 붕새가 다투는 큰 바다에 출몰하니 이것이 오랑캐의 항해길이다. 그대는 좁은 책상머리와 우물 안에서만 노닐었으니 한 번 사행 길을 떠난다면 진실로 가슴을 트이게 하고 마음을 장대하게 할 수 있을 것이다. 그대가 기뻐하는 것은 반드시 여기에 있지만 그러나 내가 그대의 사행을 기뻐하는 것은 여기에 있지 않다.

저 왜인들이 섬에 나라를 세워 비파의 형국[34]이라 외침을 받지 않았다. 철검은 날카롭고 간사함과 폭력을 추구하여 그 중에 사납고 교활한 무리들이 기예技藝로 용맹을 뽐내는 자가 많다. 지금 나라에서 그대를 뽑아 보내려는 이유를 그대는 아는가? 왜인들이 찾아와 그림을 청하는 자가 있으면 바람처럼 소매를 떨치고 마음대로 붓을 휘둘러 법도 사이에서 신의를 창출하고 호방한 밖에서 신비함을 불어넣어, 내달리는 여울과 큰 물결, 기이한 바위와 괴상한 돌을 묘사하되 사물에 따라 모습을 그리게나. 그림을 그리는 것이 곧장 동해의 높고 성난 파도와 함께 기세를 나란히 하고 역량을 다툰다면 저 사납고 교활한 무리가 모두 환약幻藥을 조제하고 비단을 받들고서 그대가 머문 관의 문턱에 줄지어 있을 것이네.

소식의 화설畵說에 말하기를 "군자는 사물에 뜻을 의탁할 수 있으

---

33 거대한~내뿜어 : 『장자莊子』「제물론齊物論」에 "거대한 땅덩어리가 기운을 내뿜는 것을 이름하여 바람이라고 하는데, 바람이 불지 않으면 그만이지만 불게 되면 온갖 구멍들이 성내며 부르짖는다.[夫大塊噫氣 其名爲風 是唯無作 作則萬竅怒號]"라고 하였다.

34 비파의 형국 : 일본의 지형을 말한다.

나 사물에 뜻을 두어서는 안 된다. 환현桓玄의 주가走舸[35]와 왕애王涯의 복벽複壁[36]은 모두 아이들이 즐기는 것으로 그 나라를 해치고 그 몸을 망치게 하였으니 이것은 사물에 뜻을 둔 화이다."라고 하였고, 또 "죽고 사는 것을 가벼이 여기고 그림을 중요시했다."[37]고도 하였다. 진실로 저 왜인으로 하여금 그림에 뜻을 두게 한다면 또한 반드시 주가와 복벽처럼 그림에 빠져 국사를 망치는 화를 초래할 것이다. 또 살고 죽는 것을 가벼이 하는 마음이 있으면 군자의 근심이 될 뿐만이 아니다. 반드시 온 나라의 보배를 받들고 사모하여 본받고자 한다면 그 시대 유행에 들어맞게 하는 것도 겨를이 없을 터이니 돌아보건대 어찌 무력을 다툴 여지가 있겠는가?

지혜를 잘 사용하는 자는 난이 싹트기 전에 막고 쓸모없는 재량도

---

35 환현桓玄의~주가走舸 : 환현桓玄(369~404)은 동진東晉의 명장 환온桓溫의 아들로, 자字가 경도敬道이다. 안제安帝 때 군대를 일으켜 수도인 건강建康을 점령하고 권력을 농단하였다. 그러다가 안제安帝에게 선양받아 스스로 초楚나라를 건국하여 황제라 칭하고 영시永始로 개원改元하였다. 뒤에 유유劉裕와 유의劉毅에게 토벌당하여 죽었다. 환현桓玄은 자신이 전쟁에 패배할 것에 대비하여 자신이 모은 서화書畫와 보물 등을 주가走舸, 곧 빨리 달리는 전선戰船에 싣고 다녔다고 한다. 『진서晉書』「환현전桓玄傳」에 자세하다.

36 왕애王涯의~복벽複壁 : 왕애王涯(764~835)는 당나라 중기의 문신으로 자字가 광진廣津이다. 덕종德宗 때 진사進士로 출사하여 문종文宗 때 재상宰相을 역임하였는데 문종文宗 태화太和 9년(835)에 감로지변甘露之變으로 환관들에게 죽임을 당하였다. 감로지변이란 문종文宗이 권력을 좌지우지했던 환관들을 제거하고자 이훈李訓과 정주鄭注를 등용하여 이들로 하여금 복병을 배치하고 금오대청金吾臺廳 뒤의 석류나무에 감로甘露가 내렸다고 환관들을 유인해서 이들을 일거에 척살하고자 한 사건을 말한다. 하지만 환관 구사량仇士良에게 역습을 당해 죽임을 당하고 당시 조정에 있던 600여 명의 관리들도 모두 목숨을 잃었다. 복벽複壁은 이중벽으로 물건이나 사람을 숨길 수 있는 곳이다. 왕애가 서화를 너무 좋아한 나머지 서화를 항상 이중벽에 감추었다고 한다. 『구당서舊唐書』「왕애전王涯傳」에 자세하다.

37 군자는~화이다 : 이 구절은 소식蘇軾의 『동파전집東坡全集』「보회당기寶會堂記」에 나오는 말이다.

도움이 되니 이것이 이른바 사람을 공격함에 활과 창으로 하지 않고, 환란과 분쟁을 물리치고 해결하는 결실이 있다는 것이다. 그러한즉 국가가 그림의 힘에 의지함이 어떠한가?

또한 그 여가에 몰래 그 산천, 인물, 성지, 기계를 그려서 오면 훗날 공격과 수비의 대책이 될 만하니 그대의 세 치 붓이 나라를 정려鼎呂[38]보다 중요하게 만들 수도 있으며 또한 나라를 지키는 용도가 될 수 있다.

그러므로 그대가 기뻐하는 것은 천하의 장관을 다 보는 것에 있지만, 내가 그대의 사행을 기뻐하는 것은 그대의 견문을 넓게 하는 데 있지 않다. 비록 그대가 기뻐하는 것으로 말하더라도 섬과 산의 기이한 모습과 장대한 발자취를 내가 모두 기억할 수 없다. 그가 돌아옴에 사사沙沙[39] 지방의 풍죽송삼風竹松杉과 방진芳津[40] 지방의 주기기수珠璣綺繡, 송항松港 지방의 장단藏丹과 자도慈島의 예마瘞馬가 또한 반드시 절로 그대의 그림상자나 화축에 들어 있을 것이다. 내가 취해서 보게 되면 바람 치는 파도에서 한 척의 돛단배를 타는 노력을 한 번도 들이지 않고서 책상에 앉아 창해滄海의 기궤한 볼거리를 구경할 수 있을 것이다. 나는 또한 조화옹에게 외면 받지 않을 것을 안다. 칠칠은 어떠한가? 드디어 서문을 쓰고 이별시 세 편을 지었다.

---

38 정려鼎呂 : 정려는 하夏·은殷·주周 삼대의 보물인 구정九鼎과 주周나라 종묘의 큰 종인 대려大呂의 병칭으로 모두 크고 무겁기로 이름난 물건이다. 전국戰國 시대 조趙나라의 평원군平原君이 모수毛遂를 칭찬하면서 "모 선생이 한번 초楚나라에 이르니 조趙나라로 하여금 구정과 대려보다 무겁게 하였다."라고 하였다. 『사기史記』「평원군열전平原君列傳」에 자세하다.

39 사사沙沙 : 대마도의 지명으로, 통신사행이 처음으로 도착하는 곳이다. 좌수포佐須浦 또는 사사포 沙沙浦라고 부른다.

40 방진芳津 : 대마도의 별명으로, 지형이 타원형으로 길어 동서는 3백 리쯤 되고 남북은 삼분의 일이라는 기록이 『해유록 海遊錄』에 보인다.

壬辰之後 我國與黑齒 去釁而講和 聖朝柔遠 築館于邊郡 使之往來通貨 其率服聲明之化 久矣 時或用幣通好者 爲其撫而綏之 及其使行也 文藝武技能書能畵者 及百工之職 無不從焉 凡應酬而見屈 則殆於辱君命矣 故盖欲示我邦人才之盛 而使彼倭有截然不可犯之意也 粤在戊辰 又有原隰之命 飮氷之臣 求其才譽者 各隨其職 是時 崔北七七以畵名于世 遂膺是選 而臨其行也 請贐語於余曰 是任也 國之命 義固不敢辭 且人生於偏壤 所見不過數百里之間 無高山大川可登眺 而自廣其心胸 諸子百家之書 雖或徧覽 不過古人之陳跡 亦不足以激發其志氣 恐遂汨沒 決然捨去 將欲浮海 而東求天下奇聞壯觀 以知天地之廣大而歸焉 余曰 夙聞搏桑域 多瓌詭觀 七七抱才者 造化兒設瓌詭觀 與抱才者一覩 固千古快事 竊嘗聞由都中走東南千有餘里 傅海而止者 卽古所謂東鯷壑 天低而水高 洪濤瀾汗 萬里無際 時有大塊噫氣 魚龍傾倒 神怪隳突 遠見孤檣片帆 出沒於鯨鵬摩窣之間 是則卉服航海之路也 子以局促軒箱 踸踔井幹者 一致身於此 固足以豁胸而壯心 然子之喜 必在於此 而余之喜子行 不在乎此矣 夫倭人國于島琵琶形局 外亂不入 鐵劍利而詐力究 其中桀頡之輩 以技藝賈勇者 顆矣 今國之揀子以行者 子其知乎 倭人有來而求畵者 奮袂如風 縱筆揮霍 出新意於法度之中 寓深機於豪放之外 寫奔湍巨浪 奇巖怪石 隨物而賦形焉 其揮洒之 直與東海之長波怒濤 並氣勢而爭力量 則彼桀頡者 皆將調幻藥而奉生綃 必足相躡於子所館之門矣 東坡畵說曰 君子可以寓意於物 不可留意於物 桓玄之走舸 王涯之復壁 皆以兒戱害其國 而忘其身 此留意之禍也 又曰 輕死生而重畵 苟使彼倭者 留意於此 則亦必招走舸復壁之禍矣 又有輕死生之心 不翅若君子之爲患 而必將擧一國寶莊而慕效之 忘心於戰伐之事 祈中時好之不暇 顧安有武力之競也 善用智者 弭亂於未萌 而無用之器 不害爲有裨 此所謂攻人不以弧矛 而有排患解紛之實 然則國之賴畵力爲如何哉 且其暇也 潛畵其山川人物城池器械而歸 以爲我國他日戰守之

機宜 則子之三寸之管 可使國重於鼎呂 而亦爲干城之用矣 故曰 子之所喜在於盡天下之壯觀 余之所喜於子行者 不在乎壯子之觀也 雖以子之所喜言之 島山之奇觀壯跡 余未之盡記 其歸也 沙沙之風竹松杉 芳津之珠璣綺繡 松港之藏丹 慈島之瘞馬 又必自在於子之奩軸中矣 余取以觀之 曾無風濤一帆之勞 坐占滄海中瓌詭 觀於几案間也 余亦自知不見外於造化兒矣 七七以爲如何 遂爲之序 又有賸行詩三篇焉

7. 최북의 그림 이야기

崔北畵說

칠칠 최북은 그림을 잘 그리는 것으로 세상에 이름이 났다. 병풍과 족자를 가지고 그림을 청하는 사람이 있으면 칠칠은 처음에는 기뻐하며 바람처럼 소매를 떨치고 잠깐 사이에 그림을 그려, 물 흐르는 듯 순순히 응했다. 무진년戊辰年[1748]에 화원으로 선발되어[41] 일본에 갔는데 일본인들이 값진 보물을 가지고 그의 그림을 청하는 자가 많았다.

그가 조선으로 돌아와서는 그림의 격조는 더욱 기묘하고 명성은 더욱 드러나 사방에서 그림을 청하러 오는 자가 그 집 앞에 줄을 섰다. 왕공 귀인들이 간혹 심하게 환쟁이로 그를 부리기도 하였다. 최북은 드디어 이에 싫증을 내고, 흰 비단을 가지고 오는 자가 있으면 문득 받기만 하고 던져버려 두어 궤짝이 차고 상자에 쌓여 어떤 것은 한 해를 묵혀도 기꺼이 붓을 들려고 하지 않는 것이 많았다.

예전에 중국의 문동文同이 대나무를 잘 그렸는데, 비단을 가지고 청하러 오는 사람이 무수히 많았다. 이에 문동은 염증을 느끼고 그것을 땅에 던지며 욕하기를 "내 장차 버선을 만들어 신겠다."라고 하였다.[42] 지금 최북의 산수 그림과 화훼 그림은 문동의 대나무 그림과 비

---

41 무진년에~선발되어 : 최북은 1748년 정사 홍계희洪啟禧, 부사 남태기南泰耆, 종사관 조명채曺命采를 중심으로 일본에 파견된 10차 통신사행에 참여했다. 제술관은 박경행朴敬行, 서기는 이봉환李鳳煥, 화원은 이성린李聖麟 등이 참여했는데, 최북 역시 이때 화원으로 참여했음을 알 수 있다.

42 문동文同은~신겠다. : 문동文同(1018~1079)은 중국 북송시대 화가이다. 자는 여가與可, 호는 소소선생笑笑先生과 금강도인錦江道人이다. 이현환은 '헌가獻可'로 자를 소개하였으나 이는 여가與可의 오기이다. 그는 서화에 뛰어났고 특히 대나무 그림으

슷하고 그 명성도 나란한데, 염증을 느낀 나머지 문동처럼 비단을 버선으로 만들고자 하였던 것이다. 그는 일찍이 "사람 중에 그림을 너무 좋아하는 자는 비록 도덕과 문장이 있어도 드디어 '환쟁이'라는 치욕을 당하게 된다."라고 말한 적이 있었는데, 매번 사람들과 대화할 때 자주 그림으로 경계하였다. 그러나 내가 때때로 그림 그리는 사람들이 옷을 풀어헤치고 편안히 앉아[43] 붓을 마음껏 휘두르며 곁에 아무도 없는 것처럼 하는 것을 보았는데, 요컨대 그들의 큰 뜻은 모두 옛 법을 본받아 신의를 만들어 낸 것이었다.

나는 다음과 같이 말한다.

"그대의 그림은 원숭이가 술을 좋아하여 욕을 먹어도 또한 마시는 것에 가깝지 아니한가? 소식蘇軾[44]이 말하기를 '시는 두보杜甫,[45] 문은

로 유명하여, 비단을 가지고 와서 그림을 요청하는 사람이 많았다. 이에 염증을 느끼고 그것을 땅에 던지며 "내 장차 버선을 만들어 신겠다."라고 한 고사가 전한다.

43 옷을~앉아: 원문은 해의반박解衣盤礴이다. 송원군宋元君이 그림을 그리려고 여러 화사畵史들을 불렀는데 그들은 모두 붓을 빨고 먹을 찍었다. 그런데 이 중 한 사람은 인사도 없이 사관舍館으로 가기에, 송원군이 사람을 시켜 그를 엿보니 그는 해의반박 곧 옷을 벗고 자유롭게 앉아 있었다. 이에 송원군은, "이 사람이 참으로 그림 그릴 사람이로다."하고 그에게 그림을 맡겼다고 한다. 이후 해의반박은 그림을 그릴 때 자연스럽게 하고 작품에 몰두함을 뜻하게 되었다.

44 소식蘇軾(1036~1101) : 자는 자첨子瞻·화중和仲, 호는 동파東坡이다. 아버지 소순蘇洵, 동생 소철蘇轍과 함께 삼소三蘇라 불리며, 같이 당·송 8대가의 한 사람이다. 철종에 중용되어 구법파舊法派의 중심적 인물로 활약하였고 특히 구양수歐陽脩와 비교되는 대 문호로서 유명한 「적벽부赤壁賦」를 비롯한 시詩·사詞·고문古文 등에 능하며 재질이 뛰어나 서화書畫에도 유명하였다. 『동파전집東坡全集』이 전한다.

45 두보杜甫(712~770) : 자는 자미子美. 공부원외랑工部員外郎이 된 데서 두소릉·두공부라고도 불리며, 노두老杜라고도 일컫는다. 『두공부집杜工部集』이 전해진다.

한유韓愈,[46] 글씨는 안진경顔眞卿,[47] 그림은 오도자吳道子[48]에 이르러 고금의 변화와 천하의 능사가 모두 이루어졌다.'[49]라고 했다. 나는 그대의 그림 또한 천하의 능사가 이루어졌다고 생각하니 그대는 재주를 아끼지 말게나.

모든 사물 중에 좋아할 만하고 사람을 즐겁게 할 수 있는 것이 그림 만한 것이 없다. 그러나 환현桓玄의 주가走舸와 왕애王涯의 복벽複壁은 모두 이로써 그 나라에 해가 되고 그 몸을 해쳤으니, 옛 사람의 벽癖에 대해 함부로 새로운 견해를 제시할 수 없는 것이 이와 같다. 가만히 생각해 보니 조화옹이 기이한 재주를 그대에게 내려 주어 사람들이 그대의 그림을 명월의 구슬과 같이, 야광의 옥처럼 여기니 이 보배를 바꿀 수 있겠는가? 훗날 그대가 죽더라도 이를 얻은 집안에서는 반드시 보배로 생각할 것이다. 그대는 재주를 아끼지 말게나."

이에 최북은 "오직 그림은 제 뜻에 맞게 할 뿐입니다. 세상에는 그림을 아는 자가 드뭅니다. 진실로 그대의 말과 같다면, 비록 백대 후

---

46 한유韓愈(768~824) : 자는 퇴지退之, 호는 창려昌黎이다. 문단에서는 대구와 수식을 강조하는 육조六朝 이래의 사륙 변려문四六騈驪文에 대하여 자유로 표현할 수 있는 산문 문체 고문古文을 주장하여 솔선 실천하는 한편 문인들에게 권했다. 사상思想으로서는 유교 중심주의를 강조하여 불교·도교를 맹렬히 공격하였다.

47 안진경顔眞卿(709~785) : 당나라 서예가로 자는 청신淸臣이다. 처음에는 저수량褚遂良을 배웠지만, 뒤에 장욱張旭에 가르침을 받아 필법을 깊이 깨달았다. 해서와 초서를 잘 썼고, 필력이 침착하고 힘차서 세상에서 '안체顔體'라 불렀다. 노군공魯郡公에 봉해져서 안노공顔魯公이라고 불렸으며, 저서로는 『안노공문집顔魯公文集』이 있다.

48 오도자吳道子(685~758) : 당나라의 화가로 현종 때 '도현道玄'으로 이름을 고쳤다. 하남성 양적陽翟 출신이다. 불교와 도교의 인물화 및 벽화에 특히 뛰어났다. 인물의 의상 등을 표현하는 독특한 필법 때문에 '오장吳裝'이라는 명칭이 있었다. 산수화 등에서도 일가를 이루어 뒤에 '화성畵聖'으로 존숭되었다.

49 시는~이루어졌다 : 이 구절은 『동파전집東坡全集』「서오도자화후書吳道子畫後」에 나오는 말이다.

의 사람이 이 그림을 보더라도 그 사람됨을 생각할 수 있을 것이니, 저는 뒷날 저를 알아주는 사람을 기다리고 싶습니다."라고 말하였다.

드디어 영모도翎毛圖 여덟 첩을 그려서 나에게 보내왔다. 나는 이 때문에 그를 '최백영모崔白翎毛'[50]라고 지칭하고 드디어 화설을 짓노라. 곧 기사년[1749] 가을 9월이다.

七七以善畵 鳴于世 人有持屛巾族以請者 七七始喜之 奮袂如風 須臾而成 其應若流 粤在戊辰之歲 以畵被選 入日本 倭人以寶貨求其畵甚衆 及歸也 格益奇而名益著 四方之人 來請畵者 足相躡於其門 王公貴人甚或使之以畵師 七七終厭之 人有以紈素來者 輒受而置之 盈奩軸 而積箱篋 或有經歲而不肯下筆者 夥矣 昔文獻可善畵竹 人持縑而來者 殆無數 獻可厭之 投諸地而罵曰 吾將以爲韈 今七七山水花卉 與獻可竹幷捋而齊其名 其厭之之意 亦欲韈其縑矣 故嘗曰 人之癖於畵者 雖有道德文章 卒蒙畵師之恥 每語人 亟以畵爲戒 而余觀夫時或解衣槃薄 縱筆揮霍 旁若無人 要其大旨 皆倣古法而出新意也 余曰 子之畵 不幾於猩猩嗜酒且詈且飮者乎 子瞻曰 詩之杜 文之韓 書至於魯公 畵至於道子 古今之變 天下之能事畢矣 余以子之畵 亦謂之能事畢矣 子其勿慳也 凡物之可喜而悅人者 莫畵若也 故桓玄之走舸 王涯之複壁 皆以害其國 而凶其身 古人之癖 未易以創解者 類如是矣 竊想夫造化翁 賦奇才於子 而人寶子畵 如明月之珠 夜光之璧 斯寶也 其可易乎 他日子之化也 得之家 必寶藏之 子其勿慳也 七七

---

50 최백영모崔白翎毛 : 최백崔白(960~1127)은 북송北宋시대에 활동한 화가로, 자는 자서子書이다. 꽃과 새 그림을 잘 그려 유명하여 '최백영모崔白翎毛'라는 말이 유행하였다.

曰 惟畵適吾意而已 世之知畵者 鮮矣 誠如子之言 雖百世之下 觀此畵者 可以想其人 吾欲以俟後之知音也 遂畵翎毛圖八帖以遺余 余因謂之崔白翎毛 遂爲之說 乃己巳之秋九月也

8. 도장 이야기

圖章說

도장을 사용한 것은 오래되었다. 당나라 때 시작되어 송나라 때 융성하였으니, 이는 인장印章이 남긴 법도이다. 재료로는 아름다운 돌을 높이 치고, 새기는 글씨는 반드시 옛 전서이다. 돌이 아름다워야만 법을 다양하게 취할 수 있고, 옛 전서라야 자신의 뜻을 고상하게 담을 수 있다. 돌은 치밀하고 단단한 것을 귀하게 여기니 군자가 법으로 삼는 장엄함이요, 돌이 온아하고 윤택나는 것을 귀하게 여기니 군자가 법으로 삼는 조화로움이다. 돌이 방정方正하면 방정을 본받고, 돌이 문채文采 나면 문채文采를 본받을 만하니 돌을 법 삼을 수 있는 것이 이와 같다.

전서에는 조적鳥跡, 충서蟲書, 과두科斗의 체가 있고, 하夏나라 상商나라 글자가 있으니 성명과 자호를 새김에 예서로 하지 않고 전서로 하는 것은 옛것을 숭상해서이다. 이에 주묵으로 찍으니 그 문장을 빛내서, 글자는 이미 고체古體이고 사람 또한 옛 마음이다. 이것을 통해 옛것을 구하니 어디를 간들 옛것이 아니겠는가? 사람이 옛것을 숭상하는 것이 또한 고상하지 않은가? 돌은 그 덕을 취하고 글자는 옛것을 취하니 도장의 쓰임이 어찌 부질없는 것이겠는가? 세상의 문사로 도장에 종사하는 자가 누군들 온 정신을 쏟고 힘을 들이지 않겠는가만 이 의미를 참으로 아는 자는 드물다.

내 친구 광지光之 강세황姜世晃[51]은 박학하여 시문을 잘 쓰고 기예가

51 강세황姜世晃(1713~1791) : 본관은 진주晋州, 호는 표암豹菴, 광지光之는 그의 자이다. 조선후기 대표적 문인화가로 이익李瀷, 심사정沈師正, 유경종柳慶種, 허필許佖 등

많다. 도화와 전서의 공교함이 그 묘함에 이르지 않는 것이 없는데, 도장을 새기는 것에 있어서도 타고난 재능을 지녔다. 매번 문장을 짓는 틈에 돌을 구하면 새기니 칼을 놀리는 것이 여유로워 잠시 사이에 수십 개를 만든다. 그 기묘하고 정교하고 뛰어난 것이 거의 사람의 솜씨가 아니다. 이것이 어찌 정신을 수고로이 하고 힘을 피곤하게 한 것이겠는가? 아마도 돌에 대해 진실로 본받을 만한 바른 것이 있다는 것을 알고, 옛 뜻을 터득한 자이기 때문이다. 이 때문에 심신心神이 융회되어 손이 저절로 움직이는데도 스스로는 깨닫지 못하는 것이다. 광지의 고상한 회포가 여기에서 왔음을 알 수 있다.

내가 상자에 돌을 수장한 지가 거의 몇 년 되었다. 법 삼을 만한 것이 비록 있으나 도장을 새길 적당한 사람을 얻지 못해 안타깝게 생각했다. 나와 광지는 친분이 있는 터라, 광지가 취하여 새김에 정묘하게 작업해서, 편장을 간소하게 하고 그 문文을 찬란하게 하여 내 덕을 도와서 옛 도에 나갈 수 있으니 그가 나에게 베푼 은혜가 크도다. 이것을 써서 기록한다.

과 교유하였다. 그에게서 그림을 배운 제자로는 김홍도金弘道와 신위申緯가 주목된다. 저서로 『표암유고』가 전한다.

夫圖章之用 古也 始自唐而盛於宋 其印章之餘規乎 材尙美石 刻必古篆 石美而後 其取法也多 篆古而後 其游意也高 石貴縝而栗 君子所法者莊也 石貴溫而澤 君子所法者 和也 石方且正 方正可法也 石文且彩 文彩可法也 石之可法者 如此矣 篆有鳥跡虫書科斗之體 夏商之字 姓名字號之刻 不以隸而以篆者 尙古也 斯朱墨印之 庸賁其文 字旣古軆 人亦古心 仍是而求諸古 何往而非古也 人而尙古 不已高乎 石取其德 字取其古 圖章之用 豈徒然哉 世之文士 從事圖章者 孰非疲精勞神 而眞知此意者 鮮矣 余友光之 博學 善詩文而多技藝 凡圖畵篆隸之工 無不各臻其妙 至於圖章之刻 天得也 每文字之暇 得石則輒刻 其游刃恢恢 俄頃數十餘 其奇巧精絶 殆非人工 是何勞其神而疲其力哉 盖於石 眞知可法之方而得古之意者也 是以 心融神會 手自從之 而不自覺也 光之雅懷之得於此 可知也 余有石藏于篋 殆有年 可法者雖在 而未得其人 以爲之恨 余與光之交 光之取以刻之 精妙施之 簡素篇章 煥爛其文 輔我德 就古道 其賜 大矣 遂書此以識焉

9. 정사집을 위한 애사 서문

鄭士集哀辭序

대저 시란 뜻을 말하는 것이다. 선비가 뜻을 얻지 못했는데 말로 표현한 것이 있으면 뒷날 자기를 알아줄 이를 기다린다. 이 때문에 양자운揚子雲이 홀로 『태현경太玄經』을 쥐고서 후대의 자운을 기다린다고 한 것이다. 만약 당대와 후대에 알아줄 자운이 없으면 그의 글은 다만 장독이나 덮고 말 것이니, 어찌 영원한 탄식이 없을 수 있겠는가?

아! 당나라가 망하면서부터 시가 없어진 지 오래되었다. 소식蘇軾과 황정견黃庭堅[52]이 나오면서부터 무너지고 찢겨짐이 심하였고, 왕세정王世貞[53]과 이반룡李攀龍[54]이 일어나면서부터 미쳐 날뜀이 극에 달하니,

---

52 황정견黃庭堅(1045~1105) : 송宋나라 인물로 자는 노직魯直, 호는 산곡도인山谷道人이다. 치평治平[1067]년간에 진사가 되었고, 국자감교수國子監教授를 지냈다. 그는 송대를 대표하는 시인 중의 한 사람이며, 소식 문하의 한 사람으로 소식의 시풍을 이은 대표적인 인물이다. 때문에 나란히 '소蘇·황黃'이라 불린다. 구양수歐陽脩 이래의 송시宋詩를 일변하여 신풍新風을 수립했고, 남송南宋 시단詩壇에 영향을 주었다. 그 일파를 강서파江西派라고 한다. 저서로는 『황예장집黃豫章集』 등이 있다.

53 왕세정王世貞(1526~1590) : 강소江蘇 태창太倉 사람으로 자는 원미元美이고, 호는 봉주鳳洲·엄주산인弇州山人이다. 명明나라 때의 관리이자 문학가, 사학자史學者이다. 저서로 『엄산당별집弇山堂別集』, 『가정이래수보전嘉靖以來首輔傳』, 『고불고록觚不觚錄』, 『엄주산인사부고弇州山人四部稿』 등이 있다. 문단에선 이반룡李攀龍·사진謝榛·종신宗臣·양유예梁有譽·서중행徐中行·오국륜吳國倫과 더불어 '후칠자後七子'로 일컬어진다.

54 이반룡李攀龍(1514~1570) : 자는 우린于鱗, 호는 창명滄溟이다. 어려서 아버지를 잃고 가난하게 성장했다. 시가를 좋아하고 훈고학訓詁學을 싫어해 날마다 고서를 읽자 사람들이 광생狂生이라 불렀다. 전칠자前七子의 복고설을 계승하여 진한秦漢나라의 고문을 모범으로 삼고, 한위성당漢魏盛唐의 시의 격조를 중시했다. 송원宋元 시대의 시를 배척하고, 이백과 두보를 추앙했다. 저서에 『이창명선생전집李滄溟先生全集』 30권과 『고금시산古今詩刪』 34권, 『이창명집李滄溟集』이 있다.

『시경』 삼백 수와 「고시 십구 수」[55]의 뜻이 거의 인몰되었다. 그러한즉 무너지고 찢겨지며 미쳐 날뛰는 부류들이 흘러 위항의 온갖 이야기가 되고, 하리下里의 비속한 말이 되어 천하에 과연 시가 없어졌으며, 시도詩道가 인몰된 지 오래되었다. 능한 사람뿐 아니라 도리어 오묘함을 알아 매우 좋아하는 자도 없다.

정사집鄭士集[56]과 법정法正 정범조丁範祖[57]는 시로 당대에 이름이 났다. 도道가 서로 같으며, 재주도 서로 비슷하다. 정사집은 제천에 살고 정범조는 충주에 사는데, 그곳에는 단양 사군丹陽四郡[청풍·영춘·단양·제천]과 삼협三峽의 빼어난 경치가 있다. 파도가 드넓고 아득하며, 구름과 안개가 변화하고 갈매기와 돛대가 상하에 출몰하여 서로 창수하며 거만히 바라본다. 주머니와 상자에는 네가 나의 시고를 평하고 내가 너의 시집을 비평한 것이 있어 지금도 명성이 자자하다. 날마다 큰 강의 물줄기를 타고 한양 서쪽까지 가서 또한 서로 당대의 자운이 되었다.

아! 정사집과 나는 육촌 형제간으로 그는 불우했지만 소탈했다. 일찍이 시를 매우 좋아하여 옛 작자의 규범을 힘써 추구하고 자득하며 기뻐하기를 마지않았다. 먼저 깃발과 북을 내걸고 수레를 타고 올라 법정과 함께 아름답게 짝을 이루어 한 시대의 지음이 되었으니, 마음

---

55 『시경』~「고시십구수」: 삼백수는 『시경詩經』 삼백 편을 가리키고 「고시 십구 수」는 『문선文選』에 실린 오언 고시 19수를 가리킨다.

56 정사집鄭士集 : 자세한 인적사항은 미상이다.

57 정범조丁範祖(1723~1801) : 본관은 나주羅州, 자는 법정法正, 호는 해좌海左이다. 정시한丁時翰의 현손으로 영조 때 문과에 급제하여 병조좌랑을 지냈고, 정조 때 예문관·홍문관의 제학으로서 문사文詞의 임무를 맡았다. 문체반정文體反正에 주력하던 정조에 의해 당대 문학의 제1인자로 평가되기도 하였다. 저서로는 『해좌집海左集』이 있다.

을 알아줄 한 사람만 있어도 충분한 것이 어찌 아니겠는가?

정사집이 죽은 지 이미 몇 해 되었다. 정범조가 정사집을 위해서 당대 뜻을 같이 하는 자들이 지은 죽음을 애도하는 시문을 모았다. 사촌 동생 연연淵淵이 나에게 한 마디를 청하였다. 나는 정사집을 알아줄 자운이 아니고, 정범조처럼 정사집을 알아줄 사람도 많을 것이다.

그런데도 무엇 때문에 나에게 청하였을까? 나로 말할 것 같으면 세상에 나를 알아줄 자운은 없다. 나의 시를 보고서 나의 눈으로 하나의 자운이라 여기고, 나의 시를 읊고서 나의 귀로 하나의 자운이라고 여기는 사람이다.

정사집이 일찍 나에게 시를 준 적이 있었는데, 그 내용은 다음과 같다.

수많은 황금 재물을 다 써버리고
초현初絃으로 백설가白雪歌[58]를 타니 고음古音이 들리네
다행히 즐겁게 책상 마주하고 얘기하니
늘그막에 내 마음을 알아주는 이는 오직 그대뿐이네

百鎰黃金齎用盡　　初絃白雪古音聞
歡娛幸得連床話　　末路知心獨有君

58 초현初絃으로 백설가雪歌 : 초현初絃은 동양 음계인 황종黃鍾의 궁宮을 뜻하고, 백설가白雪歌는 당唐나라 잠삼岑參의 「백설가송무판관귀경白雪歌送武判官歸京」 시를 말한다. 잠삼은 이 시에 무판관과 헤어지는 아쉬움을 담아내며 "북풍이 대지에 세차게 불어 백초가 꺾이니, 오랑캐 하늘 팔월에 눈이 날린다. 홀연 하룻밤 사이 춘풍이 불어와, 천만 그루 나무에 배꽃이 핀 듯해라.[北風捲地白草折 胡天八月卽飛雪 忽如一夜春風來 千樹萬樹梨花開]"라며 '백설白雪'을 눈꽃에 비유하였다.

정사집이 나에게 기대한 것이 또한 작지 않았으니 혹시 나를 당대의 자운이라 여겨서인가?

그렇다면 의리상 진실로 사양할 수 없다. 나에게 준 시 한 편을 장엄하게 읊으니, 황홀하여 소리가 은은히 하늘에 들리고, 눈은 밝고 빛나 활을 쏘는 듯하여 나는 진실로 사집이 오히려 이곳에 있는 듯했다. 읊조리기를 마치고 드디어 붓을 적셔 서문을 쓰고 또 애시哀詩 10편을 지었다. 사람들이 혹 사집의 자운이라 여길지 모르겠으나 나 또한 후대의 자운을 기다리노라.

夫詩言志也 士有不得志而言之者 俟知己於後也 是以 楊子雲獨抱太玄 俟後世之子雲 使當時後不有子雲知之 但當覆醬瓿而止耳 豈無終古之歎乎 噫 自唐亡而天下無詩久矣 蘇黃出而潰裂甚 王李起而猖狂極 三百十九之旨 幾乎湮沒 則潰裂猖狂之餘類 而爲委巷之叢談 下里之鄙語 而天下果無詩矣 詩道之湮久矣 不惟能之者 抑眞知其妙 而篤好之者 絶無其人 而鄭士集丁法正 以詩名於世 道相同也 才相若也 鄭居提而丁居忠 有四郡三峽之勝 波濤浩淼 雲煙變化 鷗鷺帆檣之上下出沒 相與昌酬傲睨 無不以爲囊篋之有 爾評我藁 我批爾集 至今聲藝翶翔 日與大江之流 西注于京師 又相爲當世之子雲 嗟夫 士集與我爲再從兄弟 落拓踈宕 嘗癖於詩 力追古作者軌範 沾沾自喜不已 先揭旗鼓 超乘而上 與法正 鵲起而儷美 爲一代之知己 豈非所得一人爲之知己亦足者乎 士集化已數年 法正爲士集 裒求當世同志者哀死之詩文 其從弟淵淵 求余一言 余非士集之子雲也 且一法正 多矣 何事於余 余則無子雲於世 覽吾詩而以吾目爲一子雲 諷吾詩而以吾耳爲一子雲者也 然而士集嘗贈余以詩 詩曰 百鎰黃金齎用盡 初絃白雪古音聞 歡娛幸得連床話 末路知心獨有君 士集之期於余亦不淺淺 而抑或以余爲當世之子雲也耶 然則義固不敢辭矣 仍莊誦贈余詩一篇 怳惚如聲

般般而厲霄 目炯炯而如射 余固疑士集之猶在也 詠罷 遂泚筆而書之 又有哀詩十篇焉 人或謂士集之子雲 而余亦有俟乎後之子雲也

10. 정연에서 노닌 이야기

遊亭淵記

옛날에 월탄공月灘公 황근중黃謹中[59]께서 관동關東 관찰사에서 체직되어 돌아와 강원도 광평廣平[60]의 정연亭淵에 거처를 정하고 집을 짓고 나무를 심고서 처음 터를 닦았는데 황씨黃氏가 이로 인하여 대대로 거처하였다. 나는 딸을 황상언黃尙彦[61]에게 시집보냈는데 곧 월탄공月灘公의 5세손인 어은공漁隱公[62]의 자부子婦이니 딸이 정연 근처에 거처한 지는 거의 몇 년이 되었다.

기사년己巳年[1749] 가을에 내가 드디어 다시 황씨의 마을에 들어갔으니 대개 옛날에 이른바 도원桃源과 귤주橘洲[63]의 부류이다. 어은공漁隱公은 백운봉白雲峯 아래에 살고 그의 아우 운재공雲齋公[64]도 또 그 집 근처에 거처한다. 마을이 그윽하면서 넓고 여울물이 콸콸 쏟아지니 거처하는 사람들이 두 언덕에 복숭아나무를 심고 무릉천武陵川이라

59 황근중黃謹中(1560~1633) : 본관은 창원昌原, 자字는 일지一之, 월탄月灘은 그의 호이다. 선조 때 문과에 급제하여 예조정랑, 사헌부 지평을 지냈고 광해군 때는 홍주목사, 전라감사를 지냈다.

60 광평廣平 : 강원도 평강군의 옛 이름이다.

61 황상언黃尙彦(1732~1786) : 본관은 창원昌原, 자는 위수胃叟이다.

62 어은공漁隱公 : 황응일黃應一의 첫째 아들 황정黃侹(1683~1755)을 말한다. 초명은 황수몽黃壽夢이다. 황상언은 황정의 맏아들이었는데, 뒤에 황응일黃應一의 둘째 아들 황손黃遜(1692~1776)의 후사를 이었다.

63 귤주橘洲 : 중국 호남湖南 장사시長沙市 서쪽 상강湘江 가운데에 위치한 지역으로, 지금은 귤자주橘子洲라 불린다. 두보杜甫의 「악록산도림이사행嶽麓山道林二寺行」의 "무릉도원의 집들은 그 구조가 단순하고, 귤주 지역의 전답들은 변함없이 기름지네.[桃源人家易制度 橘洲田土仍膏腴]"라고 한 데서 인용한 것이다.

64 운재공雲齋公 : 황준黃晙(1698~?)을 말한다. 본관은 창원昌原, 자는 백승伯升, 운재는 그의 호이다. 1771년(영조47)에 기로과로 과거에 급제하여 호조戶曹 참의參議, 공조工曹 판서判書를 지냈다. 의령宜寧 남필명南弼明의 딸과 혼인하였다.

불렀다. 위로는 구불구불한 푸른 벽이 거의 수 리쯤 되니, 난간에 기대어 바라봄에 마치 구름이 막힘없이 펼쳐져서 진실로 선경仙境이라 할 만하다. 그 봉우리가 높고 험하며 골짜기가 그윽하고 깊으며 샘물은 더욱 푸르고 세차게 흘러, 바닥이 온통 하얀 자갈과 바위들이었다. 땅에서 나는 것은 대부분 좋은 나무와 훌륭한 목재이고, 특히 오엽송五鬣松, 삼아삼三椏杉, 말 꼬리처럼 생긴 당귀當歸, 짐승 모양의 복령茯苓, 송지松芝, 석이石茸, 산개山芥 등 먹을 수 있는 약재가 많았다. 산기슭을 수십 리 따라가면 높은 언덕과 넓은 들판, 무성한 숲과 드넓은 시내가 대체로 모두 터를 잡을 만하였다.

황씨黃氏 십여 가구가 모여 살아서 드디어 원지園池와 대관臺觀의 승경을 이루게 되었고, 공의 형제兄弟가 거처하는 곳은 더욱 넓고 환하게 툭 트였으며 시원한 헌軒과 따뜻한 방은 둘레에 난간이 쳐져 있고, 문과 창문은 밝고 깨끗하며 왕골자리가 시원하게 깔려 있다. 담 밖에는 물이 감돌고, 처마 모퉁이에는 기이한 돌이 우뚝 솟아 있다. 아득히 바라보면 집은 산허리에 있는데, 구름과 안개가 자욱이 깔려 있고, 단풍나무와 소나무가 은은히 어리고 가파른 산꼭대기에는 푸른 빛이 감돌아 울창하기가 구름과 노을 같았다.

실컷 멀리 바라보고자 하는 사람은 그곳에 상자를 싸서 짊어지고 오고,[65] 장엄한 유람을 하는 자들이 계속 이어졌다. 이따금씩 산에 사는 사람과 들판의 늙은이들도 나아가서 보고 기이함에 놀라지 않음이 없고, 지나가는 나그네도 또한 모두 돌아보느라 주저하니 신선神

65 상자를~오고 : 『예기禮記』「학기學記」에 "입학하여 북을 쳐서 울리고 책을 꺼내는 것은, 그 학업을 공손히 받기 위함이다.[入學鼓篋 孫其業也]"라고 한 데서 온 말이다. 고협鼓篋은 곧 학생이 책을 싸 가지고 수업하러 가는 것을 뜻한다.

仙의 거처인 듯 보였다. 그 집에 오르니 푸른 소나무와 오래된 버드나무가 높이 뻗어 그윽하고 맑아 무더운 여름 한낮에도 바람이 시원하였다. 어은공漁隱公은 서울에서 벼슬살이를 하였고, 운재공雲齋公 혼자 그곳에서 노닐었다. 내 그 사람됨을 살펴보니, 마음속은 담박하고 용모容貌가 빼어나고 기운氣韻을 품고 있어, 진실로 혼탁한 세상의 맑은 선비였다. 진실로 능히 이로써 스스로 만족하지 않고, 더욱 도의道義로 스스로 닦아서 학문을 하여 밝고 드넓은 근원[66]에 도달하였고, 본심을 지켜[67] 텅 비고 밝은 본체를 길러서, 외물의 누를 깨끗이 씻어내어 가슴속을 시원하게 트이도록 하였다. 각건角巾에 도포를 입고 그 사이를 한가로이 지내며 날마다 깨끗이 청소하고 향을 피워 놓고 글을 읽고 시를 읊조리다가, 나른해지면 지팡이를 끌고 천천히 거닐며 꽃에 물을 주고 나무를 심다가, 위로는 산을 바라보고 아래로는 샘물에 발을 씻곤 하니, 대개 종일토록 고요하고 담박하여 세속의 잡다한 일이 하나도 없었다. 이는 그 경치와 그의 생활이 모두 맑다 할 수 있을 것이다.

이에 주인이 배를 대고 인하여 나에게 고하기를, "무릇 오가며 두루 보는 것은 비록 눈 깜빡이는 사이에 있는 듯하지만 배를 타고 노

---

66 밝고~근원 : 홍경洪慶이 돌아가려 할 적에 주자朱子가 말하기를, "지금 공부를 해 보고자 한다면 우선 모름지기 단정하고 장엄한 자세로 존양을 하여 밝고 드넓은 근원의 경지를 홀로 보도록 하여야 할 것이요, 공부를 허비하여 종이 위의 말만 뚫어지게 쳐다보아서는 안 될 것이다.[如今要下工夫 且須端莊存養 獨觀昭曠之原 不須枉費工夫 鑽紙上語]"라고 하였다. 『성리대전性理大全』에 나온다.

67 본심을 지켜 : 원문은 조존操存으로 마음을 다스려 올바른 방향으로 길러 나가는 것을 말한다. 『맹자孟子』「고자상告子上」에 "마음이라는 것은 잡아 두면 있고 놓아 버리면 없어지는 것으로서, 나가고 들어오는 것이 일정한 때가 없으며, 어디로 향할지 종잡을 수가 없는 것이다.[操則存 舍則亡 出入無時 莫知其鄕 惟心之謂與]"라고 한 공자의 말이 인용되어 있다.

닐지 않으면 이곳에 더욱 빼어난 곳이 있음을 알지 못할 것이니, 그대는 구경할 뜻이 있는가?"라고 하니, 내가 드디어 흔쾌히 허락하였다. 가서 배를 저어 중류中流로 들어가 위아래를 오르내리며 물결에 떠 있는 풀마름 사이를 굽어보니 노니는 물고기를 뚜렷이 헤아릴 만하여 그 맑기가 이와 같았다. 그 동북쪽 숲과 골짜기는 더욱 아름다워 돌 봉우리가 날아올라 춤추는 듯하고, 서쪽을 따라 아래로 내려가면 옥이 강 중심에 서서 우뚝하게 대臺를 이루고 연못을 둘러서 섬이 되니, 의연히 하나의 옥처럼 이루어진 아름다운 섬과 누대였다. 돌 봉우리는 가운데가 끊어지는 듯하고, 못 물줄기가 구불구불하여 허공을 적시고 그림자를 움직이고, 삼신산三神山이 남쪽을 따라 아득하여 붉은 안개와 푸른 노을이 저 멀리 나타났다 사라지는 듯했다. 곁에는 봉우리가 우뚝 솟아 푸르니 평평히 층대層臺를 끌어당기고 있으며, 그 위에는 백운白雲이 항상 머무르니 이로써 '운재'라고 이름 지었다. 대臺는 높이가 십여 길이며 아래에는 기암괴석奇巖怪石이 너울너울 춤추는 듯하며, 그 위는 평평하기가 선인장仙人掌과 같다. 대臺는 둥글기가 승로반承露盤[68]과 같아서 예부터 그 바위와 대를 이름하기를 "선유仙游"라고 하여 대臺 아래 석면石面에 큰 글씨로 새겨두었다. 아래에 있는 청학동青鶴洞과 무학대舞鶴臺도 모두 옛날에 이름 지은 곳이다.

드디어 그 대臺에 올라 굽어보니, 때때로 바람이 맑고 달이 밝게 떠오를 때면, 황홀하기가 마치 신선이 높은 하늘 사이에서 생황을 불며

---

68 승로반承露盤 : 이슬을 받기 위해 만든 동반銅盤을 말한다. 한 무제漢武帝가 신선술에 미혹되어 감로를 받아 마셔 수명을 연장시키고자 하였다. 이에 건장궁建章宮에다가 신명대神明臺를 세우고 동으로 선인장仙人掌 모양을 만들어 세워서 동반을 떠받치고서 감로를 받게 하였다. 『한서漢書』「교사지郊祀志」에 나온다.

내려오는 듯하였다.[69] 이로 인하여 시 읊조리며 소요逍遙하니 너울너울 허공을 넘어 바람을 부리는 듯하였고, 서늘함이 흐르는 물에 양치질하고 돌을 베고 있는 듯하였다. 날아오르는 듯 거침없이 창랑滄浪의 정자 아래에 배를 매어두니, 새로 지은 정자가 창활暢豁하며 집이 그윽하였다. 강을 따라 백여 보를 올라가니 높은 언덕이 고즈넉하고 넓으며, 석벽石壁이 더욱 맑고 우뚝하여 마음과 눈이 비로소 트였다. 대개 정자는 동쪽에 거처하고 서쪽을 향하여[70] 사면에 창문을 내서 아침 안개를 받아들이고 저녁 아지랑이를 펼친다. 긴 대나무와 무성한 소나무, 산당山棠 나무와 늙은 회나무들이 푸르고 울창하며, 사시四時의 개울과 산에는 맑은 이내와 비로 불어난 물이 꽃향기와 나뭇가지의 사이에서 은근히 보인다. 철새와 벌레가 노래하고 찍찍대며 사람의 눈과 귀를 따갑게 하니, 우연히 한번 그윽함을 찾아서 이곳을 방문한 사람은 번번이 한참 머물면서 차마 떠나지 못한다.

또 그 동쪽으로 외나무다리를 따라서 올라가니 그 아래에 못은 깊이 감돌아 넘실넘실 거리며 맑게 고여 있고, 바위산과 가파른 돌 비탈길이 얽히고설켜 빙 둘러서 깎아진 듯 높고 험준하여 거의 다가갈 수 없었다. 그러나 그윽한 곳을 찾으면 돌부리가 이마를 누르고, 높

---

69 생황을~듯하였다 : 전설에 신선이 난새를 타고 생황을 분다고 한다. 난새는 봉황의 일종이다.

70 동쪽에~향하여 : 원문은 진거이태향震居而兌向으로, 『국어國語』「주어周語」의 주에, "정서正西를 태兌라고 하여 금金이 되고 여합풍閭闔風이 되며, 서북西北을 건乾이라고 하여 석石이 되고 부주풍不周風이 되며, 정북正北을 감坎이라고 하여 혁革이 되고 광풍廣風이 되며, 동북東北을 간艮이라고 하여 포匏가 되고 융풍融風이 되며, 정동正東을 진震이라고 하여 죽竹이 되고 명풍明風이 되며, 동남東南을 손巽이라고 하여 목木이 되고 청풍淸風이 되며, 정남正南을 이離라고 하여 사絲가 되고 경풍景風이 되며, 서남西南을 곤坤이라고 하여 와瓦가 되고 양풍涼風이 된다."라고 하였다.

은 곳에 기대면 푸른 봉우리에 눈을 떼지 못하지만 여전히 넓게 펼쳐진 끝없는 운치는 오히려 다하지 못하였다.

나는 높은 언덕을 넘어서 한걸음에 내려갔다. 점점 깊은 경치로 들어가니 깎아지른 듯 높고 험준하며 그윽하고 시원하였고, 흐르는 샘물이 콸콸 넘쳐 큰 골짜기를 뒤흔들어 천둥과 빗소리를 내었다. 먹구름이 갑자기 맑게 걷히고, 갠 안개가 또 자욱해져서 옥돌로 된 궤를 적시고 석상石床에 뿌리니 번잡한 흉금을 다 씻어내고 차가운 내 몸에 소름이 돋는다.[71] 근원을 찾아감에 깊어지면 깊어질수록 더욱 빼어나서 나는 옷을 걷고 물을 마시고 바위에 누워 길게 휘파람 불며 술을 청하여 하루 종일 떠날 생각을 잊었다. 그때에 석양夕陽이 산중턱에 있고, 갠 구름이 언뜻 일어나니, 내가 드디어 빙그레 웃으며 바위에 기대어

저녁 햇빛은 강에 스며들어 석벽에 부딪히고
돌아가는 구름은 나무를 껴안으니 산촌은 간데없네
返照入江翻石壁　　　　歸雲擁樹失山村

라는 시구[72]를 읊었다.

71 차가운~돋는다 : 원문은 빙기기율氷肌起粟로 날씨가 추워 살갗에 소름이 돋는 것을 의미하는 것을 말한다. 청淸 왕가복王嘉福의 『죽창요粥廠謠』에 "북풍이 매서우니 살갗에 소름이 돋는데, 서리들은 두꺼운 가죽옷에 술과 고기가 넘쳐나네[北風森寒肌起粟 胥吏重裘飽酒肉]"이란 구절이 보이고, 소식蘇軾 『소동파시집蘇東坡詩集』 권12, 「설후서북대벽雪後書北臺壁」 시에 "얼음은 옥루에 얼어 추워서 소름이 돋고, 빛은 은해를 흔들어 현란하게 어른거리네.[凍合玉樓寒起粟 光搖銀海眩生花]"라는 구절이 보인다.

72 시구 : 두보杜甫의 「반조返照」 시의 일부분으로 전문은 다음과 같다. "초왕궁 터 북

또 그를 위해 시를 지어 승경을 기록하니, 주인이 탄식하며 다음과 같이 이야기하였다.

"그대 가슴속의 기이함이 아니라면 곧 능히 지폐산地肺山[73]의 신령함을 찾고, 바위와 산 깊은 곳의 신비함을 드러내어 기이한 승경을 이와 같이 표현할 수 있겠는가? 또한 굴평屈平이 풍소風騷[74]를 훤히 이해한 마음이 또한 강산江山의 도움이 아니었겠는가? 그대가 다시 이 기이함으로 그 가슴속의 기이함을 더하면 그대의 시는 마땅히 더욱 조예가 뛰어날 것이다."

선유정仙游亭에서부터 창랑각滄浪閣에까지 따라 노닐더니 이로 인하여 나에게 기문記文를 요청하였다.

아! 오늘 유람遊覽한 것은 창랑각의 승경이고, 승경을 유람하고 기록한 것은 나의 글이다. 인하여 창에 기대어 노래 부르고 노래가 끝나자 나그네 시름이 또 새록새록 하니, 자안子安 왕발王勃이 이른바 '하늘은 높고 땅은 아득하여 우주의 무궁 광대함을 깨달았도다. 흥이 다하면 슬픔이 오니, 차고 비는 것에는 정해진 운수가 있음을 알았도

쪽에 황혼 질 즈음[楚王宮北正黃昏], 백제성 서쪽에 소나기 스친 자국[白帝城西過雨痕] 강물에 비친 석양 절벽에 번쩍이고[返照入江翻石壁], 저녁구름 숲과 마을 덮어 가리네[歸雲擁樹失山邨] 늙고 병들어 베개를 높이 베고[衰年病肺惟高枕], 변경지대 두려워 일찍 문을 닫는다.[絶塞愁時早閉門], 승냥이 범 같은 난적 들끓어 살수 없는 곳[不可久留豺虎亂], 남쪽에 굴원의 부름 받지 못한 혼이 있네[南方實有未招魂]"

73 지폐산地肺山 : 남산南山의 다른 말이다. 남산은 중국 섬서성陝西省 남쪽에 있는 산으로 동쪽은 하남성河南省 서쪽은 감숙성甘肅省까지 뻗쳐 있으며, 주봉主峯은 장안현長安縣의 남쪽에 있다. 이곳은 중국의 서부인 옹주雍州에 해당하며 서도西都인 장안長安 지방으로서 주周나라의 옛터이며, 진秦나라의 발상지發祥地이다. 일명은 종남산終南山, 또는 귤산橘山·진산秦山·주남산周南山·지폐산地肺山이라고도 한다.

74 풍소風騷 : 『시경』의 「국풍國風」과 『초사楚辭』의 「이소離騷」를 아울러 가리키는데 훌륭한 시문을 비유하는 말로 쓰인다.

다.[天高地迥 覺宇宙之無窮 興盡悲來 識盈虛之有數][75]'라고 한 것이 아니겠는가? 수십 수백 년 후에 나와 주인이 어찌 하루살이 같을 뿐이겠으며 이 누각樓閣이 능히 길이 보존될지 어찌 알겠는가? 곧 누각과 산천山川은 변함이 없겠지만, 풍경風景과 화목花木의 아름다움은 또 길이 지금과 같을지 어찌 알겠는가?

옛날 정간井幹[76]과 현창玄暢,[77] 양운陽雲과 능연凌煙[78]의 성대함이 오랜 뒤에 연기처럼 사라져 찾아갈 수 없을 지경에 이르렀지만, 그때에 심휴문沈休文[79]과 포명원鮑明遠[80] 같은 여러 군자가 기영記咏한 것이 오히려 또렷하게 서적에 실려 있으니, 곧 사람과 승경은 진실로 문장을 기다려 존재하는 것이다. 비록 그러하나 내가 어찌 그 적임자라고 또한 감히 장담할 수 있겠는가? 유독 한스러운 것은 지금 이 누각의 승경이 외진 곳에 숨겨져 있어, 한양의 여러 대관臺觀들처럼 왕래하고 올

---

75 왕발王勃(647~674) : 당나라 시인으로 자안子安은 그의 자이다. 그가 「등왕각서滕王閣序」를 짓고 끝에 칠언율시 한 수를 붙였는데, 「등왕각서」에 이 문장의 일부분이 보인다.

76 정간井幹 : 한漢나라 시대에 지은 정간루井幹樓를 말한다.

77 현창玄暢 : 현창루玄暢樓를 말한다. 양梁 나라 심약沈約이 동양 태수東陽太守가 되어 팔영시八詠詩를 지어 현창루玄暢樓에 썼는데, 후인後人이 그 누樓를 팔영루八詠樓라고 하였다.

78 능연凌煙: 능연각凌煙閣을 말한다. 당唐 태종이 정관貞觀 17년(643)에 장손무기長孫無忌·두여회杜如晦·위징魏徵·방현령房玄齡 등 훈신勳臣 24명의 초상화를 그려서 여기에 걸어 놓게 하였다. 『신당서新唐書』「태종황제본기太宗皇帝本紀」에 보인다.

79 심휴문沈休文(441~513) : 남조南朝 양梁나라의 시인인 심약沈約으로, 휴문休文은 그의 자이다. 당시 문단의 영수로서 사조謝朓, 왕융王融 등과 함께 영명체永明體를 창출하여 후세 격률시格律詩의 서막을 열어 놓았다. 『남사南史』 권57 「심약열전沈約列傳」에 나온다.

80 포명원鮑明遠(415~470) : 남조南朝 송宋나라 인물 포조鮑照로, 명원明遠은 그의 자이다. 동해東海 사람으로 남북조시대의 시인이다. 송宋나라 원가元嘉(424~453) 연중에 유의경劉義慶이 그를 국시랑으로 삼았는데, 나중에 태학박사와 중서사인이 되었다. 위로는 육조의 정수를 모았고, 아래로는 당팔풍唐八風의 길을 열었다.

라 바라보는 자들이 구경하지 못하니, 내가 부득이 기록하지 않을 수 없었다. 기사년己巳年[1749] 가을 9월 송촌松村 유거幽居에서 쓰다.

昔月灘公 遞關東伯而歸 卜地於廣平之亭淵 築室種樹而肇基之 黃氏仍世居焉 余有女歸于黃 卽月灘五世孫 漁隱公之子婦也 女居于淵上 殆有年矣 歲己巳秋 余遂重入黃氏洞 蓋古所謂桃源橘洲之類也 漁隱家于白雲峯之下 其弟雲齋公 又接宅而居之 洞府幽曠 灘流橫瀉 居人種桃于兩岸 號曰 武陵川 上蒼壁逶迤 殆數里許 憑軒而望之 如展雲母屛 儘仙境也 其峰嶺高峻 磵谷幽深 而水泉尤淸駛 皆以白礫素砥爲底 地之産多嘉木美材 又有五鬣之松 三椏之杉 馬尾之當歸 獸形之茯苓 松芝石茸山芥諸服餌之物 緣山麓數十里 高原曠野 茂林平川 大率皆可居 黃氏十餘家 聚而居焉 遂有園池臺觀之勝 而公兄弟所居 尤弘敞軒豁 凉軒燠室 繚以欄楯 戶牖明潔 莞簟瀟洒 流水周於墻外 奇石峙於簷隅 邈而察之 家在山腰 雲煙晻靄 楓松隱映 峭倩蔥蘢 蔚若雲霞 縱遐矚者 鼓篋其間 負壯遊者 結轍于途 殆往往焉 山氓野叟 無不就觀而驚異 行旅之過者 亦皆顧望躊躇 疑以爲神仙居也 登其堂 蒼松古柳 蒨槮幽爽 盛暑亭午 風氣漻然 漁隱筮仕在京師 雲齋獨徜徉其間 余觀其爲人 冲素澹泊 容貌秀潔 氣韻蘊藉 眞濁世之淸士也 誠能不以是自足 而益以道義自濯磨 問學而達昭曠之原 操存而養虛明之体 使物累滌盪胸襟灑落 角巾布袍從容其間 日灑掃焚香 諷書吟詩 其倦也 則曳杖徐行 澆花種樹 仰觀山而俯濯泉 蓋終日蕭然澹然 無一俗務塵冗 是其境與事 可謂兩淸 於是 主人艤舡 仍告余曰 凡往來歷覽 雖若在眉睫間 而不乘舟遊 不知此中有尤勝處也 子其可圖乎 余遂欣然曰 諾 往棹舡入中流 沿洄上下 俯視荇藻間 游魚歷歷可數 其淸如此 其東北林壑尤美 有石峰翔舞 從西而馳下 玉立江心 兀然成臺 潭滙而爲島 依然一瓊島瑤臺

也 石峰中斷 潭流詰曲 涵虛動影 三神從南而漂渺 丹霧蒼霞 指點有無 傍有峰巒聳翠 平挹層臺 其上有白雲常留 以是名焉 臺高十餘丈 而下有奇巖怪石 蹲蹲如舞 其上平如仙人掌 臺圓如承露盤 自古名其岩與臺曰 仙游 大書刻于臺下石面 下有青鶴洞舞鶴臺 皆古所名也 遂登其臺而俯臨焉 有時風清月朗 怳若鸞笙飛下於雲霄之間 仍吟哦逍遙 飄飄若凌虛而御風 颯颯如漱流而枕石 翶翔跌蕩 繫纜于滄浪之亭下 新構暢豁 庭宇蕭然 緣江而上百餘步 高原閑曠 石壁尤淸峙 心目始開 蓋亭震居而兌向 欞牖四面 承朝霞披夕靄 脩篁茂窠 山棠老檜之屬 葱蘢蓊密 四時溪山 晴嵐雨漲 隱見於花芬樹梢之間 而時鳥候虫 睍睆啁哳 飫人耳目 偶一探幽而至者 輒移時不忍去也 又其東從小彴而上 其下潭深滙 瀲灩映帶 岩峀嶺磴 糾紛迵遭 巇峼巃嵷 幾于不可應接 然尋幽而石根搌頽 憑高而峯翠籠眸 尙乏曠垠不窮之致 余凌敲一陟降去矣 漸入深境 崔嶢崚嶒 窈窕蕭爽 流泉轟轟 撼巨谷 作雷雨聲 陰雲倏以淸暎 晴靄借其空濛 潤珉几濺石床 煩襟盡滌 氷肌起粟 窮源逾邃而逾勝 余卷衣漱枕 長嘯呼酒 竟日忘乎其去 于時 夕陽半山 霽雲乍起 余遂輾然倚岩而咏返照入江翻石壁 歸雲擁樹失山村之句 又爲之賦詩紀勝 主人噫嘻曰 非子胸中之奇 迺爾能搜地肺之靈 抉巖窔之秘 令奇勝若是哉 且也 屈平所以洞鑑風騷之情者 抑亦江山之助乎 君更以玆奇益其胸中之奇 君詩當益超詣 自仙游亭從倚於滄浪之閣 仍要余記之 嗟乎 今日之所遊覽者 閣之勝也 覽勝而記之者 余文也 仍倚欞而歌 歌竟而客愁又新矣 王子安所謂天高地迥 覺宇宙之無窮 興盡悲來 識盈虛之有數者非耶 數十百載之後 余與主人 奚翅蜉蝣 安知玆閣之能長存耶 卽閣與山川不移 而風景花木之美 又安知長如今日不耶 古井幹玄暢 陽雲淩煙之盛 久爲煙墟 至不可蹟 而其時若沈休文鮑明遠 諸君子所記咏 猶斑斑載籍 則人與勝固有待文而存者 雖然余豈其人 且亦何敢必也 獨慨今玆閣之勝 隱于幽而不得與京城諸臺觀 同爲往來陟覽者 所登眺 則余宜不容已於識也 己巳之秋九月 書于松村幽居

11. 삼연에서 노닌 이야기

游三淵記

내가 강원도 정연亭淵에 가게 되었을 때 길이 삼연동三淵洞[81] 입구를 지나게 되었다. 문득 한번 유람하고 싶었지만 발걸음이 바빠 매번 지나가며 천상 세계처럼 사람이 갈 수 있는 곳이 아니라 생각하며 바라보기만 할 뿐이었다.

기사년己巳年[1749] 가을, 가을장마가 처음 개자 나는 또 관동에 갈 일이 있어, 삼연의 포구 객점客店을 지나게 되었다. 아침밥을 먹고 드디어 동자童子 한 명과 함께 길을 떠났다. 골짜기에 들어서자 동자가 따라가야 할 오솔길을 매우 상세히 알려주었다. 일리쯤 들어가자 석문石門이 휑하고 숲과 골짜기가 깊숙하였다. 드디어 말과 지팡이를 버리고 앞으로 가니 이로부터 산길이 구불구불하여 자주 아름다운 경치를 만났고, 나아가면 나아갈수록 더욱 더 경치는 좋았지만 아득히 폭포가 어디서부터 흘러오는지 알지 못하였다. 다만 시내를 따라 올라 무릇 5,6리쯤을 갔는데 지쳐서 비탈진 한 너럭바위에 앉아 산열매를 따서 먹었다.

위아래로 사방을 둘러보니 산봉우리가 빙 두르고 고갯마루가 첩첩이 쌓이며, 계곡이 그윽하고 깊었다. 산등성이를 따라 계속 더욱 올라가서 힘을 들여 앞으로 나아가니 점점 우르릉 쾅쾅 우레雨雷 소리가 멀리에서부터 가까이로 들려왔다. 좁은 한 골짜기를 따라 내려

---

81 삼연동三淵洞 : 삼부연三釜淵 폭포가 있던 강원도 철원군 갈말읍의 지역을 말한다. 김창흡金昌翕(1653~1722)은 강원도 철원 용화동에 기거하며 근처 삼부연 폭포를 벗하며 성리학에 정진하였기에 아호를 삼연三淵이라 삼기도 하였다.

가니 임목林木이 빽빽이 우거져 있었다. 조금 쉬었다가 나아가니 물길을 거슬러 한 산기슭을 지나갔는데, 폭포가 층벽層壁에 드리워 날리듯 떨어졌다. 위 못의 물이 돌아 가운데 못으로 흘러들고, 가운데 못이 흘러 아래로 흘러간 것이 폭포가 되었다. 처음에는 벽에 붙은 듯하다가 이윽고 허공에 걸려 곧장 떨어지니 기이하고 빼어난 모습을 형언할 수가 없었다. 폭포에서 날리는 물거품이 십여 보 밖에 있는 사람의 얼굴과 머리털을 모두 적셔서 빗속에 있는 듯하였다.

잠시 후에 구름이 흩어지고 햇살이 쏟아져 찬란하게 빛나니, 눈은 어지럽고 정신은 멍하였다. 나는 실컷 보고 평생平生에 처음 보는 장관이라고 그 아름다움을 칭송하였다. 가까이 가서 살펴보니 폭포가 그 꼭대기에서 아래로 떨어지는데 날고 춤추며 허공에 걸린 모습이 마치 실을 흩어놓은 듯하고, 비단을 펼쳐놓은 것 같기도 하였다. 햇빛이 바로 비치자 홀연히 다채로운 무지갯빛이 되기도 하고, 혹은 산바람이 옆으로 불어오면, 흩날리고 자욱한 것이 마치 연기나 아지랑이 같아서 언뜻 보면 그것이 물인지 알지 못하였다.

이효광李孝光[82]의 기문을 본 적이 있다. "안탕산鴈宕山의 폭포는 자욱함이 푸른 연기와 같아 커졌다 작아졌다 하네."라는 구절도 있고 또 "거꾸로 불어오는 바람을 맞고, 그대로 허공에 서려 한참 동안 내려오지 않는다."라는 구절도 있는데,[83] 지금 이 폭포를 보니 실감이 났다.

---

82 이효광李孝光(1285~1350) : 원나라 인물로 자는 계화季和다. 어려서 돈독한 뜻을 품고 널리 학문에 힘썼으며, 나중에 안탕산雁湯山 오봉五峰 아래에 은거했는데 사방의 선비들이 다투어 그를 찾아 왔다. 위국공魏國公 태불화泰不華는 그를 스승으로 삼았다. 지정至正 7년[1347] 순제順帝가 그의 학식을 알고는 비서감秘書監 저작랑著作郎의 벼슬을 내려 경사京師로 초치했으며, 이듬해 문림랑文林郎 비서감승秘書監丞에 임명했다. 저서에 『오봉집五峰集』 20권이 있다.

83 안탕산鴈宕山의~있는데 : 이 구절은 『오봉집五峰集』「대용추기大龍湫記」에 나오는

폭포를 위에서 내려다보면 어디로 떨어지는지 알 수 없고, 아래에서 올려다보면 그 근원을 볼 수 없었다. 높이가 무릇 수십여 길인데 그 소리는 천둥 우레 같으며, 물거품은 한겨울의 싸락눈 같았다. 폭포 위에 울퉁불퉁한 큰 돌이 있는데 잠깐 그 위에 올라서니 몸이 흔들흔들 마치 공중에 있는 듯하여 아찔하고 떨려 감히 내려다볼 수 없었다.

나는 그 아래에 서성이며 나도 모르게 정신이 놀라 몸소 반나절 동안 시를 읊조렸지만 끝내 한편의 시도 짓지 못하였다. 동자가 나에게 돌아가기를 재촉하니 그때에 석양이 고개에 반쯤 걸려 있었다. 문득 한바탕 바람이 세찬 물결에 불어와 한 골짜기의 사방으로 흩어져 모두 뿌연 눈발처럼 날리었다. 나는 드디어 너울너울 고상한 뜻이 있어 오르락내리락 여유를 가졌고 정신과 생각이 날아올라 율시 하나를 얻었으니, 그 시는 다음과 같다.

세 폭포가 층층이 걸려 형세는 빼어나고
날리는 물결이 늙은 소나무 가지에 걸려 있네
공중의 흰 물방울은 수시로 떨어지고
하늘 끝 푸른 무지개는 햇살을 받아 드리웠다
괴이한 바위가 깎여 천 길의 벼랑이 되고
거친 물결이 둘러 모여 만년의 땅이 되었네
소동小童은 얼마나 머물지 묻지 말라
예부터 폭포를 노래하는 시 짓기 어렵다네

三瀑層懸勢絶奇　　飛流橫掛老松枝

말이다.

空中白雨移時下　　天際蒼蜺帶日垂
怪石削爲千仞壁　　驚波滙作萬年地
小童莫問留連事　　自古難成詠瀑詩

다 읊조리고 나서 드디어 동자童子를 이끌고 아래로 내려왔다. 오래 머무르며 다시 그 승경을 탐방해보고자 했지만 해는 저물고 숲이 깊고 길이 막혀, 끝까지 가기가 쉽지 않았다. 조만간에 다시 와서 마땅히 좋은 곳을 마음껏 찾아보리라.

余爲亭淵之行 路過三淵洞口 輒有一游之願 而行忙每過 瞻望如在天上 意非人人所可到也 己巳秋 秋潦初霽 余又有東征之役 行過其浦店朝飰 遂與一童子偕行入洞 童子爲指徑路所從入甚悉 行里許 石門谽谺 林壑窈窕 遂棄馬杖而前 自是山蹊曲折 屢得佳處 愈進而愈可喜 迷不知瀑流所從來 第沿溪而上 凡行五六里許 倦坐於陂陀一盤石 摘山果啖之 俯仰四顧 峯環嶺疊 磵谷幽深 岡脊登登益上 而努力前行 漸聞有轟轟雷雨聲 自遠而近 從一谷狹阨而下 林木蓊密 少憩而進 泝流而過一林麓 瀑垂層壁而飛下 上潭之水 滙而注于中潭 中潭滙而注于下者爲瀑 其始猶著于壁 旣已懸空直下 奇逸不可狀 飛沫噴薄 人在十餘步外 面髮皆濕 如雨中 小選 陰雲解䂮 旭日射之 晃朗璀璨 目眩神奪 余縱觀稱美 以爲平生所創見 近而察之 瀑從其巓下墜 飛舞夭矯 如散絲如垂練 日光正照 忽作彩虹色 或被山風橫吹 飄散霏微 如煙如靄 驟視之 不知其爲水也 曾見李孝光記 鴈宕瀑 浡浡如蒼煙 乍大乍小 又被風逆射 盤旋久不下 今見之 信然 從上視 不見其止 從下望 不見其源 高凡數十餘仞 其聲類震雷 其沫類大冬之霰 瀑上有巨石盤陀 乍躡其上 身搖搖如在半空 眩慄而不敢俯視 余盤旋其下 自覺魂悸 而

身做半日吟哦 終未就一篇詩 童子催余歸 于時也 夕陽半嶺 忽有一陣風吹到瀑流 四散一壑 皆成煙雪 余遂僊僊有遐擧意 翱翔跌蕩 神思飛越 得一律曰 三瀑層懸勢絶奇 飛流橫掛老松枚 空中白雨移時下 天際蒼蜺帶日垂 怪石削爲千仞壁 驚波滙作萬年地 小童莫問留連事 自古難成詠瀑詩 咏罷 遂携童子而下來 意欲留連 更究其勝 而日色向曛 林深路阻 不易便窮 早晩復來 當極意搜索也

12. 화적연 이야기

禾積淵記[84]

나는 관동지역에 가는 길에 화적연禾積淵[85]을 들러 보았다 화적연은 평강平康과 김화金化[86]로부터 남쪽으로 흘러 영평현永平縣의 북쪽에 이르러 화적연이 된다. 뭇 산들이 빽빽이 서 있고, 두 언덕이 휑하여 용추龍湫가 된다. 용추의 남쪽은 하류에서부터 물빛이 깊고 검으며 가운데에 우뚝하게 큰 돌이 있는데 그 높이가 거의 십여 길이다. 멀리서 보면 마치 백학白鶴이 덩실 춤추며 못 속에 우뚝 솟은 듯하여 매우 기궤하였다. 바위의 뒤쪽은 움푹하게 구덩이를 이루어 모양이 독과 같아 물이 고여 있는데 그 깊이를 알 수 없었다. 바위를 화적禾積으로 이름한 것은 대개 그 모양이 볏단을 쌓아둔 듯해서인데, 어디에서 근거했는지 알지 못하겠다. 좌우의 암벽岩壁은 매우 장엄하고 물은 깊게 고여서 어둑어둑 검푸르러 그곳에 오랫동안 앉아 있을 수 없었다. 이곳이 바로 곧 본군本郡에서 교제郊祭[교외에서 하늘에 지내는 제사]를 지내는 장소라고 한다.

---

84 '화적연기'라는 제목 옆에 '시가 있다[有詩]'라는 주가 포함되어 있지만 『섬와잡저』 본문에는 시가 누락되어 있다.

85 화적연禾積淵 : 경기도 포천에 위치한 연못으로, 볏가리를 쌓아 놓은 것과 같아 화적연이라 불렀다.

86 평강平康과 김화金化 : 평강平康은 강원도江原道 평강군의 군청郡廳 소재지所在地로 읍읍이다. 군의 남동부南東部에 위치位置하며 경원선京元線의 요역要驛이다. 김화金化는 강원도江原道 철원군鐵原郡의 한 읍읍이다.

余東征之路 歷觀禾積淵 淵自平康金化南流 至永平縣北 爲禾積淵 衆山簇立 兩岸谽谺 而爲龍湫 湫之南 自下流水色深黑 當中隆然 有一大石 其高幾十餘丈 遠見之 如白鶴蹲舞 峙於潭中 甚奇詭 巖之背 窪然成坎 狀如甕 水之積者 深不可測 巖之以禾積名者 蓋以其狀如禾積 而不知何所據也 左右岩壁 甚壯偉 水深滙 沈沈黝碧 不可久坐也 卽本郡郊禱之所云爾

13. 당형 이형환을 위한 제문

祭堂兄文

유세차 정축년[1757] 10월 19일에 종부제從父弟 이수환李壽煥[87]은 보잘것없는 제수를 갖추고 종형從兄 담암淡菴 이형환李亨煥[88]의 영전에 곡을 하며 말합니다. 아! 태어나서 서로 사랑하는 것이 사람의 정이고, 죽어서 잊지 못하는 것이 그리움입니다. 정은 사람에 따라 얕고 깊으며, 그리움은 정에 따라 짧고 깁니다. 오래도록 그리워하지 말아야지 하면서도 저절로 오래 그리워하는 것은 그 정이 깊어서입니다. 정이 깊지 않기를 바라지만 깊지 않을 수 없는 것은 그 사람이 소중하기 때문입니다.

예전에 우리 종형이 있었으니 정이 비록 깊지 않고자 하나 그것이 가능하겠습니까? 지금 제가 형님을 잃고서 비록 오래도록 그리워하지 않고자 하나 그것이 가능하겠습니까?

형님께서는 무자년[1708]에 태어나셨고 저는 계사년[1713]에 태어났습니다. 나이 차가 서로 많지 않아서 어린 시절부터 돌아가신 할아버지 이직李溭[89] 공에게 함께 배웠습니다. 낮에는 책상을 마주하고, 밤

---

87 이수환李壽煥 : 이현환李玄煥의 초명初名이다.

88 이형환李亨煥(1708~1755) : 본관은 여주로 원래 이국휴李國休(1675~1728)의 아들이었으나 이춘휴李春休에게 출계하였다. 자는 유문柔文, 호는 담암淡菴이다.

89 이직李溭(1644~1728) : 본관은 여주로 원래 이상신李尙信의 후손 이광진李光鎭의 아들이었다. 뒤에 이상의李尙毅의 후손 이세진李世鎭에게 출계出系하였다. 자는 중안仲安이다. 그는 숙종 때 진사에 합격하고, 이후 음보로 호인護仁 현령을 제수 받고 이후 자헌대부지중추資憲大夫知中樞가 되었다. 그의 아들로는 이국휴李國休(1675~1728)·이억휴李億休(1681~?)·이적휴李積休(1681~1757)·이학휴李學休(1687~1765)가 있다. 이형환은 이국휴의 아들이며 이현환은 이학휴의 아들이다.

이면 반드시 이불을 함께 덮으며 하루 한때라도 서로 따르며 거처하지 않음이 없었습니다. 좌우에서 잡아주고 부축하면서 서로 따르며 왕래함이 마치 고기 떼가 헤엄쳐 놀며 서로 입김을 불고 적셔주는 것 같기도 하고, 말 떼가 날뛰면서 발로 차고 깨무는 것 같아 형제의 정이 손발과 같았습니다. 어질고 어리석음, 재주 있고 없음은 사랑하면 중요하지 않습니다.

형님은 일찍이 시 읊조리기를 좋아하고 시에 성벽性癖이 있어[90] 당시唐詩 뽑기를 추구하였고 진사도와 황정견을 말하기 부끄러워했습니다. 조탁을 일삼지 않아도 말이 간혹 사람을 놀라게 하였습니다. 때때로 풀이 돋은 연못과 꽃이 흐드러진 정원에 불러 모아 잔을 쥐고 시를 읊조렸습니다. 형이 꼭 주관하여 종이쪽지를 나눠 주고 차례로 명령하여 술이 거나해지면 붓을 들었습니다. 그리고 시편들이 완성되면 흐뭇하게 기쁜 기색이 눈매에 나타날 즈음 하나의 아름다운 구절을 얻게 되면 문득 서로 감상함이 구슬보다 훌륭했고, 둘러 앉아 맑게 읊조림에 마치 금석에서 소리가 나는 듯하였지요. 호방한 정취와 뛰어난 흥취로 질탕하게 마음껏 기뻐한 것이 모두 몇 년이었던지요?

중년 이후 인사人事가 변천하여 형은 식솔을 모두 데리고 경기도 안산 섬산剡山[91]으로 들어가게 되었습니다. 저 혼자 한양에 남아서 달

90 형님은~있어 : 성호 이익이 이형환에게 준 시 「유문이 화답하여 시를 보내왔기에 다시 차운하여 보내 주다.[柔文見和又次韻寄示]」(『성호전집』 3권)에도 이형환이 시에 뛰어났음을 언급한 대목이 전한다.

91 섬산剡山 : 경기도 안산安山 수리산의 지류이다. 섬산 부근이 사람이 거주하기에 적합하여 1760년 이후 이관휴와 이현환 등 여주 이씨驪州李氏 일문一門들이 이곳에 근거지를 마련하여 이웃하여 살았다 한다.

을 바라보고 구름을 바라보면서 날마다 그리워하며 십 수 년을 보냈습니다. 그러다가 저 또한 뒤따라 안산 송호松湖로 거처를 옮겨 집을 짓고 사니 불과 서로 소 울음소리가 들릴 정도로 가까운 거리였습니다. 꽃 핀 아침이나 달 뜬 저녁에 혹 작은 모임을 이루어 서로 수창하여 훈지壎篪의 협음을 이루니 그 즐거움이 매우 커서 이전 한양에 있을 때와 같았습니다. 아침저녁 부모님을 모시는 여가에 서로 숲 사이를 즐기고 산수를 찾아다녔습니다. 동쪽을 유람하고 서쪽에 배를 띄워 노닐면서 물고기와 새 사이에 빠져서 즐기다 보니 외부의 근심을 잊고 늙는 줄도 몰랐습니다.

뜻하지 않게 지난 을해년[1755] 10월 하순에 내가 진장振庄에서 돌아오니 형께서 병에 걸려 이미 손쓸 방법이 없었습니다. 여러 동생들은 일 때문에 외지에 있어 유독 우리 아버님께서 여러 필요한 것을 주관하시고 목관 하나를 거두었지요. 저는 산언덕에서 통곡하노니 멍하니 우두커니 의지할 곳이 없었습니다. 아! 슬픕니다.

형님처럼 화려한 문장으로도 불행히 속세에 매몰되어 명성 하나 이룩하지 못하였습니다. 게다가 불행히 액운을 만나 열흘 안에 운명하시니, 아! 슬픕니다. 천명인가요? 어찌 형님을 이 지경에 이르고 여기에 그치게 하였단 말입니까?

형수님께서 집에 계시고 아들과 딸 손자들도 방안 가득 울부짖고 있습니다. 종질宗侄 이재익李載翼[92]은 나이가 어린데도 책임이 막중합니다. 집안은 자주 굶주릴 것이고 종사宗祀는 거의 장차 땅으로 떨어질 것이니, 형님의 영혼께서는 장차 구원九原의 지하에서 머뭇거리며

92 이재익李載翼(1729~?) : 본관은 여주로 자는 중흥重興이다.

방황하고 계실 것입니다. 서로 이별한 지 수 개월 내에 어찌 사람의 일이 갑자기 영원한 이별에 이를 줄 생각이나 했겠습니까?

아, 슬픕니다! 형님의 천성은 모남이 너무 드러나 사람들과 구차하게 화합하지 못하였습니다. 그러나 사람들은 다만 그 외면만 보고 그 내면은 보지 않았고, 그 드러난 자취만 알고 그 마음은 알지 못하였으니 사람들이 형님을 알지 못하는 것이 이상할 것이 없습니다. 제가 평소에 형님을 섬긴 것을 되돌아보면 보잘것없지만, 서로 알아줌에 외면에 있지 않고 내면으로 하였고, 서로 인정함에 드러난 자취가 아닌 마음으로 하였습니다. 평소의 마음이 이미 깊으니 지금의 그리움이 장구하지 않을 수 있겠습니까?

아, 슬픕니다! 형님이 돌아가실 때는 영결하지 못했고 장례를 치를 때는 장지에 가지 못하였으니 돌아가신 분이나 남아 있는 분들에게 부끄럽기 짝이 없습니다. 형님이 돌아가신 지 이미 만 2년이 되었습니다. 2년간 이미 지나간 세월 동안 하루라도 형님을 생각하지 않은 적이 없었고, 이후의 세월에도 어느 날인들 그렇지 않겠습니까? 형님의 얼굴을 생각하고 형님의 말씀을 생각하고 형님의 성정을 생각하는 것과 서로 대하고서 논의하던 것과 두 사람이 남몰래 평가하던 말이 또렷이 제 마음에 남아있고 쟁쟁히 제 귓속에 들려 잊을 수 없습니다.

어찌 다른 이유가 있어서 그러하겠습니까? 제가 형님을 특별하게 여겨서가 아니라 형님이 나로 하여금 잊지 못하게 한 것이니, 오직 그 정이 깊고 그 사람이 소중해서입니다.

아, 슬픕니다! 죽고 사는 이치가 그 무엇인지 저는 알지 못하겠습니다. 잊지 못하시고 잠 못 드시는 형님 혼령께서는 지금 어디에 계십니까? 위에 떠다니며 천기天氣와 함께 두루 돌아다니시는지요? 아래서 노닐면서 구름과 함께 호흡하시는지요? 아니면 집과 뜰에 거처하면서 형제 친척과 함께 이리저리 주선하시는지요? 아니면 어둡고 막막한 곳에 있어 제가 비록 와서 곡을 해도 형님은 듣지 못하고, 알지도 못하시는지요?

아, 매우 슬픕니다! 강 구름은 어둑어둑하고 산 나무는 빽빽하게 둘러 있습니다. 오동나무 한 그루 있는 집에는 도서圖書가 자리하고 있습니다. 이곳은 바로 형님이 아침저녁을 보내며 휴식하고 노닐던 장소입니다. 영혼이 만약 지각이 있다면 돌아와 소요할 것이고, 만약 지각이 없다면 저의 말은 아무 소용없을 것입니다. 장차 어찌할 것인가요? 아! 매우 슬픕니다. 흠향하소서.

維歲次 丁丑十月十九日 從父弟壽煥 始具菲薄之奠 哭訣于堂兄淡菴公之靈曰 嗚乎 生而相愛者情也 死而不忘者思也 情隨人而淺深 思隨情而短長 思不期長而自不能不長者 其情深也 情不期深而自不能不深者 其人重也 昔我有堂兄 情雖欲不深 其可能乎 今我失堂兄 思雖欲不長 其可得乎 兄生於戊子 余生於癸巳 上下不相遠 自在髫角 同學于王考公 晝則連床 夜必同衾 無一日一時而不相隨共處也 左提右挈 馳逐往來 如魚隊游樂或相呴濡 如馬群戲怒 或相踶齧 兄弟之情 如手如足 賢愚才否 愛則無間 兄嘗喜吟哦 癖於詩 力追選唐 恥言陳黃 不事琱琢 語或驚人 時嘗徵追於草池花園之間 持觴賦詩 兄必爲政 手擘華牋 以次相命 酒酣筆落 篇什有爛 喜色敷腴 在兄眉睫之際 得一句之佳 輒相賞 逾於拱璧 匝座淸詠 若出金石 豪情逸興 跌蕩窮歡 凡幾寒暑 中年以後 人事變遷 兄盡室入剡 我獨滯京洛 見月看雲 靡日不思 越十數年 余亦踵至于松湖 築室而居焉 相距不過牛鳴 花朝月夕 時或小集 迭唱交訓 壎篪協音 其樂孔云 乃復如前 晨

昏之暇 相與婆娑林園 徵逐湖山 東遊西泛 忘形於魚鳥間 足以忘外纍而不知老之將至 不意在去乙亥十月之下澣 余自振庄還 兄遘疾已不能救 而諸弟有事在外 獨我家尊幹諸需而戢一木矣 余慟哭山阿 忽忽焉 惘惘焉 無所憑依 嗚乎慟矣 以兄詞華 不幸埋沒塵埃 不立一名 又不幸而遭罹厄運 殞驅於一旬之內 嗚乎天乎 何使兄至於此而止於是耶 有嫂在室 有子若女若孫 滿室哀號 宗侄載翼 年幼而擔負重 家有屢空 宗祀殆將墜地 兄之靈 其將躑躅彷徨於九原之下矣 相離數月之內 豈料人事 奄忽長違 至於斯耶 嗚乎 兄之天性 圭觝太露 與人不苟合 然人見其外而不見其內 識其跡而不識其心 則人不知兄也 毋怪已 余顧念平昔 事兄無狀 而其相知也 不于外而于內 其相許也 不于跡而于心 平生之情 旣不得不深 則今日之思 其可得不長乎 嗚乎 兄逝而不能訣 葬而不能臨穴 慚負幽明 多矣 兄之逝 已再朞 再朞之中 已往之歲月 旣無日不思及於兄 此後歲月 當何日而已乎 思兄之顔面 思兄之言語 思兄之性情 與夫相對商確之論 兩人密砭之辭 昭昭乎在我心 洋洋乎盈耳 有不得忘者焉 曷爲而然哉 非我私於兄 兄使我不能忘者惟其情深而其人重也 嗚乎 死生之理 吾未知其如何 兄之耿耿不昧者 今在何處 其上浮而與天氣周流乎 其下游而與雲物吹噓乎 其在室堂庭宇而與兄弟親戚周旋乎 抑其冥冥漠漠 余雖來哭 兄不聞不知耶 嗚乎哀哉 浦雲曖曖 山木樅樅 一室桐陰 有圖有書 此兄朝焉夕焉息焉游焉之所 魂如有知想歸來兮逍遙 如其不知 吾之言 無益已焉哉 將奈之何 嗚乎哀哉 尙饗

14. 성원 홍중효의 연경록 발문

跋洪聖源燕京錄

공자께서는 일찍이 말씀하시기를, "임금의 명을 욕되게 하지 않아야 사방으로 사신 간 신하를 훌륭하게 여긴다."라고 하셨으니,[93] 성인聖人의 말씀이 어찌 나를 속이겠는가!

아! 대국을 섬기고 이웃나라와 교류함에 홀로 마주하여 임금을 욕되게 하지 않는 자는 예나 지금 천하에 그 수가 몇인지 알 수 없지만 반드시 노魯나라의 계찰季札과 송宋나라의 부필富弼[94]을 칭송하는 것은 진실로 맑은 풍모와 높은 절개로 상국上國에 위용을 드러내고 강한 이웃 나라를 진압하였기 때문이다. 이에 국가에서 힘입어 천하에 드러나고 존귀해져서 태사太史가 그것을 기록하여 역사에 빛나게 되니, 대장부의 일 중에 과연 무엇이 상국에 사신 가는 것보다 큰 것이 있겠는가!

---

93 공자께서는~라고 하셨으니 : 자공子貢이 어떠해야 선비라고 말할 수 있느냐고 묻자, 공자가 "염치를 알고서 자기 몸가짐을 단속하고, 사방에 사신으로 나가서 임금의 명을 욕되게 하지 않아야 선비라고 이를 수 있다.[行己有恥 使於四方 不辱君命 可謂士矣]"라고 대답한 말이 『논어』「자로子路」에 나온다.

94 노魯나라의~부필富弼을 : 계찰季札은 춘추 시대 오吳나라 인물로 연릉계자延陵季子 또는 연주래계자延州來季子라고도 한다. 그는 노魯나라에 사신 가서 각 나라의 음악을 듣고 열국의 치란과 흥망을 품평할 정도로 안목이 뛰어났다. 서徐나라에 사신 가서 그 나라 왕이 계찰의 검을 탐내서 돌아올 때 주려고 했는데, 돌아올 때 이미 서왕이 운명하며 계찰은 스스로와의 약속을 지키고자 검을 왕의 무덤가에 걸어놓고 올 정도로 신의도 두터웠다. 부필富弼(1004~1083)은 중국 송宋나라 인종仁宗 때의 사람이다. 범중엄范仲淹의 추천으로 벼슬길에 올랐으며, 거란이 침입하여 땅을 달라고 요구하였을 때, 거란에 사신 가서 거란 군주를 설득하여 결혼을 성립시켜 송나라는 전쟁을 겪지 않게 되었다. 이후 재상이 되었으나, 왕안석王安石의 신법新法 실행에 반대하다가 축출되었다.

나는 늘 다음과 같이 생각했다. 다행히 천하가 무사한 때를 만나서 옥백玉帛을 가지고 산을 넘고 물을 건너 사신을 감에 멀리까지 교통하지 않는 나라가 없다. 선비로 하국下國에 태어나서 조회의 명령을 받들고 천자의 뜰에서 사신의 일을 수행하며 조용히 홀로 처리하고, 물러 나와서는 어진 사대부와 더불어 예를 갖추고 주선周旋하여 제도와 예악의 성대함을 고찰하고 문물과 의관의 아름다움을 보면서 나의 마음을 유쾌하게 하는 것은 매우 즐거운 일이었다.

아! 숭정崇禎 갑신년[1644][95] 이후부터 하늘은 뒤집히고 땅은 전복되었으며 구복九服[96]은 쇠락하고 삼강윤리는 떨어졌으니, 만고에 해와 별처럼 걸려 있던 밝은 도덕과 빛나는 의리는 백 년 동안 긴 어둠 속에 들어가고 말았다.

중국의 예악과 문물이 모두 냄새나고 더러운 궁벽한 집에 들어갔고 우리나라에 내려주는 정삭正朔[97]은 이미 명나라 숭정의 옛것이 아닌데도, 북쪽 청나라에 보내는 황금과 비단은 명나라 홍무洪武[98] 초기와 다름없이 해마다 가죽과 비단을 바치면서 단지 주周나라 태왕이 북쪽 오랑캐 훈육獯鬻을 섬기고, 문왕이 서쪽 오랑캐 곤이昆夷를 섬기는 것을 따르고 있다. 그렇다면 지금 사신의 명을 받드는 것이 또한 어찌 명나라 때 사신 가는 명을 받드는 사람과 비교할 수 있겠는가? 그러므로 사신의 명령을 들으면 이마를 찡그리며 걱정스러워하고 국

---

95 숭정崇禎 갑신년甲申年 : 숭정崇禎은 명明 제16대 황제 주유검朱由檢의 연호로, 명이 청나라에 의해 멸망할 때까지 17년간(1627~1644) 사용되었다. 갑신년 곧 1644년 청나라에 의해 명나라가 멸망된 해이다.

96 구복九服 : 중국 역대의 복속 지역을 말한다.

97 정삭正朔 : 연시年始와 월초月初라는 뜻으로, 역성혁명을 이룬 제왕이 새로 반포하는 역법을 가리킨다.

98 홍무洪武 : 중국 명明나라 태조 때의 연호로 1368년부터 1399년까지 사용되었다.

경을 나서면 멍하게 가련한 얼굴색을 하고는 매일 달려서 기일을 재촉하여 돌아오는데 급급해 한다. 오직 빨리 돌아오는 것을 급선무로 여긴다면 다른 것은 족히 논할 것도 못 된다.

성원聖源 홍중효洪重孝[99]는 총명한 사나이로 예의지국禮儀之國에서 출생하여 의관衣冠을 갖춘 평화로운 모임에 참여하게 되었으니 진실로 커다란 행운이었다. 홍중효洪重孝는 인물이 훌륭하고 그릇이 크고 원대하며 성품은 민첩하고 재주는 예리하며 마음은 고요하고 기운은 굳세며 문학과 사장詞章으로 조정에 이름을 드러냈다. 지금 또 중국의 땅을 밟아서 천하의 장관壯觀을 다하고자 한다. 조정에서 사신을 선발함에 전관銓官[100]이 천거하여 그를 보낸 것은, 홍중효의 재주가 충분히 이 임무를 감당할 수 있음을 알았기 때문이다.

진실로 청나라가 우리 조선을 대우하는 것은 모든 제후국의 위에 두니, 왕래하는 사이에 행동 하나하나가 예에 합치되고 응대하는 때에 말이 절도가 있으며, 풍채가 밝게 드러나고 충신忠信이 명백하여 사신이 옥玉을 잡는 도를 다해야 한다. 우리 왕이 대국을 섬기는 의리를 통달하지 않았다면 어떻게 기자를 봉한 나라의 유풍을 지켜 실추시키지 않았고 어떻게 오랑캐의 비루한 나라에서 칭송을 받았겠는가! 시를 읊는 데서 힘을 얻었다는 것이[101] 진실로 이 사신의 행차를

---

99 홍중효洪重孝(1708~1772) : 본관은 풍산豐山, 호는 백서헌栢西軒·소와疎窩, 성원聖源은 그의 자이다. 1740년(영조 16) 문과에 급제하여 대사헌, 예조 판서 등을 역임하였다. 『조선왕조실록』에 의하면 1761년(영조 39) 2월 홍중효는 부사의 자격으로 장계군長溪君 이병李棅, 서장관書狀官 홍지해洪趾海와 함께 주청사奏請使로 발탁되었다는 기록이 있다. 저서로 『소와집疎窩集』·『학본내외편學本內外篇』이 있다.

100 전관銓官 : 조선 시대 때 문무관의 인재를 뽑는 일을 맡아 보던 이조와 병조의 관원을 이르던 말이다.

101 시를~것이 : 『논어』「자로子路」에 "시경 삼백 편을 외우면서도 사방에 사신으로

말하니 힘쓰지 않을 수 있겠는가?

이런 이유로 그가 사행使行을 떠남에 있어서 또한 가는 길에 인재를 찾아볼 때에는 말고삐를 잡고 물었고, 대체로 듣고 보는 것에 얻은 것이 있으면 두루 기록하였다. 간간이 시를 읊조리는 사이에 권질을 이루어, 이것을 읽는 자로 하여금 열중하여 권태로움을 잊게 하고, 아득히 천고千古에 다하지 못한 깊은 생각을 지니고, 산에도 오르고 바닷가에도 다다르게 한다. 또 높이 천지를 함께 보며 평생의 응어리진 흉금胷襟을 말끔히 씻어 버리게 한다. 이미 북경에 들어감에 궁실宮室과 성지城池의 장려함과 주거舟車와 사신들이 모여드는 것을 보고 그의 견문은 더욱 넓어졌으며 그의 소득은 더욱 풍부해졌다.

조선에 살면서 중국의 땅을 보는 것은 곧 대장부들이 원하는 바인데 지금 이미 이루었고, 돌아와서는 산룡보불山龍黼黻[102]의 옷을 왕세자[훗날 정조]의 몸에 입혀 주었으니 그 공이 어찌 크지 않겠는가! 내가 『연경록』을 보고 감탄하며 "훌륭하도다! 넓고도 자세하도다! 중국 땅 수 천 리의 산천과 풍경이 전부 나의 눈앞에 펼쳐지니, 민첩하고 지혜가 있는 자가 아니면 어찌 이럴 수 있겠는가!"라고 말하고, 드디어 발문을 쓴다.

孔子嘗以不辱君命 美四方之使 聖人之言 豈欺我哉 嗚呼 事大交隣 專對無辱者 古今天下 不知其幾人 而必稱魯之季札 宋之富弼者 誠以淸風峻

나가서 혼자 처리해 내지 못한다면, 비록 많이 외웠다 한들 어디에다 쓰겠는가.[誦詩三百 使於四方 不能專對 雖多 亦奚以爲]"라는 공자의 말이 실려 있다.

102 산룡보불山龍黼黻 : 임금이 입는 옷의 무늬를 말한다.

節 飄洒上國 而鎭壓强隣也 國家賴之 尊顯天下 太史書之 輝映竹帛 則大丈夫事 果孰有大於奉聘上朝乎 余常謂 幸逢天下無事之時 玉帛梯航 無遠不通 士君子生於下國 得奉聘覲之命 修使事于天子之庭 從容專對 退而與賢士大夫 揖讓周旋 以考制度禮樂之盛 覩文物衣冠之美 以快吾心胸 甚樂事也 於戱 粤自崇禎甲申之後 天其翻乎 地其覆乎 九服淪矣 三綱墜矣 昭昭之倫 炳炳之義 萬古揭星日者 其百年長夜乎 中土之禮樂文物 盡入於窮廬腥穢之中 東頒正朔 已非崇禎之舊 北輸金繒 無異洪武之初 而季季皮幣 只遵太王之事獯鬻 文王之事昆夷 然則今之奉使命者 亦何足比擬於皇朝奉命之人乎 故聞有使命 則縮然而憂 出國門 惘惘然 有可憐之色 並日而馳 促期而返 汲汲焉 惟遄歸之爲急 則他固不足論也 聖源以聰明之男子生於禮義之邦 與於衣冠之會 誠大幸也 聖源人物英偉 器局弘遠 性敏而才銳 心靜而氣勁 以文學詞章 有聲於朝著 又欲足履中國之界 以盡天下之壯觀矣 及夫朝廷之選使价也 銓官擧而遣之 則知君之才足以勘是任矣 蓋上國之待我邦 齒之於萬國之上 不有周旋之間 俯仰合禮 應對之際 言辭中節 風采表著 忠信明白 得以盡賓介執玉之道 達吾王事大之義 則何以不墜乎箕封之遺風 何以見稱於蠻貊之陋邦哉 得力於誦詩者 正謂此行 可不勉哉 是故 於其行也 沿途搜訪 按轡詢咨 凡有得於見聞者 備錄而悉記之 間亦發之吟詠之間 積成篇帙 使讀之者 亹亹而忘倦 悠然有千古不盡之遐思登臨山海 高眺乾坤 蕩滌平生芥滯之胸襟 暨入上都 宮室城池之壯麗 舟車使价之湊集 其所見益大 所獲益廣矣 匏繫海外 得覩中華之地 乃男子之願也 而今旣得之 歸以山龍黼黻之服 加之於儲君之身 其功豈不偉哉 余觀燕京錄而歎曰美哉 博而詳也 中原數千里間 山川風景 盡在吾目中 非敏識者何以得此 遂爲之跋

15. 동유록 자서

東遊錄自序

대저 선비 중에 기이하고 깊고 원대한 뜻을 품은 자는 반드시 높은 산과 깊은 골짜기에 자취를 의탁하고, 땅 또한 사람으로 말미암아 귀중하게 여겨지는 것이 있다. 그렇기 때문에 우수迂叟가 천천히 가고[103] 퇴지退之가 통곡하여,[104] 숭산嵩山과 화악華岳이 유명해졌으니 대개 땅이 사람으로 말미암아 귀중하게 된 것이다. 금강산金剛山은 우리나라에서 제일의 명산이 되었으니, 누구로 말미암아 천하에서 일컬어졌는지는 알지 못하겠다.

내가 일찍이 선배들의 금강록金剛錄을 취하여 보니 그 지류들을 잘 표현하였고 그 모습을 그려내어, 사람으로 하여금 읽어봄에 기뻐하게 하고 놀라게 하며 근심스럽게 하고 즐겁게 할 만하였다. 신귀神鬼가 변화하고 음양陰陽이 열리고 닫혀 만 이천 봉우리가 마치 탁자 사이로 옮겨오게 하는 것이 많았다. 고인高人이 자취를 의탁함에 땅이 사람으로 말미암아 귀중해지지 않음이 없었으니 어찌해서인가?

금강산 만 이천 봉우리가 벽옥광璧玉光과 금은골金銀骨이 되어 구름

---

103 우수迂叟가~가고 : 우수迂叟는 사마광司馬光(1019~1086)을 가리킨다. 자는 군실君實, 호는 우부迂夫 또는 우수迂叟이다. 속수선생涑水先生이라고도 하고, 죽은 뒤 온국공溫國公에 봉해져 사마온공司馬溫公이라고도 한다. 사마광은 숭양서원嵩陽書院에서 『자치통감資治通鑑』을 편찬했고, 그곳 주위를 거닐면서 "등산에도 방도가 있다. 천천히 가면 피곤하지 않고 평평한 곳에 발을 두면 넘어지지 않는다.[登山有道 徐行則不困 措足於平穩之地則不跌]"라고 말한 바 있다.

104 퇴지退之가 통곡하여 : 당唐나라 때 한유韓愈가 일찍이 화산華山 정상에 올라 미친 듯이 통곡한 적이 있는데, 나중에 조카사위 장철張徹에게 준 시에서 이 일을 두고 "미치광이 짓 한 것을 손 깨물며 후회하고, 경계하는 편지 쓰고 명으로 새겼다네.[悔狂已咋指 垂誡仍鐫銘]"라고 하여 후회하는 뜻을 드러낸 바 있다.

과 바다 사이에 정연하게 펼쳐지며, 안기생安期生[105]과 노오盧敖[106]의 무리들이 구름을 타고 바람을 몰아서 유람하여 이름을 봉래蓬萊라고 하였다. 이것이 중국中國에 알려지게 되어 속세 밖에서 노니는 자들도 그 설을 따라서 사람들을 현혹시켰다. 그 설에 말하기를 "봉래산이 동해東海상에 있으니 이것은 뭇 신선들의 동산이 되어 바라보면 마치 백금궁궐白金宮闕 같다."라고 하였다.

진시황秦始皇이 듣고 천하의 힘을 기울여 창해滄海를 타고 낭야산琅琊山에 올라 동남童男·동녀童女 천 명을 누선樓船에 태워 보냈지만 봉래산을 찾을 수 없었다. 천하 사람들이 육왕六王을 통일할 수 있고,[107] 시서詩書를 불태울 수 있지만 해외海外의 봉래蓬萊는 찾을 수 없었다고 하였으니 이는 곧 금강산을 말하는 것이다. 능히 한 명의 기이한 선비로 하여금 말을 하게 할 수 있었지만 끝내 진시황秦始皇[108]의 천하에는 이르지 못했으니 어찌 땅이 사람으로 말미암아 귀중해진 것이 아니겠는가?

아! 안기생와 노오는 옛날에 지혜롭고 능력 있으며 준걸한 부류인

---

105 안기생安期生 : 안기생安其生이라고도 한다. 항우에게 계책을 올렸으나 쓰이지 않았으며, 항우가 땅을 봉해 주려고 하였으나 사양하였다. 도가에서는 그가 바닷가의 신선이 되었다고 한다. 안기생이 진시황秦始皇과 사흘 밤낮을 이야기한 뒤에 자기를 찾고 싶으면 동해 봉래산으로 오라고 말하고는 바다 속으로 떠났다는 이야기가 한漢나라 유향劉向이 지은 「열선전列仙傳」에 나온다.

106 노오盧敖 : 연燕나라 사람인데, 진시황이 그를 불러 박사博士로 삼아서 그로 하여금 신선神仙을 구하게 하였으나, 그는 한번 가서 돌아오지 않고 노산에 은거하다가 선인仙人 약사若士를 만나서 뒤에 신선이 되어 갔다고 한다.

107 육왕六王을~있고 : 육왕六王은 전국 시대 제齊·초楚·연燕·조趙·한韓·위魏 여섯 나라의 임금을 말한다. 당唐나라 문장가 두목지杜牧之가 「아방궁부阿房宮賦」에서 "육왕의 시대가 끝나고 사해가 하나가 되었다.[六王畢四海一]"라고 말한 바 있다.

108 진시황秦始皇 : 원문은 조룡祖龍으로 진시황의 별호別號이다. 조祖는 시始이고, 용龍은 제왕의 상징이다.

데 험난한 세상살이를 하며, 능히 세상에 나와 천하를 경륜하여 다스리지 못하고 곡식을 끊고 수척한 모습으로 구름 속을 노닐고 노을 위를 걸어가며 육합六合의 밖을 구경했으니, 이것이 이른바 왕후王侯를 섬기지 않고 그 일을 고상히 하는 것이다. 이와 같지 않다면 저들이 또한 어찌 금강산에서 노닐었겠는가?

지금의 세상에 거처하며 또한 뜻을 빙설氷雪처럼 고결하게 하고 경구瓊球처럼 훌륭한 재목감인데도 소 잡는 저잣거리에 숨어 있고 사찰에 숨어 있는 자가 있었다. 그러나 그 사람의 이목구비耳目口鼻와 행동거지行動擧止가 범인凡人과 함께 흔적 없이 사라지니, 가령 안기생安期生·노오盧敖·동방만천東方曼倩[109]이 아침저녁으로 곁에 있더라도 어찌 이들을 알 수 있겠는가?

내가 금강산에서 얻을 것이라곤 후미진 산골과 시끄러운 성시城市에서 묵묵히 찾아서 지금을 옛날처럼 여기고 사람을 산처럼 여겨 거의 그 사람을 얻어서 가까이 벗하기를 바라노니, 혹시라도 가까이서 벗 삼을 수 있다면 곧 평지 위에서 금강金剛과 비로毘盧의 꼭대기에 한 번 뛰어오를 수 있을 것이다.

나는 이미 소매에 먼지를 털어내고 봉래蓬萊를 밟으며 기행시記行詩 수백 편을 지었지만 흥상興象이 원대하지 않고 묘사가 핍진하지 않다. 그런데도 선산仙山인 금강산을 표현했으니, 진실로 참새가 불두佛頭를 더럽히고 수놓은 자리에 취해 토해낸 격이다.

내가 가을을 기다려 다시 유람한다면 위대하고 비상한 선비는 골

---

109 동방만천東方曼倩 : 만청曼倩은 한漢나라 동방삭東方朔(BC154~BC92)의 자字이다. 그는 문사文辭에 능하고 해학諧謔도 잘하였다. 속설俗說에는 "그가 서왕모西王母의 복숭아를 훔쳐 먹고는 장수長壽하였으므로, 삼천갑자 동방삭三千甲子東方朔이라 일컫는다."라고 한다.

격骨格이 강직하여 수긍하지 않을 것이다. 세속에 명성을 구하는 자들과 함께 헤진 갈옷과 나막신을 신고 산택山澤 사이에 노닌다면 반드시 얻을 것이 있을 것이니, 시로써 기록하는 것보다 나은 것이 있지 않겠는가? 훗날 금강산 유람하는 사람들은 어떻게 여기겠는가? 드디어 서문을 쓴다.

夫士有懷奇深遠之旨者 必托跡於高山峻谷 而地亦有因人而重者也 故迂叟徐行 退之痛哭 嵩山華岳名焉 蓋地因人重也 金剛爲我東第一名山 未知因誰而天下稱焉 余嘗取前輩金剛錄而觀之 曲悉其流 摸狀其形 使人讀之 可喜可愕可憂可樂 神鬼變化 陰陽闔闢 使萬二千峰 若輸來几案間者多矣 而莫不由於高人托跡 地因人重也 何者 金剛萬二千峰 爲璧玉光金銀骨 森羅於雲海間 而安期生盧敖之徒 乘雲御風而遊 錫名曰 蓬萊 傳布中國 游方之外者 以其說而愚人 其曰 蓬萊 山在東海上 是爲羣眞苑囿 望之如白金宮闕 秦始皇聞之 竭天下之力 駕滄海登琅琊 裝送童男女樓舡以千數 而竟不能得 天下謂六王可一 詩書可燔[110] 而海外之蓬萊不可求 卽是金剛之謂也 能令一奇士揚言 而終不格於祖龍之天下 豈非地因人重者耶 噫安期盧敖 古之智能俊傑之流 迍邅而出 不能經濟天下 絶粒癯容 雲行霞步以觀於六合之外 此所謂不事王侯 高尙其事 不如是 彼且奚以金剛爲哉 居今之世 亦有志之潔 若氷雪 材之美 若瓊球 隱於屠販 沈於浮屠者 其人耳目口鼻 言動坐臥 與凡人齒沒 假令安期生盧敖 東方曼倩 朝暮在傍 惡能知之 以吾得於金剛 則嘿而求諸峒戶之僻 城市之譁 而視今猶昔 視人猶山

110 원문에는 蟠으로 되어 있으나 『사기史記』 등의 기록에 의거하여 燔으로 바로잡았다.

庶幾得其人 狎而友之 倘能狎而友之 便可平地上一跳金剛毘盧頂矣 余已袖拂塵埃 足踏蓬萊 有紀行詩數百篇 而興象不遠 摸寫不眞 以此著于仙山實侔雀汚佛頭 醉吐文茵 余將俟秋而重遊 瓌偉非常之士 骨格骯髒 不肯低頭 與俗子干聲者 以弊褐踦屨 槃跚於山澤之間 則必有得而不有踰於詩以紀之耶 後之東游者 以爲如何 遂爲之序

16. 금강산 이야기

金剛山總記

대개 우리나라의 산은 백두산白頭山이 조종祖宗[111]이 되니, 백두산의 산맥이 남쪽으로 달려 철령鐵嶺이 되고, 남북南北의 경계를 짓는다. 백두산의 산맥이 길게 뻗어 추지령楸池嶺이 되며, 추지령이 남쪽으로 삼십리 뻗어서 금강산金剛山이 된다.

금강산의 산세는 수백 리에 널찍하게 자리 잡고 동해東海 가에 웅장하게 펼쳐져 있다. 산 위에는 만 이천 봉우리가 있고, 산 가운데는 많은 폭포와 온갖 내들이 있어, 수려함을 뽐내며 다투어 흐르니 천지天地의 정련되고 순수한 기운이 모여드는 곳이다.

서쪽이 내금강산이 되고 동쪽이 외금강산이 된다. 비로봉毘盧峯이 주봉主峯이 되어 정 북쪽에 자리 잡고 있다. 오른쪽 산세 중에 쭉 뻗어 올라 영랑점永朗岾이 되고, 기이한 것은 중향성衆香城이 되고, 멀리 뻗어서 서쪽은 개심대開心臺·양심대養心臺·안심대安心臺·정심대淨心臺가 된다. 남쪽으로 돌아 내려와 석사봉石獅峯과 청학대青鶴臺가 되어 장안사長安寺에서 멈춘다. 뒤의 산봉우리와 왼쪽의 산봉우리 한 맥이 내구연령內九淵嶺으로부터 동쪽으로 내달려 외금강산이 되고 은신대隱身臺가 된다. 백정봉百井峯·구정봉九井峯 등 한 맥이 내수점內水岾으로부터 굽이져 남쪽으로 둘러 혈망봉穴望峯·미륵봉彌勒峯·망고대望高臺가 되고, 영원사靈源寺에 이르러 모인 것은 우두牛頭·마면馬面·낙안落鴈·차일遮日·장경長慶·지장地藏 등 여러 봉우리가 되니, 이것이 금강산 봉우리의 대강이다.

---

111 조종祖宗 : 어떤 분야를 본격적으로 일으킨 사람을 비유적으로 이르기도 하고, 가장 근본적이며 제일 주요한 것을 비유적으로 이르기도 한다.

내금강산의 물이 한줄기는 비로봉毘盧峯을 따라서 내려오고, 또 한줄기는 안문점鴈門岾을 따라 내려와 이허대李許臺에서 만나 서쪽으로 흘러들어 팔담八潭이 된다. 또 한줄기는 강암동舡菴洞을 따라 내려오고, 또 한줄기는 진불동眞佛洞을 따라 내려와서 동쪽으로 용곡담龍曲潭으로 흘러 들어 팔담八潭의 물과 만폭동萬瀑洞에서 만나고, 또 서쪽으로 흘러 울연鬱淵으로 흘러들어 백천百川이 된다. 상류上流도 한줄기는 영원동靈源洞으로부터 내려오고 한줄기는 백천동百川洞에서 내려와 서남쪽으로 황천강黃川江에서 만나 함께 백천百川으로 들어간다.

외금강산의 물이 한줄기는 내구룡연內九龍淵으로부터 남쪽으로 천길 깎아지른 절벽으로 쏟아지는데 외구룡연外九龍淵이 된다. 세차게 흘러 옥류동玉流洞으로 들어가 발연鉢淵을 지나 동쪽 바다로 흘러들어간다. 또 한줄기는 은신동隱身洞 십이폭十二瀑으로부터 내려가 꺾여 남으로 흘러 송림굴松林窟과 요상암繞裳岩을 지나, 동쪽 만천萬川으로 흘러든다. 또 한줄기는 만경대萬景臺를 나와 남은 물결이 구연동九淵洞[112]으로 들어가는데, 동쪽 만경대萬景臺에 모여서 십이폭十二瀑과 함께 만천萬川에서 만나 남강南江으로 들어가니 이것이 금강산 천폭泉瀑의 대강이다.

사찰寺刹은 내금강산에는 장안사長安寺·표훈사表訓寺·정양사正陽寺·마하연사摩訶衍寺가 있는데, 안양安養·극락極樂·장경長慶·하관음下觀音·지장

112 구연동九淵洞 : 강원도 금강산 외금강 지역 은선대 구역에 있는 골짜기. 반야대 위에 있는 합수목에서 왼쪽으로 갈라져 들어가는 만경동 계곡과 그 상류인 옥호동 계곡의 명소들, 중내원과 미륵봉까지의 명소들을 포괄한다. 구연동에는 호로병처럼 넓어졌다 좁아졌다 하는 골 안에 누운폭포와 소들이 많이 분포되어 있는데, 여기에는 거북바위, 태을암 등 기암괴석과 선담, 흰비단폭포, 두줄폭포, 만경동 구연폭포, 구연계절폭포, 활등폭포, 향로봉 등 명소들이 있다.

地藏·미타彌陀 등 여러 암자들은 모두 장안사長安에 속해 있다. 청련靑蓮·백화白華·계수戒修·은적隱寂·기기奇奇·선정禪定·삼장三藏·보희報喜·송라松蘿·세정洗淨 등 여러 암자는 모두 표훈사表訓寺에 속해 있다. 정양사正陽寺에는 곧 내원통內圓通·진불眞佛·수미須彌·계강繫舡·양심養心·정심淨心·안심安心·도솔兜率 등 여러 암자들이 속해 있다. 마하연사摩訶衍寺에는 거빈굴巨彬窟·불지佛地·가섭迦葉·중백운中白雲 등 여러 암자들이 속해 있다. 옛날에는 이름이 있었는데 지금 터만 남은 절은 다 기록할 수 없다.

외금강산에는 유점사楡岾寺·발연사鉢淵寺·외원통사外圓通寺 등이 있는데 흥성한 절이다. 반야般若·명적明寂·백련白蓮·자월紫月·향로香爐·견성見性·진성眞性·하내원下內院·흥덕興德·정륜正崙·적조寂照·두운逗雲 등의 절은 간혹 비어 있고 승려가 있지 않다. 송림굴松林窟·폭포瀑布·불사佛思·신계新溪·도성道成·만계萬桂 등의 암자는 승려가 있기도 하고 없기도 하고 더러 폐허가 되기도 하였으니 또한 다 기록할 수 없다. 이것이 내금강산·외금강산에 있는 사찰의 대강이다.

봉우리 모습은 앞과 뒤 나아가고 물러나고 정직正直하고 중후重厚하고 웅크리고 우뚝 솟은 것이 있다. 천폭泉瀑의 모습은 쏟아지고 용솟음치고 고여 있고 돌고 들끓고 세차게 흐르고 굽이돌고 넓고 깊은 것이 있다. 봉우리는 정직正直하고 중후重厚한 비로봉毘盧峯을 주봉으로 삼고, 폭포는 들끓고 세차게 흐르는 구연九淵을 주폭主瀑으로 삼는다.

내가 일찍이 멀리 유람하는 사람에게 들으니, 서쪽의 묘향산妙香山와 구월산九月山, 남쪽의 이백二白[태백산·소백산]과 지리산智異山, 북쪽의 칠보산七寶山과 천마산天磨山·성거산聖居山·오대산五臺山과 같은 종류는 그 크기가 혹 여러 군에 걸쳐 있고, 그 높이가 푸른 하늘에 닿을 듯하며, 그 신령함이 혹 구름과 비를 빚어내기도 하고 보화寶貨를 일으키기도 하고 괴물怪物을 낳기도 한다. 그러나 큰 것은 솟아 있지 않고 솟아난 것은 크지 않다. 암석岩石이 있는 것은 여울과 폭포가 없고, 봉우리가 있는 것은 골짜기가 없어서 모든 모습을 다 갖춘 금강산 같은 것이 없다.

내가 비록 몸소 유람하여 서쪽·남쪽·북쪽의 명산名山을 눈으로 보지 못했지만, 진실로 멀리 유람하는 사람의 말과 같다면 미루어 논해 볼 수 있을 터이니 천하에 있어서는 어떠할지 알지 못하겠다.

나는 곧 이목을 즐겁게 하고 흉금을 장대하게 하고 호쾌히 가서 가득 기록하니, 그 대략은 이상과 같다. 이로써 금강산을 한 번 유람한 것으로 삼는다면 평소 책상 사이에 정연히 옥처럼 서 있을 것이니, 비록 금강산을 와유臥遊했다고 하여도 괜찮을 것이다. 기행시紀行詩로 고체古體·근체近體·절구絶句·장편長篇 모두 200여 편을 지어 두고 훗날 금강산을 유람할 사람을 기다릴 것이다. 드디어 기문을 짓는다.

蓋我東之山 白頭爲祖宗 白頭之脈 南走爲鐵嶺 限南北界 迤爲楸池嶺 楸池之南三十里而爲金剛 金剛之爲山 盤踞數百里 混沌磅礴於東海之上 上有萬二千峰 中有萬瀑百川 競秀爭流 天地精粹之氣 所鍾聚者也 西爲內而東爲外 毘盧爲主峯 而鎭于正北 右麓秀拔而爲永朗[113]岾 奇巧而爲衆香城 迤延而西爲開心養心安心淨心臺 轉屈南下爲石獅峯靑鶴臺 止於長安寺 後崗左崗一脈 自內九淵嶺 東走爲外山爲隱身臺 百井九井諸峯一脈 自內水岾 宛轉南繞爲穴望峯 彌勒峯 望高臺 至靈源而簇簇爲牛頭馬面落鴈遮日長慶地藏諸峯 此其峯巒之大略也 內山之水 一派 從毘盧而下 一

113 원문에는 郎으로 되어 있으나 원래 명칭에 맞게 朗으로 바로잡았다.

派 從鴈門岾而下 會于李許臺 西注爲八潭 一派 從舡菴洞而下 一派 從眞佛洞而下 東流入于龍曲潭 與八潭之水 會于萬瀑洞 又西流入于鬱淵爲百川 上流 一派 從靈源洞而下 一派 從百川洞而下 西南會于黃川江 同入于百川 外山之水 一派 自內九龍淵 南瀉千仞削壁 爲外九龍淵 奔流入玉流之洞 過鉢淵 東入于海 一派 自隱身洞十二瀑而下 折而南流 過松林窟繞裳岩 東注于萬川 一派 出萬景臺 餘波入于九淵洞 東注萬景臺 與十二瀑同會于萬川 入于南江 此其泉瀑之大略也 寺刹 則內山有長安表訓正陽摩訶衍 而安養極樂長慶下觀音地藏彌陀諸菴 皆附近於長安 青蓮白華戒修隱寂奇奇禪定三藏報喜松蘿洗淨諸菴 皆附近於表訓 正陽 則內圓通眞佛須彌繫舡養心淨心安心兜率諸菴 皆附焉 摩訶衍 則巨彬窟佛地迦葉中白雲諸菴 皆附焉 古有名而今墟者 不能盡記 外山有楡岾鉢淵外圓通而興盛般若明寂白蓮紫月香爐見性眞性下內院興德正崙寂照逗雲 或空虛而僧不在 松林窟瀑布菴佛思新溪道成萬桂 或僧在 或空或墟 亦不能盡記 此則內外山寺刹之大略也 峰巒 有前者後者進者退者正直者重厚者蹲踞者竦立者 泉瀑 有瀉者湧者淪者滙者沸溜者激觸者灣洄者汪濊者 而峯之事毘盧之正直重厚者主之 瀑之事九淵之沸溜激觸者主之 余嘗聞於遠遊者 西之妙香九月 南之二白智異 北之七寶 又如天磨聖居五臺之屬 其大或攎數郡其高或薄青冥 其靈或出雲雨 興寶貨 生怪物 然大者不秀 秀者不大 有岩石者無湍瀑 有岑巒者無洞壑 無有如金剛之百體俱備 余雖未之躬游目覩於西南北之名山 苟如遠遊者之言 則推而論之 於天下 不知其何如也 余乃快耳目壯襟懷 浩然而往 充然而記 其大略如右 以此爲金剛之一經 森然玉立於尋常几案之間者 雖謂之臥遊金剛 可也 紀行有古體近體絶句長篇 合二百餘篇 以俟後之東遊者 遂爲之記

17. 내금강산과 외금강산의 우열 논의

金剛內外山優劣總論

어떤 사람이 금강산을 자도子都[114]의 아름다움에 비교하여 말하기를 "(금강산의 모습을 제대로 알지 못하는 자는) 자도子都의 아름다움을 알지 못하는 자이다. 금강산은 진실로 산 가운데 자도子都이지만, 사람들 중에는 간혹 금강산의 기이함을 알지 못하는 자가 있다."라고 하였으니 나는 그것을 매우 의아하게 생각했다.

내가 산에 들어가서 금강산의 흐린 날씨, 맑은 날씨를 모두 경험하고 난 뒤에야 비로소 그 이야기가 이유가 있음을 알게 되었다.

나는 저녁에 헐성루歇惺樓에 오르고 아침에 백운대白雲臺에 올랐는데, 마침 어두운 안개가 없어 옥같이 깨끗하고 흰 것을 볼 수 있었으니 어찌 그 기이함을 알지 못하겠는가? 혹 내가 본 것을 보고도 여전히 기이함을 알지 못한다면 이는 진실로 자도子都의 아름다움을 알지 못하는 자이다.

그러나 사람들 가운데 더러 내금강산과 외금강산의 우열을 분변하고자 하는 자가 있으니, 이는 진실로 안목이 없는 자이다. 저 주장을 하는 자는 이미 내금강산을 큰 갓을 쓰고 도복을 입은 신선에 비교하고, 외금강산을 비단으로 수놓고 화려하게 꾸민 큰 장사치에 비교한다. 내가 이로 인해 미루어 해석하기를 그 집을 금으로 꾸미고,

---

114 자도子都 : 중국 고대의 잘생긴 남자의 이름이다. 『맹자孟子』「고자상告子上」에 "자도에 대해서는 세상 모든 사람들이 그의 아름다움을 안다. 자도의 아름다움을 알지 못하는 자는 눈이 없는 자이다.[至於子都 天下莫不知其姣也 不知子都之姣者 無目者也]"라고 하였다.

그 대를 옥으로 치장하면 반드시 그 가운데에 서자西子[115]의 아름다움이 감춰져 있음을 알 것이니, 대개 그런 줄 아는 것은 능히 금옥金屋과 옥대玉臺가 반드시 공연히 설치되어 그 밖을 사치스럽게 한 것이 아님을 아는 것이다.

저 외금강산의 금수錦繡와 번려繁麗함를 보는 자 또한 어찌 그 가운데에 또 서자西子와 견줄 만한 것이 있음을 알지 못하겠는가? 그러하니 금수錦繡는 서자西子를 호위하고자 화려하게 하지 않음이 없는 것이다.

진실로 만약 자도子都의 아름다움을 알지 못하는 자가 아니라면, 그 가운데에 있는 서자를 버려두고 금옥金玉과 금수錦繡가 서자西子보다 나은 것이 있다고 생각하겠는가? 내금강산과 외금강산의 우열優劣은 족히 논할 것이 되지 못한다. 논의하는 자들이 비유한 말은 천고의 좋은 결론이라 할 수 있을 것이다.

---

115 서자西子 : 춘추시대春秋時代 월越나라의 미인美人 서시西施를 말한다. 월나라 왕 구천句踐이 오吳나라에게 패한 뒤에 미인계美人計로 서시西施를 오나라 왕 부차夫差에게 보내니, 부차는 서시에게 혹하여 고소대姑蘇臺를 짓고 정사를 돌보지 아니하여, 드디어 구천句踐과 범소백范少伯의 침공을 받아 멸망하였다. 『맹자孟子』「이루상離婁上」에 "서자西子가 불결한 것을 뒤집어쓰고 있으면, 사람들이 모두 코를 막고 지나간다.[西子蒙不潔 則人皆掩鼻而過之]"라고 하였다.

或有以金剛 比之於子都之姣者曰 不知子都之姣者也 金剛 固山之子都而人或有不知爲奇者 余甚惑之 逮余入山 備經日候之陰晴然後 始知其說之有由矣 余夕登歇惺 朝上白雲 而適無昏霏 獲見其潔白如玉者 豈不知其爲奇乎 倘教覩余所覩 而尙不知奇 是誠不知子都之姣者也 然人或有欲卞內外山優劣 則此眞無目者也 彼爲說者 旣以內山 比之峨冠道服之仙翁 以外山 比之錦繡繁麗之大賈 余仍推而釋之曰 金其屋玉其臺 必知其中藏得有西子之美也 蓋知之者 能知金屋玉臺之必不虛設而侈其外也 彼觀於外山之錦繡繁麗者 亦豈不知其中又有西子之可比者 然則錦繡 莫非衛西子而侈之也 苟非不知子都之妖者 捨其中西子 以爲金玉錦繡之勝於西子者有之乎 內外山優劣 不足多卞矣 說者 取譬之言 足爲千古斷案矣

18. 섬고에 새로 지은 집 상량문

蟾皐新舍上樑文 四六

연성蓮城[116]의 남쪽, 속계藪溪의 북쪽
우산牛山의 아래, 섬록蟾麓의 곁은
자줏빛과 푸른빛이 서려 있고 문명文明이 녹아 있다.
산이 감돌고 물길이 안아서 모두 백 리의 안개와 노을을 모으고
나무가 두르고 벼랑이 걸려 절로 한 구역의 골짜기를 이루네.
세 봉우리가 솥발처럼 솟아 대하여 문필文筆 모습으로 솟아 있고
두 벼랑이 문처럼 열려 둥글게 병풍과 장막의 형세를 만드네.
거의 하늘이 만들고 땅이 설치한 것이라
응당 귀신이 보호하고 신이 아낀다.
본래 계산溪山과 암록岩麓의 명성이 있어
모두 정사亭榭와 원림園林의 승경을 두었네.
이 때문에
황려黃驪[117]의 씨족氏族이 함께 모여 있으니 십대十代의 송추松楸가 울창하도다.
백하白蝦의 교평郊坪이 굽어 보니 한 마을의 상재桑梓[118]가 의젓하구나.
밭은 위 아래로 평평하게 펼쳐져 가을에 수확하고 봄에 밭을 갈며,

---

116 연성蓮城 : 경기도 안산을 이른다.

117 황려黃驪 : 경기도 여주 지역의 옛 지명을 이른다.

118 상재桑梓 : 조상 대대로 살아온 고향이라는 말이다. 상재桑梓는 뽕나무와 가래나무를 뜻하는데, 『시경』 「소아小雅 소변小弁」에 "어버이가 심어 놓으신 뽕나무와 가래나무도, 반드시 공경해야 하는 법이다. 그런데 하물며 우러러 뵐 분으로는 아버지 말고 다른 사람이 없으며, 의지할 분으로는 어머니 말고 다른 사람이 없는 데야 더 말해 무엇 하겠는가.[維桑與梓 必恭敬止 靡瞻匪父 靡依匪母]"라는 말이 나온다.

동쪽 서쪽으로 시내가 흘러 연화煙花와 설죽雪竹이 펼쳐진다.

섬고蟾皐의 주인主人은

얼마나 자주 미실미가靡室靡家[119]의 탄식을 품었던가?

드디어 여기에 편안히 거처하고 여기에 편안히 생활할 마음을 두었다.[120]

멀고 가까운 사람들이 한결 같은 목소리를 내고 종족 간에 힘을 모아서,

비로소 와서 집터를 살펴보고[121] 이에 그 터를 닦았노라.

귀조龜兆[122]를 보아 음양陰陽을 정하니 하늘은 때와 함께하고 땅은 그곳과 함께하며,

규얼圭臬[123]을 펼쳐 놓고 방위方位를 따져 보니 물은 더욱 넓고 산은 더욱 높구나.

담사潭舍의 동량棟樑을 거두어 왔으니 어찌 조래산徂徠山의 소나무와 신보산新甫山의 잣나무[124]를 기다릴까?

---

119 미실미가靡室靡家 : 『시경』 「소아小雅 채미采薇」에 "가정도 이루지 못하고 집안도 이루지 못하는 것은 험윤 때문이며, 편안히 있을 겨를이 없는 것도 험윤 때문이다.[靡室靡家 玁狁之故 不遑啓居 玁狁之故]"라고 하였다. 이 시는 주周나라 문왕文王 때 오랑캐들을 정벌할 일이 있어 군사들을 내보내면서 부른 노래이다.

120 여기에~두었다 : 『시경詩經』 「소아小雅 사간斯干」에 "여기에서 편안히 거하고 저기에서 편안히 처하며 여기에서 즐거이 웃고 저기에서 즐거이 말하도다.[爰居爰處 爰笑爰語]"라고 하였다.

121 비로소~살펴보고 : 『시경』 「대아大雅 면綿」에, "고공단보가 아침 일찍 말을 달리어, 서쪽 물가를 따라 기산 아래 이르렀으니, 이에 강녀와 함께 와서 집터를 보았느니라.[古公亶父 來朝走馬 率西水滸 至于岐山 爰及姜女 聿來胥宇]"한 데서 온 말인데, 이 시는 곧 태왕이 처음 빈豳 땅에 살다가 적인狄人이 자주 침범하자 그들을 피해 빈 땅을 버리고 다시 기산岐山 아래로 옮기기 위해 집터를 보던 일을 노래한 것이다.

122 귀조龜兆 : 귀는 귀복龜卜을 말하고 조는 거북을 불로 지져 금이 벌어지는 것을 이른다.

123 규얼圭臬 : 해 그림자를 재는 막대기를 이른다.

124 조래산徂徠山의~잣나무 : 조래산과 신보산은 산동성山東省 태안현泰安縣에 있는 산 이름으로, 대들보감이 될 만한 소나무 잣나무가 잘 자란다고 한다. 『시경』 「노송

시골 장인의 먹줄을 빌리니 공수公倕[125]의 공교함과 노반魯般[126]의 재주가 필요 없다네.

옛것을 버리고 새것에 나아감에 낮고 습한 곳을 버리고 툭 트이고 높은 곳을 취하며

완공을 재촉하고 일을 정함에 형세形勢를 따라서 규모規模를 바로잡는다.

이것이 땅의 편의便宜를 따른다는 것이라

이에 하루도 되지 않아 큰 집이 성대히 이루어졌도다.[127]

송무죽포松茂竹苞의 제도는 진실로 주아周雅 「사간斯干」의 뜻과 나란하고,[128]

상동하우上棟下宇의 규모는 대개 희역羲易의 「대장괘大壯卦」 뜻을 취하였네.[129]

魯頌 비궁閟宮」에, "조래산의 소나무와 신보산의 잣나무를 잘라 헤아리고 큰 자 작은 자로 재어보니 소나무 서까래 크기도 하여 정침이 매우 우뚝하도다.[徂徠之松 新甫之栢 是斷是度 是尋是尺 松桷有舃 路寢孔碩]"라고 하였다.

125 공수公倕 : 순舜 임금의 신하로 뛰어난 장인이었다.

126 노반魯般 : 반般은 노魯나라 교장巧匠 공수자公輸子의 이름이다.

127 큰 집이~이루어졌도다 : 원문은 윤환輪奐으로 규모가 크고 아름답다는 뜻으로, 건물이 낙성된 것을 축하할 때 쓰는 상투적인 표현이다. 진晉나라 헌문자憲文子가 저택을 신축하여 준공하자 대부들이 가서 축하하였다. 이때 장로張老가 말하기를 "규모가 크고 화려하여 아름답도다. 제사 때에도 여기에서 음악을 연주하고, 상사 때에도 여기에서 곡읍을 하고, 연회 때에도 여기에서 국빈과 종족을 모아 즐기리라.[美哉輪焉 美哉奐焉 歌於斯 哭於斯 聚國族於斯]"라고 하니, 헌문자가 장로의 말을 되풀이하며 그렇게 되기를 바란다면서 두 번 절하고 머리를 조아리자, 군자들이 축사와 답사를 모두 잘했다고 칭찬한 고사가 전한다. 『예기禮記』 「단궁하檀弓下」에 나온다.

128 송무죽포松茂竹苞의~나란하고 : 송무죽포松茂竹苞는 소나무가 무성하고 대가 더부룩하다는 뜻이다. 주아周雅는 주나라 아악雅樂이라는 뜻으로, 『시경』의 소아小雅와 대아大雅를 말한다. 선왕이 새 궁실을 낙성한 것을 축하한 『시경』 「소아小雅 사간斯干」에, 그 건물을 형용하여 "대나무가 총생叢生하듯, 소나무가 무성하듯.[如竹苞矣 如松茂矣]"이라는 말이 나온다.

129 상동하우上棟下宇의~취하였네 : 희역羲易은 복희씨伏羲氏가 팔괘八卦를 그은 역이라는 말로, 『주역』의 별칭이다. 『주역周易』 「계사전하繫辭傳下」에 "상고 시대에는 사람들이 굴을 파서 살고 들판에서 노숙을 하였는데, 후세에 성인이 집 짓는 법을 만들어서 위에는 대들보를 얹고 아래에는 서까래를 얹어서[上棟下宇] 비바람에 대비하였으니, 이것은 대장괘大壯卦에서 취한 것이다."라는 말이 나온다.

수구초심首丘初心하는 여우를 본받고자 하는 오랜 바람[130] 스스로 몸을 감출 곳을 얻었고,
가지에 깃든 뱁새와 같은 나의 계획[131] 무릎을 움직일 수 있는 공간을 얻었네.
그윽한 떡갈나무 숲은 옥을 쪼아놓은 듯 고을 문에 이어져 있고,
빽빽하게 두른 소나무와 회나무는 연꽃을 심어놓은 연못을 감싸고 있네.
궁벽한 전택田宅을 두니 높고 으리으리한 문려門閭를 비웃고,
오른쪽으로 가산可山[132]의 안개를 끌어 오고 왼쪽으로 수리산의 봉우리 마주 대하니
이곳은 경기도의 빼어난 기운을 모았고
남쪽으로 도봉산道峯山의 푸르름을 접하고 동쪽으로 계향골의 숲과 연결되어
이곳은 바닷가 별천지를 차지한다.
상쾌한 기운이 문미門楣에 퍼져 있으니 곧장 구랑동九郎洞 달빛을 맞이하고,
상서로운 구름이 창호窓戶에 비치니 아득히 팔곡촌八谷村 안개 빛과 섞이네.
마을은 여덟아홉 집이 이어지니 중주重洲 천저淺渚 소계小溪의 승경을 얻고,
산은 육칠 리를 두르니 궤석詭石 괴목怪木 기훼奇卉의 넉넉함이 있다.
실로 백낙천白樂天의 삼간三間[133]과 같고,

---

130 수구초심首丘初心하는~바람 : 여우가 죽을 때 고향 언덕을 향해 머리를 두고 죽는다는 수구초심首丘初心의 고사를 말한다.

131 가지에~계획 : 『장자』「소요유逍遙遊」에, "뱁새는 깊은 숲에 둥지를 틀어도 의지한 것은 나뭇가지 하나에 지나지 않는다.[鷦鷯巢於深林 不過一枝]"라고 한 데서 온 말로, 전하여 사람이 각각 자기 분수가 있음을 의미한다.

132 가산可山 : 경기도 안산에 있던 산 이름으로 현재 '가사미산可使美山'으로 불리는 곳이다.

133 백낙천白樂天의 삼간 : 백낙천의 「향로봉 밑에 점을 쳐서 새로 거처를 정하고 초당

사마상여司馬相如의 사벽四壁[134]과는 상관없도다.
수고롭게 살고 편안히 늙는 것은 천도天道의 자연스러움이며,
길이 다하면 집으로 돌아오는 것은 인지상정이라.
이 방에 들어가 거처하면 높은 나무로 옮겨 다니는 꾀꼬리가 부럽지 않고,
우리 집안사람을 보살펴주니 도리어 둥지를 편안히 여기는 새와 같다.
겹 기둥과 굽은 난간은 특지特地의 구름과 연기를 넉넉히 차지하고,
따뜻한 방과 밝은 창은 성대聖代의 해와 달처럼 두루 비춘다.
혹은 토실土室을 쌓고 쑥대로 창문을 엮고
혹은 대나무 물길을 내기도 하고 사립문을 엮어두었다.
산을 매입한 지 오래되었으니 대부戴符[135]가 은거할 곳을 찾은 것이고,
비로소 집을 지으니 반악潘岳[136]이 어버이를 받드는 것이로다.

을 지은 뒤 우연히 동쪽 벽에 적다.[香爐峰下新卜山居草堂初成偶題東壁]」에 "다섯 시렁 세 칸짜리 새로 지은 초당에 돌계단, 계수나무 기둥, 대로 엮은 울타리라네.[五架三間新草堂 石階桂柱竹編牆.]"라는 구절이 있다.

134 사마상여司馬相如의 사벽四壁 : 한漢나라 사마상여司馬相如가 탁문군卓文君과 야반도주하여 성도成都에 살림을 차렸을 때, 집안에 살림살이도 하나 없이 사방에 벽만 덩그라니 서 있을 뿐이었다는 고사가 있다. 『사기史記』 권117 「사마상여열전司馬相如列傳」에 나온다.

135 산을~대부戴符 : 원문의 매산買山은 매산전買山錢의 준말로, 은퇴하여 은거할 산을 살 돈을 말한다. 허균許筠의 『한정록閒情錄』에 "우적于頔이 양양襄陽을 진무鎭撫할 때 여산廬山 사람 대부戴符가 편지를 가지고 그에게 와서 매산전 백만금을 빌리자고 하니, 우적이 즉시 주었다."라고 하였다. '대부戴符'는 출전에 따라 부재符載, 대부戴符, 재부載符, 부대符戴 등으로 다양하게 표기되어 있다.

136 비로소~반악潘岳 : 반악潘岳(247~300)은 서진西晉의 문학가이다. 진晉 무제武帝 태시泰始 4년 정월에 진 무제가 신하들을 거느리고 직접 적전藉田을 경작하자, 당시 사공연司空掾이었던 반악은 22세의 나이로 「적전부藉田賦」를 지어 이 일을 칭송하였는데, 글이 맑고 아름다워 조야朝野가 진동하였다고 한다. 그러나 바로 이 때문에 사람들에게 배척을 받아 이후 10년 동안 불우하게 지냈다. 『진서晉書』 「반악열전潘岳列傳」에 나온다.

콩을 먹고 즐거움을 드려 해와 달처럼 억만 수를 누리기를 바라고
색동옷을 입고 춤을 추며 기쁨을 드려[137] 팔천세의 세월을 누리시길 바라네.[138]

한 소쿠리 밥도 없어 자주 감지甘旨[139]의 봉양을 하지 못하고
조박糟粕도 넉넉하지 않아 아침저녁의 끼니도 잇기 어렵다네.
그러나 당堂 위의 백세의 기쁨을 생각하니
곧 산속 사계절의 풍취에 있도다.
나막신에 죽장竹杖 모임 연달아 여는 곳, 저 강물과 저 언덕이요,[140]
한묵翰墨의 모임 이어지는 곳, 그곳에 이야기소리와 웃음소리 들리네.
수감水鑑과 빙조氷藻는 여남汝南의 품평[141]이 집에 가득하고,

---

137 색동옷을~드려 : 춘추 시대 초楚나라의 은사隱士인 노래자老萊子가 나이 일흔에 색동옷을 입고 재롱을 떨어 어버이를 즐겁게 했던 고사가 있다.

138 팔천세의~바라네 : 『장자莊子』「소요유逍遙遊」에 "초나라 남쪽의 명령은 오백년을 봄으로 삼고 오백년을 가을로 삼으며, 상고 시대의 대춘은 팔천년을 봄으로 삼고 팔천년을 가을로 삼는다.[楚之南有冥靈者 以五百歲爲春 五百歲爲秋 上古有大椿者 以八千歲爲春 以八千歲爲秋]"라는 말이 나온다.

139 감지甘旨 : 어버이가 좋아하는 맛있는 음식이라는 말이다. 『예기』『내칙內則』에 "새벽에 어버이에게 아침 문안을 하고 좋아하는 음식을 올리며, 해가 뜨면 물러 나와 각자 일에 종사하다가, 해가 지면 저녁 문안을 하고 좋아하는 음식을 올린다.[昧爽而朝 慈以旨甘 日出而退 各從其事 日入而夕 慈以旨甘]"라는 말이 나온다.

140 저~언덕이요 : 당唐나라 한유韓愈의「송양소윤서送楊少尹序」에 "지금 그대가 고향에 돌아가면, 서 있는 나무들을 가리키면서 '저 나무는 나의 선인께서 심으신 것이요.'라고 말할 것이요, 물가나 언덕을 가리키면서 '저 물가와 저 언덕은 내가 어린 시절에 물고기를 잡으며 노닐었던 곳이다.[某水某丘 吾童子時所釣遊也]'라고 말할 것이다."라는 대목이 나온다.

141 여남汝南의 품평 : 후한의 허소許劭는 젊어서부터 명절名節을 지니고 곽태郭泰와 친하게 지내면서 사람을 잘 알아본다는 명성을 함께 얻었다. 그리고 종형從兄인 허정許靖과 더불어 달이 새로 바뀔 때마다 향리의 인물들에 대해서 품평을 다시 하곤 하였는데, 그 뒤로 여남汝南에 월단평月旦評의 풍속이 생겼다고 한다. 『후한서後漢書』「허소열전許劭列傳」에 나온다.

월석月夕과 화조花朝는 망천輞川의 창수唱酬[142]가 상자에 넘치도다.

남양南陽 땅에 접하니 이랑 사이에서 몸소 밭가는 것을 배우고,

광릉廣陵의 가을로 돌아오니 바람에 날리는 물결에 누워서 감상을 자랑하네.

드디어 강호江湖의 맹주盟主와 구학丘壑에서 시 읊조리는 신선이 되어

푸른 삿갓 쓰고 초록색 도롱이 걸치고[143] 봄에 소나무 곁을 노닐도다.

십 리의 펼쳐진 백사정白沙汀 가에 붉은 여귀 돋아 있고

달 뜬 가을날 어부의 피리 소리 몇 가닥 들려오네.

자욱히 내리는 포구에 오리는 여유롭게 멱 감고 백로는 날아가고

드넓은 안개 낀 강물에는 아득히 노 젓는 배 오가네.

붓 아래의 맑은 물결을 거꾸로 쏟아낸 듯하니,[144] 자못 속세 사람의 말소리가 아니구나.

가슴속에 기이한 기운을 간직하니 훌쩍 조물주造物主와 노니네.

아득히 한양에 의탁한 자취를 생각하면서

망령되이 머리를 부딪힐 듯한[145] 낮은 집을 비웃었었네.

---

142 망천輞川의 창수唱酬 : 망천은 당나라 왕유王維의 별장이 있던 시내 이름으로, 일명 '곡수谷水'라고도 한다. 이곳의 경치가 매우 뛰어나, 왕유는 이 승경을 시로 창수하고 「망천도輞川圖」를 그리기도 하였다.

143 푸른~걸치고 : 당나라 장지화張志和의 「어부사漁父詞」에 "푸른 삿갓 쓰고 초록색 도롱이 걸쳤으니, 비낀 바람 가랑비에 굳이 돌아갈 것 없네.[靑蒻笠綠蓑衣 斜風細雨不須歸]"라는 명구가 나온다.

144 물결을~듯하니 : 두보杜甫의 시 "글 솜씨는 삼협의 물을 거꾸로 쏟아낸 듯, 붓글씨는 천 명의 적군을 홀로 쓸어낼 듯.[詞源倒流三峽水 筆陣獨掃千人軍]"이라는 구절에서 인용한 것으로 보인다.

145 머리를~듯한 : 원문은 타두打頭로 집이 너무 작아 천장에 머리를 부딪히는 것이다. 송宋나라 소식蘇軾의 「희자유戱子由」에 "완구 선생은 산처럼 체구가 큰데, 완구의 학사는 작기가 배 만하네. 늘 머리 숙이고 책을 읽다가, 홀연 기지개를 켜면 천장에 머리 부딪힌다.[宛丘先生長如丘 宛丘學舍小如舟 常時低頭誦經史 忽然欠伸屋打頭]"라

소년 시절의 우뚝한 기운에 공명을 또한 기약할 만하다고 생각했는데,
중년의 어긋남에 그때의 운명이 나에게 있지 않음을 알았도다.
감천甘泉의 부賦[146]를 올렸으나 끝내 봉황을 토해내는 재주[147]에 부끄럽고,
광범光範의 서書[148]를 올렸으나 아직 교룡을 품는 꿈[149]을 시험하지 못했도다.
상유桑楡[150]의 빛이 이미 닥쳤으니 진실로 집 사고 밭 구하고자 하고,
저력樗櫟[151]의 재주 펼쳐지기 어려우니 공연히 관면冠冕을 찢고 훼손할 생각을 하도다.
이제 궁궐에서 글 짓는 것 그만두고
드디어 서호西湖에 터를 잡노라.
누대樓臺를 세울 땅이 없으니 래공萊公의 사업事業[152]을 배우기를 원하고,

고 하였다.

146 감천甘泉의 부賦 : 양웅揚雄이 「감천부甘泉賦」를 올려 천자에게 인정을 받았던 데서 유래하였다.

147 봉황을～재주 : 『서경잡기西京雜記』 권2에 양웅이 『태현경太玄經』을 짓고 나서 봉황을 토하는 꿈을 꾸었는데 그 봉황이 『태현경』 위에 앉았다가 잠시 후에 사라졌다.[雄著太玄經 夢吐鳳凰 集玄之上頃而滅]"라는 기록이 있다.

148 광범光範의 서書 : 재상의 풍모를 뜻한다. 한유韓愈가 재상에게 자신을 추천하여 벼슬을 구하는 내용의 편지를 세 차례나 올려 광범삼서光範三書라 한다.

149 교룡을～꿈 : 『서경잡기西京雜記』 권2에 "동중서가 교룡이 품에 들어오는 꿈을 꾸고 『춘추번로春秋繁露』를 지었다.[董仲舒夢蛟龍入懷 乃作春秋繁露詞]"는 구절이 있는데, 후에 이로 인해 '회교懷蛟'는 재주와 학문이 뛰어남을 이르게 되었다.

150 상유桑楡 : 뽕나무와 느릅나무. 해가 떨어질 때는 빛이 뽕나무와 느릅나무의 가지 끝에 걸린다고 하여, 일몰日沒이나 어떤 일의 마지막 단계를 가리킨다. 보통 만년晩年이나 노경老境을 비유하는 말로 주로 쓰이고, 간혹 이전에 실패한 것을 이후에 회복한다는 의미로도 쓰인다.

151 저력樗櫟 : 크기만 할 뿐 아무 쓸모가 없어서 어떤 목수도 돌아보지 않는 산목散木이라는 뜻의 겸사로, 『장자』 「소요유逍遙遊」와 「인간세人間世」에 상세한 설명이 나온다.

152 래공萊公의 사업事業 : 구래寇萊는 북송北宋의 정치가로 내국공萊國公에 봉해진 구준寇準을 가리키는데, 그가 뜻을 얻지 못해 파동현巴東縣의 수령으로 있을 적에 선

화목花木을 기를 정원이 있으니 마땅히 우수迂叟의 청한淸閒[153]을 바라노라.

위로 비가 내리고 곁으로 바람 부는 근심을 가려주는 것은 동쪽·서쪽의 담과 벽이며,

아침에 완상하고 저녁에 깊이 익히는 거리를 갖추는 것은 좌우의 그림과 책이로다.

거문고와 술로 마음을 즐겁게 하니 노부老夫를 알아 흥이 다시 얕지 않네[154]

물고기 잡고 땔나무 하고 함께 지내니 이 사람이 없다면 내가 누구와 돌아가겠는가?[155]

깊고 고요하여 도를 수양하기에[156] 충분한 곳이며,

궁벽하고 괴이하여 또한 마음을 내달리고 눈길을 돌릴 만하다.

정善政을 베풀었으므로, 그가 심은 소나무를 백성들이 감당甘棠나무에 비겼다는 '내공백萊公柏'의 고사가 있다.

153 우수迂叟의 청한淸閒 : 우수는 송宋나라 사마광司馬光의 호인데, 자기 정원의 참된 즐거움을 격조 있게 서술한 「독락원기獨樂園記」가 유명하다. 사마광은 이 기문에서 "명월이 때맞춰 떠오르고 청풍이 절로 불어오면, 이끄는 것이 없어도 그쪽으로 가게 되고 붙잡는 것이 없어도 멈추게 된다.[明月時至 淸風自來 行無所牽 止無所柅]"라고 하며 청한한 삶을 노래했다. 『고문진보古文眞寶』에 나온다.

154 흥이~않네 : 진晉 유량庾亮이 달밤 남루南樓에 올라 속관屬官들에게 한 말에, "이 늙은이도 여기서 흥이 다시 얕지 않네.[老夫於此 興復不淺]"라고 하였다. 원문의 원규元規는 유량의 자字이다.

155 이 사람이~돌아가겠는가? : 범중엄范仲淹의 「악양루기岳陽樓記」에 "반드시 천하 사람들이 근심하기에 앞서 근심하고 천하 사람들이 즐거워한 뒤에 즐거워할 것이다. 아아, 이러한 사람이 아니면 내 누구와 더불어 돌아가겠는가?[其必曰先天下之憂而憂 後天下之樂而樂歟 噫 微斯人 吾誰與歸]"라고 한 데서 온 말이다. 『고문진보古文眞寶』에 나온다.

156 도를 수양하기에 : 원문은 서진棲眞으로 마음을 통일하고 정신을 집중시키는 도가道家의 수련법을 이른다.

오두미五斗米에 허리를 굽혀[157] 원추리와 백조의 반열[158]을 좇아감을 비웃고,
한 줌 띠 풀 머리에 쓰고서 물고기와 새의 짝이 됨을 기뻐하도다.
궤안几案에 맑은 호수를 당기오니 함천涵天이 거울 같고
운병雲屛에 높은 기둥을 들이니 섬계剡溪에 비가 내리네.
섬계剡溪에서 밤새 젓는 노는 눈 온 뒤 달빛 속을 거슬러 올라가고,
금강金剛에서 봄을 구경하는 지팡이는 소나무 아래 못 가를 맴도네.
시서역詩書易은 한 책상 위의 경전經典이고,
조자손祖子孫은 삼대의 집터로다.
자고 일어남에 거의 옥루屋漏[159]의 부끄러움이 없고,
진실로 완전하고 아름다우니 어찌 목요木妖[160]의 재앙이 있겠는가?
한 표주박에 안항顔巷[161]을 달갑게 여기니 남들은 근심하지만 나는 즐겁고,

---

157 오두미五斗米에~굽혀 : 도잠은 오두미五斗米 때문에 허리를 굽힐 수 없다고 하여 현령을 그만두고 고향에 돌아왔고, 진晉나라 때 장한張翰은 가을바람이 불어오자 고향의 순챗국과 농어회 생각이 나서 곧장 벼슬을 그만두고 귀향을 했다는 기록이 있다. 『송서宋書』「도연명전陶潛列傳」과 『세설신어世說新語』「식감識鑑」에 나온다.

158 원추리와~반열: 원추리와 백로의 모습이 한아閑雅하다 하여 조정에 늘어선 백관들의 질서정연함을 이르는 말이다.

159 옥루屋漏 : 방의 서북쪽 구석으로 사람의 시선이 닿지 않는 곳을 말한다. 『시경詩經』「억抑」에 "네가 군자를 벗하는 것을 보니 네 얼굴을 온화하게 가지고 어찌 허물이 없겠는가 하고 자성하였네. 네가 네 집에 있을 때에 보니 옥루에 있을 때에도 부끄러움이 없었네.[視爾友君子 輯柔爾顔 不遐有愆 相在爾室 尙不愧于屋漏]"라는 구절이 있다.

160 목요木妖 : 당唐나라 내신內臣 융수戎帥의 별명이다. 정자나 집을 세우는 것이 너무나 심하였기 때문에 나무의 요정妖精이라고 불렸다.

161 안항顔巷 : 안자 누항顔子陋巷의 준말로 궁벽한 시골에서 가난하게 살면서도 도를 즐기는 것을 가리킨다. 『논어』「옹야雍也」에서 공자가, "어질다, 안회顔回여. 한 그릇의 대나무 도시락밥과 한 표주박의 물을 마시며 누항에 사는 것을 사람들은 근심하며 견뎌 내지 못하는데, 안회는 그 낙을 바꾸지 않으니, 어질구나, 안회여.[賢哉 回也 一簞食 一瓢飮 在陋巷 人不堪其憂 回也 不改其樂 賢哉 回也]"라고 한 데서 뜻을 취한 것이다.

삼경三徑에서 도려陶廬[162]에 깃드니 마음은 원대해지고 땅은 절로 외지네.[163]
원룡元龍[164]의 백척고루百尺高樓를 본떠 호해湖海의 기운을 편안히 삼키고,
두공부杜工部의 천간광하千間廣廈를 닮아[165] 비바람의 추위를 크게 막아주네
어찌 다만 속세 밖 별천지이겠는가?
명교名教 가운데 낙지樂地라고 이를 만하네
궤 가운데의 보물을 쌓아두니[166] 어찌 자벌레의 탄식을 생각하겠는가?[167]

---

162 도려陶廬 : 진晉나라 은자隱者 도연명陶淵明의 집을 말한다. 도연명의 「귀거래사」에 고향 집의 풍경을 읊으며 "삼경은 황폐해 가지만, 솔과 국화는 여전히 남았어라.[三逕就荒 松菊猶存]"라고 하였고, 「독산해경讀山海經」에서 "뭇 새들은 깃들 곳 있으매 즐겁고, 나는 또한 내 집을 사랑하노라.[衆鳥欣有托 吾亦愛吾廬]"라고 하였다.

163 마음은~ 외지네 : 도잠陶潛의 음주飮酒 20수 중에 "내 집이 사람 사는 동네에 있어도, 내 귀에는 시끄러운 거마 소리가 안 들리오. 어떻게 그렇게 할 수 있냐고 묻는다면, 마음이 멀면 땅은 절로 외진다고 답하겠소.[結廬在人境 而無車馬喧 問君何能爾 心遠地自偏]"라는 말이 나온다.

164 원룡元龍 : 삼국 시대 위魏나라 진등陳登의 자이다. 국사國士의 이름을 지니고 있던 허사許汜가 유비劉備와 이야기를 나누던 중에 "진원룡陳元龍은 호해지사湖海之士로서 아직도 호기가 없어지지 않았더라. 나를 손님으로 대하려는 뜻도 없이 오랫동안 아무 말도 하지 않더니, 자기는 큰 침상 위에 드러눕고 나는 그 아래 침상에 눕게 하더라."라고 불평을 하자, 유비가 "구전문사求田問舍나 하는 당신에게는 그 정도라도 대접을 잘해 준 것이다."라고 진등을 옹호하면서 "만약 소인 대접을 했더라면 자기는 백척루百尺樓 위에 올라가 눕고 당신은 땅바닥에 눕도록 했을 것이다. 어찌 위아래 침상의 차이만 두었겠는가."라고 대답한 고사가 있다. 『삼국지三國志』에 나온다.

165 두공부杜工部의~닮아 : 두보杜甫의 시에 "어떡하면 천만 칸의 널찍한 집을 얻어서, 천하의 빈한한 선비들을 크게 감싸 주어 모두 즐거운 얼굴이 되게 하고, 풍우에도 동요하지 않고서 산처럼 안정되게 할까.[安得廣廈千萬間 大庇天下寒士俱歡顔 風雨不動安如山]"라는 말이 나온다. 『두소릉시집杜少陵詩集』에 나온다.

166 궤~쌓아두니 : 『논어』 「자한子罕」에, "자공子貢이 공자에게 '좋은 옥이 여기 있습니다. 독櫝에 넣어서 감추어 두겠습니까, 비싼 값을 줄 사람을 구해서 팔겠습니까?[有美玉於斯 韞櫝而藏諸 求善賈而沽諸]"라고 질문한 대목이 있다. 여기서는 세상에 숨어 있는 인재에 비유한 것이다.

167 어찌~생각하겠는가? : 『주역』 「계사전하繫辭傳下」에 "자벌레가 몸을 굽혀 움츠리는 것은 장차 몸을 펴기 위함이요, 용과 뱀이 숨는 것은 자신의 몸을 보전하기 위함이다.[尺蠖之屈 以求信也 龍蛇之蟄 以存身也]"라는 말이 나온다.

책 가운데 스승을 대하니 스스로 아술蛾述[168]의 기쁨을 이루도다.
이곳에서 수양하고 공부하니[169] 또한 어찌 스승의 조용한 말씀을 기다릴까?
바라보고 나아가 구하니 곧 문하에 드나들며 절차탁마切磋琢磨하는 효과와 다름이 없도다.
묘당廟堂에 있으며 명주明主를 돕는 것은 운명이니 어찌 하겠는가?
향리鄕里 사람들에 선인善人이라 칭송받는 것, 이것이 원하는 바라네.
눈앞에 우뚝한 이 집을 보니
세간의 부귀가 어느 때 필요하겠는가?
궤석几席은 아침 햇살이 들어 한가하니 강론하고 연마하는 즐거움이 있고,
산천山川이 둘러 있는 지세地勢라 읍양揖讓의 위의를 본받는다.
선배先輩와 장자長者의 말을 들었으니 옛 도를 그럭저럭 알고
유생儒生과 거자擧子의 업을 버렸으니 어찌 부질없는 문장에 골몰하겠는가?
여름에는 예禮를 겨울에는 시詩를 익히며 때때로 혹 종인宗人의 강론을 듣고,
늦가을의 배추와 봄의 부추는[170] 또한 원부園夫의 생애를 빼앗음이 부

---

168 아술蛾述 : 『예기』「학기學記」에 "개미는 수시로 흙을 물어 나르는 일을 배워 익힌다.[蛾子時術之]"라는 말에서 왔다. 공영달孔穎達의 소疏에서 이를 풀이하여 "개미는 작은 벌레이다. 개미의 새끼는 수시로 흙을 물어 나르는 일을 조술祖述해 배워서 큰 개밋둑을 만든다. 이것으로 배우는 자도 오랫동안 학문을 쌓아서 큰 도를 이룸을 비유한 것이다.[蟻子小蟲, 蚍蜉之子, 時時術學銜土之事, 而成大垤, 以喩學者由積學而成大道也.]"라고 하였다.

169 이곳에서~공부하니 : 『예기禮記』「학기學記」에 "군자는 학문에 대해서 학교에 들어가서는 학업을 닦고 학교에서 물러나 쉴 때는 기예를 즐긴다.[君子之於學也 藏焉修焉 息焉 游焉]"라고 되어 있다.

170 늦가을의~부추는 : 주옹周顒이 산중에 있을 때에 임금이 묻기를, "산중에서 무슨 맛난 것을 먹는가."라고 하니, 그는 "첫봄에 부추와 늦가을에 배추가 맛이 좋습니다."라고 하였다.

끄럽다.[171]

산수山水와 굴택窟宅의 그윽한 곳에 자리하니

천석고황泉石膏肓의 풍취가 충분하네.

천시天時의 경물景物이 다하지 않아 봄이 가고 가을에 오고,

산거山居의 낙의樂意가 무궁하여 아침에 나가 저물녘에 돌아온다.

사당沙棠의 배와 목란木蘭의 삿대로 또한 그 강물에 배를 띄우니

동강桐江의 낚시 바늘과 위빈渭濱의 낚싯대가[172] 어찌 즐겁지 않겠는가?

우거진 대나무와 굽은 잣나무엔 안개비가 올라 퍼지고,

푸른 골 붉은 벼랑에는 무지개가 토해 내고 삼키네.

시를 잘 짓는 사람이 읊조리며 그 오묘함을 다하고,

일삼기를 좋아하는 자가 묘사해서 그림을 그리네.

몸 밖은 모두 잊어버리고 북창北牕에 베개 높이 베고 자니,

인간 세상이 얼마나 되겠는가? 한바탕 남가일몽南柯一夢[173]이라네.

이에 잠시 휴식할 만하니 붕해鵬海의 바람과 물결처럼 성대하고,

이곳의 좋은 손님들[174] 용문龍門의 구름과 안개처럼 모여 드네.

---

171 또한~부끄럽다 : 직접 농사를 지어서 먹으니 농사 지어 먹는 농부의 생애를 빼앗는 것이 부끄럽다는 의미이다.

172 동강桐江의~낚싯대가 : 동강桐江은 부춘산富春山의 지류로, 후한 광무제後漢光武帝의 절친한 친구인 엄광嚴光이 높은 벼슬을 주려는 광무제의 호의를 거절하고 부춘산富春山에 들어가 숨어 살며 동강에서 낚시로 소일한 고사를 말한다. 위빈은 위수渭水가로, 태공망太公望 여상呂尙이 이곳에서 낚시를 하고 있었는데 주周나라 문왕文王이 발탁하여 재상으로 삼았다는 내용이 전한다.

173 남가일몽南柯一夢 : 덧없는 인생을 비유하는 말이다. 당唐나라 때 순우분淳于棼이 대낮에 괴목나무 아래에 누워 잠이 들었는데, 꿈속에서 괴안국槐安國에 들러 공주에게 장가들고 남가 태수南柯太守를 지내는 등 온갖 부귀영화를 누리다가 잠에서 깨어나 보니 꿈속의 괴안국이 바로 나무 밑동의 개미굴이었다는 고사에서 유래하였다.

174 이곳의~손님들 : 원문은 어언가객於焉嘉客으로 나의 좋은 손님이 되게 하겠다는

풍치가 소탈하고 명랑하여 옥수玉樹와 낭간琅玕의 끝을 보고,
신선의 풍골이 풍성하여 금경金莖[175]과 항해沆瀣[176]의 기운을 당기도다.
함께 재주와 기예로 칭송을 받으니
또한 모두 문장에 종사하도다.
악란握蘭[177]과 회근懷瑾[178]은 건안建安 칠자七子[179]의 능함에 다다르고,
토봉吐鳳과 조룡雕龍은 영휘永徽 사걸四傑[180]의 오묘함을 이어받았네.
손 안의 오색선을 쥐고 있으니[181] 누군들 보불黼黻의 재주가 아니겠는가?
가슴속에 만 권의 책이 있으니 모두 경륜經綸을 갖추었네.
예모禮貌가 씩씩하고 엄숙함은 엄연히 청묘淸廟[182]의 의관이고,

뜻이다. 『시경』「소아小雅 백구白駒」의 "그대의 흰 망아지가 내 밭의 콩잎을 먹었다 핑계 대고는, 붙잡아 매어 두고 오늘밤 길게 늘여, 저 훌륭한 사람을 나의 좋은 손님이 되게 하련다.[皎皎白駒 食我場藿 縶之維之 以永今夕 所謂伊人 於焉嘉客]"라는 말에서 나온 것이다.

175 금경金莖 : 한漢 무제武帝 때 선약仙藥을 만들 이슬을 받도록 만든 승로반承露盤을 받치던 구리 기둥이다.

176 항해沆瀣 : 야간夜間의 수기水氣가 엉긴 맑은 이슬을 말하는데, 보통 선인仙人의 음료수를 뜻하는 말로 쓰인다.

177 악난握蘭 : '난초를 손에 쥔다[握蘭]'라는 것은 한漢나라 상서랑尙書郎의 고사에서 연유한 것으로, 황제의 좌우에서 정무를 처리하는 근신近臣을 비유하는 말이다.

178 회근懷瑾 : 옥을 품었다는 뜻으로 고귀한 재능과 성품을 지녔다는 뜻이다. 『초사楚辭』에 "옷 속에 옥을 품고 손에 옥 지녔어도 고달픈 상태에서 보여 줄 길 전혀 없네.[懷瑾握瑜兮 窮不知所示]"라고 하였다.

179 건안建安 칠자七子 : 이 시기를 대표하는 문인인 공융孔融, 진림陳琳, 왕찬王粲, 서간徐幹, 완우阮瑀, 응창應瑒, 유정劉楨 등 일곱 사람을 가리키는 말이다.

180 사걸四傑 : 중국 초당初唐 때의 뛰어난 문장가인 왕발王勃, 양형楊炯, 노조린盧照隣, 낙빈왕駱賓王을 가리키는 것으로, '초당사걸初唐四傑'로 불리기도 한다.

181 손 안의~있으니 : 신하가 임금을 잘 보좌하는 것을 의미한다. 오색실은 옛날 천자天子의 곤룡포袞龍袍를 짓는 데 썼던 것이다. 두목杜牧의 「군재독작郡齋獨酌」 시에, "평생에 오색실을 가지고, 순 임금 의상 기워보기가 소원이로다.[平生五色線 願補舜衣裳]"라고 한 데서 온 말이다.

182 청묘淸廟 : 『시경詩經』「주송周頌 청묘淸廟」에 "아, 심원하도다. 이 청정한 사당이여. 제사를 돕는 공후公侯들이 공경하고 화락하도다.[於穆淸廟, 肅雝顯相.]"라고 하

문사文思가 고상하고 빛남은 소단騷坍의 깃발과 북을 다툰다.
이미 리인里仁의 위미爲美[183]요,
진실로 지신地神까지 신령함을 발휘했네.
몇 길의 집 안에서 스스로 안자晏子의 누추함을 기뻐하니,
담을 두른 집 안에서 원헌原憲의 무성한 쑥대[184]를 어찌 근심하겠는가?
아첨牙籤과 수놓은 표구는 책 속의 치란治亂에 감개하고,
청삼과 백발은 거울 속의 세월을 소진하네.
옥 같은 나무와 숲은 절로 집의 장물長物이 되고,
돌밭과 꽃동산은 대대로 지켜온 가보가 될 만하네.
어찌 집에서 편안히 쉴 뿐이겠는가?
또한 사계私計를 미리 잘 준비할 수 있도다.
반딧불 담은 주머니로[185] 학문에 힘쓰니 사람 중에 사우師友의 도움이 있고,
토원兔園[186]에 농사를 지으니 해마다 풍년의 기쁨이 많다.

였다.

183 리인里仁의 위미爲美: 공자孔子가, "마을에 인후한 풍속이 있는 것이 아름다우니, 인후한 마을을 가려 살지 않는다면 어찌 지혜롭다 하리오.[里仁爲美 擇不處仁 焉得知]"라고 한 데서 온 말이다. 『논어論語』「리인里仁」에 나온다.

184 원헌原憲의~쑥대 : 공자의 제자 원헌原憲이 노魯나라에서 가난하게 살면서, 생풀을 엮어 지붕을 덮고 쑥대로 문을 내고 뽕나무로 지도리를 삼고 살았다. 자공子貢이 집에 찾아와 무슨 병이 있느냐고 묻자, 대답하기를, "재물이 없는 것을 가난이라고 하고, 도를 배우고서 행하지 않는 것을 병이라고 들었다. 나는 가난할지언정 병이 들지는 않았다."라고 하니, 자공이 부끄러워하였다는 말이 있다. 『장자莊子』「양왕讓王」에 나온다.

185 반딧불~주머니로 : 진晉나라 차윤車胤이 학문에 힘썼는데 집이 가난하여 기름을 살 수 없는 형편이라 여름이면 반딧불을 주머니에 넣어서 그 빛으로 책을 보았다 한다. 『진서晉書』 권83「차윤열전車胤列傳」에 나온다.

186 토원兔園 : 한漢나라 양梁 효왕孝王의 동원東苑이다. 양 효왕이 토원에서 노닐면서 사마상여司馬相如에게 서간을 보내, 자신을 위해서 눈에 대한 시를 짓도록 부탁한 고사가 남조朝宋 송南나라 사혜련謝惠連의「설부雪賦」에 소개되어 있다.

굶주린 후에 먹으니 반드시 김매거나 북돋기를 기다리고,
뽕나무를 심으니[187] 어찌 옷 없음을 탄식하겠는가?
나물국을 먹고 콩잎을 먹어도 편안함이 끝이 없고[188]
띠 풀로 엮은 집과 화려한 집에 사는 것은 운명이 달라서라네.[189]
늙음이 장차 이르는 것도 모르고,
애오라지 내 삶을 다시 얻었다네.[190]
덕을 삼가하여 영원히 도모할 것 생각하니[191] 선조의 덕을 잘 계승하고[192]
집을 다스리는 것이 또한 법도에 지나치지 않게 하여 자손들에게 전해주네.
흰 띠 풀 집 세 겹은 사치하기보다는 차라리 검소함을 따랐고

---

187 뽕나무를 심으니 : 『맹자』「양혜왕상梁惠王上」에 "오묘의 집터에 뽕나무를 심으면 50세 된 사람이 비단옷을 입을 수 있다.[五畝之宅 樹之以桑 五十者可以衣帛矣]"라고 하였다.

188 편안함이～없고 : 『시경』「唐風 실솔蟋蟀」에 "너무 편안하지 않은가. 직분에 맡은 바를 생각하라.[無已大康 職思其居]"라고 하였다.

189 이는～때문이라네 : 『시경』「소남召南 소성小星」에 "희미한 저 작은 별이여, 세 개와 다섯 개가 동쪽에 있도다. 조심조심 밤길을 가서 이른 아침과 저녁에 임금의 처소에 있으니 이는 운명이 똑같지 않기 때문이네.[嘒彼小星 三五在東 肅肅宵征 夙夜在公 寔命不同]"라고 하였다.

190 애오라지～얻었다네 : 도잠의 「음주飮酒」 시에 "동헌 아래서 내 맘대로 휘파람 불며 읊조리니, 애오라지 내 삶을 얻었다.[嘯傲東軒下 聊復得此生]"라고 한 데서 온 말이다. 『도연명집陶淵明集』 권3에 나온다.

191 덕을～생각하니 : 『서경書經』「태갑太甲」에 "검약한 덕을 삼가셔서 영원한 계책을 생각하소서. 그것이 마치 우인이 쇠뇌의 틀에 화살을 장치해 놓았거든, 가서 그 화살 끼인 곳이 법도에 맞는가를 살펴보고 화살을 놓는 것과 같습니다.[愼乃儉德 惟懷永圖 若虞機張 往省括于度則釋]"한 데서 온 말이다.

192 선조의～계승하고 : 원문은 긍당긍구肯堂肯構으로 선조의 유업遺業을 이어받아 발전시키는 것을 비유하는 말이다. 『서경』「대고大誥」에 "아버지가 집을 지으려 하여 이미 설계까지 끝냈다 하더라도, 그 자손이 집터도 닦으려 하지 않는다면 어떻게 집이 완성되기를 기대할 수 있겠는가.[若考作室 旣底法 厥子乃不肯堂 矧肯構]"라고 한 데서 비롯된 말이다.

당의 서까래 몇 자는 비록 뜻을 얻더라도 짓지 않겠노라.[193]
미록麋鹿과 함께 지내니 석인碩人이 고반考槃[194]하는 곳처럼 하고,
계견鷄犬 소리가 사방에서 들려오니 백성들 사이에 섞여 있네.
오묘五畝에 거처를 잡아 살며
만세토록 싫증이 나지 않으리라.
장차 긴 들보를 들어 올려
경건히 제사 드리며 다음과 같이 축원을 드리노라.

들보 동쪽으로 떡을 던지나니, 자고 일어난 산속 창가에는 해는 이미 붉구나. 다만 책 더미 책상 위에 있으니, 한가한 가운데에 백발로 아이를 가르치네.
들보 서쪽으로 떡을 던지나니, 몇 굽이 청산과 몇 굽이 시내로다. 부귀와 공명은 이제 그만이니, 고향산천에 내 몸 흰 구름과 깃들었네.
들보 남쪽으로 떡을 던지나니, 난간과 창 한 면에 이내가 일어나네. 고을 예닐곱 집에 서로 가까우니 날로 종인宗人과 담소를 나누네.
들보 북쪽으로 떡을 던지나니, 소나무와 삼나무 깊고 깊어 빛 한줄기를 두르네. 그 아래에서 서성이며 스스로 즐기니 백 년의 안택安宅 깃들어 쉴 만하도다.

---

193 당의~않겠노라 : 맹자가 "대인 앞에서 유세할 때에는 하찮게 여기고 드높은 위세를 보지 말아야 한다. 당의 높이가 몇 길 되는 것과 서까래 머리가 몇 자 되는 것을 나는 뜻을 얻더라도 하지 않는다.[說大人則藐之 勿視其巍巍然 堂高數仞 榱題數尺 我得志弗爲也]"라고 하였다. 『맹자孟子』「진심하盡心下」에 나온다.

194 고반考槃 : 고반考盤과 같다. 『시경』「위풍衛風 고반考槃」에 "산골 시냇가에서 한가히 소요하나니, 현인의 마음이 넉넉하도다.[考槃在澗 碩人之寬]"라는 말이 나오고, 「진풍陳風 형문衡門」에 "사립문 아래에서 충분히 쉬고 노닐 수 있다.[衡門之下 可以棲遲]"라는 말이 나온다.

들보 위로 떡을 던지나니, 원림園林에 봄의 만상萬象을 굽어보네. 대 지팡이에 짚신 신고 하나의 일도 없으니, 서쪽 두둑과 남쪽 물가로 한가로이 오가노라.

들보 아래로 떡을 던지나니, 뉘엿뉘엿 누런 구름이 사방 들판에 가득하네. 이로부터 섬고蟾皐로 나의 분수를 편안히 여겨 꽃을 보고 달빛 속을 거닐며 맑은 밤을 보내노라.

삼가 원컨대 상량上樑한 뒤로
산천山川은 탈이 없으며 대들보와 지붕은 오래도록 보존되소서.
어버이께서는 장수하고 어린아이들은 건강하고 형제는 함께 늙어가며,
가택家宅은 평온하여 경사스러운 일이 모이고 벼와 기장은 풍년이 들기를.
아득히 안산案山을 가리키며 함께 오래도록 하며,
광화光華가 처마의 해와 함께 비추기를.
서로 기쁘게 고하노니
오래도록 엄숙하고 엄숙하소서

蓮城以南 蔌溪之北
牛山之下 蟾麓之傍
紫翠盤紆 文明融結
山回水抱 都萃百里之煙霞
樹繞厓懸 自作一區之洞壑
三峯鼎峙 對出文筆之形
雙壁門開 環成屛帳之勢
殆天作而地設

應鬼護而神慳

素有溪山岩麓之名

合置亭榭園林之勝

是以

黃驪之氏族同聚 菀十代之松楸

白蝦之郊坪俯臨 儼一村之桑梓

田平上下 秋穫春耕

滾占東西 煙花雪竹

蟾皐主人

幾懷靡室靡家之歎

遂決爰處爰居之心

遠近齊聲 宗族恊力

聿來胥宇 爰拓其基

食龜兆而定陰陽 天與時而地與所

陳圭臬而卞方位 水增廣而山增高

撤潭舍之棟樑 何待徂徠之松新甫之栢

借村工之繩墨 不用公倕之巧魯般之才

舍舊就新 去卑湫而取爽塏

責功程事 因形勢而正規模

是謂因地之便宜

乃見不日而輪奐

松茂竹苞之制 允侔周雅斯干

上棟下宇之規 蓋取義易大壯

宿願效首丘之貉 自得所於藏身

拙謀同棲枝之鷦 幸叶願於容膝

槲樾幽邃 連琢玉之洞門

松檜蔥蘢 抱種蓮之池水

置窮僻之田宅 笑高大之門閭

右控可山煙嵐 左對脩理岡巒

鍾圻甸之秀氣

南接道峯蒼翠 東連智巷林木

占海邦之別區

爽氣徧於門楣 直邀九郎洞月色

祥雲映於戶牖 遙雜八谷村煙光

村連八九家 得重洲淺渚小溪之勝

山圍六七里 有詭石怪木奇卉之饒

實類樂天之三間

不關相如之四壁

勞以生佚以老 天道自然

窮於途返於廬 人情自至

入此室處 不羨遷喬之鶯

庇我家人 却似安巢之鳥

重楹曲檻 剩占特地之雲煙

燠室明牕 偏照聖代之日月

或築土室編蓬戶

或通竹溜縛柴扉

久矣買山 戴符尋隱

昉玆築室 潘岳奉親

啜菽供歡 億萬壽 如日如月

舞綵呈戲 八千歲 爲春爲秋

簞食無資 累空甘旨之養

糟粕不贍 難繼朝夕之飡

然惟堂上百歲之歡

乃在山間四時之趣

聯翩杖屨之會 某水某丘

絡續翰墨之遊 載言載笑

水鑑氷藻 汝南之評品滿堂

月夕花朝 輞川之唱詶溢篋

接南陽地 學隴畝之躬耕

回廣陵秋 訖風濤之臥賞

遂作江湖盟主 丘壑吟仙

青蒻笠綠蓑衣 春遊松隣

十里白沙汀紅蓼

月秋聽漁篴數聲

浦雨空濛 悠悠浴凫飛鷺

煙河浩蕩 渺渺去棹來橈

倒筆下之淸瀾 殆非食煙火人語

蘊胸裏之奇氣 飄然與造物者游

緬想托跡於京城

妄笑打頭之屋宇

少年磈磊 謂功名之亦可期

中歲蹉跎 知時命之不在我

甘泉獻賦 終慚吐鳳之才

光範呈書 未試懷蛟之夢

桑楡之景已迫 固欲問舍求田

樗櫟之材難施 空思裂冠毁冕

肆休書於北闕

遂卜築於西湖

無地起樓臺 願學萊公之事業

有園秀花木 當希迂叟之淸閒

蔽上雨旁風之憂 東墻西壁

備朝玩暮賾之具 左圖右書

琴酒娛心 知老夫興復不淺

魚樵混跡 微斯人吾誰與歸

深靜 足以養道之棲眞

遐詭 亦可騁心而游目

折腰五斗米 笑趁鵷鷺之班

蓋頭一把茅 喜爲魚鳥之伴

挹明湖於几案 水鏡涵天

納層楹於雲屛 洗雨剡溪

剡溪乘夜之棹 沿洄雪後月中

金剛賞春之笻 翺翔松下潭上

詩書易一案經籍

祖子孫三世家基

載寢載興 庶無屋漏之愧

苟完苟美 寧有木妖之災

甘顔巷於一瓢 人憂己樂

寄陶廬於三徑 心遠地偏

侔元龍百尺高樓 平呑湖海之氣

類工部千間廣廈 大庇風雨之寒

豈特塵世外別區
可謂名敎中樂地
蘊櫝中寶 寧懷蠖屈之嘆
對卷上師 自成蛾述之喜
莊焉修焉有所 亦何待函丈從容之辭
望之就之以求 卽無異門墻切磋之效
居廟堂佐明主 其奈命何
使鄕里稱善人 是所願也
眼前突兀見此屋
世間富貴須何時
几席安閒朝晌 有講磨之樂
山川環拱地勢 效揖讓之儀
聞先輩長者之言 粗知古道
棄儒生擧子之業 寧汨虛文
夏禮冬詩 時或聽宗人之講論
晩菘春韮 亦愧奪園夫之生涯
占山水窟宅之幽
足泉石膏肓之趣
天時之景物不盡 春去秋來
山居之樂意無窮 朝出暮還
沙棠之舟 木蘭之枻 亦汎其流
桐江之釣 渭濱之竿 云胡不樂
叢篁偃栢 霧雨騰遷
碧洞丹崖 虹蜺吐納
能詩人吟哢而盡其妙

好事者摸倣而爲之圖
身外都忘 北牕眠高枕
人間何世 南柯夢一場
訖可少休 莵風濤於鵬海
於焉嘉客 集雲霧於龍門
風情踈朗 覩玉樹琅玕之標
仙骨豊盈 挹金莖沆瀣之氣
俱以才藝見稱
亦皆詞翰從事
握蘭懷瑾 邁建安七子之能
吐鳳雕龍 襲永徽四傑之妙
手裏五色線 孰非黼黻之才
胸中萬卷書 俱有經綸之具
禮貌莊肅 儼清廟之冠裳
文思高華 競騷坍之旗鼓
旣里仁之爲美
寔坤神之效靈
數仞堂中 自喜晏子之湫隘
環堵室裏 何憂原憲之蓬蒿
牙籤緗帙 感慨卷中之治亂
青衫白髮 消磨鏡裏之光陰
瓊樹瑤林 作自家之長物
石田花塢 擬世守之青氊
豈但便佚於家居
亦能綢繆於私計

螢囊攻業 人有師友之裨

兎園爲農 歲多豊稔之喜

飢然後食 必待或耘或耔

樹之以桑 寧歎無衣無褐

藜羹也 藿食也 無已太康

茅齋焉 華屋焉 不同寔命

不知老將至

聊復得此生

愼德惟懷永圖 肯堂肯搆

治室亦何過度 傳子傳孫

白茅三重 與其奢也寧儉

榱題數尺 雖得志而不爲

麋鹿共爲羣 如碩人考槃之所

鷄犬達于四 雜細民編戶之間

居五畝而爲生

指萬歲而無斁

將擧脩樑

式陳善禱

抛梁東 睡起山牕日已紅 但有羣書留案上 閒中白髮敎兒童

抛梁西 數曲靑山數曲溪 富貴功名今已矣 故山身與白雲棲

抛梁南 軒牕一面起烟嵐 洞中六七家相近 日與宗人作笑談

抛梁北 松檜深深匝一色 其下盤桓以自歡 百年安宅可棲息

抛梁上 俯視園林春萬象 竹杖芒鞋無一事 西疇南浦閒來往

抛梁下 晼晩黃雲滿四野 從此蟾皐安我分 看花踏月犯淸夜

伏願上樑之後

山川無恙 棟宇長存

親壽靈長 童稚健而兄弟耉

家宅寧謐 吉慶萃而禾黍登

長遠指案山而等久

光華與簷日而俱昭

相告欣欣

其永肅肅

19. 원당사에서 노닌 이야기

遊元堂寺記

내가 낙향하여 송촌松村의 옛집에 살았는데 지역이 아주 궁벽하여 문을 닫고 조용히 지내며 매일 저녁 햇살 비치는 산을 마주하여 시를 읊조리며 스스로 마음을 풀었다. 오직 수암繡菴[195]과 명서明瑞 이광환李匡煥[196]이 간혹 방문하였는데, 그때마다 그들을 만류하여 하루 이틀 묵다가 돌아가게 했다.

그 후 어느 날 내가 읍에 사는 수암의 집을 방문하였다. 수암이 나를 보고 매우 반가워하여 그의 집에 묵게 되었다. 밤이 지새도록 이야기를 나누게 되었는데, 수암이 말하기를 "원당사元堂寺[197]의 산수는 경기 지역에서도 후미진 곳이네. 산 노을과 골짜기의 안개가 시시각각 변하여 날아올라 구름이 되기도 하고, 모여서 비가 되기도 하고, 흩어져서 개기도 하여 기상이 천만 가지인데 그대는 어찌해서 유람하러 가지 않는가?"라고 말하였다.

이에 나는 "그대의 말이 맞구려. 내가 십 년 전에 충청도 단양 사군[청풍·영춘·단양·제천]의 산천을 유람하고 소백산으로 발길을 돌

---

195 수암繡菴 : 수암은 현재 경기도 안산시 수암면 근처로, 강세황의 『표암유고』에도 수암의 이아루에서 모였다는 시가 있다. 「辛卯人日夜 同社諸公 集繡巖爾雅樓 別仲兒俔重赴喜安 以萬里人南去 三春雁北飛 分韻共賦 得雁字」 이를 통해보면 수암은 이곳에 거주하며 이현환, 강세황과 친분이 있었던 인물로 보이는데, 정확한 인적사항은 미상이다.

196 이광환李匡煥(1702~?) : 본관은 여주驪州, 호는 동애東厓, 명서明瑞는 그의 자字이다. 호산청은공湖山淸隱公 이상신李尙信(1564~1610)의 자손으로, 안산에 세거하였던 인물이다. 그의 부친은 이연휴李延休이다.

197 원당사元堂寺 : 경기도 안산 수리산에 있던 절 이름을 말한다.

려 부석사를 유람하고 돌아왔다. 그때 순흥順興과 영천榮川[198] 사람 중에 이곳을 유람한 사람이 열에 한둘에 불과하다는 말을 듣고 나는 아주 비난을 했었다. 그대의 말을 듣고 보니 나 또한 거의 마찬가지구려."라고 말했다. 즉시 옷자락을 떨치고 길을 나섰는데 수암이 이를 따르고 여후汝厚 이재덕李載德[199]과 표암豹菴 강세황姜世晃 또한 내 생각과 같았다. 서로 산의 물소리와 바위 모습 속에서 앞서거니 뒤서거니 하였다.

이때에 해는 장차 저물어 숲은 어슴푸레했지만 물소리는 맑아 물길을 따라 발을 씻고 또한 읊조리고 노래하면서 한가로이 노닐고 옷자락 날리면서 허공을 넘어 바람을 거느리는 뜻이 있었다. 또한 새가 날아서 돌아오며, 고기가 뛰어올라 떠다니니 고기와 새가 나의 즐거움을 즐기는 것인지 내가 고기와 새의 즐거움을 즐기는 것인지 알 수 없었다. 그렇지 않다면 사물과 내가 모두 서로 잊고서 내가 이요二樂의 즐거움을 즐기는 것인가? 이요二樂[200]의 뜻은 고인이 이미 말씀하셨으니, 내가 드디어 돌아가서 구한다면 저절로 그 좋아하는 뜻을 즐길 수 있을 것이다. 여러 사람과 함께 시를 읊조리고 축을 이루었으니, 곧 『학서신편鶴西新編』이 이것이다. 사라지게 해서 되겠는가? 비로소 기록하노라.

---

198 순흥順興과 영천榮川 : 순흥과 영천榮川은 경상도 영주의 옛 이름이다.

199 이재덕李載德(1711~1768) : 본관은 여주驪州, 호는 의추재依楸齋·추재楸齋·추옹楸翁이 있다. 여후汝厚는 그의 자이다. 경기도 안산에 세거하면서 이익에게 수학하였고, 아버지 이이환李頤煥의 영향을 받아 학행이 뛰어났으며, 정산 이병휴, 두산 이맹휴 등과 함께 교류하여 학문강론에 힘썼다. 또한 이현환, 강세황 등과 교유가 깊었다. 이재덕이 주위 문인들과 수창했던 시를 모은 『성고수창록聲皐酬唱錄』이 전하고 있다.

200 이요二樂 : 공자가 "인자仁者는 산을 좋아하고 지자智者는 물을 좋아한다."라고 말한 것을 가리킨다. 『논어論語』「옹야雍也」에 나온다.

余落鄕 寓於松村之舊舍 境甚僻 閉戶守靜 每日夕 對照山而吟哦自暢 惟繡菴明瑞氏 時或來訪 輒挽之 信宿而還 后一日 余訪繡菴于邑之中 繡菴見余甚欣然 因宿留焉 話終夕 繡菴曰 元堂泉石 卽圻甸之僻處也 山霞洞霧 變態異狀 或騰而爲雲 或聚而爲雨 或散而爲晴 氣像萬千 子何不往遊乎 余曰 善哉 言乎 余於十年前 踏四郡山水 轉向小白 遊浮石而還 其時聞順興榮川人往遊者 不過十之一二 余甚非之 及聞子言 余亦殆不免焉 卽拂衣而出 繡菴隨之 李汝厚姜豹菴亦同我思也 相後先於泉聲岳色之中 于時也 日將暮 林木晻翳焉 泉流淸洌焉 以沿以濯 且詠且謳 翱翔乎 飄飖乎 有凌虛御風之意 且也 鳥翔而回 魚躍而浮 不知魚鳥樂余之樂歟 余樂魚鳥之樂歟 不然 物與我俱相望而余樂二樂之樂歟 二樂之義 古人言之 余遂歸而求之 自得樂其樂之義也 與數子共賦詩成軸 卽鶴西新編是已 其可泯乎 遂識之

20. 도산도맥첩 발문
陶山道脉帖跋

옛날 성인과 현달한 인물이 글자를 창조하였고 중간에 계승한 인물이 오묘한 이치에 정통하였으니 요컨대 심획心畫을 볼 수 있다. 그렇다면 서찰이 비록 작은 일이지만 사람의 성정에 또한 상관이 되니, 내가 이 서첩을 보고 더욱 믿게 되었다.

퇴계退溪 이황李滉 선생은 우리나라의 공자孔子이시다. 황복荒服[201] 밖에서 우뚝 일어나서 좀먹은 글 가운데에서 실마리를 찾아 두루 꿰뚫고 널리 이해하며 스스로를 성찰해서 실천에 옮겨 송나라 이후부터의 적통嫡傳을 속일 수 없었다. 때문에 우리 사람들이 퇴계에 대해 다만 그 덕행만 숭상할 뿐 아니라, 비록 조각의 간찰과 글자 한 자라도 보배로이 중시하여 마치 큰 보석과 같이 여기며 퇴계 선생을 존경함이 그 문인에게까지 미친 것이다. 대개 도道 때문에 그런 것이지 글씨기예 때문에 그런 것이 아니다.

근재謹齋 이관휴李觀休[202] 공께서 퇴계를 사모함 또한 마찬가지다. 퇴계의 간찰을 권의 첫 부분에 꾸미고 그 문인의 간찰을 모두 수집해서 「도산도맥첩陶山道脉帖」이라고 이름 붙였다. 월천月川 조목趙穆,[203] 서애

---

201 황복荒服 : 요순시대에 왕기王畿 바깥 500리마다 오복五服으로 나누었는데 전복甸服·후복侯服·유복綏服·요복要服·황복荒服이라 일컬었다. 황복은 왕기와의 거리가 2000리에서 2500리를 말한다. 멀리 떨어진 변방 또는 임금의 감화가 미치지 않는 땅으로, 중국과 우리나라의 거리가 멀리 떨어져 있음을 의미한다.

202 이관휴李觀休(1692~?) : 본관은 여주驪州, 자는 중빈仲賓, 근재謹齋는 그의 호이다.

203 조목趙穆(1524~1606) : 본관은 횡성橫城, 자는 사경士敬, 월천月川은 그의 호이다.

西厓 류성룡柳成龍,[204] 한강寒岡 정구鄭逑,[205] 우복愚伏 정경세鄭經世[206]로부터 그 이하 사람들까지 모두 실려 있어서, 여러 현인들이 자기를 수행한 도를 볼 수 있고, 우리 도道의 일맥이 작은 첩자 가운데 남아 전하는 것을 볼 수 있다.

옛날에 내가 영남에 일이 있어 도산서원을 알현할 때, 숙연하게 옷깃을 가지런히 하고 단정히 절을 올리고 물러났다. 또 여러 이름난 덕 있는 선비들이 살던 곳을 만나면 한참동안 배회하며 발길을 돌릴 줄 몰랐는데, 이로 인해 당시 영남 지방을 두루 돌아보지 못한 것이 오히려 한스러웠다.

지금 이 서첩을 보니 의연히 다시 청진淸塵을 밟고 높은 풍모를 바라보며, 고상한 선비의 기운이 울연히 필묵 사이에 펼쳐져 있었다. 서첩을 펼치자 엄연히 사람으로 하여금 더욱 더 공경하게 하는데, 하물며 선생 문하에서 직접 가르침을 받은 자에 있어서야 어떠하겠는가?

무릇 세상에서 글씨에 능한 자는 다만 스스로 그 정신을 쓸모없는 기예에 소비해서 사람들에게 부림을 당하여 온 세상이 다만 그 글씨만 알 뿐이다. 어찌 이 서첩의 전해짐이 오로지 글씨에만 있지 않은 것과 같겠는가? 진실로 보배로운 감상거리이니 드디어 삼가 발문을 짓는다.

---

204 류성룡柳成龍(1542~1607) : 본관은 풍산豊山, 자는 이현而見, 서애西厓는 그의 호이다. 이황의 문하에서 후에 1590년 통신사로 갔던 조목趙穆·김성일金誠一과 동문수학하였으며 성리학에 정통하였다.

205 정구鄭逑(1543~1620) : 본관은 청주淸州, 자는 도가道可, 한강寒岡은 그의 호이다.

206 정경세鄭經世(1563~1633) : 본관은 진주晉州, 자는 경임景任, 우복愚伏은 그의 호이다. 그가 쓴 『양정편養正篇』과 『주문작해朱文酌解』는 주자학을 연구하는 데 중요한 자료이다.

古之聖達 剏制造書 中間作者 精通奧妙 總之 心畵可觀 然則書札雖細事 於人之性情 亦有以相關矣 余視是帖 益信焉 退溪先生 吾東方夫子也 崛起於荒服之外 尋緖於蠹簡之中 淹貫該洽 反躬踐實 自宋以後 嫡傳不可誣也 故東人之於退溪 不特尊尙其德行 雖片簡隻字 寶重之 不翅若拱璧 尊退溪以及乎其門人 盖以道 不以藝也 謹齋公之慕退溪亦然 以退溪之書弁于卷 盡裒其門人書牘 名之曰 陶山道脈帖 自月川西厓寒岡愚伏 以下悉附焉 可以見諸賢行己之道 而吾道一脈 留傳于小帖子之中矣 昔余有事嶺之南 謁陶山書院 肅然整襟 端拜而退 又遇諸名德棲息之地 徘徊不能去者久之 猶恨夫當時未能歷徧一方 今見此帖 依然更躡淸塵 懷仰高風 雍容儒雅之氣 蔚然發于筆墨間也 開卷儼然尙使人加敬 況其親炙之者乎 凡世之工于書者 徒自費精神於末藝 爲人所役 擧世惟知其書而已 夫豈若此帖之傳 不專在於書耶 信寶玩也已 遂謹爲之跋

21. 여강세첩 서문

驪江世帖序 四六

글자의 획은 마음을 나타내는지라 성인께서 글자를 만드시어[207]
문자로 후손을 가르치시고 계책으로써 어진 후손을 도우셨다.
남겨진 발자취를 살펴 선조를 숭상함에
혹은 봄 지렁이를 감아놓은 듯 가을 뱀을 묶어둔 듯하지만[208]
어찌 반드시 집닭을 천하게 여기고 들꿩만 좋아할 필요 있으랴[209]
더구나 논평하는 사람들은 글씨를 비록 작게 여기지만
그 예술 됨은 또한 예서를 소중히 여기네.
글자체가 단아하고 엄정함에 중후한 국량을 알 수 있고
글자 획이 거칠고 경솔함에 또한 급하고 어지러운 풍모를 업신여길 만하네
글자를 만들어 모습을 상상함에 삼매三昧[210]의 묘미를 터득하기도 하고

---

207 성인께서~만드시어 : 문자가 없던 태고 시대에 노끈으로 매듭을 맺어 부호를 삼는 결승結繩의 정치를 실행하다가, 복희씨伏羲氏 때에 이르러 팔괘를 긋고 나무에 새긴 최초의 문자를 만들어서 서계書契의 정치를 실행한 것을 말한다. 『주역』「계사전繫辭傳」에 나온다.

208 혹은~듯하지만 : 『진서晉書』「왕희지전王羲之傳」에 "소자운은 겨우 글씨를 만들 줄은 아나, 장부의 기개가 없어서 줄마다 마치 봄 지렁이를 감아 놓은 것 같고, 글자마다 마치 가을 뱀을 묶어 놓은 것 같다.[蕭子雲僅得成書 無丈夫之氣 行行若縈春蚓 字字如綰秋蛇]"고 한 데서 온 말이다.

209 어찌~있으랴 : 진晉나라 때 서가書家 유익庾翼이 왕희지王羲之와 명성을 겨루던 때에 자기의 서법을 집닭[家鷄]에 비유하고, 왕희지의 서법을 들꿩[野鶩]에 비유하여 "아이들이 집닭을 싫어하고 들꿩만 좋아하여 모두 왕희지의 서체를 배운다."라고 말한 데서 온 말이다.

210 삼매三昧 : 학문이나 기예 등의 오묘한 경지를 말한다.

마음을 모으고 뜻을 다하니 소중히 여김이 육예六藝[211]와 같구나
일찍부터 우리나라의 필가를 열람해 보니
또한 황려黃驪 이씨[212]를 칭송하는구나.
자획은 반드시 반듯하여 문장가 사이에 명성이 자자하고
가법이 서로 전해져 정교한 기예에[213] 정신을 담았네.
마음에 있는 것이 밖으로 드러나니 마음이 단정함에 그림자도 곧고
성인의 뒤를 이어서 후학을 열어주니 마음에서 얻은 것을 몸소 실천했네[214]
생각건대 우리 근재공 이관휴께서는
선대가 제작한 필적을 모두 모았으니
진실로 후손의 존모하는 정성에서 나왔다
응교공應教公과 첨정공僉正公[215]의 문장으로부터 시작하여

---

211 육예六藝 : 육경으로 『시경詩經』·『서경書經』·『역경易經』·『예기禮記』·『악기樂記』·『춘추春秋』를 말한다.

212 황려黃驪 이씨 : 황려는 경기도 여주驪州의 옛 지명으로, 이현환 가계인 여주 이씨를 뜻한다.

213 정교한 기예에 : 원문은 '각저刻楮'로, 『한비자韓非子』「유로喩老」에 관련 고사가 나온다. "춘추 시대 송宋나라 사람 중에 자기 임금을 위해 3년이나 걸려 상아象牙로 닥나무 잎을 조각하였다. 굵고 가는 줄기나 뾰족한 잎의 광택이 모두 닥나무와 흡사하여 이것을 닥나무 잎 가운데 섞어놓아도 구분을 할 수 없을 정도였다.[宋人有爲其君以象爲楮葉者 三年而成 豐殺莖柯 毫芒繁澤 亂之楮葉之中而不可別也]"하여, 후에 '각저'는 기예가 매우 공교하거나 학문을 하는 데 각고의 노력을 기울이는 것을 비유한다.

214 마음에서~실천했네 : 『역대명신주의歷代名臣奏議』에 송宋나라 예부시랑禮部侍郎 원섭袁燮이 황제에게 올린 말 가운데, "임금이 몸소 행하면 아래 백성의 풍속이 바뀌니, 윗물이 맑으면 아랫물이 맑고 모습이 단정하면 그림자도 곧아서, 그 효험이 본래 이와 같습니다.[躬行於上 而俗移於下 源淸流潔 表端影直 其效固如此也]"라는 구절을 염두에 두고 쓴 말이다.

215 응교공應教公과 첨정공僉正公 : 응교공은 이사필李士弼(1503~1556)을 말한다. 본관은 여주, 자는 몽석夢錫이고 호는 수은睡隱이다. 첨정공은 이우인李友仁(1535~

육 대 칠 대 이후에 이르기까지
집안이나 친구 사이에 문답했던 것을 모아서
한두 첩자로 간행하였도다.
짧은 간찰과 긴 편지에는 정밀하고 신묘한 필묵이 찬란히 빛나고
화려한 시전지와 채색 간찰에는 의연히 옥은 윤이 나고 맑은 소리 들리네.
명성과 모습이 점점 쇠미하여 모습을 상상하며 공경함을 일으키고
선대의 모범이 사라지지 않아 수택을 어루만지며 감탄을 자아내네.
존엄함은 시귀蓍龜의 신령함[216] 같고
힘찬 모습은 달리는 용의 기세와 같도다.
글씨의 운용은 본디 마음에 달려 있어
글자 하나도 천금에 해당하며
글씨의 정직은 각각 그 성정을 따라
연이은 문장과 쌓인 척독에 펼쳐져 있네.
책자 가운데에 큰 규모를 의탁하니
도가 보존된 곳이고
종이 위에 한묵의 광채를 남기니
글씨가 모범이 될 만하다.
은구철삭銀鉤鐵索[217]이 어찌 희대의 보물일 뿐이랴
옥섭금제玉躞金題[218]가 가문에 전할 보배로구나.

1594)을 말한다. 그의 자는 성지成之이다.

216 시귀蓍龜의 영험함 : 시귀蓍龜는 시초와 거북인데, 모두 옛날에 점을 치는데 사용되었다. 국가에 어려운 일이 있을 경우 자문하여 결정하는 대상이다.

217 은구철삭銀鉤鐵索 : 서법書法이 경절勁折하여 필력筆力이 넘치는 것을 말한다.

218 옥섭금제玉躞金題 : 옥섭은 옥으로 만든 서화의 권축을 뜻하고, 금제는 금으로 칠한

아! 백여 년의 오래된 발자취를
일개 후손이 깊이 보관하게 되었네.
주인옹이 두 손으로 직접 받드니
정성된 뜻을 볼 수 있도다.
소손少孫이 재배하고 공경하며 완상하니
선대의 목소리를 마치 듣는 듯하네.
감히 붓과 벼루를 받들어
이에 찬미하고 기리노라.

筆畵見心 聖人造書
字而詔後孫 謨以翼賢裔
覽遺蹟而尊先
或如縈春蚓而綰秋蛇
何必賤家鷄而好野鶩
況復而論人雖小於筆戲
其爲藝亦重於隸書
字體端嚴 能識重厚之量
畵法粗率 亦笑躁擾之風
作字想形 或解三昧之妙
專心致志 所貴六藝之同

글귀를 지칭하는 말로 옥섭금제는 매우 화려하게 장식된 서화를 뜻할 때 사용된다. 『섬와잡저』 본문에는 '錦粧繡纊'으로 썼다가 뒤에 '玉躞金題'로 고쳐 쓴 흔적이 있다.

夙聞靑丘之筆家
亦稱黃驪之李氏
字畫必正 菀名譽於操觚
家法相傳 寓精神於刻楮
存於中者發於外 影直表端
繼其往而開其來 躬行心得
惟我謹齋公
盡裒先代遺造之筆
寔出後孫尊慕之誠
始乎應敎公僉正公文章
至於六七代祖以下
輯其家庭間知舊間問答
刊于一二帖子之中
短牘長書 煥乎筆精墨妙
華牋彩簡 依然玉潤金生
聲光寖微 想形儀而起敬
軌躅不泯 撫手澤而興嗟
尊之若蓍龜之靈
矯然如鵉龍之勢
運用本係乎方寸
隻字千金
正直各隨其性情
聯章累牘
卷中寓規模之大
道之所存

紙上留翰墨之光

書足爲範

銀鉤鐵索 奚但希世之珍

玉躞金題 可作傳家之寶

猗歟百餘年舊蹟

乃爲一介孫深藏

主翁雙手親擎

誠意可見

少孫再拜敬玩

謦咳如聞

敢奉筆研

用伸贊頌

22. 해동화첩 서문

海東畫帖序 四六

야광의 둥근 옥과 명월의 구슬도

버리면 거친 자갈과 한 조각 기와가 되고,

용문龍門의 오동나무와 해곡嶰谷의 대나무[219]도

취하면 뛰어난 소리와 좋은 음을 지닌 악기가 된다.

대개 생각해보니 예부터 재주를 지닌 사람들은

반드시 세상에서 자기를 알아주는 사람을 기다려야 하네.

근재공 이관휴께서는

평소 서화에 벽癖이 있어

반드시 청아한 것을 마음으로 삼았다.

예전에 성 서쪽에서 유거幽居할 때에

우리나라 작자의 그림을 모두 모았다.

이상좌李上佐,[220] 신사임당申師任堂[221]의 부류에서 시작하여

아래로 수십 명의 유명 인물과

---

219 용문龍門의~대나무 : 용문은 산 이름인데, 이곳의 오동나무로 거문고를 만들면 소리가 아주 아름답다고 한다. 한漢나라 매승枚乘은 「칠발七發」에서 "용문의 오동은 높이가 백 척이고 가지가 없는데, 이것으로 금琴을 만든다."라고 하였다. 해곡은 골짜기 이름인데, 황제黃帝 때에 영륜伶倫이 해곡嶰谷의 대나무를 베어 열두 개의 대통을 만들어 십이율十二律을 제작했다고 한다.

220 이상좌李上佐 : 자는 공우公祐, 호는 학포이다. 본래 사대부가의 노비였으나, 그림에 뛰어나서 중종의 특명으로 도화서의 화원이 되었다고 한다. 중종의 어진과 공신들의 초상화를 제작하기도 하였다.

221 신사임당申師任堂(1504~1551) : 본관은 평산平山이며, 사임당은 그의 당호로 중국 주나라 문왕의 어머니인 태임太任을 본받는다는 의미이다. 율곡栗谷 이이李珥의 어머니로 시서화에 뛰어났다.

연객烟客 허필許佖,[222] 표암豹菴 강세황姜世晃 솜씨에 이르기까지
배열하여 한두 첩자로 만들었다.
산수山水·영모翎毛·화훼花卉 그림이 모두 구비되어
비단이 선명하고
희고 검고, 붉고 자주빛, 누렇고 초록의 찬란함이 함께 펼쳐져서
광채가 화려하구나.
어찌 높고 낮으며 생경하고 노련한 구분이 없겠는가만
모두 날아 움직이며 정묘한 기이함이 있어
육법六法[223]을 서로 전했으니 그림 상자의 종이와 붓을 소비하고
삼절三絶[224]이 아름다우니 다른 집 족자나 병풍보다 훌륭하구나.
법도 가운데 신의를 표출하였으니
해의반박解衣盤礴을 생각할 수 있으며
호방한 밖에다 기묘한 이치를 붙였으니
또한 등불에 이리저리 비추어볼 수 있구나.
뼈대와 형태를 그리는 것은
각각 여러 사람의 필법과 다르고
마음을 가탁하고 뜻을 남긴 것은

---

222 허필許佖(1709~1768) : 본관은 양천陽川, 자는 여정汝正, 연객은 그의 호로 담배를 매우 좋아하여 붙여진 것이다. 연객 외에 초선草禪이란 호가 있다. 영조 때 진사시에 합격했으나 벼슬보다 고금의 시서詩書와 필법筆法을 연구했다. 특히 전서篆書와 예서隸書에 뛰어났고, 시서화의 삼절이라고 일컬어졌다. 저서로는 『선사창수록仙槎唱酬錄』, 『연객시고烟客詩稿』, 『연객록烟客錄』 등이 있다.

223 육법六法 : 여섯 가지 그림 그리는 법칙으로, 즉 기운생동氣韻生動, 골법용필骨法用筆, 응물사형應物寫形, 수류전채隨類傳彩, 경영위치經營位置, 전모이사傳模移寫 등을 말한다.

224 삼절三絶 : 시서화詩書畵를 통칭하여 삼절이라고 한다.

또한 주인옹이 기대는 난간에 있구나.
백세의 스승이 될 만하니
이에 열 구의 서문을 쓴다.

夜光之璧 明月之珠
棄之則麤沙片礫
龍門之桐 嶰谷之竹
取之則逸響希音
盖念古來抱才之流
必待當世知音之士
謹齋公
素有書畵之癖
必以疎雅爲心
昔在城西幽居之時
盡裒海東作者之畵
始乎李上佐申夫人之類
下至十數名家
曁夫許烟客姜豹菴之才
列爲一二帖子
山水翎毛花卉之圖畵備
絹素鮮明
粉墨紅朱黃綠之采並施
光彩爛燁
詎無高下生熟之別

俱有飛動精妙之奇

六法相傳 費畵廚之毫楮

三絶並美 勝人家之障屛

出新意於法度之中

可想解衣盤礴

寄妙理於豪放之外

亦覺照燈橫斜

畵骨模形

各異諸子之用筆

寓心留意

亦在主翁之憑軒

足爲百世之師

庸搆十句之序

23. 한석봉서첩 발문

跋韓石峯書帖

창힐蒼頡[225]이 문자를 창제하고, 왕희지王羲之[226]가 그 정수를 얻어서 후대 서예가들이 마치 장인 가운데 공수公倕나 바둑가 가운데 혁추奕秋[227]처럼 존중하였다. 그러나 왕희지는 호랑이니 잘 그리지 못하면 보잘것없는 개가 될 뿐이다.

내가 한호韓濩[228]의 필획을 보니 그 모습과 골격이 살아 있는 오도於菟[229]라고 할 수 있고, 아니면 오동나무가 타고 있는 것을 듣는 격이니[230] 버리면 찬 재가 되고 쓰면 신묘하게 울린다. 거두지 않으면 어찌 드러날 것이며 소장하지 않으면 어찌 수를 누리겠는가? 명월벽明月璧과 야광주夜光珠[231]는 얻게 된다면 길거리 사람들도 오히려 아까워하니 감히 게으름을 피울 수 있겠는가?

지금 근재공께서 상자에 넣어 소장하고 있으니, 아! 권재공勸齋公이

---

225 창힐蒼頡 : 새의 발자국을 보고 최초로 글자를 만들어낸 인물로 황제黃帝의 신하이다.

226 왕희지王羲之(303~361) : 동진東晋의 낭야郎邪 고우皐虞 사람으로 자는 일소逸少이다. 서성書聖으로 불리는 중국 최고의 서예가이다. 우군장군右軍將軍을 역임하여 왕우군으로 불리기도 한다.

227 혁추奕秋 : 혁추는 중국 고대에 바둑을 잘 두었다는 사람의 이름이다

228 한호韓濩(1543~1605) : 본관은 삼화三和, 자는 경홍景洪, 석봉石峯은 그의 호이다. 조선시대 명필가로 명종 때 진사시에 합격하여 군수를 지냈으며 사자관으로 차출되기도 하였다.

229 오도於菟 : 호랑이의 별칭이다. 『춘추좌씨전』 선공宣公 4년에 "초나라 사람들은 젖을 곡이라고 하고, 호랑이를 오도라 한다.[楚人謂乳穀 謂虎於菟]"라는 말이 나온다

230 오동나무가~격이니 : 『후한서後漢書』「채옹전蔡邕傳」에 의하면, 채옹蔡邕(133~192)이 이웃집에서 밥을 짓느라 태우는 오동나무가 타는 소리를 듣고는 좋은 오동나무인 줄 알아 타다 남은 오동나무를 가지고 거문고를 만들었다는 고사가 있다.

231 명월벽明月璧과 야광주夜光 : 천하의 보물을 지칭하는 말이다.

출현한 것은 장씨莊氏의 행운이었다.[232] 근재공은 거의 한호로 하여금 지하에서 기뻐 뛰게 할 터이니, 그 전함이 사사로운 것이 아니다. 어찌 새겨서 서첩으로 전할 계획을 세우지 않는가? 근재공께서 "그대의 말처럼 하겠네."라고 하여, 내가 드디어 삼가 그 일을 이상과 같이 쓴다.

頡挧而羲擷其英 後世筆家 尊之如匠之倕奕之秋 然右君虎也 描不得卽滔滔狗耳 余觀石峯筆畵 其毛及其骨 是其名活於菀 抑聞之桐之方焦也 棄之則寒灰 用之則妙響 不收奚彰 不莊奚壽 明月與夜光 與得之 則衢人猶惜之 其敢慢諸 今謹齋公篋而莊之 噫 鬳公出 莊氏之幸也 謹齋殆令石峯雀躍於九原之下 其傳不可私也 盍從剞劂氏而謀之 謹齋曰 如君言 余遂敬序其事如右

232 권재공鬳齋公이~행운이었다 : 권재공鬳齋公은 남송南宋 때 인물 임희일林希逸(1193~1270)을 말한다. 그의 자는 숙옹肅翁이고 호는 죽계竹溪이다. 그의 또 다른 호가 권재鬳齋이다. 그는 남송 시대 성리학자였지만, 유학과 선가禪家의 입장에서 『장자莊子』의 주석서인 『장자구의莊子口義』를 저술했다.

24. 시인들이 두보를 배우는 것에 대한 반론

詩人學杜辨

내가 예전에 혜포蕙圃 강박姜樸[233]이 "시가 청광淸曠한 지위에 오르면 웅건하지 않아도 걱정할 것이 없다."라고 한 말을 들었다. 이 말은 비평가의 삼매三昧에 충분히 들어간 말이다. 이에 내가 다음과 같이 한마디 말한 것이 있었다.

무릇 '웅건雄建' 두 글자에 속임을 당하여 일생 동안 미혹되게 달라붙어 위로 향하여 한 걸음도 나가게 할 수 없으며, 그대로 백 년 동안 몽사夢死하니 이는 송宋·명明시대 여러 문인들이 두보를 배운 과오이다. 『시경』 삼백 편과 「고시 십구 수」는 최고여서 말할 것도 없거니와, 그 나머지 역대의 홍장鴻匠과 거장鉅匠이 비록 뛰어난 격조로 세상을 놀라게 하여도 모두 부족한 것이 있다. 다만 『소릉시집少陵詩集』 일부를 두고 말하더라도 고인들이 감상하여 훌륭한 시구라고 여기는 것이 어찌 웅건한 가운데 매우 청광한 것이 아니겠는가?

대개 두보 시는 전체가 웅건하나 그 훌륭한 곳은 매번 청광함에 있다. 그 웅건한 본색이 홀연히 청광과 더불어 경계가 서로 만나 하늘과 신이 도와주어 드디어 절창絶唱을 이루게 된것이다. 그 본색인 웅건함이 청광한 경계를 얻지 못하면, 뛰어난 자는 두보의 평범한 것

---

233 강박姜樸(1690~1742) : 본관 진주晉州, 자는 자순子淳이며, 혜포는 그의 호이다. 혜포 외에 국포菊圃라는 호를 널리 사용했다. 채팽윤蔡彭胤의 문인이다. 숙종 때 문과에 급제, 벼슬은 홍문관 부수찬에 이르렀다. 벼슬자리에 있는 동안 여러 차례 정치적 부침을 겪다가, 이인좌李麟佐의 난에 연루되어 1728년 39세의 나이로 관직에서 물러난 뒤 53세로 돌아가기까지 다시는 진출하지 못했다. 시문으로 이름이 높았으며, 문집으로 『국포집菊圃集』 12권을 남겼다.

을 배워 시를 짓고, 부족한 자는 두보의 매우 졸루한 것을 배워 시를 짓게 되니, 비록 우열의 차이는 있지만 대개 웅건하기만 할 뿐 청광하지 못한 것을 벗어나지 못한다. 저 웅건이라는 껍질을 뛰어넘고 또 청광한 층위에 다다름에 있어서는 비록 두보라도 얻을 수 없을 것이다. 하물며 두보를 배우는 자들이 쉽게 얻을 수 있겠는가?

이러한 이유로 송宋 이후에 두보를 배우는 자들이 끝내 두보의 청광을 얻을 수 없었으니 두보의 매우 졸루한 곳에 머무르고 말았다. 일생 동안 고인의 아름다운 곳을 얻을 수 없었던 것은 다만 두보를 종주로 삼았기 때문이다. 두보를 배우는 자도 오히려 이와 같은데, 하물며 두보를 배운 자를 다시금 배우고자 하는 자에 있어서이겠는가? 이와 같은데도, 억지로 두보의 골수를 얻었다고 서로 자랑하여 말한다면 다만 스스로를 속일 뿐 아니라, 또한 다른 사람을 속이고자 하는 것이다. 사람은 살아 움직이는 영물인데 어찌 오래도록 끝내 깨닫지 못하는가?

내 말이 미덥지 못하다고 생각한다면 『시경』 삼백편과 「고시 십구 수」[234]를 보아라. 단지 뜻이 지극히 높고 더욱 넓은 것을 볼 뿐이지, 어찌 웅건을 논할 수 있겠는가? 『시경』의 국풍國風과 아雅 여러 편은 맑기가 빙벽과 같고 흥을 가탁한 것이 매우 원대하다. 다만 송체頌體는 비록 질박質朴 홍대弘大하더라도 오히려 간결하면서도 적당하여, 예스러우면서 심오한 원래의 기운과 웅건하고 호방한 뜻이 있다. 또한 「고시 십구 수」는 편편마다 구절마다 매우 청광淸曠하지 않음이 없다.

---

234 「고시 십구 수」: 양梁 소명태자昭明太子가 편한 『문선文選』의 잡시雜詩류에 속한 열아홉 수의 오언시인데, 한 사람이 유기적으로 지은 작품은 아니다. 그 내용은 떠나간 연인이나 남편을 그리워하거나, 인생의 부질없음을 노래하는 작품이 많다. 후대에 오언 고시의 전범으로 받들어졌다.

다만 세대가 주周나라에서 점차 내려왔기 때문에 그 크게 트인 곳이 훨훨 날아오르고 마구 달려 제어할 수가 없었다. 외면으로 보면 약간 웅건한 듯하니 이러한 곳이 바로 서鼠와 박璞,[235] 주朱와 자紫[236] 두 가지를 구분하는 것이니 정밀한 마음과 밝은 안목이 없으면 쉽게 그 묘미를 분별할 수 없다. 고인이 말하기를 "고문이 한유에게서 망했다"라고 하였는데, 나는 "고시古詩는 두보에게서 망하였다"라고 말하겠다. 다만 스스로 우유자재優游自在하여 각기 천분天分을 따라 그 그칠 것에 그치면 구애되고 악착스러운 모습이 없게 될 것이다. 반드시 관면冠冕과 패옥佩玉을 버리고 전립氈笠[237]에 거친 끈, 긴 창과 큰 검을 고집한다면 과연 어떠하겠는가?

余昔聞姜蕙圃之言曰 詩到淸曠地位 不雄健 不足憂 此語可謂優入評家三昧也 余嘗有一言 夫雄健二字之所欺 一生迷着 殊不能向上進一步去了 仍以夢死於百年之中 此則宋明諸公 學杜之過也 夫三百篇十九首 則尙矣無可言者 自餘歷代 鴻工鉅匠 雖絶調驚世 皆有所短 只就少陵一部言之

---

235 서鼠와 박璞 : 주周나라에서는 마른 쥐[乾鼠]를 '박璞'이라 불렀고, 정鄭나라에서는 연마하지 않은 옥玉을 '박璞'이라 불렀다. 주나라 사람이 정나라 장사치에게 박을 사겠느냐고 하여 사게 되었는데 나중에 보니 '마른 쥐'이므로 사지 않았다는 고사가 있다. 『후한서後漢書』「응소전應劭傳」에 나온다.

236 주朱와 자紫 : 주朱는 붉은 색, 자紫는 자주색으로 『논어』「양화」에 "나는 자주색이 주색朱色을 빼앗는 것을 미워한다.[惡紫之奪朱也]"라는 구절이 나온다. 옛 사람들은 붉은 색을 정색正色으로, 자주색을 간색間色으로 간주하였다.

237 전립氈笠 : 햇빛을 가리는 모자로 '석모席帽'로도 불린다. 송宋나라 이손李巽이 과거를 볼 때마다 낙방을 하자 고향 사람들이 "저 석모를 언제나 벗을지 누가 알겠나.[知席帽甚時得離身]"라며 비웃었는데, 뒤에 이손이 탁지 낭중度支郎中이 되어 그들에게 시를 지어 주기를 "마을의 친척들에게 알려 주노니, 지금 석모를 이미 벗었다오.[爲報鄕閭親戚道 如今席帽已離身]"라고 하였다.

古人所賞以爲佳句 則何嘗不雄健中極淸曠耶 盖杜詩之全體雄健 而其佳處每在淸曠 其雄健本色 忽與淸曠 境界相値 天與神授 則遂成絶唱 其本色雄健 未得境界淸曠 則優者爲杜之平生之處 劣者斯爲杜之極陋處 則雖有優劣之異 槩不出徒雄健未淸曠者也 彼逾雄健一瞙子 又到淸曠層 雖老杜不可得 況學杜者 其可易爲乎 是故 宋後學杜者 終不能得杜之淸曠 則不得不歸宿於杜之極陋 而一生到不得古人佳處者 只由杜爲嶺也 學杜者猶如此 況學學杜者乎 如此而强謂之曰 得杜髓以相眴濡 不但自欺 又欲誤人 人是活變靈物也 何能久而終不覺得乎 謂余不信 試看三百篇十九首 但見意極高而意極曠 有何雄健之可論乎 諸風與雅 俱潔如冰璧 而興寄極遠獨頌體 雖質朴弘大 猶簡當有古奥元氣雄豪健踔之意 十九首 則篇篇句句無不絶淸而絶曠 只世代稍降於周 故其大曠處翩擧逸出 橫不可制者 外面看之 微似雄健 此等處 正所謂鼠璞朱紫二分 非精心慧眼 未易卞別其妙也古人云 古文亡於昌藜 余謂 古詩亡於少陵 但自可優游自在 各隨天分 止於其止 俾無拘束齷齪之態也 必欲舍冠冕佩玉 而爲氈笠曼纓 長創大劍 則其果何如也

25. 근재문집 서문

謹齋文集序

내가 하루는 근재공의 집에 갔는데, 공께서 지은 시문 한 책을 던지면서 “그대가 서문을 써 주게나!”라고 하였다. 이에 받들어 보기를 마치니 공께서 “나는 문文은 알지만 시는 모른다네.”라고 하였다. 내가 “공께서 만약 문文을 아시면 시를 안다는 것을 또한 알 수 있습니다.”라고 대답하였다.

대저 시와 문文은 하나이다. 일찍이 『시경』 풍아와 경전의 문장으로 하늘과 땅 사이 새의 지저귐과 벌레의 울음소리에서 확인해보면, 천기에서 움직여 저절로 그 울음소리가 나오는 것이다. 일월성신과 산천초목의 변화에서 그리면 모양을 이루고, 부딪히면 소리를 이루는 것이 천지간의 시문이 아님이 없으며, 성정에서 나와서 하늘의 이치를 가탁한다면 거리의 노래, 마을의 방아 소리, 봄의 근심과 가을의 원망이 시 아님이 없다. 잘못된 말과 쓸데없는 말,[238] 손님들의 조롱과 노비의 문서[239]가 모두 문이 된다. 때문에 성인께서 그 사이에서 나와 사물과 접촉하면 문자로 표현하였으니 『시경』의 풍아와 경전의 문장이 지어진 이유이다. 이것으로 내 뜻을 말하는 바탕이 되고,

---

238 잘못된~말 : 원문은 난언장어讕言長語로, 난언讕言은 잘못된 말이며 장어長語는 쓸데없는 말이다. 송강松江 사람 조안曹安의 『난언장어讕言長語』가 있다.

239 노비의 문서 : 동약僮約은 한漢나라 때 왕포王褒가 지은 문장文章의 이름으로, 노예奴隷의 계약契約을 서술한 것이다. 그 내용을 대략 간추려 보면, 노예가 한번 팔려가면 아무리 어려운 일이라도 주인이 시키는 대로 조금도 거역 없이 해내야 한다는 것을 기술하고 있다.

나의 도를 꿰뚫는 그릇을 이루니 시와 문은 하나이다. 따라서 공께서 능히 문을 아신다면 어찌 시를 모를 수 있겠는가?

아! 후대에 풍화설월風花雪月[240]의 시가 지어져 『시경』 풍아의 시가 망했으며, 운휼파궤雲譎波詭[241]의 문장이 일어나 경전의 문장이 사라지게 되었다. 이 때문에 한유가 "도와 시문이 갈라져서 두 물건이 되었다"라고 하였는데, 지금의 세상은 어찌 다만 도와 시문만이 두 가지 물건일 뿐이겠는가? 시와 문장 또한 두 물건이다.

그러나 시와 문이 본래 두 이치가 아니니, 어찌 문만 알고 시는 모를 리가 있겠는가? 지금 공의 시문을 보니 전중하고 온아溫雅하여 진실로 고인의 술이부작述而不作의 뜻을 얻었다. 이로써 자기 뜻을 말하는데 드러나면 시가 되고, 이로써 사물에서 느끼는 것에 의탁하면 또한 시가 된다. 문장 가운데 하나의 시가 있으니 또 어찌 문장에 능하면서 시를 하지 못한다고 말할 수 있겠는가?

근세의 사람은 사장詞章을 꾸미고 주워 모으고 기워 엮으니 비유하자면 오히려 궁핍한 거지들이 다른 사람의 남은 기름과 싸늘한 향기에 젖어서[242] 스스로 만족하다고 여기는 격이니, 이것은 재잘대는 하나의 일에 불과할 뿐이다. 문장을 짓는 도에 있어서는 텅비어 기품과 격식의 체재가 어떠한지는 알지 못한다. 이것은 모두 시를 알지만 문

---

240 풍화설월風花雪月 : 사계절의 경색景色을 뜻하는 것으로, 자연의 경치만을 읊는 시를 말한다.

241 운휼파궤雲譎波詭 : 구름과 물결처럼 천태만상으로 변화무쌍한 모습을 일컫는 말이다

242 남은~젖어서 : 『신당서新唐書』「문예전상文藝傳上 두보찬杜甫贊」에 "다른 사람은 부족하지만 두보杜甫는 넉넉하여 그 잔고잉복殘膏賸馥이 후인들에게 많은 은택을 끼쳤다."라고 하였다. 『섬와잡저』에는 잔고잉복 대신에 잔고냉복殘膏冷馥으로 표현했다.

장을 모르는 것이니, 공께서는 능히 문을 안다는 하셨는데 거기에 견주어 시가 문장 가운데에 있다는 것은 어떻게 생각하는가?

옛적에 태사太史 사마천司馬遷[243]은 소탈하고 호탕한 문장으로도 시문이 후대에 전해진 것이 없었고, 구양수歐陽脩[244]는 방대한 문장으로도 제고制誥[245]를 잘 짓지 못하였으니, 문장에 능하면서 시에 부족한 자 또한 문단의 거물이 되는 데 방해가 되지 않는다. 하물며 사마천과 구양수가 비록 문장에 뛰어나고 시에 부족하다고 했지만, 어찌 시의 도에 완전히 몽매하다고 말할 수 있겠는가? 이것이 제가 말하는 시와 문은 두 가지 이치가 아니라는 것이다.

후세의 사람이 혹시라도 저의 말을 감상하고서 공의 시문을 알게 된다면 어찌 다행이 아니겠는가?

余日造公之軒 公投以所集詩文一冊曰 君可序之 遂奉覽之訖 公曰余知文而不知詩 余曰公若知文 則公之知詩 亦可知耳 夫詩文一也 嘗以風雅之詩 經傳之文 驗之於天壤之間 鳥之啾 蟲之喞 動於天機而自泄其鳴 日月星辰山川草木之變 而繪之成象 觸之成聲者 莫非天地間詩文 出於性情 而寓其天理 則塗歌巷春 春愁秋怨 無往而非詩也 讕言長語 客嘲僮約 無往而非文也 故聖人出於其間 觸之事物 形諸文字 風雅之詩 經傳之文 所以

243 태사太史 사마천司馬遷 : 태사는 사관史官을 가리키는 말이다. 사마천司馬遷은 기전체紀傳體 역사서인 『사기史記』를 완성하여 사천史遷, 태사공太史公이라는 칭호를 얻었다.

244 구양수歐陽脩(1007~1072) : 송나라 길주吉州 여릉廬陵 사람이다. 자는 영숙永叔, 호는 취옹醉翁·육일거사六一居士이다.

245 제고制誥 : 임금이 내리던 사령辭令이라는 말로 여기서는 관원을 임명하면서 사용하던 문서 양식의 하나를 가리키는 듯하다.

作也 以之而爲吾言志之資 作吾貫道之器 則詩若文一也 而公能知文 則豈有不知詩耶 噫 後世風花雪月之詩作 而風雅之詩亡焉 雲譎波詭之文起 而經傳之文廢焉 是以昌黎氏有言曰 裂道與詩文爲兩物 今之世 夫豈但道與詩文爲兩物而已 詩與文亦爲兩物矣 然而詩文 本非二致 豈有知文而不知詩之理哉 今見公之文 典重溫雅 眞得古人述作之義 以是而發於言志則詩也 以是而托於感物則亦詩也 文之中 自有一部詩矣 又何謂能文而不能詩也 近世之人 或以絺繪詞章 捃拾而補綴之 譬猶窮子丐兒 沾人之殘膏冷馥自以爲厭 此不過啁啾之一事 其於爲文之道 硜硜乎 不知氣格體裁之如何此皆知詩而不知文者也 其視公之能知文 而詩在文中者 爲如何哉 昔太史氏 以踈宕之文章 未有詩集之傳於後 歐陽子 以宏博之文辭 不免制誥之非技能 則能文而短於詩者 亦不害爲騷坍之巨匠 又况太史歐陽 雖謂之長於文短於詩 而亦豈曰 詩道之全曚乎 此余所謂詩文無二致者也 後之人 其或有賞余之言 而知公之詩文 則豈不幸乎哉

26. 성호 이익을 위한 제문

祭星湖公文

성호 선생이 돌아가심에 친척과 친구들이 글을 가지고 곡을 하는 자가 서로 이어져 선생의 도덕과 문장을 칭송하지 않음이 없습니다. 돌아보건대 어리석은 저는 중언부언을 하고 싶지 않습니다. 비록 저의 글 한 편이 없더라고 어찌 선생의 덕에 손상이 되겠습니까만, 제가 특별히 스스로 애도합니다.

아! 저와 정랑공正郎公 이맹휴李孟休[246]는 함께 동갑내기로, 어려서부터 선생의 가르침을 받으며 지냈습니다. 경술년庚戌年[1730]에 역병이 돌아서 아버지께서 저를 안산 섬산剡山으로 보내서, 정랑공과 함께 기거하며 공부하게 하였습니다. 성호 선생께서는 처음에 고문古文 수십 편을 가르쳤는데, 외람되게 저는 선생께서 격려하고 칭찬해주는 은혜를 받았고, 더러는 내실內室에 두면서 저를 마치 집안 자제처럼 여겨 주셨습니다. 일찍이 7언 율시 한 편을 써 주셨는데 그 결구에 이르기를 "그대의 뜻을 보니 평범하지 않으니, 남겨진 경전에 더욱 힘을 쓰게나."라고 하셨다.

아! 선생께서 저에게 기대하심이 이미 컸었는데, 저는 박사가업에 종사하고 공령문에 정신을 쏟다가 과장에서 여러 번 낙방하다 보니 어느덧 머리는 쇠잔하여 드디어 선생의 가르친 뜻에 부합하지 못하여 평생의 한이 됩니다.

---

246 이맹휴李孟休(1713~1751) : 이익의 아들로 자는 순수醇叟이다. 영조 때 문과에 합격하였으나 섬계 이잠李潛의 조카라는 이유로 노론의 견제를 받았다. 예조에서 소장한 『춘관지春官志』를 발간하였다. 이후 병세에 시달리다가 38세에 부친 이익보다 앞서 요절하였다.

아들이 태어나 스승에게 나아갈 나이가 되자, 나병환자가 자기를 닮을까 걱정하는 마음으로 저의 첫째 아들 이재중李載中[247]을 보내어 선생께 배우게 하였습니다. 하지만 공부가 완성되기 전 불행히 요절하여 선생께서는 시를 지어 그를 애도해 주셨습니다. 지금 그것을 읽어보니 마침 정이 담긴 애통한 눈물이 더욱 흐릅니다.

둘째 이재황李載璜[248] 또한 또 선생께 배우기를 청하여 선생의 문하에 드나든 지 오륙 년이 되었습니다. 그러나 선생께서는 이미 노쇠하셨고 재황 역시 과거 공부에 마음을 빼앗겨 또한 성취한 것이 없었습니다. 아! 선생께서는 저희 가정에 이처럼 지극히 마음을 써주셨는데 드디어 아무것도 이루지 못했습니다.

임오년壬午年[1762] 봄 저는 성호星湖 위에 당을 짓고 아침저녁 지팡이를 잡고서 공경하는 법도로 삼았습니다. 때때로 다시 경전을 대하고 선생께서 지어주신 시 한 구절을 암송하며 스스로 애도하는 마음을 붙입니다.

거처를 옮긴 지 삼 년 만에 선생께서 갑자기 세상을 떠나실 줄 어찌 생각이나 했겠습니까? 이제부터는 선생의 목소리와 모습을 영원히 보지 못하여 의지하고 우러러 바라볼 곳이 없습니다. 오직 스스로 애도하는 마음으로 여생을 보내고 싶을 뿐입니다. 끝없는 이 슬픔을 선생께서는 굽어 살펴 주실런지요? 아아! 애통합니다.

247 이재중李載中(1736~1752) : 이현환李玄煥의 첫째 아들로 자는 치대穉大이다.

248 이재황李載璜(1754~1823) : 이현환李玄煥의 둘째 아들로 자는 주서周瑞, 호는 내옹耐翁이다.

先生之易簀也 親戚故舊 操文哭者 相繼 莫不讚先生之道德文章 顧此顓愚 不欲重言疊說 則雖無小子一字之文 亦何損於先生之德 而小子別有所自悼者 嗚乎 小子與賢胤正郎公 生同甲子 自少周旋於下風 粤在庚戌京有天行之疾 家大人 送小子于剡之中 與正郎公 同居而同學 先生始教以古文數十編 猥蒙先生奬詡之恩 或置之內室 視小子如家中子弟 嘗書四韻一篇而與之 其結曰 看君志業非容易 勉向遺經着力深 嗚乎 先生之期小子已不草草 而小子仍從事於博士家業 耗精於功令之文 而積困科場 居然髮種種 卒不能副先生訓戒之意 而爲平生懊恨矣 子生而年可就傅 以厲人恐類己之心 遣載中從先生學焉 業未成而不幸短命 先生嘗作詩以悼之 至今誦之 適增鍾情之慟涕也 其弟載璜 又自請從學 遊於門下 至五六年 而先生已篤老 璜也 又分心於擧子業 亦無所成 嗚乎 先生之於我家 一何用心之勤勤 卒莫之有成也 歲壬午春 小子築室於星湖之上 朝夕操杖 以爲矜式之道 時復對經 誦先生一句詩 以寓自悼之恨 豈意移居之三年 先生遽爾捐世乎 自玆以往 聲容永閟 依仰無所 惟將以自悼之心 了此餘生而已 悠悠此恨 庶幾先生之俯監耶 嗚呼慟哉

27. 섬은을 위한 서문

蟾隱序

섬산剡山은 수리산을 종주로 한다. 이것이 세 번 꺾이어 들어가서 가산可山을 대하여 높이 뭉쳐 기운을 모으니 이것이 섬산蟾山이다. 산을 '두꺼비 섬蟾'으로 이름한 것은 무엇을 취한 것인가? 그 아래 빙 둘러진 곳은 사람들이 살기에 적합하다. 나는 송촌松村에서 옮겨와 살았는데, 그때에 내 조카 자천自天 이재우李載祐[249]도 오른쪽 기슭에다 일가 사람이 살던 곳을 매입해서 생활하며 그 거처의 편액을 섬은蟾隱이라고 하였다.

아! 만약 금수禽獸의 은거에서 뜻을 취하였다면 용, 봉황, 거북, 기린이 때때로 숨었다가 나타나지 않음이 없는데, 자천이 반드시 '섬은'으로 호를 삼은 것은 어째서인가? 저 두꺼비라는 미물은 그 형체가 울퉁불퉁하고 그 가는 모양이 엉금엉금 기어서 여러 벌레 가운데에 사람들이 두꺼비를 가장 경시한다. 그러나 두꺼비는 미물이지만 능히 처신의 도를 알아서 작을 때는 토혈土穴에 살며 그 형체를 감추기도 하고, 커서는 월궁月宮[250]에 들어가 그 몸을 신비롭게 하기도 한다. 그러니 저 두꺼비는 드넓은 천지로 그 은隱을 이루고 있는 것이다. 그렇다면 어찌 다만 용, 봉황, 거북, 기린의 은거만 있을 뿐이겠는가!

---

249 이재우李載祐(1712~1778) : 본관은 여주, 호는 섬은蟾隱, 자천自天은 그의 자이다. 생부는 이계환李啓煥인데 이일환李日煥에게 출계하였다. 그의 맏아들은 이시류李是鏐인데 뒤에 의추재 이재덕의 후사를 이었다.

250 월궁月宮 : 섬궁蟾宮이라고 하고, 계수나무가 있어 섬계蟾桂라고 하기도 하며, 과거 합격에 비유하기도 한다.

자천自天이 섬은을 호로 삼은 이유는 반드시 그의 거처에 이유가 있을 것이다. 자천은 서울에서 태어나고 자랐는데, 중년 이후에 집을 정리하여 섬산 아래에 들어왔다. 그 섬산 봉우리를 바라보고 그 뜻을 생각하며 구불텅하고 빽빽한 계수나무 사이에서[251] 집을 짓고 백발의 선비와 깡마른 선사와 손을 잡고, 고요한 세계에서 즐겁게 지내고자 하는 듯했다. 비록 강장康莊의 거리[252]에 거처하더라도 그 마음은 두꺼비와 함께 숨고자 하니 어찌 훌륭하지 않다 하겠는가?

하루는 자천自天 이재우李載祐가 나에게 말하기를, "내가 나의 거처를 섬은으로 이름하였으니, 그대는 나를 위해 서문을 지어주십시오."라고 하였다. 나는 그의 말을 듣고 기뻐하면서 다음과 같이 말하였다.

"사람 중에 은거를 잘하는 자는 반드시 산으로 돌아가고자 한다. 지금 그대가 사는 곳은 서울과의 거리가 백 리도 되지 않는 곳인데도, 섬은으로 명명하였으니 나는 이 은거가 마음으로 하고자 하는 것이지 몸으로 하고자 하는 것이 아님을 알겠다. 반드시 섬봉蟾峯을 마주하고 앉아서 두꺼비의 뜻을 취하려고 한 것이리라.

가면 따르고 멈추면 함께하여 노년을 잘 보내는 데 어긋나지 않는

---

251 빽빽한~사이에서 : 한漢나라 때 회남왕淮南王 유안劉安이 문사文士들을 모아 사부辭賦를 짓게 하고는 이들을 대산大山과 소산小山, 두 부류로 나누었는데, 이 중 소산에 속하는 문사가 지은 「초은사招隱士」가 유명하다. 특히 산중 생활의 궁고窮苦함을 극도로 형용하여 은둔의 선비들을 풍자하는 데 목적이 있었다. 일례로 「초은사」에 "빽빽한 계수나무 우거져 산이 그윽하니, 구불텅 뻗은 줄기 가지 서로 얽혔어라.[桂樹叢生兮山之幽 偃蹇連卷兮枝相繚]"라는 구절이 있다.

252 강장康莊의 거리 : 『이아爾雅』 「석궁釋宮」에, "오달五達의 길을 강康이라고 하고, 육달六達의 길을 장莊이라 한다."라고 하였고, 『사기』 「맹순전孟荀傳」에, "강장의 거리에 제택을 열겠다.[爲開第康莊之衢]"라고 하였다. 이후 강장의 거리란 대여섯 갈래로 통한 툭 트인 길거리를 말한다.

다. 그러니 그대가 취한 것은 우뚝 솟은 봉우리와 그윽한 골짜기에 흰 바위와 맑은 샘이 주위에 둘러 있어 충분히 훌륭한 감상을 도와줄 수 있는 데에 있지 않으니, 이것은 보통사람들이 할 수 있는 것이 아니다. 그러나 내가 듣건대 '군자는 홀로 선을 행하는 것을 부끄러워한다.'라고 하니, 내가 그대와 함께 섬산의 기슭에 거처하며 나를 위해 섬은에다 발붙일 곳을 빌려주기를 원한다. 날마다 섬봉을 마주 대하고 날마다 초은시招隱詩[253]를 외며 날마다 문지도리 위에 쓰여진 섬蟾이란 한 글자를 보고 만약 평생의 계책으로 삼는다면 한 기슭에 함께 사는 뜻을 거의 잃지 않을 것이니, 그대는 도모할지어다."

드디어 서문을 쓴다. 갑신년甲申年[1764] 5월 초 10일이다.

剡山 以秀理爲祖宗 三折而入 對可山而融結聚氣 是謂蟾山 山之以蟾名 奚取也 其下回抱 可合人居 余自松里移居 同時 吾宗侄自天 又於右麓買宗人居而居焉 扁其居曰 蟾隱 噫 若取義於鳥獸之隱 龍鳳龜獜 無不以時隱現 自天之必以蟾隱爲號者 何哉 夫蟾之爲物 其形痱磊 其行爬齬 群虫之中 人以蟾最輕之 然蟾以微物 能知處身之道 小或居土室 藏其形 大或入月宮 秘其身 然則彼蟾 以天地之大 成其隱者也 又豈特龍鳳龜獜之隱哉 自天之號 其居必有以也 自天生於京 長於京 中年以後 捲室入蟾峯下 瞻其峰而思其義 隱然若結廬於偃蹇叢桂之間 與秀眉之士 瘦骨之禪 提携乃唯諾於泬寥之界 雖處康莊之衢 其心與蟾偕隱 豈不多乎哉 一日謂余曰

---

253 초은시招隱詩 : 한漢나라 회남왕淮南王 유안劉安의 문객 가운데 소산小山에 속하는 이들이 지은 글로, 산속에 은거하는 은자들에게 이 즐거움을 함께 하도록 나오기를 권하는 내용이다.

余以蟾隱號余居 子其謂余序之 余聞其言而悅曰 人之善隱者 必以山爲歸 今君居 距京不百里地 以蟾隱命名 吾知斯隱也 以心不以身也 必將坐對蟾峯 取於蟾之義 行則隨 止則俱 不違於終老 則君之所取 不在於巑岏之峯 幽敻之洞 石白泉淸 環列左右 有以助益眞賞 此非人所得與焉 然吾聞君子恥獨爲善 余與君同居于蟾山之麓 願爲余借菴中容足土也 日對蟾峯 日誦招隱詩 日覽楣頭一蟾字 若爲終身計 則庶不失同居一麓之意 子其圖之 遂爲之序 甲申正月初十日

28. 의추재 이야기

依楸齋記

옛 사람들 가운데 당이나 집을 건축하는 자는 산에 의지하기도 하고 강물에 의지하기도 하지만 초목에 의지하는 사람을 나는 들어보지 못하였다. 그러나 중국 산음山陰에는 대나무를 심은 자가 있었으니[254] 이것은 대나무에 의지한 것이고, 팽택彭澤에는 국화를 심은 자가 있었으니[255] 이것은 국화에 의지한 것이다. 고산孤山의 매화[256]와 회남淮南의 계수나무도 또한 모두 의지한 것인데 각자 자신이 좋아하고 비유하는 뜻을 의탁하였으니 이것은 식물의 운치를 취한 것에 불과하다.

지금 내 조카 여후汝厚 이재덕李載德은 섬산剡山 가운데 집을 짓고 그 편액을 '의추依楸'라고 명명하였으니 대개 한유가 송추松楸[257]에 의지한 뜻을 취하고자 했기 때문이다. 여후가 근본을 보답하고 돌아가신 분

---

254 산음山陰에는~있었으니 : 진晉나라 산음 출신 왕휘지王徽之가 대나무를 사랑하여 차군此君이라 불렀다. 왕휘지가 주인이 없는 빈집에 잠시 거처할 적에 대나무를 빨리 심도록 다그치자, 사람들이 그 이유를 물으니, "어떻게 하루라도 차군이 없이 지낼 수가 있겠는가.[何可一日無此君耶]"라고 대답한 고사가 전한다. 『진서晉書』「왕휘지열전王徽之列傳」에 나온다.

255 팽택彭澤에는~있었으니 : 진나라 때 팽택 현령을 했던 도연명陶淵明은 국화꽃을 좋아했다. 특히 서리 후에 핀 국화를 좋아하여, 「화곽주부和郭主簿」 시에서 "숲길에 피어 빛을 발하는 향기로운 저 국화여…우뚝 된서리 아래 걸물이 되었도다.[芳菊開林耀…卓爲霜下傑]"라고 하여 국화를 상하걸霜下傑로 묘사한 대목도 나온다. 『도연명집陶淵明集』에 나온다.

256 고산孤山의 매화 : 북송의 은사隱士인 임포林逋가 서호西湖의 고산孤山에 초막을 짓고는 매화를 심고 학을 기르며 숨어 살았으므로 당시 사람들이 '매처학자梅妻鶴子'라고 일컬었다.

257 송추松楸 : 소나무와 개오동나무로 주로 무덤 근처에 심던 나무이다. 때문에 훗날 송추는 조상의 선영을 뜻하는 의미로 쓰인다.

을 추모하는 뜻을 볼 수 있으니, 이것이 어찌 다만 한가하게 초목에 만 의지하는 것과 비교할 수 있겠는가?

대개 여후는 어려서 부친을 여의고 외롭게 의지할 곳이 없었다. 중년 이후에 집안 식구들을 데리고 성촌의 조귀리早歸里[258]로 들어와서 나와 함께 살았다. 또 일찍이 섬산 경내에 그의 부친의 무덤이 있었는데 이로 인하여 거처를 산 아래로 옮겼고, 나와 서로 바라볼 정도의 같은 마을에서 지냈다. 이곳에 와서 지내기를 3년이 흐른 봄에 새로이 휴식할 곳을 지었는데, 자못 넓고 툭 트여서 소박하지도 않았다.

대저 당은 연당蓮塘 근처에 지었는데 선영과는 불과 수십 보의 거리였다. 앞으로는 하포蝦浦의 조수 빛이 어리고, 뒤로는 수리산秀理山의 높은 언덕을 등지고, 단구丹丘가 그 오른쪽에 우뚝 솟아 있으며, 도산陶山이 그 왼쪽을 감싸고 있다.

남쪽으로는 도봉산 한 가닥이 바라보이는데 공읍拱揖하는 형세가 그림과 같다. 매번 달이 동쪽 봉우리로 떠오르면 차가운 달그림자가 거꾸로 드리워져 작은 호수에 반쯤 잠긴다. 이 때 잔물결도 일지 않아 연꽃 향기가 문으로 풍겨 들어오니 고상한 모임에 알맞고 기이한 완상을 즐긴다고 할 만하다.

하나의 언덕과 하나의 골짜기가 한가로이 거닐기에 마음에 꼭 부합하고, 헌軒의 창 안에서 우러러보고 내려다보며 산길 사이를 마음껏 내달린다. 도서圖書가 충분히 완상의 맛을 제공해주며, 채소와 현

---

258 조귀리早歸里 : 현재 조구리로 불리는 지역이다. 조선 시대에는 광주 유수가 이 지역의 조세租稅를 싣고 인천에서 한강을 경유하여 조정에 바쳤다 하여 조공租貢 나루라 했으나 후대로 내려오면서 '조구나리'로 변음 되었다. 한편에선 조기배가 많이 드나들던 포구라고 하여 조기나루라는 설도 있다.

미로 고기 맛[259]을 잊을 수 있었다.

좋은 시절과 아름다운 경치 속에 종족들이 모였을 때 그들과 함께 샘의 근원을 찾아가고 암석에 앉고 맑은 하늘을 쳐다보고, 흰 구름을 노래하며 물고기와 새를 실컷 즐기니 모두 족히 스스로 즐길 만하고 근심을 잊을 만하다. 그렇다면 주인이 그 당의 이름을 이것으로 하지 않고 반드시 '의추'로 이름한 것은 어딘가에서 터득한 것이 있어서일 것이다.

한 위공韓魏公 한기韓琦가 「조영기祖塋記」에서 "마음으로 선조의 무덤을 잊지 않는 것이, 효의 큰 것일 것이다"라고 하였으니, 대개 섬산 기슭 옆에 송추가 울창하여 하늘에 닿고 골짜기에 우뚝하니 그곳에서 선대의 기침소리를 듣는 듯하다. 당에 거처함에 아침저녁에 감회가 생겨 매번 서리와 이슬[260]이 내릴 때에 반드시 슬퍼하며 풍수지탄風樹之嘆[261]의 심정을 위로할 것이다. 또한 자손에게 보여서 편액을 내건 뜻을 잊지 않게 하고자 하니, 이 당을 지은 것이 완상하고 즐기고자 하는 사람을 위함이 아닐 것이다.

당이 완성되어 들어간 날 친척들에게 시문으로 수창하게 하였다. 나 또한 시를 짓고, 그 경위를 이상과 같이 기록한다. 갑신년甲申年[1764] 7월 상순이다.

---

259 고기 맛 : 원문은 추환芻豢으로 풀을 먹는 마소나 곡식을 먹는 개·돼지 따위의 고기를 뜻한다.

260 서리와 이슬 : 『예기禮記』「제의祭義」에, "서리와 이슬이 이미 내리면 군자는 이것을 밟고 반드시 슬픈 마음이 있다."[霜露旣降 君子履之 必有悽愴之心]고 하였으니, 봄에 이슬이 내려 초목에 싹이 날 때와 가을에 서리가 내려 초목이 마를 때에 효자가 죽은 부모를 사모하는 마음이 간절하다는 말이다.

261 풍수지탄風樹之嘆 : 효도를 다하지 못했는데 어버이가 돌아가시어, 효도하고 싶어도 할 수 없는 슬픔을 이르는 말이다.

古之人 營建堂宇者 或依於山 依於水 而依於草木者 余未之聞焉 然山陰有種竹者 是依於竹也 彭澤有種菊者 是依於菊也 孤山之梅 淮南之桂 亦皆以爲依 各寓其愛慕比況之意 而此不過取於植物之成趣 今者吾宗侄汝厚 卜築剡中 扁其額曰依楸 盖取昌黎氏依松楸之義也 可見其報本追遠之誠 而又豈特比論於閒漫草木之是依哉 盖汝厚 幼失其怙 孤子而無依 中年以後 捲室入聲村早歸之里 與余同居焉 又嘗遷厝其親於剡山之局內 而因移居山下 與余同閈相望 越三季春 新構寓息之所 頗弘敞而不朴 夫堂構在於蓮塘之上 與其塋域 不過數十步地 而前挹蝦浦之潮光 後負秀理之高阜 丹丘峙其右 陶山繞其左 南望道峰一抹 拱揖如畵 每月出東峯 寒影倒垂 半浸小池 纖波不起 荷香入戶 可謂愜幽期而有奇玩 一丘一壑 徜徉是適 俛仰乎軒牕之內 浖浪于山蹊之間 圖書足以供玩索之味 蔬糲足以忘蒭豢之養 佳辰麗景 宗族雅集時 與之窮泉源 坐岩石 望青天 歌白雲 蕩狎魚鳥 皆足以自樂而忘憂 則主人之名其堂 不以斯而必以依楸爲號者 此有得乎 韓魏公祖塋記所云 心不忘于祖塋 孝之大者歟 盖其蟾麓之傍 松楸菀然昻霄而聳壑 即地如聞謦欬之音矣 處于堂也 朝夕興感 每於霜露之時 必怵惕而懷焉 以慰風樹之思 且欲示子孫 使毋忘揭扁之意 則斯堂之設 非爲所玩所樂者耶 入室之日 使宗人詩以唱之 余亦有詩焉 又記其事如右 甲申七月之上澣也

29. 남정록 발문

跋南征錄

대체로 사람 소리의 정수, 이것을 일러 시라고 하니 시는 진실로 뜻을 말하는 것이다. 하늘이 오행의 기운을 사람에게 부여하여 본성이 되고, 칠정의 느낌이 사물에 닿아서 말이 된다. 그러므로 그 시의 뛰어남과 서투름은 모두 그 뜻의 깊고 얕음을 따라서 본성과 진정을 언어의 밖에서 볼 수 있다.

아! 당唐나라가 망한 뒤에 천하에 시가 없어졌다. 진사도陳師道와 황정견黃庭堅이 나오면서부터 무너지고 찢겨짐이 심하였다. 왕세정王世貞과 이반룡李攀龍이 일어나면서부터 미쳐 날뜀이 극에 달하니, 『시경』 삼백 수와 「고시 십구 수」의 뜻이 거의 인몰되었다. 그러한즉 무너지고 찢겨지며 미쳐 날뛰는 부류들이 흘러, 위항의 온갖 얘기와 하리下里의 비속한 말이 되었으니, 천하에 결국 시가 없어지게 되었다.

지금 이 『남정록』을 살펴보니 곧 내가 스무 살 때 지은 것이다. 요컨대 그 대강은 "한결같이 바른 소리와 맑은 음으로 옛 도를 힘써 좇아서 일가一家의 말을 이루고자 하였다. 그러나 재능이 부족하고 식견識見이 박식하지 못하니 학의 긴 다리와 오리의 짧은 다리처럼 때때로 들쭉날쭉하였다. 곧 귤 숲에 반드시 늠름한 예장豫章나무[262]만 있는 것이 아니고, 무기고라고 하여 어찌 무딘 칼이 없겠는가?[263] 그 장인

262 예장나무 : 우리말로 녹나무라고 불린다. 장뇌목樟腦木·장수樟樹라고도 한다. 깊고 기름진 토양이나 그늘진 곳에서 잘 자란다. 높이 약 20m, 지름 약 2m이다. 장뇌의 강한 방향芳香으로 썩지 않고 벌레가 먹지 않아 옛날부터 왕족의 관을 만드는 데 많이 이용하였다.

263 무기고라고~없겠는가? 송나라 나대경羅大經이 『학림옥로鶴林玉露』에서 소식의

이 마음을 쏟으면 품격을 세우고 문채를 발휘하고 성조를 드러내게 된다. 이렇게 하여 근래의 비루함을 씻어보려고 하였지만 대단히 어려운 일이었다.

슬프구나! 온 세상이 오직 박사가업博士家業만을 추종하고 그 나머지는 돌아볼 겨를이 없다. 나는 젊어서부터 즐거워하며 스스로 기뻐하기를 그치지 않고, 반드시 그 시를 유행시키고자 하였다. 그러나 그 뜻을 이루지 못하고 머리가 다 빠지고, 세상 사람들의 부류에서 크게 벗어나지 못하였다. 야호선野狐禪[264]이 된 자, 하사下駟[265]가 된 자, 방문소선旁門少禪[266]이 된 자와 함께 일률적으로 상투적인 것에 귀결되고 말았으니 어찌 매우 애석하지 않겠는가?

만약 나와 뜻을 같이 하는 사람을 만난다면[267] 마땅히 이 책을 펼치고 논의할 것이다. 드디어 발문을 짓노라.

갑신년[1764] 가을 7월 하순 섬고蟾皐에서 쓰다.

시문에 대해 '무고리둔武庫利鈍'이라고 평한 바 있다. 이 의미는 소식처럼 문장이 원숙한 경우에도 그의 문은 시에 미치지 못하여 무기고에 날카롭고 무딘 병기가 뒤섞여 있는 듯하다는 의미이다.

264 야호선野狐禪 : 진실하게 참선參禪도 하지 아니하고서 깨달은 듯이 거짓 꾸며 남을 속이는 사람을 여우에 빗대어 욕하는 말이다.

265 하사下駟 : 좋지 않은 말로 재능이 낮거나 하등품을 지칭하는 말이다.

266 방문소선下駟 : 방문은 정도正道의 상대되는 말로, 정당한 길이 아닌 잘못된 길을 말하며 소선少禪이란 깊은 참선이 아닌 조그마한 참선을 뜻한다.

267 나와~만난다면 : 도연명陶淵明의 「시주속지조기사경이삼랑示周續之祖企謝景夷三郎」에 "나의 의중인을 생각한다.[念我意中人]"라고 하였다.

夫人聲之精者 是謂詩 詩固言志者也 天以五行之氣 賦於人而爲性 以七情之感 觸於物而爲言 故其詩之工拙 一隨其志之深淺 而眞性眞情 可得以觀於言語之表 噫 自唐亡而天下無詩 陳黃出而潰裂甚 王李起而猖狂極 三百十九之指 幾乎泯沒 則潰裂猖狂之餘 流而爲委巷叢談下里鄙語 天下果無詩矣 今觀此錄 卽余弱冠時所作也 要其大指 一以正聲雅音 力追古道 欲成一家言 然才情少裕 見識不博 鶴長鳧短 有時參差 則橙林未必豫章 武庫亦豈無鈍刃 而其匠心所注 風格立焉 華采見焉 聲調出焉 欲洗挽近之陋 大煞難矣 嗟夫 環域以內 惟博士家業是力 其餘有不遑 余自少沾沾自喜不已 必欲行其詩 而未遂其志 余已髮種種矣 未免與世之流 而爲野狐爲下駟 爲旁門少禪者 同歸一套 豈不大可惜哉 如逢意中人 當此卷而辯論之 遂爲之跋 甲申秋七月下澣 書于蟾皐

30. 북성록 발문

跋北城錄

나와 속계蕀溪의 순숙醇叔 이맹휴는 동갑이어서 한묵 사이에서 노닌 것이 많았다. 동쪽으로 북성을 유람하였는데 벌써 이에 30년이 되었다. 때때로 함께 주고받은 시를 펼쳐보니 옛날에 유람한 것이 또렷하여 아직도 가슴과 눈에 선하다. 그러나 속계는 이미 고인이 되었고 덧없는 세상에서 함께 즐길 수 없음이 대개 이와 같다. 이 때문에 책을 덮고 눈물을 흘린다.

내 나이는 이미 쉰 남짓이고 다시 북성을 유람할 기약은 없다. 비록 이전의 유람을 다시 한다고 하더라고 어느 곳에서 이 문장의 종장을 되살려 살아오게 하겠는가? 슬픔과 감회를 가누지 못하겠다. 드디어 권말에 발문을 쓴다.

余與蕀溪醇叔 生甲子 凡周旋於翰墨間者 多矣 東遊北城 已三十于玆 時閱同和之錄 舊遊歷歷 尙在心目間 而蕀溪已作古人 浮世之不可把玩 盖如此 爲之掩卷流涕 余年已五旬餘 重遊北城 有不可期 縱續前遊 何處復此一詞伯而來耶 不勝愴感 遂跋于卷末

31. 관남록 발문

跋關南錄

『관남록關南錄』은 유선幼選 목만중睦萬中[268]이 유배 시절에 지은 것이다. 임오년[1762] 가을에 목유선이 병부 낭중으로 임금의 견책을 받아 관성觀城[269]으로 유배를 가게 되었다. 초라한 말로 어린 종아이와 철령을 넘었으니 그의 우울하고 서글픈 회포를 전부 시에다 읊었다. 그가 거쳐 간 곳과 머물렀던 곳에서 읊조린 것이 근 백여 편이다. 그가 유배 갔다 돌아옴에 나는 서로 악수를 나누며 조정을 떠나 이별하는 마음을 위로해주지 못하였다.

그러나 지난번에 서울에서 해후하여 서로 마주보고 슬픈 마음이 들었는데, 하루는 유선이 이 시편을 보내와서 보여주었다. 유선은 평소 시를 지을 때 진실로 진부한 말을 버리고 천기를 표현하였는데, 이 『관남록』은 더욱 기이하고 놀랍고 읽어봄에 더욱 더 일창삼탄을 일으킨다. 궁벽한 곳에 얽매여서 지냈던 슬프고도 굳은 마음을 상상할 수 있다. 빛나는 자연과 숙연한 정채가 노추鑪錘와 기저機杼 밖으로

---

268 목만중睦萬中(1727～1810) : 본관은 사천泗川, 자는 공겸公兼, 호는 여와옹餘窩翁이다. 유선幼選은 그가 공겸 외에 사용했던 또 다른 자이다. 영조 때 문과에 급제, 벼슬은 판서에 이르렀다. 1762년(영조 38) 5월 노론의 공격으로 사도세자가 죽는 임오화변을 계기로 노론과 소론의 갈등은 더욱 심해졌다. 이에 노론의 수장인 좌의정左議政 홍봉한洪鳳漢은 소론의 영수 조재호趙載浩 일당을 사도세자와 연루시켜 옥사를 일으켰다. 일례로 1762년 6월 박수유朴垂裕가 조재호 일당으로 몰려 국문을 받고 사형을 당했는데, 이 과정에 목만중도 연루되어 심문을 받고 함경도咸鏡道 이성현利城縣으로 유배를 가게 되었다. 이후 1764년 박수유와의 연루 사실이 없다는 사실이 밝혀져 해배되었다. 목만중은 남인계의 인물로서 공서파에 속해 신유옥사 때는 이가환·정약용을 공격하는 입장에 서 있었다. 『여와집餘窩集』이 전한다.

269 관성觀城 : 함경도咸鏡道 이성현利城縣을 뜻한다.

흐르고 넘쳐나서 얕은 마음의 속된 입에서 나올 수 있는 것이 아니다. 그가 이별하고 유배를 갈 즈음에 깊은 심회를 표현하고 엉켜 있던 속내를 표출한 것이 또한 어떠한가?

슬프구나! 대체로 사람 소리의 정수, 이것을 일러 시라고 한다. 시는 진실로 뜻을 말하니, 본성과 진정을 또한 언어의 밖에서 볼 수 있다. 예전에 굴원屈原이 상수湘水에 내쳐져 「이소離騷」를 지었고, 송옥宋玉은 가을을 슬퍼하여 「구변九辯」[270]을 저술하였다. 시경 삼백 편은 대저 대부분 감개하고 슬퍼하는 마음에서 나왔고, 「고시 십구 수」는 쓸쓸함과 괴로운 마음을 읊조렸다.

예로부터 시인들의 말이 대부분 슬픔과 실의 속에서 얻어지는 것은 어찌해서인가? 혹 생각이 괴로우면 뜻이 절실하고, 뜻이 절실하면 말이 공교해져서 그런 것이 아니겠는가? 유선은 진실로 하늘에서 얻었고, 그가 힘들고 슬픈 순간을 만났을 때 옛 작자가 만났던 것과 같았다면, 그 시의 성취는 마땅히 한 가지 법도에서 나왔을 것이다. 이것을 어찌 필묵 혜경으로 다 표현할 수 있겠는가?

나는 그 시를 보고 망령되이 평론하여, 이로 인하여 느낀 바를 대략 위와 같이 서술한다. 그리도 또한 권말에 시 몇 편을 쓰노라. 아! 슬프구나. 천년 뒤에 혹시라도 내 말을 감상해서 유선의 시를 알아주는 자가 있지 않겠는가? 산천 사이에 내리는 눈과 비가 그의 한을 처량하게 하니 서로 일일이 논평할 수 없다.

갑신년甲申年[1764] 12월 성수星叟가 서문을 쓴다.

---

270 「구변九辯」: 송옥의 작품으로 가을의 슬픔을 노래하였다. 첫 구절은 다음과 같다. "슬프다, 가을 기운이여. 쓸쓸하게 초목은 바람에 흔들려 땅에 지고 쇠한 모습으로 바뀌었도다.[悲哉秋之爲氣也 蕭瑟兮 草木搖落而變衰]"

關南錄 卽睦幼選居謫時所作也 壬午秋 幼選以兵部郎中 承恩譴適觀城 羸駒短僮 路踰鐵嶺 其搖落之懷 鬱挹之思 悉發於詩 計其沿歷及留滯所占 近百餘篇 其往而還也 余不能相握以慰其去國流離之情 而向者 邂逅洛中 相對爲之惻然 一日幼選 寄眎此編 幼選平昔爲詩 固已謔塵言 發天機 而 此編尤爲奇雋驚絶 讀之更令人一唱三歎 可以想見其羈窮廓處 愴恨堅介 之懷 而燁然之風花 肅然之精彩 流動溢發於鑪錘機杼之表 有非淺心俗口 所可說出 其所以發舒幽懷 宣吐滯思於別離遷謫之際者 又何如也 嗟夫 人 聲之精者 是謂詩 詩固言志而眞性眞情 又可以得之於言語之外矣 昔屈原 擯湘 離騷作 宋玉悲秋 九辯著 詩三百 大抵多感慨憂傷之發 而古風十九 首 亦莫非索落羈苦之咏也 自古風人之言 類多得之於幽愁失意之中者 何 哉 無或以思苦則意切 意切則語工歟 幼選固天得 而其遭罹困厄之會 恰如 古作者所遌 則其詩之所成就 宜其同出於一軌也 是豈可以筆墨蹊徑盡之 哉 余見其詩而妄評之 因記所感 略敍如右 又題數篇詩於卷末 嗚乎唏矣 千載之下 其或有賞余之言 而知幼選之詩者否 山川間之雨雪 凄其恨 不能 相與一一評隲也 甲申臘月星叟序

32. 매화의 원한을 풀어주는 글

梅花雪寃文

매화는 빼어난 사물이다. 매화가 매화가 된 이유는 그 마르고 담박함[枯淡]을 귀하게 여기기 때문이다. 만약 마르고 담박함을 병폐로 여긴다면 이는 매화를 알지 못하는 자이다. 꽃에서 화려함을 취함은 사람마다 누가 그렇지 않겠는가마는 유독 매화는 반드시 성글고 야위며 굽은 것을 귀하게 여기니, 아마도 운치가 뛰어나고 품격이 고상하기 때문일 것이다. 어찌 목단牧丹의 풍성함과 작약의 아름다움, 복숭아의 화려함, 석류의 농염함과 비교하여 논할 수 있겠는가?

『서경書經』에서는 염매鹽梅라고 했고,[271] 『시경詩經』에서는 표매摽梅라고 했고,[272] 혹은 화갱和羹이라고 하고 혹은 절서節序라고 하였으니, 이 어찌 매화를 온전히 말한 것이겠는가? 『시경』에 이르기를 "산에 아름다운 초목이 있으니, 밤나무와 매화나무로다."[273]라고 하였고, 『대대례大戴禮』에 이르기를 "매화, 살구, 산 복숭아가 활짝 피었다."[274]라고 하였다. 한편으로는 훼卉라고 하고 한편으로는 화華라고 하였으니

---

271 『서경』에서는~했고 : 『서경書經』「열명하說命下」에 고종高宗이 부열傅說에게 "너는 짐의 뜻을 가르쳐서 만약 술과 단술을 만들거든 네가 누룩과 엿기름이 되며, 만약 간을 맞춘 국을 만들거든 네가 소금과 매실이 되어야 한다.[爾惟訓于朕志 若作酒醴 爾惟麴櫱 若作和羹 爾惟鹽梅]"라고 하였다.

272 『시경』에서는~했고 : 『시경詩經』「소남召南 표유매摽有梅」를 말한다.

273 산에~매화나무로다 : 『시경詩經』「사월四月」에 "산에 아름다운 초목이 있으니, 밤나무와 매화나무로다. 변하여 잔포한 도적이 되니, 그 뉘의 허물인지 알지 못하도다.[山有嘉卉 侯栗侯梅 廢爲殘賊 莫知其尤]"라고 하였다. 밤나무와 매화나무는 서로 동류도 아니고 어울릴 만한 상대도 아닌데 병칭하였고 또 좋지 않은 비유에 쓰여 매화나무의 정절을 드러내지 못하였으므로 이렇게 말한 것이다.

274 매화~피었다 : 『대대례기大戴禮記』「하소정夏小正」에 "매화, 살구, 산 복숭아가 활짝 피었다.[梅杏杝桃則華]"라는 구절이 보인다.

곧 매화가 꽃으로 알려지게 된 것이 또한 연원이 오래되었다.

서한西漢에 이르러서는 매화의 종류가 대부분 꽃으로 전하게 되었고, 저 당唐·송宋에 이르러서는 사람들 중에 매화에 벽이 있어 스스로 비유하는 자가 어찌 임포林逋[275] 한 사람뿐이었겠는가? 이에 매화가 꽃으로 천하에 이름이 났으니, 사람들이 그 마르고 담박함을 병폐로 여겼다면 이와 같을 수 있었겠는가?

근래에 추재楸齋 이재덕李載德이 분매盆梅 하나를 길러 집안 사람들이 그것을 보고 감상했다. 하루는 운포蕓圃 이철환李嚞煥[276]이 시문詩文을 소매에 넣고 와서 비꼬기를 "추재는 능히 매화에 빠지지도 못하리라. 추재의 곳집과 창고에는 쌀과 돈이 넘쳐나는구나. 방을 독차지한 첩[277]의 아름다움은 막론하고 하물며 매화로써 첩의 이름을 삼은 것에 있어서랴!"라고 했다.

일찍이 다산茶山 증기曾幾의 병매시甁梅詩에 이르기를, "옥설玉雪같이 맑게 비치니 규방의 자태이네[玉雪淸映閨中姿]"[278]라고 하였으니, 어찌 사람의 매화는 있고 꽃의 매화는 없을 수 있겠는가?

그러나 사람의 매화와 꽃의 매화는 취향이 같지 않아 초목의 구별

---

275 임포林逋 : 송宋의 은군자隱君子이다. 자는 화정和靖이다. 서호 고산西湖孤山에 20년간 은거했는데 매화와 학鶴을 아주 사랑하여 매화를 읊은 시에 '성긴 그림자 비꼈으매 물은 맑고도 얕구나.[疎影橫斜水淸淺]'라는 명구를 남겼으며, 소식蘇軾은 「화진태허매화和秦太虛梅花」 시에서 그를 서호처사西湖處士라 지칭하였다.

276 이철환李嚞煥(1722~1779) : 본관은 여주, 자는 길보吉甫, 호는 예헌例軒이다. 운포는 그의 또 다른 호이다. 성호 이익에게 수학하며 경전과 제자백가의 글을 두루 읽어 학자로서 일가를 이루었다. 시詩, 서書, 화畫에 모두 뛰어났으며 박학하였다. 저술로 『물보物譜』와 『섬사편剡社編』이 전한다.

277 방을~첩 : 원문은 전방專房으로 곧 처첩妻妾이 남편의 사랑을 독차지하여 방을 독점獨占한다는 뜻이다.

278 다산茶山~자태이네 : 증기曾幾는 송宋나라 인물로 자는 길보吉甫, 다산은 그의 호이다. 이 『다산집茶山集』「병중매甁中梅」에 나오는 구절이다.

과 같을 뿐만 아니니, 추재가 매화에 벽이 있다는 것은 내가 믿을 만한 것인지 알지 못하겠다. 그러나 추재가 매화를 알지 못한다는 이유로 매화를 내치고 또 이처럼 매화가 액운을 당하고 있으니, 유독 가련하지 않겠는가? 또한 매화를 화분에 심는 것이 그래도 사람들이 그림을 사랑하는 것보다 낫다. 왜냐하면 그림은 비슷한 것이기 때문이다.

자유子由 소철蘇轍이 "비슷한 것도 귀하게 여기는데 하물며 그 참된 것에 있어서랴!"라고 말하였으니,[279] 그 참된 것이 이 도道가 되니 사람들 중에는 혹 그 비슷한 것만 좋아하고 그 참된 것을 버리는 자가 있도다. 그러나 매화의 경우에 어찌 그 참된 것을 사랑하지 않고 그 비슷한 것을 사랑할 수 있겠는가?

그러나 운포蕓圃 또한 박아博雅한 사람이니 어찌 이러한 것들을 알지 못하고서 말한 것이겠는가? 운포는 성품이 조궤弔詭한 것[280]을 좋아하는데 옛날에 자운子雲 양웅揚雄이 기이함을 좋아하자 군자君子들이 취하지 않았으니 운포는 아마도 알 것이라! 이로 인하여 그 시에 화답하여 이처럼 매화를 위해서 원한을 풀어주노라. 보는 사람들이 진부陳腐하다는 이유로 배척하지 않는다면 다행일 것이다.

---

279 소철蘇轍이~말하였으니 : 이 구절은 소식의 『동파전집東坡全集』「석씨화원기石氏畫苑記」에 나온다.

280 조궤弔詭한 것 : 『장자』에 나오는 말로 기이한 말이라는 뜻이다. 즉 「제물론齊物論」에 인생을 한바탕의 꿈으로 여기는 "이런 언설을 일컬어 '조궤'라고 한다.[是其言也其名爲弔詭]"라고 하였다.

梅尤物也 梅之爲梅 貴其枯淡 若以枯淡病之 是不知梅者 花之取華 人孰不然 獨於梅 必以踈瘦屈曲爲貴 蓋以韻勝以格高也 曷足與丹之豊 芍之姸 桃之華 榴之艶 比論哉 書曰鹽梅 詩曰摽梅 或言和羹 或言節序 是豈專謂梅者乎 詩云 山有嘉卉 侯栗侯梅 大戴禮云 梅杏杝桃始華 一言卉一言華 則梅之以花聞亦遠矣 至西漢 梅種之多 本以花傳 逮夫唐宋 人癖於梅而自况者 豈特林逋一人而已哉 梅於是以花聞天下 人若病其枯淡 豈如是乎 近者 楸齋蓄一盆梅 宗族玩賞之 一日 蕓圃袖詩文而斥 楸之未能癖於梅 楸之有囷稌府鏹 毋論專房之艶 况以梅其名乎 曾茶山甁梅詩曰 玉雪淸映閨中姿 安有有人之梅者 不可有花之梅乎 然人之梅 花之梅 所趣不同不啻若草木之別 則楸之癖於梅 余未知其信然 而因楸之不知梅 攻斥梅 又若是梅之厄運 獨不憐乎 且也 梅之以盆 猶勝於人之愛畵 畵是似也 子由曰 似者爲貴 况其眞乎 其眞爲此道也 人或有愛其似 而遺其眞者有之 而於梅 豈可不愛其眞而愛其似乎 然蕓亦博雅者 豈不知此數者而云乎 蕓性好弔詭 昔子雲好奇 君子不取 蕓其知乎 仍和其詩 爲梅雪寃如此 覽者其勿以陳腐斥之 則幸矣

33. 명치암 이야기

明致菴記

옛날에 제갈공명諸葛孔明이 일찍이 말하기를 "나는 담박함으로 뜻을 밝히고, 편안함과 고요함으로 멀리 이른다."[281]라고 하였다. 이는 공명孔明이 일생 동안 자신을 지탱하던 근본이지만 세대가 점점 내려오면서 화려하고 풍요로움을 부러워하는 자들은 담박함을 우활하다 여기고, 기이하고 민첩함을 다투는 자들은 편안함과 고요함을 보잘것없다고 생각했다.

그러나 옛것에 매진하는 법도와 세속을 초탈하려는 기준에서는 차라리 순박할지언정 화려하지 말며, 차라리 느슨할지언정 조급하지 말라고 하였으니 이것은 어찌해서인가?

세속에서 비웃는 것은 군자가 숭상하는 것이다. 서까래에 조각하고 단청하고 꾸미는 것은 거실居室의 화려함이니 나에게 무슨 도움이 되겠는가? 여우 가죽 토시에 표범 저고리를 입고 기름진 음식을 삶아 먹고 연한 회를 먹는 것은 복식의 사치함이니, 나에게 무슨 상관이 있겠는가? 나는 흙으로 만든 집과 띠 풀로 처마를 이은 초가집에 살며, 노끈을 매단 문고리와 깨진 옹기로 만든 창문으로 겨우 몸을 움직일 수 있는 것으로써 나의 담박함과 편안함과 고요함을 지킬 따름이다. 나는 거친 털옷을 입고 가죽 띠를 두르며 말린 밥을 먹고 풀뿌리를 먹으며 겨우 굶주림과 추위를 모면하는 것으로써 나의 담박함과 편안함과 고요함을 지킬 따름이다. 그러나 이 몇 가지는 모두

281 나는~이른다 : 제갈량諸葛亮의 『계자편戒子篇』에 나오는 내용이다.

외면을 기르는 것이다.

옛것을 따르는[282] 군자는 조화를 머금고 순수를 받아들이며 참된 것을 안고 바탕을 지켜 세상의 맛에 물들지 않고, 재주와 지혜를 숨기고 마치 세상에 뒤처지고 더디고 모자라 그 쓰임에는 해당하지 못하는 것 같지만 능히 넓고 큰 임무를 맡아서 공적이 천하를 포괄하고 명성이 천지 사이에 드러나니, 그 까닭은 어째서인가?

그 텅비고 신령한 마음으로 기르니 담박함이 깊어지고, 원대한 식견으로 단련하니 편안함과 고요함이 무르익는다. 그렇기 때문에 초장椒漿과 계서桂醑[283]가 대갱大羹과 현주玄酒[284]의 참된 맛만 못하고, 옥가玉斝와 경치瓊巵[285]가 주정周鼎과 상이商彝[286]의 진중함만 못하여, 풍속을 따라 휩쓸려가서 일을 처리함에 바람이 생겨날 정도로 신속히 처리하는 것은 담박하고 고요한 사람이 공을 거두어 업을 세우는 것만 못하다.

지금은 교묘하고 거짓된 버릇이 나오고 생겨 풍속과 기운이 야박

282 옛것을 따르는 : 원문은 계고稽古로 옛일을 고증하여 현실에 적절히 대처하는 것을 말한다. 곧 학문 연구에 매진하여 실생활에 적용할 수 있는 힘을 갖추는 것을 뜻한다. 후한後漢 환영桓榮이 광무제光武帝로부터 태자太子 소부少傅의 임명을 받자, 가르치던 유생들을 모아 놓고는 “오늘날 이런 은총을 받게 된 것은 모두가 계고의 힘이니, 어찌 분발하지 않을 수 있겠는가.[今日所蒙 稽古之力也 可不勉乎]”라고 말한 고사가 있다. 『후한서後漢書』「환영열전桓榮列傳」에 나온다.

283 초장椒漿과 계서桂醑 : 산초山椒와 육계肉桂를 말한 것으로, 보통은 뛰어난 향료香料를 가리키는데 맛 좋은 술을 가리키기도 한다. 『초사楚辭』「구가九歌 동황태일東皇太一」에 의하면 “혜초로 고기를 찌고 난초로 밑바닥 깔아서, 계주랑 초장을 영전에 드리도다.[蕙肴蒸兮蘭藉 奠桂酒兮椒漿]”라고 하였다.

284 대갱大羹과 현주玄酒 : 대갱大羹은 양념을 넣지 않은 국을 말하고, 현주玄酒는 옛적 제사에 깨끗한 물을 항아리에 담아서 현주로 하였다.

285 옥가玉斝와 경치瓊巵 : 모두 옥 술잔을 이른다.

286 주정周鼎과 상이商彝 : 주정은 우禹 임금이 구주九州의 쇠를 모아 만든 솥이고, 상이는 상商나라 종묘에서 제사를 지내는 술그릇이다.

해져서, 거처함에 몸을 편안하게 하기를 구하지 않고 화각畵閣과 단루丹樓의 제도에 힘쓰고, 옷은 몸을 가리는 정도를 취하지 않고, 제齊나라와 촉蜀나라의 아름다운 비단으로[287] 꾸미는 것에 힘쓰며, 음식은 양생養生의 도를 구하지 않고 오자五齊와 팔진八珍[288]의 기름진 것에 힘쓴다. 세도世道가 서로 깎이고 학술學術이 더욱 엷어져 분주히 날마다 그 몸을 들어 명성의 화려함과 이익과 욕심의 장으로 내달려 조금도 쉬지 않는 자는 안으로는 어지럽히기를 좋아하고 밖으로는 끌려 다니고자 한다. 오직 담박하지 않기 때문에 편안하고 고요하지 않아 그 몸을 보잘것없는 데서 마감하게 된다.

사물의 외면에 뜻을 두었으나 하나도 드러내어 세우는 것이 없다면, 그 세속의 어지럽고 덧없음이 대개 파리나 모기가 앞을 지나가고 파초 잎에 사슴이 숨어 있는지 없는지 알지 못하는[289] 것뿐만 아니다.

---

287 제齊나라와~비단으로 : 원래는 제齊나라에서 생산되는 비단을 뜻하는데, 보통 둥근 부채[團扇]를 가리키는 말로 쓰인다. 한漢 성제成帝의 궁인宮人 반첩여班婕妤가 시가詩歌에 능하여 총애를 받다가 나중에 허태후許太后와 함께 조비연趙飛燕의 참소를 받고는 물러나 장신궁長信宮에서 폐위된 태후를 모시고 시부詩賦를 읊으며 슬픈 나날을 보냈는데, 단선시團扇詩를 지어서 여름철에는 사랑을 받다가 가을이 되면 버려지는 부채에 자신의 처지를 비유한 추선秋扇의 고사가 있다.『문선文選』권27에「원가행怨歌行」이라는 제목으로 이 시가 수록되어 있는데, 그 첫머리에 "지금 막 제나라의 흰 비단을 자르니, 희고 깨끗하기가 서리와 눈 같아라. 재단하여 합환의 부채를 만들었나니, 둥글고 둥근 것이 밝은 달과 같아라.[新裂齊紈素 皎潔如霜雪 裁爲合歡扇 團團似明月]"라는 말이 나온다.

288 오자五齊와 팔진八珍 : 오자는 나물을 잘게 썰어 요리한 다섯 종류의 술안주로 맛좋은 음식을 뜻한다. 팔진八珍은 여덟 가지의 진미珍味로 곧 순오淳熬·순모淳母·포돈炮豚·포장炮牂·도진擣珍·지漬·오熬·간료肝膋를 말한다. 또는 용간龍肝·봉수鳳髓·표태豹胎·이미鯉尾·악적鶚炙·성순猩脣·웅장熊掌·수락선酥酪蟬 등을 말하기도 한다.

289 파초~못하는 : 사슴[鹿]을 잡은 나무꾼이 늪지대 속에 파초[蕉]로 덮어 감춰 두었다가 나중에 그 장소를 잊어버리고는 꿈을 꾸었던 것인가 하고 여기고 말았다. 그 말을 들은 다른 사람이 사슴을 찾아내자, 나중에 그 사람과 소송을 벌이며 꿈 얘기

오직 저 담박하고 편안하고 고요한 자는 공명과 부귀가 족히 그 마음을 움직일 수 없다. 그렇기 때문에 구학丘壑에 한가로이 지내며 풍운風雲을 웃고 즐겨, 화유華腴로 담박함을 바꾸지 않고, 기첩奇捷으로 편안함과 고요함을 변화시키지 않아서 태연泰然하여 얽매임이 없고, 호연하여 막을 수 없다. 이로 말미암아 그 재주를 발휘하여 큰 공을 세우고 큰 절의를 세워 큰 난리를 당하여도 주머니를 더듬어 찾고, 칼날을 대니 들이대는 대로 잘리듯 하는 것은[290] 평소에 축적한 바이니, 어지럽고 이리저리 휩쓸려 다니는 자들과 비교해보면 어떠한가?

저들은 그 화려함을 믿지만 나는 나의 비루함으로써 하고, 저들은 그 사지함을 기뻐하지만 나는 나의 검약함을 편안히 여긴다. 저들이 그 번거로움을 드러내지만 나는 나의 간소함을 지키고, 저들은 그 화려함에 현혹되지만 나는 나의 소박함을 지켜 거짓을 버리고 참을 보존하여 나의 천성을 온전히 해서 도의 질박함으로 돌아간다면 거의 천지 사이에 서더라도 한 점 부끄러움이 없을 것이다. 나는 공명孔明의 말을 통해 마음에 감동이 있었다. 때문에 공명孔明처럼 살겠다는 의미인 '명치明致'로 나의 집을 이름하고 인하여 감히 억설臆說을 하여 벽에 붙여 두고 도를 아는 군자를 기다리노라.

를 주제로 다투었다. 『열자列子』「주목왕周穆王」에 나온다.

290 칼날을~것은: 『진서晉書』 권34 「두예열전杜預列傳」에 "대나무를 자를 때 몇 개의 마디만 지나가면 모두 칼을 들이대는 대로 똑바르게 잘려 나간다.[破竹 數節之後 皆迎刃而解]"라는 말이 있다.

昔諸葛孔明 嘗言 吾淡泊以明志 寧靜以致遠 此孔明一生持身之本 而世級漸降 艶華腴者迂淡泊 競奇捷者拙寧靜 然邁古之倫 超俗之標 寧朴毋華 寧緩毋躁 何者 世俗之所嗤 君子之所尙也 雕榱刻桷丹漆黝堊者 居室之華也 于我乎何加 狐袖豹襦烹肥膾腴者 服食之侈也 于我乎何與 我則土室而茅簷 繩樞而甕牖 僅容俯仰 以守吾之淡泊寧靜而已 我則被褐而束韋 飯糗而茹草 僅禦飢寒 以守吾之淡泊寧靜而已 然凡是數者皆養於外者也 粤稽古之君子 含龢飮淳 抱眞守素 不染其世味 不逞其才智 若迂闊遲頓無當於用 而能肩弘任鉅 功包垓埏 名著天壤 此其故何哉 以其虛靈之胸襟養之 淡泊者深 而遠大之識見鍊之 寧靜者熟也 故椒漿桂醑 不如大羹玄酒之眞 玉斝瓊巵 不如周鼎商彝之重 而隨俗波靡 見事風生 不若淡泊寧靜者之足以收功而樹業也 今者 巧出僞作 風澆氣薄 居不求安身 而務爲畵閣丹樓之制 衣不取蔽體 而務爲齊紈蜀綵之麗 食不要養生 而務爲五齊八珍之腴 世道交削 學術益漓 營營然日擧其身 奔馳於聲華利慾之場而不爲少息者 嗜好亂於中 願欲牽於外 惟不淡泊故不寧靜 以終其身卑卑焉 志爲物表而一無所表樹 則其塵俗之紛紛靡靡 蓋不翅蚊虻之過前 蕉鹿之有無也 惟彼淡泊寧靜者 功名富貴 不足以動其心 故棲遲丘壑 笑傲風雲 不以華腴易其淡泊 不以奇捷變其寧靜 泰然無累 浩然莫禦 由是而出其才 以建大功立大節 當大亂若探囊而索 迎刃而解者 素所蓄積也 其視紛華波蕩者 何如也 彼恃其華 我以吾陋 彼快其侈 我安吾約 彼逞其煩 我執吾簡 彼眩其麗 我守吾白 去僞存眞 以全吾天而反道之樸 則庶幾立兩間而無一愧也 余因孔明之言而有感於心 故吾以明致名吾廬 仍冒爲臆說 付諸壁而俟知道之君子焉

34. 근재 이관휴 전기

謹齋傳

무릇 사람이 하늘에서 받아서 뭇 사물들과 다른 것은 반드시 고상함을 자처하기 때문이다. 고상함을 자처하면 반드시 세상에 부합되지 못하는 것이 있다. 세상에 부합되지 못하는 것이 있으면 벗이 없게 된다. 벗이 없으면 무리를 잃는다. 무리를 잃으면 외로이 고립되는 것을 면치 못하게 된다. 이 때문에 반드시 사물에 의탁하여 즐긴다.

완적阮籍은 술로써 즐기고 혜강嵇康은 거문고로 하였다.[291] 완적이 술이 없고 혜강이 거문고가 없었다면 어디에 마음을 의탁할 수 있었겠는가?

근재 이관휴李觀休공은 타고난 성품이 강직하여 세상에 나가기를 구하지 않았다. 스스로 고지식함을 받아들여 남에게 아첨하거나 비난하는 것을 좋아하지 않았다. 서화로 원유園囿를 삼고 한묵翰墨으로 생애를 삼았는데 어려서부터 전서를 좋아하여 세상에 이름이 났다.

아! 세상에서 현달한 자는 그와 노닐지 않았고, 이익을 도모하는 일에는 일체 마음에 두지 않았다. 늙어서 집안사람들을 이끌고 섬산剡山으로 들어가 섬돌을 쌓고 화죽을 심어 아침저녁 그 사이에서 읊조리며 콩을 먹고 물을 마시며 기뻐하며 스스로 즐겼으니, 그 마음이 반드시 남보다 뛰어난 것이 있는 자이다.

---

291 완적阮籍은~하였다 : 완적阮籍과 혜강嵇康은 삼국 시대 때 위魏나라의 죽림칠현竹林七賢의 일원이었다. 특히 완적은 술로, 혜강은 거문고로 소요하였다고 알려져 있다. 혜강은 평소 광릉산廣陵散이라는 거문고 곡조를 사랑하였다고 한다.

그의 집에 들어가 보면 마치 고승이나 초탈한 사람의 거처와 같아서 속세에 대한 미련이 없는 듯하여 자신의 소신을 바꾸지 아니하였으니, 이것이 이른바 다른 사물들과 다르며 고상함을 자처하는 것이다.

세상에 부합하지 못하고 또한 벗도 없고 무리를 잃어버린 것이 마땅하도다. 때문에 사물에 의탁하여 즐기게 되었으니 세상과 현격하게 달랐다. 글씨의 병풍, 그림의 족자가 어지럽게 앞에 펼쳐져 흠뻑 즐기며 장차 늙는 줄도 몰랐으니, 공이 좋아하는 것이 어찌 완적의 술과 혜강의 거문고와 차이가 있겠는가? 이렇게 지내기를 50여 년이 되어 영화와 욕됨도 그 소신을 꺾을 수 없었으며, 기쁨이나 슬픔도 그 마음을 잡아둘 수 없었다.

슬프구나. 선비가 이 세상에 태어남에 출처행장出處行藏은 모두 굽힐 때가 있거나 펴짐이 있는 것이 이치이다. 마치 활을 당겼다가 펴고 두레박을 올렸다 내리듯이 하여 그 뜻이 밝고 분명하다. 공은 반드시 이런 이치를 강명講明하였을 터이나 일찍이 말하기를 "나는 어려서 배움을 잃어 세상에서 나를 알아줄 사람이 없었다."라고 말하였다. 지금 공을 보니 세상에서 알아주지 못함이 괴이할 것이 없다.

노자老子가 "훌륭한 언변은 어눌한 것처럼 보이고, 가장 교묘한 것은 졸렬한 것처럼 보인다."라고 말하였다.[292] 공께서는 어눌함으로 달변을 기르며, 졸렬함으로 교묘함을 기르는 분이다. '눌변교졸訥辯巧拙'은 또한 한번 굽히고 한번 펴지는 데 달려 있다. 한번 굽히고 한번 펼치는 이것은 유독 그 몸을 잘 보존할 뿐만 아니라 또한 장차 천하에

---

292 노자老子가~말하였다 : 노자의 『도덕경』에 "크게 곧은 것은 굽은 것처럼 보이고, 가장 교묘한 것은 졸렬한 것처럼 보이고, 훌륭한 언변은 어눌한 것처럼 보인다.[大直若屈 大巧若拙 大辯若訥]"라는 말이 나온다.

시행될 수 있을 것이다.

공이 만약 이 도道로 스스로를 더욱 높인다면 비록 벗이 없고 무리를 잃는 것은 면치 못하겠지만, 때때로 굽히고 때때로 펴짐이 오직 그 만나는 것에 달려있을 뿐이다. 또한 어찌 공을 손상시킬 수 있겠는가? 나는 공의 생애를 안다. 그러므로 드디어 설을 쓴다.

夫人之受於天而異於衆者 自處必高 自處高則必有所不合於世 不合於世則無朋 無朋則失衆 失衆則不免倀倀然孤特獨立 是以必寄物以自娛 阮籍以酒 嵇康以琴 阮無酒 嵇無琴 何以寓其心乎 謹齋公 賦性狷介 無求於世 自許孤直 不喜呢訾 以書畵爲園囿 翰墨爲生涯 自少嗜篆文 鳴于世 顯達者 不與之追遊 謀利之事 一切不槪于中 老來捲室入剡 築塔而種花竹 日夕嘯永于其間 啜菽飮水 陶然自樂 此其中必有過於人者 入其堂 如高僧逸人之居 無塵土之戀 而不改其守 此所謂異於衆而自處高矣 宜乎其不合於世 而亦無朋失衆也 故寄於物而自娛者 洒然與世懸殊 書之屛 畵之軸 雜然前陳 翶翔跌宕 不知老之將至 公之所好 奚間於阮之酒嵇之琴乎 以是而度了五十餘年 榮辱不足撓其守 欣戚不能膠其心矣 嗟夫 士之生乎世 出處行藏 悉由於有屈有信 如弓之弛張 桔槹之俯仰 其義灼然 公必講明於斯 而公嘗曰 余幼失學 世無知我者 今見公 無足怪乎世之不知也 古語曰 大辯若訥 大巧若拙 公其以訥養辯 以拙養巧者也 訥辯巧拙 亦係乎一屈一信 一屈一信 則此非獨善保其身 亦將施於天下耶 公若以此道 益能自高 則雖不免於無朋失衆之歸 而時屈時信 惟其所遇而已 亦何損於公哉 余知公之平生 故遂爲之說

35. 소릉 이상의 편지첩 발문

少陵公簡帖跋

무릇 마음에 보존하고 몸에 요구하는 것은 사람의 덕행 사업이니 비유하자면 본원本源에 해당한다. 입에서 소리가 나서 세상에 전해지는 것은 사람의 언어 문장이니 비유하자면 말류末流에 해당한다. 덕행 사업은 본디 규모의 대소가 있고 언어 문장은 품격의 고하가 있어서, 반드시 뿌리가 있으면 말엽末葉이 있고 근본이 있으면 지류支流가 있다. 그런 뒤에야 세교에 관계되는 것 또한 커서 이후에 말류를 통해 본원을 알 수 있는 것이 있다.

오직 우리 선조 소릉少陵 이상의李尙毅[293]공은 인조와 선조 두 조정 때에 재상의 그릇으로 왕화王化를 넓히는 지위에 처하였다. 공덕은 역사에 실려 있고 사업은 세상에 드러났다. 공의 언어 문장의 경우는 꾸미는 것을 일삼지 않아도 저절로 천성과 부합했고, 화려함을 숭상하지 않아도 깊이 이취理趣를 얻었으니 보는 자가 모두 '덕이 있는 자의 말'[294]이라는 것을 알았다. 어찌 본원 없이 이와 같을 수 있겠는가? 어찌 일찍이 붓을 잡고 먹을 놀리는 자와 비교하여 논할 수 있겠는가?

내가 소릉 공 간첩의 유묵을 보니 점획이 빛나고 밝아서 마치 직

---

293 이상의李尙毅(1560~1624) : 본관은 여주驪州, 자는 이원而遠, 시호가 익헌翼憲, 소릉少陵은 그의 호이다. 선조宣祖 때 문과에 급제하여 벼슬이 찬성贊成에 이르렀으며, 시를 잘하는 것으로 이름이 있었다. 『소릉집少陵集』이 전한다.

294 덕이~말 : 공자가 말하기를 "덕이 있는 사람은 반드시 훌륭한 말이 있지만 훌륭한 말이 있는 사람이라도 반드시 덕이 있지는 않다.[有德者必有言 有言者不必有德]"라고 하였다. 『논어論語』「헌문憲問」에 나온다.

접 모시고 완상하는 듯하여 진실로 그 덕의를 볼 수 있었다. 붓은 정신으로 움직이고 법은 마음에서 움직여서 깊이 존재하여 조리가 있고 거침없이 표현되어 걸리는 곳이 없었다. 요컨대 마음가는 대로 스스로 운용하는 것을 능한 것이라고 여겨서 한묵翰墨 사이에서 자잘하게 얽매인 자는 아니다. 그러므로 심획에 드러난 것이 조물주와 함께하여 멀리서 보면 마치 묘당에 거하여 진신縉紳을 드리우고 홀을 바로 잡은 것을 보는 것 같고, 가까이서 살펴보면 사당에 처하여서 눈앞에서 직접 보고 가르침을 받는 것 같았다.

자손이 보배로 간직하니 시귀蓍龜와 공벽拱璧과 같은 것뿐만이 아니다. 대개 근재공은 가정과 친구 사이의 문답과 주고받은 편지를 모아서 두 첩으로 만들어서 보배로 매우 애지중지하였다. 선조를 사모하는 정성이 어찌 다른 사람이 선배들의 필적을 모은 것뿐이겠는가? 내가 한가한 날에 공경히 완상하기를 마지않았다. 드디어 삼가 발문을 쓴다.

夫存諸心而責諸身者 人之德行事業 譬則本也源也 聲於口而傳於世者 人之言語文章 譬則末也流也 德行事業 固有規模大小 言語文字 不無品格高下 而必也有本而有末 有源而有流 然後其關於世敎也亦大 而有可以因末流而知本源者耳 惟我先祖少陵公 當仁宣兩朝 以公輔之器 處弘化之位 功德載於史 事業著於世 至若言語文字 不事雕鎪而自叶天成 不尙華艶而深得理趣 見者皆知其有德者之言 其無本源而可如是乎 曷嘗與操觚弄墨者比論也 今觀少陵公簡帖遺墨 點畫炳朗 如親奉而玩之 固可見其德儀 而筆以神行 法由心運 存乎淵然而有條理 發乎沛然而無凝滯 要非信心自用以爲能而屑屑沾沾於翰墨間者也 故形於心畵 與造化同流 遠而視之 如覩

居廟堂而垂紳正笏 近而察之 如承處私室而面命耳提 子孫寶而莊之 不翅若著龜拱璧 蓋謹齋公裒集其家庭知舊間問答酬應者 作二帖子 甚寶重之慕先之誠 又豈特他人集前輩筆蹟而已哉 暇日余敬玩不已 遂謹爲之跋

36. 연객 허필에게 그림을 부탁하는 편지

寄煙客求畵書

가을 매미가 나뭇가지에 있는 이즈음 삼가 묻노니 연객의 기거가 이때를 당하여 더욱 좋으신지요? 저는 돌아와 향려에 누워서 때마침 게는 살지고 닭은 누래지는 시절을 만나 친구와 함께 하지 못함이 한스럽습니다.

화축畵軸은 돌아와서 근재공에게 보여드리고 근재공께서 소장했던 옛 화첩을 구경하고 다시 연객의 그림을 보았습니다. 대개 옛 법을 모방하여 신의新意를 창출한 것이니 이것이 어찌 얻기 쉬운 것이겠습니까?

저으기 들으니 족하께서 일찍이 표암 강세황의 그림을 논평하시기를 우리나라 화종畵宗의 적전嫡傳으로 추대하시고 또 유독 편방의 누추함을 씻어버렸다 평가하셨다고 하니 모르겠습니다만 족하께서 스스로 보시기에 표암과 비교해보면 어떠하신지요?

제가 일찍이 사람들에게 말하기를 "연객煙客 허필許佖은 마땅히 표암과 함께 중국에 내달리면 동원董源과 거연巨然[295]에 비견할 만하고, 심주沈周와 문징명文徵明[296]을 종으로 부릴 수 있고, 우리나라 혼돈의 그림에 구멍을 뚫고, 길 잃은 뗏목으로 바다를 건너고 흩어진 중들로

---

295 동원董源(943~962)과 거연巨然(10세기) : 송나라 때의 화가로 그림을 잘 그렸고 특히 산수화에 뛰어났다. 이 둘은 '동거董巨'로 불린다.

296 심주沈周(1428~1509)와 문징명文徵明(1470~1559) : 명나라 대표적 문인화파文人畵派로 후대의 화가들에게 추앙의 대상이 되었다. 심주의 자는 계남啓南, 호는 석전石田이다. 문징명의 자는 징명徵明·징중徵仲, 호는 형산衡山이다. 심주와 함께 남종화 중흥의 중심인물이었다.

하여금 성인이 되게 할 수 있으니, 도회법문에 큰 공덕이 있음이 어찌 크지 않겠습니까?"라고 말하였습니다.

다만 세상에서 그림을 아는 자가 드뭅니다. 혹 집에 몇 폭의 그림을 소장하고 있는 자가 있어 문득 그가 그림을 안다고 말하지만 이것은 껍데기에 불과합니다. 비유하자면 텅 빈 골짜기로 도망쳐서 온 자가 사람 같은 것을 보는 것과 같습니다.[297] 그 가운데 그림의 묘미를 이해하고 그림을 아주 좋아하는 자는 전혀 없거나 겨우 몇몇이 있을 뿐입니다.

저 또한 그림을 알지 못하는데 아마 그림에 벽이 없기 때문입니다. 당신과 서로 알고 지낸 지가 지금까지 삼십 년인데도, 지금까지 상자에 당신 그림 한 점도 없으니 벽이 없다는 것을 알 수 있습니다.

최근에 보니 비단을 가지고 그대의 그림을 청하는 자가 많아 족하께서 받으시고는 그것이 문동文同의 버선이 되지 않는 것이[298] 거의 드물었습니다. 저으기 생각해보니 조물주께서 당신에게 기이한 재주를 부여하였으니, 그대의 재주를 아는 자는 그대의 그림을 보배로 삼기를 명월의 구슬이나 야광의 옥처럼 생각할 것입니다. 그대는 재능을 아끼지 마시길 바랍니다.

제가 거칠고 못난 화본 여러 장을 쌓아 놓은 적이 있어 이에 삼가

---

297 텅 빈~같습니다 : 『장자莊子』「서무귀徐无鬼」에 "텅 빈 골짜기에 도망쳐 온 사람이…사람의 발자국 소리라도 듣게 되면 공연히 마음이 설레면서 기뻐지게 마련이다.[夫逃虛空者…聞人足音跫然而喜矣]"라는 말이 나온다.

298 문동文同의~않는 것이 : 중국의 문동文同(1018~1079)은 대나무 그림으로 유명하여, 비단을 가지고 와 그림을 그려달라고 하는 사람이 많았다. 문동은 이에 염증을 느끼고 그것을 땅에 던지며 "내 장차 버선을 만들어 신겠다"라고 한 고사가 있다. 문동의 자는 여가與可, 호는 소소笑笑 선생 또는 금강도인錦江道人이다. 섬와잡저 본문에는 헌가獻可로 되어 있는데, 여가與可의 오기로 보인다.

받들어 바칩니다.

바라건대 족하께서는 붓을 한 번 드는 수고로움을 꺼리지 마시고 내달리는 큰 물결과 기이한 암석을 그리시고 사물에 따라 형태를 그려내어 저로 하여금 이 그림에 뜻을 의탁하여, 초부樵夫가 사는 마을의 보물로 간직할 수 있게 해주신다면 그대께서 베푸신 은혜가 마땅히 어떠하겠습니까? 그대께서는 도모해 주시길 바랍니다. 예를 갖추지 못합니다.

秋蟬在柯 謹問 烟客起居 對時增吉否 弟 歸臥鄕廬 正値蟹紫鷄黃 恨不得與故人同之 畵軸歸呈謹齋 仍閱謹齋所藏舊帖 復閱烟客畵 蓋倣古法而出新意也 此豈易得哉 竊聞足下 嘗論姜豹菴之畵 推以爲海東畵宗之嫡傳 謂之獨洗偏邦之陋 未知足下之自視與豹菴何如也 不佞嘗語人曰 烟客當與豹菴 並驅中原 肩比董巨 僕命沈文 鑿靑丘混沌畵竅 而可使迷筏渡海 散僧入聖 圖繪法門 大有功德 豈不多乎哉 但世之知畵者 鮮矣 或有家畜數幅圖畵者 輒謂其知畵 而此不過皮殼 譬如逃虛者之見似人耳 其中深知其妙而癖好之者 絶無而僅有 弟亦不知畵 蓋緣無癖於畵 與足下相知已三十季于玆 而篋無一片烟客畵 其無癖 可知 近見以紈素求子之畵者多 而足下之受之也 其不爲獻可之襪 幾希矣 竊想造化翁賦奇才於子 則知子之才者 寶子之畵 當如明月之珠 夜光之璧 子其勿慳也 不佞 嘗蓄麤劣畵本數丈 玆敢奉而呈之 願足下無慳一揮洒之勞 寫奔湍巨浪 奇岩怪石 隨物而賦形 使不佞寓意於斯 而留以爲樵社之珍藏 則其爲嘉惠 當如何哉 子其圖之也 不宣

37. 근재에 대한 서문

謹齋序

삼가는[謹] 도는 심오하다. 그러므로 일이 클수록 더욱 깊이 삼가며, 일이 작을수록 삼감이 소홀해진다. 삼갈 수 없고서 근심이 없는 자는 예로부터 없었다.

사람이 진실로 사물 밖에서 자유롭고 이해에 얽매이지 않아서 간혹 자기를 경솔히 하고 마음 내키는 대로 하여 자기 멋대로 거리낌이 없는 자들도 있지만 이들은 시속時俗에 얽매임이 없는 자들이다. 비록 삼가지 않는 화를 당하지만 스스로 실패와 치욕을 얻을 뿐이다.

만약 일을 맡은 자들로 말할 것 같으면 이렇게 할 수 있겠는가? 그러므로 이들은 완곡하게 곱씹으며 생각을 다하고 자신의 힘을 쏟는 줄도 모르고 그 근면함을 두지 않음이 없다. 때문에 비록 높고 귀한 권세를 누린다고 해도 오히려 뜻을 낮추어 겸허히 따르며 굽어 살피고 애써 기뻐하며 한순간이라도 근심하며 편안히 스스로 이룬다. 저들이 어찌 감정을 자제하고 비굴하게 하여 자신의 존귀함을 잊기를 좋아해서 그렇게 했겠는가? 진실로 그렇게 하지 않을 수 없는 것이 있어서이다.

하물며 보잘것없는 평범한 사람은 두말할 나위가 없다. 작게는 용모를 삼가지 않으면 조급하고 경박하다는 비난이 있고, 말투를 삼가지 않으면 세속에 얽매이지 않는다는 비난이 있으며, 생각을 삼가지 않으면 누락시키고 빠뜨리는 실수가 있으며, 기쁨과 분노를 삼가지 않으면 전복되는 화가 있을 것이다.

이 때문에 군자는 일반 사람들을 포용하지 않음이 없고, 일이 닥쳐도 또한 삼가지 않음이 없으며, 뜻하지 않은 요구에도 또한 이치에 따라 처리하며 달게 받아들이니 이것이 모두 삼가는 도이다. 그러므로 참소하고 비방함에 오히려 원대함을 숨기기도 하고 흠과 틈을 감추고 숨기며 먼지를 머금고 아름다운 옥 같은 자질을 숨기는 자가 있다. 대개 기미와 상관된 것으로 비록 미미하다고 하지만 반드시 안위와 화복을 이루 다 헤아릴 수 없다. 그러하니 삼가는 도가 어찌 아무 뜻 없이 한 말이겠는가?

"너는 조정에서 신중하라."[299]라는 말이 있으니, 신중하다는 것은 삼감을 이른다. 진실로 나라를 다스리는 데에 삼가면 사직을 편안하게 할 것이다. 그러므로 "날마다 삼가라."라고 하였고, 또 "작은 일에도 삼가라."라고 하였으니 삼가는 도가 여기에 이르러 지극해졌다.

지금 근재공은 삼간다는 '근謹'으로 그의 거처의 호를 삼았다. 근재공께서 만약 먼저 그 자신만을 단속할 줄 알고 다른 곳에 생각이 미치지 않는다면, 근재공의 삼감이 한갓 자신에게만 삼가는 것일 뿐이다. 그 국가에 있어서는 어떻게 하겠는가? 그러나 군자의 학문은 자신이 있은 이후에 가정이 있고, 가정이 있은 이후에 국가가 있고, 국가가 있은 이후에 천하가 있다. 근재의 삼감이 자신의 한 몸에서 먼저 시작되니 그것은 반드시 먼저 언어를 삼가는 데서 시작된다. 위에서 언급한 삼가지 않은 네 가지 폐해는 비록 수신이 급선무이지만, 이에는 언어를 삼가는 것만큼 우선시되는 것도 없다.

그러므로 송나라 요옹了翁 진관陳瓘[300]이 말하기를 "말이 천하에 가

---

299 너는~신중하라 : 『시경詩經』「주송周頌 신공臣工」에 "아 신하들아, 너는 조정에서 삼가라[嗟嗟臣工 敬爾在公]"라는 구절이 있다. 『섬와잡저』에는 '경敬'을 '신愼'으로 기록하였다.

300 진관陳瓘(1057~1122) : 송宋나라 인물로 자는 영중瑩中, 호는 요재了齋이다. 우사원외랑겸권급사중右司員外郎兼權給事中 등을 지내면서 직간直諫을 잘하였다. 『주역』에 통달하고 『사명존요집四明尊堯集』 등을 저술했다.

득하지만 말의 실수는 없다."[301]라고 하였으니, 이것은 말을 하지 않는 것을 말하는 것이 아니다. 다만 다른 사람의 옳고 그름, 장점과 단점을 말하지 않는 것이다. 비록 많은 말을 하지만 폐해가 없으니 이것이 말의 실수가 없다는 것이다.

그러므로 『시경』에서 "흰 옥돌 속에 있는 오점汚點은 그래도 깎아서 없앨 수 있지만 말을 한 번 잘못해서 생긴 오점은 깎아 없앨 수 없다."라고 하였다. 때문에 공자 제자인 남용南容은 매일 이 구절을 세 번씩 반복해서 외운 것이다.[302]

근재공께서는 반드시 이것을 먼저 알았을 뿐이다. 그렇다면 근재의 삼감이 비단 한 집안 안에서 그칠 뿐만이 아니라, 커다란 천하에 미칠 수 있을 것이다. 후대의 군자 중에 삼감을 알려고 하는 자는 어찌 언어를 삼가는 데서 시작하지 않겠는가?

드디어 서문을 쓴다.

---

301 말이~없다 : 이현환은 진관이 말한 것으로 기록하였으나, 이 구절은 『효경』「경대부장卿大夫章」의 내용이다. "선왕先王의 법도에 맞는 옷이 아니거든 감히 입지 않으며, 선왕의 법도에 맞는 말이 아니거든 감히 말하지 않으며, 선왕의 덕행德行이 아니거든 감히 행하지 않는다. 이 때문에 법法이 아니거든 말하지 않으며 도道가 아니거든 행하지 않으니, 그러면 입에는 가릴 만한 말이 없으며 몸에는 가릴 만한 행실이 없게 된다. 말이 천하에 가득하더라도 실언함이 없으며 행실이 천하에 가득하더라도 원한과 증오가 없게 된다. 세 가지가 다 갖추어진 뒤에야 능히 그 종묘를 보존할 수 있으니, 이는 경卿, 대부大夫의 효이다.[非先王之法服不敢服 非先王之法言不敢道 非先王之德行不敢行 是故非法不言, 非道不行 口無擇言 身無擇行 言滿天下無口過 行滿天下無怨惡 三者備矣 然後能守其宗廟 蓋卿大夫之孝也]"

302 흰~것이다 : 『시경詩經』「대아大雅 억抑」 중에 "흰 옥돌 속에 있는 오점汚點은 그래도 깎아서 없앨 수 있지만, 말을 한번 잘못해서 생긴 오점은 어떻게 해 볼 수가 없다.[白圭之玷 尙可磨也 斯言之玷 不可爲也]"라는 말이 나온다. 『논어論語』「선진先進」에 "공자의 제자 남용南容이 매일 이 구절을 세 번씩 반복해서 외우자, 공자가 이를 훌륭하게 여겨 자신의 조카딸을 그의 아내로 삼아 주었다.[南容三復白圭 孔子以其兄之子妻之]"라는 내용이 있다.

謹之爲道 遠矣 故事逾大 則謹逾深 事逾小 則謹易忽 其不能謹而能無患者 古無有也 人固有優游事外 利害無所攖 而其或輕己肆情 妄恣無忌者 彼無所係乎時者也 雖値不謹之害 不過自取敗辱而已 若夫當事者 而可如是哉 故紓紓然 頤頤然 不知極思勞慮砥躬竭己 無所不容其謹 雖處尊高貴重之勢 而猶能下意俯隨 曲順强悅 未嘗一息以爲無虞而晏然自遂者 彼豈好爲抑損卑屈忘其貴哉 誠有所不得不爾者矣 而況匹夫之微賤者乎 小而色容不謹 則有佻易之譏 辭氣不謹 則有脫略之悔 謀思不謹 則有漏遺之失 喜怒不謹 則有顚覆之禍 是以君子之於人也 無所不容 而事之來 亦無不愼非意之干 亦皆理遣而甘受之者 是皆謹之道也 故讒譖誹詆 尙亦覆藏宏貸匿瑕掩隙 含垢隱瑜者 盖其機之所係 雖微而必有安危禍福之不可測知也 然而謹之道 豈徒然乎 語云愼爾在公 愼者謹之謂也 苟謹乎爲國 則措社稷於不傾之地也 故有曰日愼一日 又曰克謹小物 謹之道 至此而極矣 今謹齋公 以謹號其齋 謹齋若徒知先飭其躬而慮不及他 則吾知謹齋之謹 謹於身而已 其於國家 何哉 然君子之學 身而家 家而國 國而天下矣 謹齋之謹 先始於一身 則必先自謹言語始 上所謂四者不謹之害 雖急於修身 莫先於謹言語 故陳了翁云 言滿天下無口過 此非謂不言也 但不言人是非長短 雖多言 無所害 此其所以無口過也 故詩云 白圭之玷 尙可磨也 斯言之玷 不可磨也 南容所以三復者也 謹齋其必先知乎此耳 然則謹齋之謹 不但止於一室之內而已 可以彌於六合之大矣 後之君子 欲知其謹者 曷不於謹言語始乎 遂爲之識

38. 근재 호 이야기

謹齋說

군자의 학문은 마음과 본성에 있다. 성인의 마음은 하늘의 이치를 그대로 지니고 있기 때문에 배울 필요가 없다. 그러나 성인 이하는 마음을 잘 보존하지 못하여 그 본성을 어지럽힌다. 때문에 학문으로 그 마음을 보존한다. 학문으로 그 마음을 보존한다는 것은 어디에서 구해야 하는가? 그 마음에서 구해야 할 따름이다. 그 마음에서 구하는 것은 어찌해야 하는가? 그 마음을 삼가 지키는 것일 따름이다. 그 마음을 삼가 지키는 것은 아무 소리가 없는 가운데서도 항상 듣는 듯, 형체가 없는 가운데서도 항상 보는 듯해야 한다.

그러므로 귀 기울여 듣더라도 오히려 혹시 오류가 있을까 두려워하고, 눈을 집중해서 보더라도 행여 혹시 빠진 것이 있을까 두려워한다. 이러한 이유로 지극히 미미하지만 드러나고, 지극히 은밀하지만 나타난다. 선악의 맹아가 조금이라도 숨을 곳이 없는 것은 삼감을 잘했기 때문이다. 삼가면 보존하게 되고 보존하면 밝게 되니, 밝으면 살핌이 정밀하고 보존함이 한결같다.

그 선함이 싹틈에 먹어서 배고픔을 충족하는 듯하며, 어린 아이가 봄철의 살얼음을 걸음에 오직 빠질까 걱정하는 듯하며, 만금의 보배를 받들고 천 길의 언덕에 서 있어 오직 떨어질까 걱정하는 듯하다. 불선不善이 싹틈에 짐새[303]의 독을 국에 넣는 듯하며, 호랑이와 뱀이 한꺼번에 모여들어 피할 것을 생각하는 듯하며, 도적이 쳐들어와서

303 짐새 : 중국 고대 문헌에 등장하는 맹독을 가진 새이다.

그를 물리칠 생각을 하는 듯하다. 예전의 군자가 지극한 도를 응축하고 성대한 덕을 만드는 방법은 이 삼감을 통하지 않음이 없었다. 비록 요堯·순舜·우禹·탕湯과 같은 성인도 오히려 전전긍긍 힘썼으니 하물며 배우는 자에 있어서 말할 필요가 있겠는가? 후대의 학자들은 마음을 버려두고 외부에서 구한다. 이 때문에 지리멸렬해서 더욱 어려워하고 더욱 멀어지니 어찌 슬프지 않겠는가?

나의 종숙 근재공께서 삼간다는 근謹으로써 재실의 이름을 하였으니, 그는 학문하는 요체를 알고 있다. 대개 삼가는 도는 심오하다. 그러므로 일이 클수록 더욱 깊이 삼가며, 일이 작을수록 삼감이 소홀해진다. 삼감의 지극한 도는 진실로 그 마음을 먼저 삼가는 데 있지 않겠는가? 근재공은 나이가 칠순이 넘었는데도 근謹으로 편액을 쓰고 그 뜻을 생각하니 이것은 옛 군자가 뜻을 돈독히 한다는 것이다. 그가 도로 나아가는 것을 누가 막겠는가?

나는 근재라고 재실의 이름을 정한 뜻을 논하고 이로써 근재공께 아뢰노라.

君子之學 在心與性 聖人之心 純乎天理 故無俟於學 下是則心有不存而汨其性矣 故學以存其心 學以存其心者 何求哉 求諸其心而已 求諸其心何爲哉 謹守其心而已 謹守其心者 無聲之中 常若聞焉 無形之中 常若覩焉 故傾耳而聽之 猶恐其或謬也 注目而視之 惟恐其或逸也 是故 至微而顯 至隱而見 善惡之萌 纖毫莫逃 由其能謹也 謹則存 存則明 明則其察之也精 其存之也一 其善之萌焉 若食之充飢也 若赤子而履春氷 惟恐其或陷也 若奉萬金之璧而臨千仞之厓 惟恐其或墜也 其不善之萌焉 若鴆毒之投於羹也 若虎蛇之橫集 而思所以避之也 若盜賊之侵凌 而思所以勝之也 古

之君子 所以凝至道而成盛德 未有不由於斯者 雖堯舜禹湯之聖 猶且兢兢業業 而況於學者乎 後之學者 舍心而外求 是以支離決裂 愈難而愈遠 可不悲哉 吾宗叔 以謹名其齋 其知所以爲學之要矣 盖謹之爲道遠也 事逾大則謹逾深 事逾小則謹易忽 謹之要道 固不在於先謹其心乎 謹齋年 逾七旬而扁其額 思其義 此古君子之篤志也 其進於道也 孰禦之乎 余因論名齋之意 以告謹齋焉

39. 여강세첩 발문

驪江世帖跋

글자체는 당唐나라 때에 성대하였다. 대개 당나라 때에는 글씨로써 선비를 취하였고, 이부吏部[304]에서 역시 글씨가 관리를 선발하는 법이 되었기 때문에 후대에 글씨를 다투어 사모했다. 그러나 간찰은 더욱 사소한 일이다. 대체로 이별의 회포를 풀고 안부를 물으며 집안사람들이나 친구들 사이에서 쓰기 때문에 몇 줄에 불과할 뿐이다. 날마다 주고받지만 대체로 바쁘고 일정이 촉박하여 번번이 초서로 쓴다. 초서는 본래 진秦나라 말기에 나왔다. 관공서의 간찰은 번잡하여 쓸데없고, 군대의 격문[305]은 나뉘어 날린다. 요컨대 신속히 쓰고자 했기 때문이니 어찌 해서楷書와 비교할 수 있겠는가?

그러나 이천伊川 정이程頤 선생이 "서찰은 선비가 하는 일 중에 가장 친밀한 것이다."[306]라고 말했기 때문에 세상 사람 중에 간찰에 벽癖을 지닌 자가 반드시 권축을 만들고야 만다. 다른 사람의 간찰을 모은 것조차도 사람들이 더러 귀하게 여기는데, 하물며 선대의 필적을 모은 것은 더할 나위 있겠는가?

---

304 이부吏部 : 관리의 인사와 공훈에 관한 사무를 맡아 보던 관서이다. 상서성尙書省에 속해 있다.

305 군대의 격문 : 원문은 우서羽書로 군사상 급하게 전하는 격문檄文을 말한다.

306 이천伊川~것이다 : 정호程顥가 "서찰은 선비가 하는 일 중에 가장 친밀한 것이나, 외곬으로 그것만 좋아하면 또한 자연히 지기志氣가 상실된다.[至於書札 於儒者事最近 然一向好著 亦自喪志]"라고 하였다. 『근사록近思錄』「교학敎學」에 나온다. 이현환은 이천伊川 정이程頤가 얘기한 것으로 기록하였으나, 이 말은 정호程顥가 한 말이다. 정이(1033~1107)는 자가 정숙正叔이고, 낙양洛陽 이천伊川 사람이기 때문에 흔히 이천선생伊川先生으로 불렀다. 정호程顥(1032~1085)는 정이의 형으로 자는 백순伯淳이고 호는 명도선생明道先生이다.

세상에는 논평자들의 두 가지 학설이 있다. 하나는 글자체가 그 사람과 비슷하다는 것이요, 다른 하나는 글자체는 사람 때문이지 글씨 때문이 아니라는 것이다. 두 학설이 다르니 어느 것을 따라야 하겠는가? 세상에서는 여주 이씨가 글씨를 잘 쓴다고 칭송하였다. 청선聽蟬 이지정李志定[307]공으로부터 여러 선조들이 우리나라 필가에서 많이 전해지고 있어 서예가들이 매우 칭송을 한다. 비록 서예가들에게는 미치지 못하나 또한 글씨로 매우 이름이 났다.

근재공은 세월이 점점 멀어진 뒤에 불타고 잘려진 유묵일지라도 반드시 낡고 좀 슨 상자에서 찾아내어 첩을 만들었다. 대개 응교공應敎公 이사필李士弼부터 아래로 육칠 대에 이르기까지 인물을 모아서 '여강세첩驪江世帖'이라고 명명하였다. 늘 보고서 보배로 완상하였으니 앞서 말한 두 가지 설을 모두 겸비한 것이다.

내가 이미 공경스럽게 완상해보니 필세筆勢는 조용한데 기상은 초연超然하여 법에 구속되지도 않았고 법에서 벗어나지도 않아 하나하나 자신의 마음속에서 흘러나온 것이었다.

벗들에게는 공경하고 삼가며, 자제들에게는 가르쳐 경계하니 모두 옛 군자의 유풍이 존재하였다. 선조들의 편지가 마땅히 세상의 보배가 되는 것이 어찌 유독 필획의 공교함 때문이겠는가? 엄정하게 덕용德容을 보며 장엄하게 의방義方을 낭송함이 어찌 직접 뵙고 가르침을 따르는 것과 다르겠는가? 진실로 혹시라도 글씨를 보고 한갓 필

307 이지정李志定(1588~1650) : 본관은 여주驪州, 자는 정오靜吾, 청선聽蟬은 그의 호이다. 소릉少陵 이상의李尙毅의 아들로서, 광해군 때 문과에 급제하고 벼슬은 목사牧使를 지냈다. 글씨를 잘 썼는데, 특히 초서에 뛰어났다. 글씨를 쓸 때면 매미소리가 났다고 해서 청선이란 호가 붙여졌다. 그의 서법은 고산孤山 황기로黃耆老를 배웠다. 당시 옥산玉山 이우李瑀와 우열을 다투었다.

법만을 취하여 면려하는 도를 생각하지 않는다면 어찌 이 첩의 존재 이유가 있겠는가?

근재공은 일찍이 이러한 뜻을 알았는가? 드디어 삼가 이와 같이 발문을 쓴다.

夫字體 盛於唐 盖唐世以字取士 吏部亦以字爲選官之法 故後世競慕之 然簡牘 尤細事也 率皆敍睽離通訊問 施於家人朋友之間 不過數行而已 日用詶應 例多悤悤忙迫 輒以草書者常多 草書本出於秦末 官書繁冗 羽書分飛 故要是出于欲速耳 奚足與楷書比哉 然而伊川曰 書札 於儒者事 最近 故世有癖於簡牘者 必積成卷軸而後已 集他人簡札者 人或貴之 況裒先代筆蹟者乎 世之論者 有二說 一曰字體似其人 一曰字體以人不以書 二說歧貳 於何的從乎 世稱黃驪之李善字書 自聽蟬以後 諸公多傳于海東筆家 筆家甚尊之 雖不及於筆家者 亦多以筆名于世 謹齋公 雖於年代寖遠之後 斷爛遺墨 必搜尋於敗蠹陳箱而成帖焉 盖自應教公 下至六七代 而名之曰驪江世帖 常目而寶玩之 向所謂二說 兼有之 余旣敬玩 其筆意從容 氣像超然 不與法縛 不求法脫 一一從自己胸襟流出來 於朋儕 恭謹之 於子弟 訓誡之 俱有古君子風 則其墨蹟 自當爲世所寶 豈特筆畫之工哉 儼觀德容 莊誦義方 何異於躬承面命乎 苟或見書而徒取筆法 不思所以勉勵之道 則烏在其是帖之意也 謹齋公 曾亦會此意否 遂敬爲之識如右

40. 근재 이관휴에게 올린 문장을 논한 편지

上謹齋論文書

최근에 제가 근재공과 함께 문장을 논하면서 두둑을 설치하지 않고 경계를 두지 않았던 것은 대개 평소 마음속에 담아둔 것 중에 한두 가지 다 표출하지 못했던 것이 있었으니 공과 함께 얘기하지 않으면 누구와 함께 얘기할 수 있겠느냐고 생각했기 때문입니다.

저는 젊은 시절부터 문학 분야에서 말의 가슴걸이를 어루만지며 능력을 발휘하였고[308] 문장의 화려한 정원에서 고삐를 바로 하여 활보하고 오만하게 바라보며 이렇게 얘기했습니다.

"무릇 공자의 사달辭達의 가르침[309]이 나오면서부터 문장의 순함을 추구하는 자는 이 말로 구실을 삼고, 무릇 수사修辭의 가르침[310]이 나오면서부터 기이함을 숭상하는 자는 이 말로 신표를 삼는다."라고 생각했습니다. 순한 문장은 흙과 거름을 주워 모은 듯 평탄하여 그것을 보고 싶지 않고, 기이한 것은 목에 걸리고 입술에 찔려 꺼끌꺼끌 그것을 읽고 싶지 않습니다.

예로부터 기운을 믿고 뛰어남을 드러내며 문장으로 한 시대를 자

---

308 문학~발휘하였고 : 도앙掉鞅이란 전장戰場에서 여유 있는 태도를 보이며 전투의 주도권을 장악하는 것을 비유하는 말이다. 적진敵陣에 들어가 도전할 때 전차에서 내려 "말의 가슴걸이를 다시 손질하고 유유히 본진本陣으로 돌아온다.[掉鞅而還]"라는 말이 『춘추좌씨전』에 나온다.

309 사달辭達의 가르침 : 공자가 말한 '말이란 의사를 전달할 뿐이다.[辭達而已矣]'를 지칭한다. 곧 언어의 목적은 자신의 의사를 타인에게 전달하는 데 있다는 뜻이다. 『논어論語』「위령공衛靈公」에 나온다.

310 수사修辭의 가르침 : 공자가 말한 "문사文辭를 닦아서 자신의 참됨을 드러내는 것이 학업을 보유하는 것이다.[修辭立其誠 所以居業也]"를 지칭한다. 『주역周易』「건괘乾卦 문언文言」에 나온다.

랑하는 자는 손으로 꼽을 수도 없지만, 대체로 월등하게 이 두 길에서 벗어나는 자는 없었습니다. 저 역시 어떤 사람이라고 어찌 이 두 길에서 벗어날 수 있겠습니까?

때때로 간혹 글을 지어 편장을 이루어 읽어 보면 얼굴이 화끈거리며 고인을 사모한다는 것이 드디어 터럭 하나도 준마와 같지 않습니다. 기장밥과 고기에 비유하자면 맛있는 것을 알아서 맛있어하는 자는 먹고 배부른 것만 못하고, 먹고 배부른 자는 반드시 배고프거나 살찌는 것을 모면할 수 없습니다. 이 때문에 문장을 논하는 말을 입에서 내뱉지 않은 것은 제가 능하지 못함을 부끄러워해서입니다.

얼마 전에 근재공께서 글을 안다고 스스로 자부하여 더러 사람들에게 문을 짓게 함에, 번번이 당신의 뜻대로 우열을 매기고 평가하셨습니다. "만약 문장을 잘하는 자라도 내 눈에 차지 않으면 취하지 않는다."라고 말씀하시며 마치 당대 문단의 자루를 쥔 사람처럼 행동하셨습니다. 저는 처음에는 공께서 반드시 문을 안다고 생각하였는데, 공이 글을 짓고 문을 논한 것을 보고 나니 공은 과연 문을 매우 모르는 분이십니다.

이에 사람들이 모두 "공은 문에 능하지 못한 자는 인정하고, 문에 능한 자는 배척한다."라고 수군거리니 이는 공을 매우 야박하게 평가하는 것입니다. 그러나 제가 말하지 않는다면 공이 어떻게 아시겠습니까? 마땅히 적극 말씀 올릴 것이니 공께서는 죄로 여기지 말아주시면 매우 다행이겠습니다.

무릇 문이란 쉽게 알 것 같지만 알기 어렵고 문을 짓는 것 또한 어렵지만, 문을 아는 것이 가장 어렵습니다. 어찌해서입니까? 하늘과 땅 그리고 사람이 있은 이래로, 정령精靈이 최고로 표현된 것이 문이며, 광화光華가 홀로 드러나는 것을 지칭해서 문이라 합니다. 일월성신日月星辰은 천지의 문이며, 상上·중中·하下의 금金 삼품과 청靑·적赤·백白·흑黑·황黃의 토土 오색은 땅의 문이며, 보불黼黻·관면冠冕·규장圭璋·궁실宮室은 사람의 문입니다. 하도河圖·낙서洛書·용사龍蛇·오관烏官·봉의鳳儀·인지獜止 또한 모두 문이며, 호랑이와 표범의 털·공작과 비취의 깃 또한 모두 문입니다. 공께서는 문이 이와 같은 것을 아십니까? 이 점이 제가 문을 알기 쉬운 듯 해 보여도 알기 어려우며, 문을 짓는 것 또한 어렵고 문을 아는 것이 가장 어렵다고 한 것입니다.

대개 문을 지음에는 반드시 기氣를 기르는 데 달려 있습니다. 기는 천지와 같으니 진실로 능히 확충되면 천지인天地人 삼령三靈과 짝을 이루어 순서를 이루고 온갖 만물을 관섭할 수 있습니다. 그렇지 않다면 단지 한 명의 소장부小丈夫가 될 뿐입니다. 이 때문에 기氣가 잘 길러진다면 미치지 못함이 없고, 가져와서 문을 짓는다면 포함되지 않는 것이 없습니다.

구천九天이 높고 팔주八柱가 튼실하여[311] 내 문은 그 국량을 반영했으며, 현훼烜燬와 구연龜淵이 쉬지 않고 운행하고 자리 잡은 만개의 별들이 차례대로 문란함이 없이 얽히어 내 문은 그 아름다움을 얻었으며, 곤륜산崑崙山 현포玄圃[312]의 절벽이 맑고, 층진 성의 구중궁궐이 엄숙하여 내 문이 그 높음을 얻었으며, 동영東瀛·서명西溟·남계南桂·북한北瀚에 어룡이 살고 파도가 일어나서 내 문이 그 깊이를 얻었으며, 우레로 고무시키고 풍운으로 확장시키고 우로로 윤택하게 하여 내 문이 그

311 구천九天이~튼실하여 : 「초사楚辭」에 “여덟 기둥[八柱]으로 하늘을 받쳤다는 말이 있다.”라고 하였다.

312 현포玄圃 : 천상계로 통한다는 곤륜산崑崙山의 정상에 있다는 신선의 거처를 말한다. 그 위에는 금대金臺, 옥루玉樓와 기화요초琪花瑤草가 만발해 있다고 한다. 현포懸圃 혹은 현포縣圃라고도 한다.

변화를 얻었으며, 천지 사이에 기로부터 변화되어 조용히 멈춘 것을 움직여 날게 하며 넓기도 하고 섬세하기도 하며, 높기도 하고 낮기도 하여 수로 계산할 수 있어 나의 문이 사물에 따라 형상을 부여하였습니다.

아! 이 문은 성인이 얻으면 만세에 전해져서 경전이 되고, 현자가 얻으면 사해에 이르러 표준이 되니 천지를 돕고 해와 달을 밝히며 음양을 관리하니 이 어찌 문의 지극함이 아니겠습니까? 그러므로 성인은 문학에 드러내서 육경의 문을 저술하였으니 『주역周易』의 그윽함, 『시경詩經』의 아름다움, 『서경書經』의 크고 넓음, 『춘추春秋』의 근엄함, 『예기禮記』의 상세함, 『악기樂記』의 조화로움이 만세에 밝게 드러나서 그 뜻은 오묘하며 그 말은 완곡하여 문장의 비조가 되었습니다.

대개 문에는 세 가지가 있습니다. 기사紀事·기언紀言·기물紀物로 문을 짓는 도는 이 세 가지를 벗어나지 않습니다. 기사紀事의 문은 『서경』의 「요전堯典」·「순전舜典」 두 전典을 법으로 삼아 『주례』 「주관周官」 360기록과 소왕素王 공자의 『춘추春秋』에 미치고, 기언紀言의 문은 『서경』의 「고요모皐陶謨」·「대우모大禹謨」·「익직益稷」 삼모三謨와 「강고姜誥」·「고명顧命」 등의 고명誥命 작품을 시조로 하여 『예기禮記』의 「단궁檀弓」, 『악기樂記』와 『논어論語』의 여러 편에 미치며, 기물紀物의 문은 『서경』의 「우공禹貢」을 시조로 해서 『주례』의 「고공기考工記」, 『산해경山海經』 및 『급총서及冢書』[313]에 미치니, 이는 천지를 통하고 고금에 뻗치며, 일월신日月辰 삼광을 짝하여 실추되지 않는 것입니다.

---

313 『급총서及冢書』: 진晋나라 때 급군汲郡 사람 부준不準이 발굴發掘한 선진先秦 시대의 고문서를 말한다. 죽간竹簡에 과두문자蝌蚪文字로 수만 말이 쓰여 있는데 내용에 있어서 육경六經과 상치되는 부분이 많다.

시대가 내려와 좌구명左丘明[314]이 출현함에 이르러서는 『인경麟經』을 보충하여 내전과 외전을 만들어내니[315] 말은 우아하고 뜻은 분명하여 일가를 이루었습니다. 사마천의 빼어남과 명쾌함, 반고의 정밀함과 굳셈에 이르러서는 모두 문장가의 종법을 적전嫡傳으로 하였고, 장자와 열자의 허무함과 황당함, 사마상여의 풍부함과 교묘함, 양웅의 그윽함과 오묘함에 이르러서도 역시 모두 기사紀事·기언紀言·기물紀物의 문체를 벗어나지 않았습니다.

문의 계통은 이와 같은 것을 벗어나지 않는데 천하 사람들은 이 세 가지를 외면하고 있습니다. 이 외에 다시 문이라는 것이 있으니, 곧 유가의 훈고학입니다. 이 또한 공자께서 『주역』의 「계사전」을 지은 것에서 근본해서 증자의 『대학』과 자사의 『중용』에 이르렀습니다. 사람을 가르치고 이치를 밝히며 본성을 다하는 문에까지 이르게 되어, 천하의 집집마다 실천하게 하였으니, 마치 먹고 입는 포백과 숙속 같았습니다. 그러나 이는 성인이 설교하는 문으로 제가 말한 문은 아닙니다.

아! 천도가 사라지고 희미해져 문기文氣가 날로 줄어드니 이는 다른 이유가 있어서가 아닙니다. 사하四瑕와 팔명八冥·구두九蠹가 해를 끼치기 때문입니다. 사하四瑕와 팔명八冥·구두九蠹는 옛 성인도 말했듯이 이것이 하나라도 있으면 심령이 죽게 되고 문기가 상하게 됩니다.

---

314 좌구명左丘明 : 춘추전국시대 노나라의 학자로 『춘추좌씨전春秋左氏傳』과 『국어國語』를 저술했다.

315 『인경麟經』을~만들어내니 : 『인경麟經』은 『춘추』의 별칭이다. 『춘추』가 애공哀公 14년 "서쪽 들판으로 사냥을 나가서 기린을 붙잡았다.[西狩獲麟]"라는 내용으로 끝나기 때문에 그렇게 말한 것이다. 『인사麟史』라고도 부른다. 좌구명은 『춘추』를 보충하여 내전과 외전을 만들었는데, 이 책이 바로 『춘추좌씨전』이다.

봄날의 꽃과 가을날의 초목이 아름다움을 다툼에 숲에 솔개가 깃들고 메뚜기가 뜰에 날아들고, 제잠蹄岑[316]에 물이 솟아나고 귀뚜라미 꼬리에 불빛이 나더라도, 토우의 형상에 옷을 입히면 보고 들을 수도 없으며, 하루살이가 항아리에서 살다 죽어 사해의 큼과 육합의 넓음을 알지 못하니, 이것은 모두 기氣를 기를 줄 모르기 때문입니다.

사람의 기는 천지와 공이 같은데 그 지혜가 드디어 소장부로 귀결된다면 또한 슬프지 않겠습니까? 이와 같으면서도 능히 문장을 짓고 문장을 아는 도라고 하겠습니까?

이후로부터 세상 사람들이 그대로 모방하여 문장을 짓는 자가 많습니다. 공의 문은 고인의 문을 모방했다고 할 수도 없고, 곧장 말을 훔치고 그 뜻을 따온 것이니 어찌 문을 아는 도이겠습니까?

대저 고인의 문자를 인용하고자 하면 반드시 그 문을 먼저 익힌 연후에 본받아서 이를 수 있습니다. 그렇지 않으면 표절하고 훔치기도 어려우니, 도둑에게 비교해 보자면 먼저 부유한 집을 염탐하여 그 집의 문과 울타리를 잘 익혀 놓은 다음에 그 집에 잘 들어가서 그가 가진 것을 빼앗아 자기 소유로 삼되 사람들로 하여금 모르게 할 수 있습니다. 그렇지 않으면 주머니를 뒤지고 상자를 열기도 전에 반드시 체포당할 것이니, 재물을 뺏을 수 있겠습니까? 공이 문을 짓는 것은 마치 부유한 집에 익숙해지지도 않았는데 남의 재물을 뺏고자 하는 것과 같습니다.

저는 일찍이 공께 말씀을 들은 적이 있는데, 공은 어려서 학문의 기회를 놓쳐 고인의 책을 읽은 것이 많지 않다고 하셨습니다. 육경

316 제잠蹄岑 : 제잠蹄涔과 같은 말로 마소의 발자국에 고인 물을 뜻한다.

과 제자백가, 역사의 문장을 섭렵하기도 오히려 부족했거늘 하물며 그 근원을 전부 궁구했겠습니까? 경전과 역사도 오히려 이와 같거늘 하물며 제자백가 장구의 문장은 말해 무어하겠습니까? 이미 그 문을 익히지 않았으니 그 체를 본받고 그 말을 답습할 수 있겠습니까? 이와 같은데도 스스로 문을 안다고 자부하신다면 누가 문文을 모르겠습니까? 예전에 문을 아는 자는 그 문이 부잣집 패물과 돈과 같아서 지갑과 창고에 넘쳐나고 없는 것이 없어서 비록 도둑들에게 절도를 당해도 끝내 가난함에 이르지 않습니다.

그러므로 문을 아는 도에 능하다면 비록 고인의 지름길과 계단에도 그 바라보는 것은 훤히 선명하여 누가 누구보다 훌륭하며, 누가 누구보다 부족한가를 능히 알 수 있습니다. 공은 이와 같이 하여서 능히 고인의 문지방을 엿보는 것입니까? 그 중심이 텅 비어 비록 고인의 문장을 본받고자 하나 절대 그럴 수 없습니다.

대저 문장에는 각각 체재가 있으니 비유하자면 집을 지으려고 하면 사당과 침실이 다르며, 침실과 당이 다르며, 각桷은 최榱와 다르며, 탈棁은 절節과 다릅니다. 비록 수레를 올라타고 하·은·주 삼대에 멍에를 벗어놓고 싶지만, 반드시 잠자는 궁실은 진秦나라 의관을 빌린 것입니다. 우맹優孟이 손숙오孫叔敖 흉내를 냄에 저는 우맹이 진짜 손숙오에 미치지 못할까 두려운데,[317] 하물며 공의 문장은 답습하기를 구하였지만 그러지 못한 것에 있어서이겠습니까? 그러니 청하건대 문장은 답습하는 것이 불가하다고 말한 것입니다.

---

317 우맹優孟이~두려운데 : 춘추春秋 때 초楚나라의 배우 맹孟이란 사람이 재상 손숙오의 의관衣冠을 본떠 그와 같은 옷차림을 한 데서 나온 말로 겉은 비슷하나 내용은 다름을 말한다. 『사기史記』「골계전滑稽傳」에 나온다.

예전에 이고李翺[318]가 “육경의 글은 뜻과 말을 창조하여 모두 서로 본받지를 않았다. 때문에 『춘추』를 읽더라도 『시경』이 있지 않고, 『시경』을 읽더라도 『주역』이 있지 않으며, 『주역』을 읽더라도 『서경』과 같지 않아 마치 산에 항산恒山과 화산華山이 있으며, 강에 회수淮水와 제수濟水가 있는 것과 같다.”라고 말하였습니다.

문을 하는 도가 서로 모범으로 삼고 본받아서 할 수 있는 것이겠습니까? 비록 시인들로 설명해 보더라도 당나라의 진자앙陳子昂·이백·두보·양형楊炯·왕발王勃·노조린盧照鄰·낙빈왕駱賓王의 무리들은 모두 시단의 거장이라고 일컬어졌지만 각기 규범이 다릅니다. 때문에 한 사람이라도 선배들의 규범을 본받아서 그 골수를 취한 자가 없었습니다. 그 뒤에 또 한유韓愈·노동盧同·장적張籍·맹교孟郊·가도賈島의 무리가 말 재갈과 고삐를 나란히 하고 한 시대를 내달려 천고千古를 거만히 바라보되, 진자앙이나 이백·두보·양형·왕발을 본받아 그의 살과 고기를 가르거나 베어 먹었다는 것을 듣지 못하였습니다.

또 송宋나라 명明나라의 소식蘇軾·황정견·왕세정王世貞·이반룡李攀龍에 이르러 또한 우레를 헤치고 해를 밝히듯 한 시대를 밝혔지만, 그들이 한유를 모방했습니까, 백거이를 모방했습니까? 저는 그들이 고인을 가르거나 벤 흔적을 보지 못하였으나, 제각기 일가一家를 이루었습니다. 배와 귤은 맛은 다르지만 입에 맞지 않는 것이 없는 것과 같았습니다. 공은 이 무리들이 누구를 본받고 누구를 법 삼았으며, 어떤 작품이 좋고 그렇지 않은지 능히 아십니까?

대개 옛날 문을 짓는 자는 힘써 경사經史와 백가百家를 궁구하고, 옛

318 이고李翶(772~841) : 중국 당唐나라의 문신이자 학자이다. 한유韓愈의 제자로 중서사인中書舍人 등을 지냈다. 저서에 『복성서復性書』와 『이문공집李文公集』이 있다.

날 성현聖賢의 말씀을 마음속에 깊이 체득하여 마음을 단련하고 입에 익숙하지 않은 적이 없었습니다. 문을 지을 때에 이르러서 참조하고 헤아리며 좌우에서 뽑고 취하여 서로 쓸 거리를 삼습니다. 때문에 능히 문을 할 수 있으며 문을 알 수도 있으니, 어찌 장구章句를 찾는 것이 굶주린 아이나 거지 같은 것에 비교할 수 있겠습니까?

세상에서 환골탈태하는 자는 머리를 덮고 얼굴에 칠을 하여 사람을 속이고 자기를 속이며, 사람을 그르치게 하고 스스로도 그르치게 하는 것이니, 이는 이 도리에 무한한 묘처가 있음을 알지 못한 것입니다. 공이 문을 하는 것 또한 이 무리보다 몇 층이나 아래인지 알지 못하겠습니다. 이와 같은데도 능히 문을 안다고 할 수 있겠습니까?

공께서는 비록 나이가 일흔이 넘었지만 문을 하는 도를 알고자 하시거든 저의 관표반管豹班[319]으로 고인의 기사紀事·기언紀言·기물紀物의 문장에 나아가 이리 보고 저리 본다면 날마다 달마다 융회되어 높이 쌓인 여덟 가지 진미로 한 번 젓가락을 드니 문득 귀한 음식이요, 만 개의 집이 아방궁이어서 한 번 발을 옮길 때마다 왕궁이어서 종종 신묘하고 색마다 자연스러워 모두 공의 시야 앞의 세계로 끝없이 크게 있는 대로 있게 될 것입니다. 이 이후에 스스로 글을 안다고 할 수 있을 터이니 공자가 다시 태어난다고 하더라도 마땅히 이 말은 바꾸지 않을 것입니다. 공은 어떻게 생각하십니까?

---

319 관표반管豹班 : 대롱의 작은 구멍을 통해 본 표범의 무늬라는 뜻으로, 식견이 좁은 것을 비유하는 말이다.

近日 不佞 與公論文 不設畦畛 不立城府者 盖以平生襞積於蠹魚之腸有一二不盡消磨者 得公而不言 誰與言乎 余自少 掉鞅於翰墨之場 正轡乎華藻之苑 嘗闊步而高視曰 自夫辭達之教出而務順者 執以爲口實 自夫修辭之訓出而尙奇者 執以爲左契 順則掇土拾糞 陁陁乎 其不欲觀也 奇則棘喉鉤吻 戛戛乎 其不可讀也 自古負氣標雋 以文章詫一世者 指不勝屈 而率不能卓然自脫於是兩道也 不佞是何人 烏能脫出於兩塗哉 時或屬辭篇成 讀之面熱 所慕於古人者 竟不能一毛似驥 譬諸粱肉 知而美者 不如食而飽 食而飽者 必不免飢而肥 故論文之言 不出於口者 恥余之不能也 乃者 謹齋公 自許以知文 或使人作文 輒以己意 黜陟之 進退之 其曰 雖善文者 不入吾眼 不取之 有若當世之把文柄者 不佞 初謂公必知文 及見公作文而論文 公果不知文之甚者 於是乎 人皆曰 公取之非文 公斥之能文 此則待公 太薄也 然不佞不言 公何以知之 當極言之 公其勿以爲罪 幸甚 夫文 易知而亦難知 爲文亦難 而知文最難 何者 自有天地人以來 得其精靈之最現曰文 指其光華之獨著曰文 日月星辰 天地之文也 金三品土五色 地之文也 黼黻冠冕圭璋宮室 人之文也 河出圖 洛出書 龍蛇鳥官 鳳儀獜止 皆文也 虎豹之毛 孔翠之羽 皆文也 公其知文之如是乎 此不佞所謂易知而難知也 爲文亦難而知文最難也 盖爲文 必在養氣 氣與天地同 苟能充之 則可配序三靈 管攝萬彙 不然則特一介小丈夫耳 是以氣得其養 無所不周也 攬而爲文 無所不包也 九天之高 八柱之厚 而吾文得其量 炾燬黿淵 運行不息 基地萬熒 纏次不紊 而吾文得其焰 崑崙玄圃之崖淸 層城九重之嚴邃 而吾文得其峻 東瀛西溟 南桂北瀚 魚龍生焉 波濤興焉 而吾文得其深 鼓舞以雷霆 翕張以風雲 潤澤以雨露 而吾文得其變化 上下之間 自氣而化 飛潛動息 或洪或纖 若高若卑 不可以數計而吾文得其隨物賦形 嗟夫 斯文也 聖人得之 則傳萬世而爲經 賢者得之 則放四海而爲準 輔相乎天地 昭明乎日月 調攝乎陰陽 此豈非文之至者乎 故聖人者 形諸文學 著爲六經之

文 易之幽·詩之葩·書之灝噩·春秋之謹嚴·禮之詳·樂之和 昭揭萬世而其旨微 其辭婉 爲文章之鼻祖也 盖文有三者 曰紀事·紀言·紀物 爲文之道 不出此三者 紀事之文祖二典 以及周官三百六十紀·素王春秋 紀言之文祖三謨·誥命 以及檀弓·樂記魯論諸編 紀物之文祖禹貢 以及考工記·山海經及冡書 此其通天地亘古今 媲三光而不墜者 降而至於丘明氏出 羽翼麟經 內外有傳 辭嫺意明 自成一家 至若遷之雋爽 固之精剛 俱能嫡傳文章家宗法 莊列之虛無荒唐 相如之贍巧 雄之幽奧 俱不外於紀事·紀言·紀物之體矣 文之統不過如是 天下舍是三者 又有爲文者 卽儒家訓詁學 亦有本源於夫子作系易 以至曾思大學中庸 誨人明理 盡性之文 使天下家行戶踐 如布帛菽粟 是聖人說敎之文 而非吾所謂文也 噫 天道湮微 文氣日削 此無他 四瑕·八冥·九蠹 有以累之也 四瑕·八冥·九蠹 古人有言之者 有一于此 則心靈死 而文氣喪矣 春葩秋卉之爭麗也 鵙鶚林而蛩虫砌也 水湧蹄岑而火燭螢尾也 衣被土偶而不能視聽也 蟣蠓死生于甕盎 不知四海之大 六合之廣也 此皆不知養氣之故也 人之氣 與天地同功 而其智卒歸于一介小丈夫 則不亦悲哉 如是而其能爲文 而知文之道乎 自是之後 世之人以蹈襲爲文者多矣 而如公之文 亦不可謂蹈襲古人之文 直盜其語 攘其意者也 安知文之道乎 凡蹈襲古人之文字 必先習其文 然後效而能至也 否則剽掠猶難 譬之盜者 先窺諜富人之家 習熟其門戶藩籬 然後善入其室 奪人所有 爲己之有 使人不知也 不爾 不及探囊胠篋 必見捕捉矣 財可奪乎 公之爲文 如人之不習富人家 而欲奪人之財者也 不佞 嘗聞公言 公幼而失學 讀古人書 不多 六經子史之文 涉獵猶不足 況能窮其源哉 經史猶如此 況諸家章句之文乎 旣不熟其文 而其可效其體而蹈其語乎 如是而自謂知文 孰不知文 古之知文者 其文如富家之金玉錢財 盈帑溢藏 無所不有 雖爲寇盜者 所嘗攘取 而終不至於貧也 故能知文之道 而雖於古人蹊經梯級 其見得瞭然 能知其某勝於某 某不如某矣 公如是 而能窺古人梱域乎 其中硜硜如 而雖欲效古

人之文 決不可得也 凡文各有體裁 譬猶治室者 廟與寢異 寢與堂異 桷異於榱 梲異於節也 雖欲超乘而稅駕於三代 而畢竟寢處宮室 假借秦衣冠 優孟之爲孫叔敖 吾惧其不及眞也 況公之文 求爲蹈襲而不可得者乎 然請言爲文之不可蹈襲也 昔李翱曰 六經之詞 創意造言 皆不相師 故其讀春秋也 如未嘗有詩 其讀詩也 如未嘗有易 其讀易也 如未嘗有書 若山之有恒華瀆之有淮濟 爲文之道 其可相師相效而爲之乎 雖以作詩者 言之 有若自唐之陳子昂·李·杜·楊·王·盧·駱之輩 同稱騷壇之巨匠 而各殊其軌範也 未嘗有一人效前輩某人之作 刲剝其骨髓者 其後又有韓愈·盧同·張籍·郊島之類 聯鑣並轡 馳騁一時 高視千古 而亦未聞效陳子昂以下諸人 屠割其膚肉者 又至宋明蘇黃王李諸人 亦莫不撑雷裂日 震輝一世而其效昌黎乎 香山乎 余未見其刲剝屠割之迹 然各成一家 梨橘異味 無有不可於口者矣 公能知此輩孰效孰法 何作勝而何作不如乎 盖古之爲文者 力究經史百家 古聖賢之說 未嘗不薰鍊於心 習熟於口 及其爲文之際 參會商酌 左抽右取 以相資用 故能爲文而亦能知文也 曷足與尋章摘句 如窮兒丐子比也 世之奪胎換骨 盖頭粧面 欺人自欺 誤人自誤者 皆不知此箇道理 無限妙處 而公之爲文 又不知下於此輩 幾層級矣 如是而能謂知文乎 皆不知此箇道理無限妙處 而公之爲文 又不知下於此輩 幾層級矣 如是而能謂知文乎 公雖年踰七十 欲知爲文之道 則以余管豹之見 就古人紀事紀言紀物之文 而看來看去 日漸月融 而方丈八珍 一下筯便玉食 阿房萬戶 一擧足便王宮 種種神妙 色色天成 皆爲公眼前境界 無量大自在然後出 而自謂知文 則孔子復起 當不易斯言 公以爲如何

41. 지비편 이야기

知非篇說

거백옥蘧伯玉은 옛날의 현인으로 공자에게 인정을 받았던 사람이다.[320] 일찍이 허물을 적게 하고자 했지만 그렇지 못했거늘 내가 일찍이 말하기를 거백옥과 같은 사람도 오히려 항상 허물을 적게 하고자 했지만 하지 못했으니, 하물며 평범한 사람에서랴?

그러나 적다는 것은 뭇사람들에게 있어서는 적은 것이며 군자에게는 많은 것이니, 적다는 것은 진실로 적은 것이 아니다. 많은데도 스스로 알지 못하고 도리어 스스로 적다고 여기니, 많다는 것은 진실로 많은 것이 아니다. 이미 적은데도 오히려 스스로 모자라다 하고 항상 그 많은 것을 감당하지 못한다. 많은데 적게 여기면 날로 쌓여서 금할 수 없고, 적은데도 많다고 여기면 날로 줄어들어 없는 지경에 이를 것이다. 저 허물을 적다고 한 것은 거백옥의 실제이며 허물을 적게 하고자 한 것은 거백옥의 마음이다.

허물은 진실로 크고 작거나 얕고 깊음이 한결같지 않고, 허물을 적다고 한 것도 또한 자세하고 거침과 성글고 치밀함이 같지 않다. 덕이 날로 나아간다면 그 허물을 아는 것 또한 날로 나아갈 것이고, 옛날의 허물이 이미 고쳐졌다면 또 새로운 허물이 날로 생겨남을 보아 여기서 닦고 다스려 허물이 없는 지경에 이를 것이다. 허물을 보는

---

320 거백옥蘧伯玉은~사람이다 : 『논어論語』「헌문憲問」에 "거백옥이 공자에게 사람을 보내 문안을 드렸다. 공자가 그 사람과 함께 앉아 부자[거백옥]는 무엇을 하시느냐고 묻자, 부자께서는 허물을 줄이고자 하지만 아직 능히 하지 못하고 있다고 대답하였다.[蘧伯玉 使人於孔子 孔子與之坐而問焉曰 夫子何爲 對曰 夫子欲寡其過而未能也]"라는 구절이 보인다.

것이 분명해지고 덕도 나아간다면 새로운 허물을 보는 것 또한 이와 같을 것이다.

이러한 까닭으로 거백옥蘧伯玉은 49년 동안의 허물을 49년 동안 몰랐다가 50세가 되어 알게 되니,[321] 49년의 허물을 뭇사람들의 경우에 있어서는 반드시 스스로 그 허물을 알지 못할 것이다. 보통사람들에게 거백옥을 보게 하더라도 또한 반드시 거백옥의 허물을 알지 못할 것이다. 단지 보통사람들만 알지 못할 뿐만이 아니라 세상의 군자들 또한 반드시 모두 알지는 못할 것이다.

그렇다면 거백옥이 스스로 아는 것은 마음속의 은미함에 있는 것이니, 비록 군자라도 반드시 모두 알지는 못할 것이다. 40세는 군자의 도가 밝아지고 덕이 융성할 때이니 거백옥의 현명함으로 성취한 바가 있을 것이다. 벌써 9년이 지나서 스스로 알지 못하다가 50세가 되어서 갑자기 그 허물을 알았다면 의리義理의 끝이 없음을 알 수 있으니, 또 어찌 스스로 허물을 적게 한다고 할 수 있겠는가?

그렇다면 50세 허물은 또한 반드시 51세에 알 것이니, 50세에 허물을 적게 한다는 것이 또한 어찌 진실로 허물을 적게 하는 것이겠는가? 이는 거백옥의 마음이 항상 허물을 적게 하고자 하지만 항상 그렇게 할 수 없음을 근심한 것이다.

나는 금년 49세이니 스스로 수양한 공을 돌이켜 본다면 반드시 허물이 많을 뿐만 아니라 오히려 스스로 그 허물도 알지 못한다. 이는 곧 허물이라고 하는 것은 다만 일을 행하는 실체에 드러남을 가리키는 것일 뿐이다.

---

321 거백옥은~알게 되니 : 『회남자淮南子』「원도훈原道訓」에 "거백옥은 나이 50세에 49년 동안의 잘못을 알았다.[伯玉 行年五十 而知四十九年之非]"라고 하였다.

하물며 마음과 생각도 스스로 알지 못하는데 또 능히 덕을 진보시키고 학업을 닦아 날로 그 잘못될 일을 알 수 있겠는가? 이와 같이 계속 된다면 비록 60세, 70세에 이르러 허물이 언덕과 산같이 쌓이더라도 반드시 스스로 알지 못할 것이다.

슬프구나! 거백옥의 허물은 뭇사람의 입장에서 진실로 허물이 적다고 할 만하고, 또한 없다고 할 만할 것이다. 그러나 거백옥이 스스로 이처럼 그의 허물이 많다고 여겼으니, 이는 적게 하고자 했지만 하지 못함을 근심한 것이다. 그 마음에 어찌 한순간이라도 잊었겠는가?

지금 이후로 거백옥의 마음을 지녀 항상 잊어버리지 않는다면 49년의 잘못됨을 알 수 있을 것인데, 끝내 거백옥의 마음으로 마음을 삼을 수 없으니 어찌 슬프지 않겠는가?

지금 49세의 섣달 그믐날 밤에 지비편知非篇을 지어 스스로 애도하니 만약 진실로 그 잘못됨을 안다면 어찌 이처럼 허물이 많은 지경에 이르렀겠는가? 드디어 이 설을 쓴다.

蘧伯玉 古之賢人 而見取於孔子者也 嘗欲寡過而未能 余嘗曰 若伯玉者 猶常欲寡過而未能 况常人乎 然寡者衆人之所寡 而君子之所多也 所寡者 非眞寡也 多而不自知 反自以爲寡也 所多者 非眞多也 已寡而猶自歉 恒不勝其多也 多而寡之 則日積而不禁 寡而多之 則日損而至於無 夫所謂寡過者 伯玉之實 而欲寡過者 伯玉之心也 過固有大小淺深之不一 而所謂寡過者 亦有精粗疏密之不齊 德日進 則其於知過 亦日進焉 舊過旣改 則又見新過之日生 於是而修治焉 以至於無過 又明而德又進 則其見之亦若是矣 是故 四十九年之過也 四十九而不知 五十則知之 四十九之過也在

衆人 則必不自知其過也 使常人視伯玉 亦必不知伯玉之過也 非特常人不知 世之君子 亦未必皆知也 然則伯玉之自知者 在乎心術之微 雖君子未必皆知也 四十 君子道明德隆之時 伯玉之賢 有所成就者已九年 而未能自知 而至五十陡覺其非 則可見義理之無窮 而又豈可自謂寡過也哉 然則五十之過也 亦必五十一而知之 五十之寡過 亦豈眞寡過哉 此伯玉之心 所以恒欲寡過 而恒患未能者也 余今年四十九 反顧自修之工 則必不特多過 而猶不自知其過也 此所謂過者 但指其見於行事之實耳 況於心術念慮之微 有所自知 而又能進德修業 日知其過之事乎 若是不已 雖至於六十七十 過積丘山 必而不自知 嗟夫 伯玉之過 自衆人視之 固可謂寡矣 亦可謂無矣 然伯玉之自視其多如此 則欲寡而患未能者 其心豈有一息之忘哉 自今以後能持伯玉之心 而無時忽忘 則可以知四十九之非 而終不能以伯玉之心爲心 豈不哀哉 今於四十九之除夕 作知非篇以自悼 而若能眞知其非 則豈有多過之至此哉 遂以識之

42. 영주창화록 서문

瀛洲唱和錄序

지난 해 봄 내 친구 성연聖淵 신광수申光洙[322]가 조정의 명령을 받들고 제주도로 항해하다가 폭풍에 표류하게 되었다.[323] 그 아내와 자제들은 울부짖으며 바다 근처로 달려갔다. 당시 나는 경기도 안산 섬장剡庄에 있었는데, 다른 이에게 다음과 같이 말하였다.

"성연은 기이한 선비이니, 아마 살아 있을 것이네. 우뚝하면서도 걸출하고 아름답고 뛰어난 기상이 눈매 사이에 은은히 서려 있다. 돌아보건대 등나무로 짠 모자에 검은 장화를 신고 먼지 날리는 세속을 내달렸다. 그러나 그 높고도 얽매이지 않는 뜻은 꺾인 적이 없이 악착같이 생활하려 하지 않았다.

하루아침에 큰 배를 타고 커다란 돛을 내걸고 만경창파萬頃蒼波를 건너가니 가없고 드넓은 바다는 천 리에 끝이 없었다. 어룡魚龍이 잡아당기고 희롱하며 괴이한 빛이 한데 뒤엉켜 진실로 이미 마음과 눈을 장대하게 하였다. 하늘이 성연에게 평생의 뛰어난 장관을 다 보게 하여 그 시의 격조를 성장하게 하려 한 것이다. 이에 성대히 대가가

---

322 신광수申光洙(1712~1775) : 본관은 고령高靈, 호는 석북石北·오악산인五嶽山人, 성연은 그의 자이다. 영조 때 진사에 합격하여 이후 영릉참봉·영월부사·승정원우부승지를 역임했다. 저서로 『석북집』이 있다.

323 조정의~되었다 : 신광수는 갑신년[1764] 1월 26일 조정의 명으로 금오랑金吾郎 직책으로 죄인을 붙잡기 위해 금오랑 이익李瀷과 함께 제주에 갔다. 풍랑으로 인해 돌아오지 못하고 45일간 제주에 머물며 동행한 인사들과 시를 창수하였는데, 바로 본 글에서 다루고 있는 「영주창화록瀛洲唱和錄」이다. 현존하는 『석북집』에는 신광수의 자서自序를 비롯해, 동행했던 이익의 서문, 목만중睦萬中과 정범조丁範祖의 서문은 실려 있으나, 이현환의 「영주창화록서瀛洲唱和錄序」는 누락되어 있다.

되었으니, 장차 임금의 계책을 보좌하고 훌륭한 시대를 밝게 꾸며 세상에 크게 떨치게 하려 함이니 반드시 중도에 표류하여 물고기 먹이 신세는 되지 않을 것이다.”

무사히 돌아오게 되어 그의 말을 들어보니, 제주에서 배를 띄워 바다 한가운데 이르러 폭풍을 만나 표류하였다가, 서쪽으로 돌아와 배가 출발한 곳에 네 번이나 반복해서 정박했다고 한다. 사람들은 모두 손을 잡고 서로 위로하였지만 나는 유독 성연을 위해 그 일을 애석하게 여기며 다음과 같이 말했다.

“하늘은 어찌해서 성연에게 탐라에 머물게 할 뿐 드넓은 세상 밖으로 나가지 못하게 하였는가? 진실로 성연에게 바람을 타고 재빨리 달려 멀리 백해白海와 흑해黑海 밖으로 가서 두건을 벗고 시를 읊조리며 험지를 밟는 것을 마치 평지처럼 하여 죽고 사는 것을 도외度外에 두고 소라처럼 생긴 산동山東의 여러 산[324]을 가리킴에 문득 양 겨드랑이에 깃이 생겨나게 했다면 노에 의지하고 길게 읊조리며 목청껏 마음을 다해 불렀을 터이니, 지난번 칠백 리 넓은 바다 속의 배가 단지 웅덩이 속의 작은 배에 불과할 뿐이었다.

불행히도 돛대가 넘어지고 굴대가 부서졌더라도 반드시 고래등을 타고 하늘에 올라 죽지곡竹枝曲을 읊조렸다면 황금 갑옷을 입은 신장神將이 천둥에 오르고 번개를 꾸짖으며 아래로 석북石北의 시집을 가져다가 지상의 벗들로 하여금 물 위의 신선이라 칭하게 할 것이다. 또 혹 다행히도 순풍을 만나서 중국의 항주杭州와 월주越州[325]에 배를

324 산동山東의～산 : 원문은 청제青齊로 산동山東에 있는 청주青州의 제군齊郡을 뜻한다.

325 월주越州 : 지금의 소흥紹興 지역을 말한다.

정박하였다면 명승지를 유람하며 시를 지어 선인들을 조문하고 양자강 동쪽의 이름난 문인들로 하여금 우리나라에 성연이 있음을 알게 하였을 것이니 그 절묘한 기회가 마땅히 어떠하겠는가?

그런데 지금 그대가 네 번이나 배를 띄웠다가 번번이 폭풍을 만나 돌아와 머물렀다는 이야기를 들으니, 이것은 조물주께서 성연을 탐라 한 곳에서 벗어나 천하의 장관을 못 보게 한 것이니 어찌 매우 애석하지 않겠는가?

그러나 이 또한 한편으로 다행이다. 성연이 서울 벼슬살이에 얽매여 밥 한 그릇과 국 한 그릇으로 날마다 아내와 자식만 바라보고 즐기며 석화石火 같은 짧은 세월 속에서 취생몽사醉生夢死했다면 풀벌레나 하루살이와 무어 다르겠는가?

이제 드넓은 바다의 풍랑을 따라 흉금을 더욱 크게 하여 멍하니 낭풍閬風[326]에 오르고 자기紫沂[327]에서 목욕한 듯하여 사림詞林의 성대한 일로 전해졌다. 그 두렵고도 놀라우며 기쁘고도 슬펐던 것을 모두 길고 짧은 시편으로 드러냈다. 탕일宕逸함은 천마가 고삐에서 벗어난 듯하고 탁려踔厲함은 큰 물고기가 눈보라를 뿜어내는 듯 깊고도 유장하여 작품이 나올수록 기이하고 귀신처럼 종횡으로 변화하여 저절로

---

326 낭풍閬風 : 신선이 산다는 곤륜산崑崙山 꼭대기에 있는 봉우리로, 낭풍전閬風巓 또는 낭풍대閬風臺라고 한다. 굴원의 「이소離騷」에 "아침에 내 백수를 건너려고 낭풍에 올라서 말고삐를 매었네.[朝吾將濟於白水兮 登閬風而緤馬]"라고 하였다

327 자기紫沂 : 자기해紫沂海이다. 자니해紫泥海라고도 한다. 전설상의 바다 이름이다. 한나라 때 사람 동방삭東方朔이 어렸을 때에 집을 나갔다가 한 해가 지나서 돌아오자, 이웃 사람이 그를 보고 놀라서 어디를 갔다가 왔는지 물으니, 동방삭이 "제가 자니해에 이르렀다가 자줏빛 물에 옷을 더럽혀 우연虞淵으로 가서 옷을 세탁한 뒤에 다음날 아침 출발하여 왔습니다. 어찌 한 해가 지났다고 하십니까?[朔曰兒至紫泥海 有紫水汚衣 仍過虞淵湔浣 朝發中返 何云經年乎]"라고 하였다는 고사가 있다. 『동명기洞冥記』에 전한다.

법도에 들어맞았다.

시가 이런 경지에 이르면 또한 바다를 본 도움이 없다고는 말하지 못할 것이다. 객관에 머문 40여 일 동안 이미 금오랑金吾郎 이李 아무개와 시를 읊조리고, 박희수朴喜壽란 자 또한 시를 지을 줄 알아 서로 수창하였다. 대개 성연이 두 사람과 함께 제주도에 간 것 또한 어찌 그 안에 신명의 도움이 없었겠는가? 성연이 『영주창화록瀛洲唱和錄』을 보여줌에 내가 다 읽어보고 망연자실茫然自失하여 드디어 권 앞에 서문을 써서 돌려준다.

往季春 余友申君聖淵 奉朝命 浮耽羅海 爲颶風所漂 其家人子弟 號呼赴海上 時余在剡庄 語人曰 聖淵奇士也 殆不死 嵚崎瓌杰 英邁俊爽之氣隱隱眉宇間 顧席帽烏靴 馳逐軟紅塵 而其標擧蕭散之志 未嘗挫 不肯作齷齪生活 一朝 駕舸䑨巨艑 掛大席而淩萬頃 漫漫澌澌 千里無垠 魚龍挐戲 光怪輪囷 固已壯浪心目 天使聖淵 極平生詭偉之觀 而欲長其詩格 菀爲鴻匠 其將黼黻王猷 賁餙休明 以大闡于世 必不中途顚踣 委身魚腹而止 及其歸也 聞其言 自濟州發舡 至半洋 遇風漂而西 回泊於舡發處 如是者四 人皆握手交慰 余獨爲聖淵惜之曰 天何使聖淵 只留耽羅而不出也 苟使聖淵乘颷迅駛 遠出白海黑海之外 岸幘嘯傲 蹈險若夷 置死生於度外 指點青齊 衆巒如螺 便覺兩腋生翰 倚櫂曼詠 絶叫稱快 向之七百里溟波 特坳沼而芥舟也 不幸而檣摧軸墊 必將騎鯨上天 誦傳竹枝之曲 金甲神將 騰雷呵電 下取石北詩卷 使地上友 稱爲水仙 或幸而天風借便 落帆杭越 遊覽名區 題詩弔古 令江左才子 知東韓有申聖淵者 其爲奇會 當如何哉 而今聞子之言 凡四發舡 輒遇風回泊 此造化翁 不欲使聖淵出耽羅一域 觀天下壯觀 豈不大可惜哉 然此亦幸耳 使聖淵局束官京師 杅飯而梪羹 日對婦子

嬉遊 醉生夢死於石火光中 與蟪蛄蜉蝣 幾何其不殊 今縱浪滄津 恢蕩胸襟 怳若登閬風而浴紫沂 傳爲詞林勝事 其可驚而可愕 可喜而可悲者 悉發之於長短律諸篇 宕逸則天馬之脫羈也 踔厲則巨魚之噴雪也 渟泓演迤 愈出愈奇 神變縱橫 自中程度 詩到於此 亦不可謂非觀海之助也 留館四十餘日 旣與李金吾賦詩 又有朴喜壽者 解爲詩 相與唱詶 盖聖淵之與二人偕行 亦豈無神助於其間哉 聖淵示余瀛洲一錄 余讀之竟軸 爽然自失 遂題其卷首而還之也

43. 영주창화록 서문 개작

改一本

내 친구 성연聖淵 신광수申光洙는 호걸이면서도 툭 트이고 우뚝하여 따를 자가 없었다. 그가 지은 문장 또한 그러하여 호탕하고 기이했으니, 두보杜甫의 영향을 받아 매번 시 한 구를 지을 때마다 여러 사람의 입에 떠들썩하니 오르내렸다.[328]

지난 봄 조정의 명령을 받들고 탐라에 들어갔다가 바다를 건너 돌아옴에 네 번이나 배를 띄웠지만 번번이 폭풍이 일어나 이로 인하여 돌아가 정박하였다. 전후로 객관에 40여 일을 머문 뒤에 비로소 육지에 올라올 수 있었다. 바다 중간에서 폭풍을 만나 당시 어사御史 아무개가 함께 바다를 건넜는데 그가 하늘 밖을 떠돌았다고 말하고는 돌아와 그 정황을 말해 주었다. 당시 나는 경기도 안산 섬장剡庄에 머물고 있었는데, 이 말을 듣고 책상을 치고 기이하다고 하며 다음과 같이 말하였다.

"이것은 하늘이 성연을 성취시키고자 하는 것이었다. 불행히도 돛대가 넘어지고 굴대가 부서졌더라도 반드시 고래등을 타고 하늘에 올라 죽지곡竹枝曲을 읊조려 땅 위의 벗들에게 물 위의 신선이라 불리게 되었을 것이다. 혹 다행히 순풍을 만나서 중국의 항주杭州와 월주越

328 두보杜甫의~오르내렸다 : 강준흠姜浚欽(1768~1833)은 『삼명시화三溟詩話』에서 신광수가 영월부사로 있을 때 지은 시 『청견록聽鵑錄』을 두보의 기주夔州 이후 작품에 견주기도 하였다. 두보杜甫는 54세 때, 고향으로 돌아갈 뜻을 품고 중국 사천성四川省 기주부夔州府 양수瀼水의 근처에 초가집을 빌려 2년간 살았다. 이때부터 그의 시는 간결하고 평이하며, 순수하고 익숙하여 시구를 다듬은 흔적이 없다는 평을 받는다.

州에 배를 정박하였다면 명승지를 유람하며 시를 지어 선인들을 조문하고 양자강 동쪽의 이름난 문인들로 하여금 우리나라에 성연이 있음을 알게 하였을 것이니 또한 충분히 사림詞林의 뛰어난 일이 되었을 것이다."

그가 돌아옴에 곧장 방문하여 『영주록瀛洲錄』을 읽어보니 지난번 전해 들었던 것에 비하면 웅덩이 속의 작은 배에 불과할 뿐이었다. 성연은 일개 서생이다. 서울 벼슬살이에 얽매여 먼지 날리는 거리를 분주히 오가며 악착같이 생활하다가 하루아침에 청포靑袍를 입고 사절使節을 지니고 칠백 리 망망대해를 건너니 스스로 기이한 유람이며 큰 구경거리라고 생각하였다. 그러나 폭풍으로 객관에 머물자 북쪽 한양을 바라보며 문득 슬프게 크게 한숨 쉬고 떨어지는 눈물을 금치 못하였으니 나 또한 그를 위해 『영주록』을 덮고 한참 동안 울음을 머금었다.

슬프구나! 성연이나 우리들은 밥 한 그릇과 국 한 그릇으로 날마다 아내와 자식만 바라보고 즐기며 석화石火 같은 짧은 세월 속에서 취생몽사醉生夢死하니 풀벌레나 하루살이와 무어 다르겠는가?

지난번 폭풍이 잠깐 사이 일어나 아득하고 세차게 도깨비 들판과 몽각蒙殼의 터를 떠돌다 낭풍閬風이 부는 동산에서 바람을 쐬고 자기紫沂에서 목욕하며, 노래하고 돌아오게 하였다면 어찌 생애의 유쾌한 일이 아니었겠는가?

내가 이에 유감이 없을 수 없다. 성연이 이 말을 들으면 반드시 손뼉을 치며 크게 웃을 것이다. 그러나 그 두렵고도 놀라우며 기쁘고도 슬펐던 것을 길고 짧은 시편으로 모두 드러냈으니, 탕일宕逸함은 천마가 고삐에서 벗어난 듯하고 탁려踔厲함은 큰 물고기가 눈보라를 뿜어내는 듯 깊고도 유장하여 작품이 나올수록 기이하였다. 시가 이런 경지에 이르렀으니 또한 바다를 본 도움이 없다고는 말하지 못할 것이다. 함께 수창한 사람은 금오랑金吾郞 이李 아무개와 종리從吏 박희수朴喜壽이다. 박희수는 문서 기록을 맡은 아전 출신으로 자못 시를 이해하여 종종 뛰어남을 발휘했으니 또한 기뻐할 만하다. 아울러 기록한다.

余友申君聖淵 豪舉俊爽 卓爾不羣 其爲文章 亦然 宕佚奇崛 得草堂餘響 每一聯出 噪於衆口 往年春 奉朝命 入耽羅還 渡海凡四 發船輒颶起 引而回泊 前後留舘 四十有餘日而始登陸 當其中流遇風 有御史某 同濟■謂已漂出天外 歸道其狀 時余在剡庄 聞之拍案稱奇曰 此天欲成就聖淵也 雖不幸而檣摧軸墊 必將騎鯨上天 誦傳竹枝之曲 令地上友 呼爲水中仙 或幸而長飇借便 落帆杭越間 遊覽名區 題詩弔古 使江左才子 知東韓有申聖淵者 則亦足爲詞林勝事 及其歸 亟訪瀛洲錄而讀之 比諸向之傳聞 不過坳沼而芥舟耳 聖淵一書生也 局束官京師 奔走軟紅塵裏 作齷齪生活 一朝衣青袍持使節 涉七百里溟波 自以爲奇遊騁矚 至羈留旅瑣 北望京國 便悽然太息 不禁龍鍾之淚 余亦爲之 廢卷掩抑者良久 嗟乎 聖淵吾輩 一杅飯一梪羹 日對婦子嬉愉 醉生夢死於石火光中 與蟪蛄蜉蝣 幾何不殊 曩使飄風焱焂 漫漫沺沺 浮遊於罔良之野 蒙轂之墟 風乎閬苑 浴乎紫沂 詠以歸 豈非生亦一愉快乎 吾於是 不能無遺憾也 聖淵而聞此 必拊掌大噱矣 然可愕而可喜 可驚而可悲者 悉發之於長短律諸篇 放逸則天馬之脫羈也 踔厲則巨魚之噴雪也 渟泓演迤 愈出愈奇 詩到於此 亦不可謂非觀海之助也 與之唱酬者 卽同僚李金吾 從吏朴喜壽也 喜壽者 出刀筆胥隸之中 頗能解韻語往往警拔 亦可喜也 並識之

44. 영주창화록 또 다른 서문

又一本

시는 뜻을 말하는 것이다. 오묘한 기미와 아득히 눈에 보이지 않는 것이 정신과 함께 융해되어 붓으로 종이에 성령性靈을 쏟아내면 그 길하고 흉하며 즐겁고 슬픈 징조가 종종 들어맞게 된다. 예를 들면 구준寇準이 "바다에 이르고 산을 넘는다."라고 쓴 시는 결국 남쪽 뇌주로 좌천되는 예언이 되었다.[329] 혹시 "지기志氣가 정신과 같다."[330]라고 하는 것이 아니겠는가?

내 친구 성연聖淵 신광수申光洙는 호탕하면서도 툭 트이고 우뚝하여 따를 자가 없었다. 그가 지은 문장 또한 그러하여 호탕하고 기이했으니 두보杜甫의 영향을 받은 것이다.

예전에 내가 성균관에서 공부할 때 성연과 함께 날마다 사송정四松亭에서 시를 지었는데, 성연이 나를 위해 「만흥漫興」 등 여러 시편을 낭송해 주었다. 그 시에 "구름 속 바다에서 솟아났으니 어느 섬인지 아득하고[雲間海出迷何島]"라고 읊기도 하였고, 또 "멀리 보이는 외로운 돛단배 어디로 가는가?[孤帆遠望去何之]"라고도 하였다.

내가 감탄하며 "이것은 신의 도움으로 이루어진 것이다. 훗날 반드시 배를 타고 바다를 건너는 행차가 있을 것이다. 이 시가 그 조짐

---

329 구준寇準이~되었다 : 구준은 송宋나라 때 명신名臣이다. 간신의 모함을 입어 도주사마道州司馬로 좌천되었다가 다시 뇌주雷州 사호 참군司戶參軍으로 좌천된 일이 있다. 그는 일찍이 "바다까지 겨우 10리인데, 산을 넘은 것은 만 겹이나 되리라.[到海只十里 過山應萬重]"라는 시를 지은 바 있다. 뒤에 뇌주雷州에 귀양을 갔을 때의 상황이 이전에 지은 시와 흡사하였기 때문에 예언이라고 말한 것이다.

330 지기志氣가~같다 : 『예기禮記』에 "청명이 몸에 있으면 지기가 신과 같이 된다.[淸明在躬 志氣如神]"라는 말이 있다.

이다."라고 하며 드디어 서로 웃다가 헤어졌다.

지난해 봄 성연이 금오랑金吾郞으로 조정의 명령을 받들고 탐라에 들어갔다. 다시 바다를 건넘에 네 번이나 배를 띄웠지만 번번이 폭풍이 일어 돛을 달고 돌아가 정박하였다. 전후로 객관에 머문 것이 40여 일이나 되어 함께 간 동료들과 수창한 것이 수백 편에 이르렀다. 다음의 시구가 가장 뛰어나다.

자주 깜박깜박 이름 없는 섬들이 생겨나고
갑자기 이따금씩 화려한 배가 보이네[331]
頻生點點無名島　　忽見時時似畵舟

온갖 일이 풍파 뒤에 밀려와
외로운 배에서 눈물을 흘리네[332]
萬事風波後　　孤舟涕淚中

한두 번 읊조리다 보면 완전히 예전에 읊조렸던 시 가운데 경물이 느껴지니 성연도 반드시 내 말을 기억할 것이다. 정신과 경치가 융합될 때를 만나면 천기天機가 저절로 움직인다. 그러나 그렇게 되는 이유를 알지 못하면서 그렇게 되는 것이 있으니, 10여 년 전에 예언한 말이 10여 년 뒤에 들어맞은 것이다. 무릇 고래 등 같은 파도를 건너는 어려움과 나그네 신세의 괴로움은 모두 이전에 미리 정해져서 피

331 자주~보이네 : 『석북집』 권7 「탐라록耽羅錄」의 「추자석박楸子夕泊」에 나오는 구절이다.

332 온갖~흘리네 : 『석북집』 권7 「탐라록耽羅錄」의 「한식우중寒食雨中」에 나오는 구절이다.

할 수 없는 것이다. 아! 이 또한 기이하도다.

사람이 한 세상을 살아감에 놀라 노래하기도 하고 울부짖으며 울기도 한다. 외물外物이 그 형체를 건드려 감정을 표출시키는 것은 천 갈래 만 갈래이고 뒤섞여 함께 몰려들지만 길함과 흉함, 좋고 나쁨이 나오는 것을 귀신이 반드시 먼저 안다. 이에 남몰래 사람을 기쁘게 하고 슬프게 하는 자루를 쥐고서 황홀하고 그윽한 경지에서 번득이는 재주를 잠시 펼치도록 속이며 신령한 마음과 지혜로운 말에서 현혹하여 서로 희롱하지만 사람들은 이것을 깨닫지 못한다. 그러다가 하루아침에 직접 찾아가고 눈으로 목도함에 비로소 놀라 멍하니 기이한 징조가 들어맞으니, 그 날뛰며 야유하는 자가 옆에서 손뼉 치는 것이 이상할 것이 없다.

그대가 이 문장으로 따져보면 반드시 휙휙 한숨 쉬는 듯 한탄하듯 "지난번에 유독 학서자鶴西子가 한 말이 있으니, 나는 더 이상 할 말이 없구나!"라고 할 것이다.

詩者 言乎志也 玄幾芒芴 與神爲解 陶寫性靈於毫楮之間 而其吉凶忻慽之符 往往而驗 如寇平仲 到海過山之語 卒成南遷之讖 則倘所謂志氣如神者非耶 余有友申君聖淵 豪擧俊爽 卓爾不羣 其爲文章 亦然 宕逸奇崛得草堂餘響 曩余遊太學 與聖淵日賦詩四松亭 聖淵爲余誦其漫興諸作曰雲間海出迷何島 又曰孤帆遠望去何之 余賞之曰 此神助也 然後必有帆海之行 詩其兆也 遂相笑而罷 往年春 聖淵以金吾郎 奉朝命 入耽羅 還渡海凡四 發舡輒颶起 引帆回泊 前後留舘 四十有餘日 與同行僚友唱酬 至百餘篇 有頻生點點無名島 忽見時時似畵舟 萬事風波後 孤舟涕淚中之句 最爲警絶 一再諷詠 宛然前日詩中物色也 聖淵必記余言矣 當其神與境會 天

機自動 有不知其所以然而然者 發讖於十數年之前 而所驗於十數年之後 凡鯨波跋涉之艱 羈旅困悴之憂 皆前定而不可違 吁亦異哉 人生一世間 或歌以咢 或咷以號 外物之觸其形而感其情者 千歧萬途 雜然並湊 而吉凶忻慽之來 鬼神必先知之 陰持其喜人憂人之欛柄 俏張閃弄於怳惚窅冥之際 假幻于靈心慧語 以相嬲戲而人不能覺 及夫一朝足蹈目擊 始愕眙自失 以爲奇徵異符 而無怪其跳踉揶揄者之在傍抵掌也 子試以斯文詰之 必有耆欸嚘嚶之聲曰 向者獨一鶴西子言之 聖淵休矣

45. 도구노포 서문

陶丘老圃序

도와자陶窩子[333]가 일찍이 나에게 "맛을 아는 것은 내가 남들과 같다. 그러나 모든 음식은 씹어서 목으로 넘기면 고기와 나물이 한가지이다."라고 말하였으니, 내가 항상 가슴에 새기고 잊지 않았다. 그의 맏아들인 가숙嘉叔 이재종李載種[334]이 도구陶丘 아래에 살며 몇 이랑의 밭을 가지고 채소를 심었다. 채소의 명칭은 유씨庾氏의 부추뿐만이 아니었으니[335] 집안사람들이 모두 그가 노련한 농사꾼인 노포老圃라고 칭찬하였다.

하루는 원양元陽 이구환李九煥[336]이 나에게 가서 보기를 요청하니, 드디어 지팡이를 짚고 함께 갔다. 그 밭에 이르니 밭은 곧 산등성이로 자갈이 섞인 흙에 척박하였다. 가숙嘉叔이 스스로 갈아서 밭을 일구어 그 흙에 거름주기를 매우 노력해서, 밭갈이에 흙이 잘 풀어지며 그 밭두둑은 윤택하게 잘 다듬어 놓았다. 씨앗에 비가 내리고 싹에 연무가 덮이니 매우 무성하여 볼 만하였다.

가숙嘉叔이 가지와 오이를 따서 나에게 먹어보라고 하였는데, 내가

---

333 도와자陶窩子 : 이경환李景煥(1696~1779)을 말한다. 본관은 여주驪州, 자는 행보行甫, 도와는 그의 호이다.

334 이재종李載種(1729~?) : 이경환의 아들로 가숙嘉叔은 그의 자이다.

335 유씨庾氏의~아니었으니 : 부추의 원문은 '이십칠종二十七種'으로, 남조南朝 제齊나라 유고지庾杲之의 밥상에는 늘 부추로 만든 반찬 세 가지[삼구三韭]만이 놓였다. 삼구三韭가 삼구三九와 음이 같은 것에 착안하여 "유랑이 어디 청빈하던가, 어채반찬이 27종이나 되는걸[誰謂庾郎貧 食鮭常有二十七種]"이라고 희롱한 고사가 있다. 『남제서南齊書』「유고지전庾杲之傳」에 나온다.

336 이구환李九煥(1731~1784) : 성호星湖 이익李瀷의 손자로, 호는 가산可山, 원양元陽은 그의 자이다.

씹어서 맛을 보니 맛이 좋아 고기와 채소가 어찌 다르겠는가? 그렇다면 가숙嘉叔의 채소밭은 곧 도와陶窩의 뜻을 따르고 가숙이 심은 것으로써 이름을 붙인 것인가? 내가 드디어 탄식하며 다음과 같이 말하였다.

"옛날의 노포老圃들은 채소를 만나고 만나지 않는 것을 시로 읊었으니 그대는 그것을 아는가?"라고 하였다. 내 듣기로 제갈諸葛은 성姓으로써 행하였고,[337] 원수元脩는 자字로써 전해졌으며,[338] 옥삼玉糝은 동파 노인을 만나 소중해졌고,[339] 은가銀茄는 부옹涪翁 때문에 아름다워졌다[340]라고 한다. 육식肉食의 비루함을 칭송하기보다 졸여捽茹의 훌륭함[341]에 이름을 의탁하는 것이 더 낫다.

대개 궁窮할 때에는 이름을 세우지 못하는 것을 근심하고 이틀 만

---

337 제갈諸葛은~행하였고 : 무후武侯는 제갈공명의 벼슬 이름으로, 제갈공명을 제갈무후로 불렀다. 제갈공명이 평소 '무'를 즐겨 먹었기 때문에, 제갈무후諸葛武侯가 '무'에게 제갈諸葛이라는 성을 주었고, 이후 무를 '무후채武侯菜'라고 불렀다.

338 원수元脩는~전해졌으며 : 원수는 송나라 인물 소곡巢谷(1027~1099)의 자이다. 그는 소식과 막역한 친구로 과거에 응시했으나 끝내 뜻을 이루지 못했다. 1083년 황주黃州에 있던 소식을 찾아갔던 바 소식의 부탁으로 사천四川에서 완두보다 작은 '새완두'를 가져와 황주에 심어주었는데 뒤에 소식은 황주사람들에게 새완두를 원수채元修菜로 소개하였다고 한다.

339 옥삼玉糝은~소중해졌고 : 옥삼은 토란을 가리킨다. 동파 소식이 토란국인 옥삼갱玉糝羹을 좋아하여 이를 칭송하는 시를 지었다.

340 은가銀茄는~아름다워졌다 : 은가는 흰색 가지를 말한다. 부옹涪翁은 황정견이 만년에 사용했던 호이다. 황정견의 「사양리도송은가謝楊履道送銀茄」라는 시가 전한다.

341 졸여捽茹의 훌륭함 : 졸여란 먹고 마신다는 의미로, 한漢 양웅揚雄의 『법언法言』「수신修身」에 "어두운 군주가 윗자리에 있으면 안회는 한 도시락 밥을 먹고 한 표주박의 음료수를 마시며 가난하게 살면서 또한 산골짝 다리의 암꿩처럼 자신의 도를 즐거워하였으니, 안회가 어찌 수척한 것이겠는가![闇闇在上 簞瓢捽茹 亦山雌也 何其臞]"라는 내용이 있다. 따라서 '졸여捽茹의 훌륭함'이란 단사표음簞食瓢飮과 같은 청빈한 생활을 의미한다.

에 한 번 먹는 것을 근심하지 않으며, 현달할 때에는 학문이 행해지지 않음을 근심하고 한 젓가락에 만금이 되는 음식을 근심하지 않는다. 진실로 도의道義의 믿음은 나물밥을 배불리 먹으면서 즐겨하는 것이다. 아! 가난은 옛날의 현인賢人도 면치 못했던 것이지만, 화려한 옷과 좋은 음식은 군자가 부끄러워하는 것이다. 그대의 채소밭은 곧 채소를 만나지 못했지만 또한 어찌 채소를 만나는 것을 부러워하겠는가?

근래에 경기 일대는 잦은 기근이 들어 수많은 집들이 흩어져 아침에 저녁끼니를 도모하지 못한다. 어떻게 하면 노포老圃의 솜씨를 나라에 베풀어 만백성을 이롭게 구제하고, 물에 빠진 사람을 구하는 큰 뗏목이 되며 위급한 병을 구제하는 신묘한 약재가 될 수 있겠는가? 저 훌륭한 밥상을 대하는 자는 편안히 여기고 근심하지 않으니 또한 어떤 마음인가?

옛사람이 이르기를, "고기를 먹는 자는 그 뜻이 비루하니, 콩잎을 먹는 자가 일을 도모한다."라고 하였다. 도모함에 있어서는 콩잎과 육식이 어찌 차이가 있겠는가? 백성이란 건드려주면 표현하고 안아주면 실토하니 진실로 나라와 백성을 이롭게 하는 것은 콩잎 먹는 자와 고기 먹는 자가 한가지인 것이다. 그러나 고기 먹는 자도 도모 하지 못하고 콩잎 먹는 자 또한 마땅히 도모하지 못한다. 비록 성인과 현인이 있더라도 어찌 능히 백성의 주림을 구제할 수 있겠는가?

가숙嘉叔이 어찌 능히 육식자를 위해 도모할 수 있겠는가? 슬프도다! 드디어 서문을 쓰고 또 「원소십이영園蔬十二詠」을 짓는다. 무자년戊子年[1768] 6월 24일이다.

陶窩子嘗語余曰 知味吾猶人也 然凡食物 咀嚼下咽 肉與蔬一 余嘗佩服而不忘 其伯胤嘉叔 居陶丘下 有數畝田 種以菜 菜之名 不啻庾氏二十七種 族人皆稱其老圃 一日 元陽要余往觀 遂杖而俱焉 至其圃 圃卽山脊也 土磽而薄 嘉叔自耕而爲田 糞其壤甚力 其耕澤澤 其畦濯濯 雨甲煙苗 甚蔚然可觀 嘉叔摘茄蓏而食余 余嚼以啖之 味之美 肉與蔬奚异哉 然則嘉叔之圃 卽陶窩之意 而名嘉叔以種乎 余遂喟然嘆曰 古人老圃賦 所謂蔬之遇不遇 君其知乎 吾聞 諸葛以姓行 元脩以字傳 玉糝得坡老而重 銀茄爲涪翁而姸 與其見賞於肉食之鄙 孰若托名於捽茹之賢 蓋窮患名之不立 而不患併日而食 達患學之不行 而不患一飭萬錢 苟道義之信 飽飯蔬食而樂爲 噫 貧窶 古賢之所不免 華衣華食 君子恥焉 君之圃 卽蔬之不遇 而亦何羨於蔬之遇乎 近者 王圻荐饑 萬室仳離 朝不謀夕 安得以老圃之手 施於邦國 利濟萬姓 以爲溺人之巨筏 急症之妙劑 于彼侊飯珍膳者 晏如而莫之憂焉 抑何心哉 古人云 肉食者鄙 故藿食者謀之 夫謀藿與肉奚間 有觸則發 有抱則吐 苟利於國與民 藿猶肉也 然肉不謀 藿又不當謀 雖神聖大賢在 惡能救民之飢 嘉叔其能爲肉食者謀乎 嗟夫 遂爲之序 又成園蔬十二詠 歲戊子六月二十四日也

46. 선조의 시호를 받는 이야기

延諡記

예전에는 시호가 없었다. 시호는 주周나라 선왕先王이 세상을 격려하기 위해 시작하였다. 반드시 덕을 높이고 공적을 보상하는 것은 한 시대의 포상이 될 뿐만이 아니라 또 백 년 동안의 영화로운 명성이 된다. 시호는 이미 『예기禮記』「표기表記」에 "선왕이 시호로써 이름을 높이고 한 가지 선행으로써 절취했다.[先王諡以尊名 節以壹惠]"라고 하였으니, 한 가지 선행이라고 말한 것은 선행이 비록 많지만 다만 가장 큰 것을 절취하여 그의 선행을 전적으로 드러내는 것을 말한다.

대개 시호라는 것은 그의 언행과 사업을 살펴서 반드시 한두 글자로 포폄하는 것이니, 살아 있는 사람으로 하여금 훌륭한 시호를 보고 사모하게 하며, 나쁜 시호를 보고 두려워하게 하여 포상이나 벌 없이도 훌륭하거나 그렇지 않은 사람들을 모두 권면하게 하고자 해서이다. 그러므로 후대 사람들이 한 번 그 시호를 듣고서 곧장 그 사람을 알게 되어 사람의 마음을 권면하게 된다. 선을 행하여 자신을 지키고, 충을 권장하여 임금을 섬기니 내면을 격발시키는 기미와 창단彰癉[342]하는 방법이 크게 세교世敎와 관련이 있다. 이 때문에 역대의 성스러운 임금과 어진 재상들이 시호를 가지고 권선징악을 삼았다.

지금 우리 임금님이 재위하신 갑신년[1764] 시호를 주어 기리고 권선하고자 하는 명이 있었다. 나라 안에서 응당 시호를 받아야 했지만 논의되지 못한 자들이 일시에 함께 일어났다. 나의 5대조 할아

342 창단彰癉 : 착한 자를 찬양하고 악한 자를 벌주는 일을 말한다.

버지 이상의李尙毅 공께서는 깊은 덕과 두터운 명망으로 선조 때 이름 있는 신하와 훌륭한 재상들 사이에서 으뜸이었다. 또 찬성공 이상의李尙毅의 큰아들 참찬공參贊公[343] 역시 높은 품계에 함께 올랐다. 정조鄭造[344]와 윤인尹訒[345]이 폐모론을 일으키자 참찬공은 대사간이 되어서 정의를 주창하여 이를 막았다. 또 참찬공의 아들 청선聽蟬 이지정李志定과 손자 태호太湖 이원진李元鎭[346]이 성균관에 있으면서 상소를 올려 정조鄭造·윤인尹訒·위경偉卿 등을 참소할 것을 청하였으니, 모두 참찬공의 명령을 따른 것이었다. 간악한 인물들이 간계를 펼치지 못한 것은 또한 이것으로 말미암은 것이다. 참찬공은 정사년[1617]에 돌아가셨는데, 이듬해인 무오년[1618]에 광해군이 인목대비를 폐하는 일로 여러 신하들을 협박하여 논의하게 하였다. 찬성공께서 '성효誠孝'라는 말을 인용한 것이 매우 간절하고 애절하였는데, 이 때 효성을 가지고 논의하는 자는 오직 네다섯 사람뿐이었다.

인조반정[1623]에 미쳐 참찬공이 계축년[1613] 폐모론이 일어났

343 참찬공參贊公 : 이지완李志完(1575~1617)을 가리킨다. 본관은 여주驪州, 자는 양오養吾, 호는 두봉斗峰이다. 선조 때 문과에 급제하고, 벼슬이 의정부 참찬參贊에 이르렀다. 시문에 능하여 1606년 중국 사신 주지번朱之蕃이 왔을 때 이호민李好閔·허균許筠 등과 접반하였다. 여성군驪城君에 봉해졌으며, 시호는 정간貞簡이다. 영의정에 추증되었다.

344 정조鄭造(1559~1623) : 본관은 해주海州, 자는 시지始之이다. 선조 때 문과에 급제하여 대사간 등을 역임했다. 광해군 때는 이이첨의 주구走狗가 되어 폐모론을 제기하고 인목대비를 유폐시켰다. 인조반정 때 원흉으로 지목되어 처형당했다.

345 윤인尹訒(1555~1623) : 본관은 파평坡平, 자는 인지訒之이다. 선조 때 문과에 급제하여 대사헌에 올랐다. 정조와 함께 폐모론을 제기하여 인조반정 때 처형당했다.

346 이원진李元鎭(1594~1665) : 본관은 여주驪州, 자는 정경鼎卿, 태호太湖는 그의 호이다. 인조 때 문과에 급제하여 효종孝宗 때 제주 목사濟州牧使가 되었다. 당시 하멜 등 표류한 네덜란드인들을 서울로 압송하고, 『탐라지耽羅志』를 편수하였다. 문과에 급제하기 전 성균관 유생으로 있으며 광해군光海君 때 인목대비仁穆大妃 폐모론에 반대하여 이원익李元翼 등과 귀양 갔다가 인조반정 후 풀려났다.

을 때 이의를 제기했다고 해서 특별히 의정부 좌찬성에 증직하였고, 예관을 보내서 제사를 지내게 하였다.

하사한 제문은 다음과 같다.

"지난 계축년 때 의리가 어둡고 막혀 의관만 갖춘 짐승이나 다름없어, 사직이 장차 무너질 지경이었네. 경께서는 대사간으로 정론正論을 앞장서서 주장하며, 요임금과 순임금을 인용하여 의로운 말을 일으켰네. 효가 국가에 드러났고 충성이 조정을 격발시키니, 온갖 관료들이 얼굴에 땀을 흘리고 간신들은 뼈가 오싹하였네. 우주에 우뚝 서서 거센 물결의 지주砥柱[347]가 되었도다."

또 찬성공을 재상으로 삼고자 하였는데 임금께서는 "이 공의 맑은 덕은 공경할 만하니 장차 크게 쓸 수 있을 것이다."라고 하였으나, 공신들이 꺼리면서 막는 자가 있었다. 이에 연평延平 이귀李貴[348]가 떨쳐 일어나 말하기를 "우리들 중에 누가 옛날 찬성공에게 미치는 자가 있어서 이 노인이 재상이 되려는 것을 막고자 하는가?"라고 하였다. 임금이나 신하들의 뜻이 모두 공에게 쏠려 있었으나 공은 오히려 강하게 거부하였다.

갑자년[1624] 이괄李适[349]이 난을 일으켜 인조께서 남쪽으로 행차

---

347 지주砥柱 : 중국의 황하黃河 거센 물살 가운데 우뚝이 서 있는 바위산으로, 혼탁한 세속에 휩쓸리지 않고 꿋꿋하게 자신의 절조를 지키는 군자에 곧잘 비유된다.

348 이귀李貴(1557～1633) : 본관은 연안延安, 자와 옥여玉汝, 호는 묵재默齋이다. 선조 때 문과에 급제하여 광해군 때 부사를 역임하였다. 광해군의 폭정을 보고 김류金瑬 김자점金自點과 함께 인조반정 의거를 준비하여 성공시켰다. 이로 공신으로 책봉되고 대사헌·좌찬성 등을 역임하고, 연평부원군延平府院君에 봉해졌다

349 이괄李适(1587～1624) : 본관은 고성固城, 자는 백규白圭이다. 무과에 급제하여 1622년 함경도 병마절도사로 부임하기 직전, 인조반정에 가담, 작전지휘를 맡아 반정을 성공하게 했다. 1624년 아들 전旃이 지식층과 사귀다가 공신들의 횡포로 인한 시정의 문란을 개탄한 것이 과장되어, 반역의 무고를 받고 영변의 군영에 금부

할 때 공은 병든 몸으로 수레에 올라 임금을 호위하였다. 돌아왔을 때 병이 깊어서 8월 21일 한양 정동의 자택에서 목숨을 거두었다.

슬프구나! 떳떳한 윤리가 다시 밝아지고 종묘사직이 곧 편안하게 된 것은 공이 정론을 주창한 힘에서 말미암은 것이다. 광해군 때와 인조 때의 덕망德望과 명절名節이 모두 시호를 논의하기에 부합하였고, 그 뒤 자손들이 벼슬한 자가 많지 않은 것도 아니었지만 모두 겨를이 없었다.

하루는 내가 집안 사촌 이영환李英煥[350]과 상의하며 "이전에 시호를 받지 못한 사람들을 모두 논의하고 있는데, 우리 선조만 유독 참여하지 못했으니 그대가 주선해보게나"라고 하니 "알겠습니다."라고 답하였다. 드디어 함께 한양으로 올라가서 집안사람 몇 명과 확교礭橋 이시탁李是鐸[351]의 집에서 모였다. 장계를 올릴 초안을 논의하고 문중의 땅을 팔아서 예물을 마련하였다.

나는 이재혁李載赫과 함께 제학提學 이정보李鼎輔[352]의 집에 가서 시장諡狀을 지어달라고 청하였다. 그 이유는 월사 이정귀 공과 찬성공께서는 혼인으로 맺어진 우의가 있었기 때문이었다. 이정보 공께서 처음에는 사양하는 듯했지만 끝내는 사양하지 않았다. 하지만 뒤에 어씨

도사가 당도하자 무능하고 의심 많은 공신들에 대한 적개심이 폭발, 난을 일으켰다. 서울에 입성한 지 이틀 뒤 장만張晩의 관군에 참패, 이천利川으로 도망했으나 부하 장수 기익헌奇益獻 등에게 목이 잘려 난은 평정되었다.

350 이영환李英煥(1716~1777) : 본관은 여주驪州, 자는 회근晦根이다. 원래 이현환의 백부伯父 이국휴李國休의 둘째 아들로 태어났으나, 숙부叔父 이적휴李積休의 후사를 이었다. ,

351 이시탁李是鐸(1743~1789) : 본관은 여주驪州, 자는 진민振民, 확교礭橋는 그의 호이다.

352 이정보李鼎輔(1693~1766) : 본관은 연안延安, 자는 사수士受, 호는 삼주三洲 또는 보객정報客亭이다. 영조 때 문과에 급제하여 예조 판서와 대제학 등을 역임했다.

魚氏 집안의 시장諡狀 일로 인하여 취사의 혐의가 있어서 군이 사양하여 억지로 맡길 수 없었다. 이에 백규伯規 채제공蔡濟恭[353]이 한 달이 걸려 두 분의 시장을 완성하여 태상시의 홍봉한에게 올렸다. 백 년 전의 일로써 건의하기를 "이 아무개 부자는 선조와 인조 두 조정을 두루 섬기며 모두가 공을 세웠습니다."라고 하였으니 대개 윤리가 무너지는 날을 당해서 바른 논의를 앞장서서 일으켰기 때문이다. 영조께서 허락하시고 또 두 분의 시장을 가져다 보았다.

병술년[1766] 2월에 판서 황인검黃仁儉이 죽어서 시호를 내리는데, 우리 집안의 시호도 이날 논의하였다. 응교應教 김귀주金龜柱가 이를 담당하여 익헌공翼獻公과 정간공貞簡公으로 모두 첫 번째 의망擬望으로 낙점을 받았다.

익헌이란 시호는 생각이 깊어 충을 향하고 내면에 덕을 갖추었다는 의미이고, 정간이란 시호는 맑고 곧게 절개를 지키며 정직스럽고 사악함이 없다는 뜻이다. 두 분의 시호의 뜻은 모두 사악함을 물리치고 바름을 세우는 뜻에 부합한다. 평소 그들의 행동을 생각해보면 서로 호환하며 실정에 부합하니 이 어찌 "시호로써 이름을 높이고 한 가지 선행으로써 절취했다"는 것이 아니겠는가? 자손들이 각각 재산을 모으고 돈을 불려서 4백여 금을 마련하였다. 무자년[1768] 4월 22일 경기도 안산 성촌 초당에서 시호를 맞이하였으니, 이곳이 신주를 받드는 곳이기 때문이다.[354]

---

353 채제공蔡濟恭(1720~1799) : 본관은 평강平康, 호는 번암樊巖·번옹樊翁, 백규伯規는 그의 자이다. 영조 때 문과로 급제하여 영조의 깊은 신임을 받았고 정조가 왕세손으로 대리청청한 뒤에는 호조판서 등으로 활약했다. 정조 즉위 후에는 남인으로 우의정에 제수되었다. 문집으로 『번암집』이 전한다.

354 신주를~때문이다 : 송대宋代에 연로하여 물러나는 관원에게 특전으로 주던 봉록

전랑銓郞 이세효李世孝가 명을 받들어 시호를 선포하였다. 연천漣川 현감 정재원丁載遠,[355] 안산安山 군수 조재만趙載萬[356]이 함을 들었고, 찬자贊者는 양천陽川 현감 한석항韓錫恒[357]이고 알자謁者는 금천衿川 현감 차형도車亨道였다. 서울에서 와서 모두 모인 자손들과 본향本鄕 및 이웃 마을 사람들이 와서 모인 자가 모두 300여 명이었으니 매우 성대한 행사였다. 이 신주에 글씨를 쓴 사람은 지사知事 성원聖源 홍중효洪重孝로 두 분의 신주를 고쳐 썼다.

다음날 익헌공의 신주는 정동貞洞의 4세손 이용휴李用休[358]의 집으로 옮겨서 봉안하였고, 정간공의 신주는 다시 수렛골[車洞]의 이주환李周煥[359]의 집으로 옮겨서 봉안하였다. 드디어 연시기의 전말을 이와 같이 기록하여서 후대 자손들에게 보여준다. 곧 무자년[1768] 4월 그믐이다. 아울러 기쁨을 표하는 시 몇 편을 지어서 집안사람들에게 일

俸祿으로 궁관사宮觀使·판관判官·도감都監·제거提擧·제점提點 등의 벼슬을 말한다. 녹봉만 받고 직책은 없었다. 궁관사 등의 관직이 원래 제사를 주관했기 때문에 붙여진 이름이다.

355 정재원丁載遠(1730∼1792) : 다산茶山 정약용丁若鏞(1762~1836)의 부친으로, 본관은 나주羅州, 자는 기백器伯이다. 영조 때 생원과 진사 시험에 모두 합격하고, 영조에게 제술을 인정받아 참봉을 거쳐 연천 현감, 정조 때 예천 군수, 진주 목사 등을 역임했다. 다산의 『목민심서』 서문에 다산 나이 6세에 연천 현감으로 부임한 부친을 통해 목민에 대해 배웠다는 기록이 있다.

356 조재만趙載萬(1719∼?) : 본관은 풍양豐壤. 자는 경박景博이다. 숙종 때 문과에 급제하여 당시 안산 군수로 재직하고 있었다. 안정복의 『순암집順菴集』에 의하면 조재만이 이구환李九煥에게 『성호사설』 원본을 빌려 필사했다는 기록이 있다.

357 한석항韓錫恒(1709∼?) : 본관은 청주淸州, 자는 성구聖久이다.

358 이용휴李用休(1730∼1792) : 본관은 여주驪州, 자는 경명景命, 호는 혜환재惠寰齋이다. 벼슬에 나가지는 않고 문예에 집중하여 문학적 명망이 있었다. 저서로 『탄만집』을 비롯하여 『혜환시초惠寰詩鈔』, 『혜환잡저惠寰雜著』 등이 있었다.

359 이주환李周煥(1695∼?) : 본관은 여주驪州, 자는 성종聖從으로 이현휴李憲休의 아들이었으나 뒤에 이담휴李覃休의 후사를 이었다.

제히 화답하게 한다.

古無諡 諡起於周先王勵世 必崇德報功 非徒一時之褒賞 又有百世之榮名 諡是已禮之表記曰 諡以尊名 節以壹惠 壹惠云者 善行雖多 但節取其大者 以專其善之謂也 盖諡者 考其言行事業 必以一二字褒貶之 使生者聞美諡而慕 覩惡諡而惧 不待賞罰 而賢不肖皆勸 故後世之人 一聞其諡卽知其人 所以勸化人心 爲善以持己 勸忠以事君 其激發之機 彰癉之術大有關於世 是以歷代聖君賢相 莫不持此以爲勸懲者也 今我聖上之甲申有贈諡褒勸之命 國之應得諡而未及議者 一時並起焉 余之五世祖贊成公宿德重望 爲穆陵朝 名臣碩輔之先 公之長子參贊公 亦同升崇品 當造訒廢母后論 參贊公爲諫長 倡正議以遏之 公之子聽蟬孫太湖 在太學倡疏 請斬造訒偉卿等 皆承公之命 奸凶之不得售其謀者 寔賴此也 參贊公 卒于丁巳及至戊午 光海以廢母后事 脅諸臣獻議 公引以誠孝語 甚懇惻 時以孝議者惟四五人而已 逮夫仁祖反正 以參贊公 癸丑時立異 特贈左贊成 遣禮官致祭 其文略曰 往在癸丑 義理晦塞 冠裳禽犢 社稷將屋 卿以諫臣 首倡正論引以堯舜 義勃于言 孝彰家國 忠激朝端 百僚汗顔 奸諛骨寒 獨立宇宙 砥柱狂瀾 又擬公冢宰 上曰 此卿淸德可敬 將致大用 勳臣有忌而沮者 李延平貴奮然曰 吾輩 疇有及李貳相者 乃欲沮此老作相耶 上下之意 咸屬於公 公猶固退 甲子适變 上南幸 公輿疾扈行 及還疾劇 以八月二十一日 考終于貞洞之第 噫 彛倫復明 宗杜乃安者 莫非由於倡正論之力也 兩世之德望名節 俱合議諡 其後子孫之冠冕者 不爲不多 而亦皆未遑焉 一日 余議於堂從英煥曰 前之不議諡者 擧皆議之 吾先獨不與 君其圖之否 曰諾 遂同入京 與若干宗人 會于礶橋是鐸家 議搆狀草 賣宗田 具禮幣 余與載赫往李提學鼎輔家 請製諡狀 盖爲月沙李相公 與贊成公 有姻友誼也 李提學

初雖有謙 終不得辭 後因魚氏謚狀事 以取舍嫌 固辭不可强屬 于蔡提學伯規 閱月而兩狀成 呈于洪相鳳漢 以百年前有建白曰 李某父子 歷事宣仁兩朝 俱有樹立 盖謂當倫常斁絶之日 倡起正論之故也 上許之 因取覽兩謚狀 丙戌之二月 黃判書仁儉 歿而贈謚 吾家謚 同日議之 金應敎龜柱當之 翼獻貞簡公 俱以首擬膺点 翼獻 思慮深遠 向忠內德之謂也 貞簡 淸白守節 正直無邪之謂也 兩謚之義 皆合於斥邪扶正之意 夷考其行 呼喚稱情 此豈非謚以尊名 節以壹惠者歟 子孫各鳩財殖利 備四百餘金 戊子四月二十二日 延謚于星村草堂 爲其奉祠宇所也 李銓郞世孝 奉命而宣謚 丁漣川載遠 趙安山載萬 擧函 贊者 韓陽川錫恒 謁者 車衿川亨道 子孫自京俱會 本鄕隣郡人來會者 合三百餘員 甚盛擧也 書寫人洪知事聖源 改題兩神主 翌日 大位 移奉于貞洞四世孫用休氏家 小位 更奉于車洞周煥氏家 遂記其始末如右 以示後之子孫 卽戊子四月晦日也 又作志喜詩數篇 使宗人齊和云爾

47. 추옹 이재덕을 위한 제문

祭楸翁汝厚文

유세차 무자년[1768] 여름 6월 25일에 우리 집안의 의추재 이재덕李載德 옹께서 돌아가셨고, 다음 해 3월 10일에 재종숙再從叔 현환玄煥은 계주鷄酒[360]를 들고 와서 통곡하며 다음과 같이 아뢰노라.

슬프도다! 하늘이 우리 두 사람을 태어나게 함에 같지 않은 것은 적게 하고 같은 것은 많게 하셨으니, 이것은 하늘이 우리 두 사람에게 특별한 인연을 부여한 것입니다. 옹과 저는 함께 증조할아버지 이광진李光鎭[361]의 후손입니다. 만약 우리 할아버지가 양자로 입적한 집으로 말할 것 같으면 옹과 저는 이미 단문복袒免服을 입는 친척이어서[362] 다른 사람의 처지에서 본다면 그의 죽음에 마음 아파하고 뼈를 찌르는 고통이 있기에 부족합니다. 지금 공께서 세상을 떠남에 어찌해서 제가 이토록 마음이 아프고 뼈를 찌르는 고통이 이 지경에 이르게 하는지요? 이것이 어찌 다른 이유가 있어서이겠습니까?

의추재 옹은 저보다 두 살 많아 나이가 거의 같습니다. 한양에서

---

360 계주鷄酒 : 척계두주隻鷄斗酒 혹은 적계서주炙鷄絮酒의 준말로, 변변찮은 제사 음식을 말한다.

361 이광진李光鎭(1615~1692) : 본관은 여주驪州, 자는 숙겸淑謙이다. 인조 때 진사에 합격하였으며, 음보로 남원부사에 이르렀다.

362 단문복袒免服을~친척이어서 : 상례喪禮 때 단문복을 입는 친척이라는 뜻으로, 흔히 먼 친척을 이른다. 이현환의 조부인 이직李溭은 이광진의 둘째 아들이었는데, 뒤에 이세진李世鎭의 후사를 이었기 때문에 이현환이 이렇게 말한 것이다. 단문복이란 시마緦麻 이하의 복服에서, 두루마기 따위의 웃옷의 오른쪽 소매를 벗고 머리에 사각건을 쓰는 것이다. 곧 종고조부從姑祖父, 고대고高大姑, 재종증조부再從曾祖父, 재종증대고再從曾大姑, 삼종조부三從祖父, 삼종대고三從大姑, 삼종백숙부三從伯叔父, 삼종고三從姑, 사종 형제 자매四從兄弟姊妹 등을 통틀어 이르는 말이다.

태어나 안산에서 늙어갔으니 사는 곳도 서로 같습니다. 어린 시절부터 함께 독서했고, 조금 자람에 함께 시를 읊었으니 이것은 추구하는 것이 서로 같은 것입니다. 성이 같은 일가의 숙질 사이로 나이도 서로 같고 거처도 서로 같으며 추구하는 것도 서로 같게 40여 년의 오랜 세월에 이르렀습니다.

지금 공께서 돌아가심에 저도 어찌 곧 그렇게 되지 않겠습니까? 다만 공과 저의 운명은 앞과 뒤로 나누어지는 차이가 있을 뿐이니, 이것은 천도天道라 알 수 없는 것입니다. 공께서는 6세에 부친이 돌아가셔서 고아가 되고, 10세에 할아버지께서 돌아가심에 오직 증조할머니와 할머니, 어머니만이 집안에 계셔서 쓸쓸하고 외로워 외가外家[363]에서 길러졌습니다. 인간 세상 가운데 공처럼 쓸쓸한 사람도 드물 것입니다.

3대의 홀로된 과부만 있고 집에는 일을 주관할 대장부가 없었습니다. 이에 저의 아버님께서 근심하시어 일을 관장하시며 자기 집안일처럼 돌보시어 일에 두서가 있게 되어서야 한결같이 종부宗婦에게 일임하셨습니다. 이에 형수께서 살아계셨을 때 매번 저와 이것을 얘기할 때면 끝없이 말씀하셨으니, 공의 집안사람들이 지금까지 칭송합니다.

공의 나이 겨우 13세가 되었을 때, 나의 아버님께서 또 매파를 구해 혼인을 논의하여 이 해에 공이 부인을 맞이하게 되었습니다.[364] 그

363 외가外家 : 이재덕의 어머니는 의령남씨宜寧南氏로, 참판參判에 추증된 남보명南輔明이 바로 그의 외할아버지이다.

364 공이~되었습니다 : 공이 맞이한 부인은 이휘진李彙晉(1677~1748)의 따님이다. 부인의 부친 이휘진의 본관은 전주, 자는 내경이다. 덕천군德泉君 이후생李厚生의 후손이고, 이헌李櫶의 아들이다. 거문고를 잘 탔고 음악에 조예가 깊었다. 함경 도사

리고 조금 자람에 용모가 훤칠해졌고, 어머님을 섬김에 효도를 다하였고 선조를 섬김에 그 정성을 다하였습니다. 일찍부터 일처리를 알아서 노복들을 관리하고 집안일을 주관하였으니 친족들이 모두 '우리 돌아가신 형님께서 자식을 잘 두셨구나!'라고 칭송하였습니다.

저와 공은 함께 서울에 있었는데, 매번 함께 거처하며 할아버지에게 공부하였고, 할아버지께서 세상을 뜸에 아버지께서 거두어서 가르치고 경전과 역사책을 주셨으니 읊조리는 소리가 우렁차고 기억력이 민첩하여 저는 매번 공에게 미치지 못함을 탄식했습니다.

성장함에 우리 이곡梨谷 집에 와서 머물며 과거 공부를 하였는데, 아버지께서 그것을 가져다가 평가함에 번번이 높은 점수를 받았습니다. 이에 훌륭한 명성이 점점 커지고 동료들이 추대하여 한두 번 과거에 응시하여 떨어졌으니 반드시 합격에 뜻을 둔 것은 아니었습니다. 꽃 피고 달이 뜨는 아침저녁 시를 읊조리고 노래를 하며 반드시 저와 수십 년 동안 함께하였습니다.

이후에 또 함께 경기도 안산 성촌聲村에 낙향하여 떨어져 살면서 아침저녁으로 의관도 갖추지 않고 편하게 서로 만났습니다. 이 당시는 당숙모와 형수께서 계실 때였습니다.

형수께서는 팔순의 홀로된 고모와 두 작은고모를 봉양하고, 아래로는 어린 자식들을 바른 길로 가도록 가르치고[365] 친척들을 대하기

로 재직 중에 예조 판서 이종성李宗城이 음악에 조예가 깊어서 악기를 만드는 데 적합하다고 천거하여 장악원 정에 제수되었다. 금천衿川에 살았다.

365 바른~가르치고 : 『춘추좌씨전』「은공隱公 3년 조」에, 위衛나라 장공莊公의 아들 주우州吁가 오만 방자하게 굴자, 현대부賢大夫 석작石碏이 장공에게 "아들을 사랑한다면 그에게 바른 길로 가도록 가르쳐서 잘못된 곳으로 빠져들지 않게 해야 한다.[愛子 敎之以義方 弗納於邪]"라고 충간忠諫한 말이 나온다.

를 한 집안사람들처럼 하여서 집안에서 흠잡는 말이 없었습니다.

공 또한 그 뜻을 받들어 양가가 화목할 때는 진실로 장공예張公藝[366] 처럼 함께 사는 즐거움이 있었으며, 병이 나거나 친척의 상사가 있을 때에는 마치 자기 집안의 일처럼 서로 돌보았습니다. 불행히도 정묘년[1747]에 공께서 어머니[367]의 상을 당했고, 하늘이 또 지금의 재앙을 내리셨습니다. 신미년[1751]에 나의 어머니께서도 저를 버리시고 세상을 떠나셨습니다.

공과 저 두 사람이 계속해서 화를 만나 10여 년을 지냈고, 또 함께 섬산剡山 가운데로 들어와서 두 집의 거리가 또 성촌처럼 밀접해서 아침저녁으로 다시금 예전처럼 만났습니다. 또 우리 친척들이 서로 모여 있음에 가난하고 곤궁한 자를 구휼하고 도와주는 일을 할 수 있는 것은 하였고, 간간이 제철 음식을 마련하여 함께 사는 사람들과 서로 즐겼습니다. 공께서 저의 집에 오시고, 저도 공의 집에 유숙하며 거의 며칠이 멀다 하고 서로 만나지 않은 때가 없었습니다. 이것은 덧없는 세상에서 쉽게 얻을 수 있는 일이 아니었습니다.

돌아보건대 저는 불효자로 사람 행색을 못하였는데, 을유년[1765] 겨울에 큰 재앙이 갑자기 저희 집에 닥쳐 점괴苫塊[368]에서 울고 흐느끼며 아득히 의지할 곳이 없었습니다. 또 삼년상이 끝나지 않았는데

---

366 장공예張公藝 : 장공예는 당唐나라 수장壽張 사람으로 9세世의 친족을 한집안에서 거느리며 생활하였다. 이에 고종高宗이 직접 그 집을 방문하여 그 비결을 물었는데, 그가 지필紙筆을 청한 뒤 단지 참을 인忍 자만 백여 차례 쓰자 고종이 눈물을 흘리며 비단을 하사하였다 한다.

367 어머니 : 원문은 천지天只로, 『시경詩經』의 "어머니는 하늘이시다.[母也天只]"라고 한 데서 나온 말이다.

368 점괴苫塊 : 침점침괴寢苫枕塊의 준말이다. 거적으로 자리를 삼고 흙덩이로 베개를 삼는다는 뜻으로, 거상居喪하는 예를 말한다. 『의례儀禮』「상복喪服」에 나온다.

저의 아내를 잃어 텅 빈 방에서 그림자만 보며 우두커니[369] 이미 늙은 홀아비 신세가 되었습니다. 이에 공께서 날마다 와서 저를 위로해 주시니 저도 덕분에 마음을 누그러뜨리곤 하였습니다.

그런데 생각지도 못하게 금년 2월 초7일 저녁에 갑자기 옹께서 중풍의 병환을 앓게 되었습니다. 당시 저 또한 병환으로 누워 있었지만 벌떡 일어나 병문환을 가니 옹께서는 이미 마비 증세가 있어 말을 할 수 없었습니다. 손만 마주잡고 밤을 지새며 온종일 함께 있었습니다. 다섯달 동안 병환이 계속되어 제 몸이 아플 때를 제외하고 거의 날마다 병석에 있는 공에게 가지 않은 날이 없었습니다.

슬픕니다! 사람의 계책은 완전하지 않아서 병은 심해졌으나 약은 약효가 없었습니다. 드디어 병이 심해져서 목숨이 끊어지는 지경에 이르렀습니다. 이때에 저는 눈물만 줄줄 흘렸고 손으로 어린아이의 젖을 몇 숟갈 입에 넣고는 영영 이별하고 말았습니다.

공께서는 아십니까 모르십니까? 아! 운명인가 봅니다. 돌아가신 형수님의 생일날 병이 들어 내종제가 세상을 뜬 날 생을 마쳤고, 돌아가신 형수께서 수를 누린 만큼 수를 누렸으니 어찌 죽고 사는 것이 이미 정해진 것이 아니겠습니까?

슬픕니다! 공은 돌아가셨고 저는 살아있음이 비록 같지 않지만, 집안 운명의 불행함은 똑같습니다. 저는 아내를 잃었고 공께서는 세상을 버리셨습니다. 어떤 사람들은 경중의 차이가 있다고 하지만 두 집안의 상황은 대략 서로 비슷합니다.

---

369 우두커니 : 원문은 창창倀倀으로 어디로 가야 할지 알지 못하는 모습을 형용한 말이다. 『예기禮記』「중니연거仲尼燕居」에 "예법이 없이 나라를 다스리는 것은 마치 소경이 혼자서 길을 가는 것과 같으니, 창창하여라 과연 어디로 가겠는가.[治國而無禮 譬猶瞽之無相與 倀倀乎其何之]"라는 말이 있다.

공께서는 매번 제게 두 명의 아들이 있음을 부러워하셨습니다. 옹께서는 자식이 없어 문중에 의탁해서 양자를 들이셨습니다. 그리고 비록 본처의 아들은 아니지만 만년에 4명의 아들을 얻어서 부자지간의 천륜의 정리를 알았으니 공께서는 저보다 무어 모자람이 있겠습니까? 또한 비슷하여 서로 같은 것이니, 대개 같은 것은 허다하고 또 비슷하여 크게 서로 같은 점을 덧붙일 수 있으니 무엇을 말합니까?

작년 가을 내 부인이 세상을 떠서 청연공淸淵公 선영 아래에 장사를 지내고, 그 서쪽을 비워 두어 제가 죽을 것을 기다리고 있으니 저의 묏자리는 이미 정해졌습니다. 공을 장사 지낸 곳과 백 보도 되지 않으니 내가 죽은 뒤에 공과 날마다 무덤 아래를 노닐 것입니다. 그 노닐고 친근한 일이 한결같이 인간 세상에 있을 때와 같을 것이니 두 영혼이 산빛과 물빛 가운데서 앞서거니 뒤서거니 하며 한 번 읊조리고 한 번 노래하며 제가 선창하고 공이 수창하며 천만 년 동안 죽고 사는 근심이 없다면 이른바 사는 곳이 같고 추구하는 것도 같다는 것입니다. 인간 세상의 즐거움보다 낫지 않겠습니까? 살아서는 가는 곳마다 서로 노닐고 죽어서도 억만 년 간 함께 살 수 있다면 그것이 제가 말한 특별한 인연이 아니겠습니까??

슬픕니다! 공의 지극한 행실과 훌륭한 덕은 친척들이 보고 들어 잘 알고 있으니, 저는 이 제문에서 굳이 세세하게 밝히지 않으려 합니다.

공의 상여가 장차 떠나려 하고 무덤에 묻힐 날도 멀지 않습니다. 공의 무덤과 제 아이의 무덤이 서로 바라볼 수 있는 거리여서 가면 서로 만날 수 있을 것입니다. 청하노니 저를 위하여 죽은 제 아이 재중載中에게 전해주시길 바랍니다. 저와 그 아이가 서로 이별한 지 이미 17년이 되었습니다. 상중喪中에서 남은 목숨을 부지하며 빈 몸뚱이

만 부지하고 있습니다. 또한 아이 어미가 세상을 뜬 뒤로부터 한 세상을 살아가는 즐거움이 하나도 없습니다. 그 아이는 자기 어미를 모시고 동생들을 거느리며, 나의 부모님의 곁에서 함께 모시고 있음이 반드시 이 세상에서 살 때의 평상시 모습과 같을 것입니다. 어찌 이 세상에 남아 있는 저처럼 옷과 음식을 걱정하며 마음을 어지럽히는 것이 있겠습니까? 올해의 제 나이가 곧 작년의 아이 어미의 나이이니, 저 역시 얼마 있지 않아서 영원히 저세상으로 돌아갈 것입니다. 골육의 모임에 함께할 수 있겠지요?

제가 죽을 날도 10여 년에 불과합니다. 모름지기 이로써 전하여 부모를 그리워하는 제 죽은 아들의 마음[370]을 위로해주시고 또 아들에게 처가 진심으로 저를 봉양하고 있다는 사실을 알려주시길 바랍니다. 정만 넘치고 말은 거칠어 글이 장황하게 되었지만 오히려 뜻을 다하지 못하였습니다. 또한 만가挽歌 수십 편을 엮었으니 신령께서는 굽어 살펴주십시오.

글을 쓰자니 오열하여 앞뒤로 할 말이 없습니다.
병중에 간절히 부탁하신 말씀은 마음속에 새겨두겠습니다.
오직 염과 장례는 공께서 원하는 대로 치르겠습니다.
상중에 있는 아들은 진실로 잘 돌보겠습니다.
집 안의 자식에게 부탁하여 함께 공부하게 하겠습니다.
또 공과 저처럼 끝까지 힘쓰도록 할 것이니

---

370 부모를~마음 : 『시경』「위풍魏風 척호陟岵」는 효자가 부역을 나가서 어버이를 잊지 못하는 심정을 노래한 것이다. 그 둘째 장에 "저 민둥산에 올라가서 어머님 계신 곳을 바라본다.[陟彼屺兮 瞻望母兮]"라는 말이 나온다. 이후 척호는 멀리 나가 있는 자식이 부모를 애틋하게 그리워하는 마음을 비유한다.

이것은 공의 소망이오 또한 저의 책무입니다.
숙질 사이에 영원히 간직하겠습니다.
아! 슬픕니다.

維歲 戊子夏 六月二十五日 吾家楸齋翁圽 趨三月十日 再從叔玄煥 携鷄酒來哭曰 嗚呼 天降生吾二人 而不同者少 所同者多 是天賦與別緣於吾二人也耶 翁與吾 同是曾王考之後 而若以吾王考所後家言之 翁與吾 已是袒免之親 以他人觀之 其死也 不足以傷其心剌其骨 而今翁之逝也 夫何使余傷心剌骨 至於此也 此豈有他哉 翁長於吾二年 年相同也 生於京 老於鄉 而居相同也 兒時同讀書 稍長同賦詩 是業相同也 以姓同族同之叔侄年相同 居相同 業相同 而至於四十餘年之久 則今翁之逝 吾安得不然乎 但翁與吾之命 有前後分之不同 此天道之所不可知者 翁六歲而孤 十世而尊王父卽世 惟尊曾王母王母暨慈母在堂 零丁孤苦 鞠養於外家 人世間 如翁之單孑者 罕矣 三世矜寡 家無丈夫人幹事者 先君子憂之 隨事管攝 視同同室 事有頭緖 一委於宗婦 先嫂氏在時 每與吾言此事 亹亹不已 翁家人 至今稱之 翁年纔十三 先君子又求媒議親 是歲委禽有室 而漸至長成容貌嶷嶷然 事慈盡其孝 奉先以其誠 夙知事務 禦奴僕而幹家事 族人皆稱吾兄有子 吾與翁 同在京也 每同居 而同受學於吾王父 王父下世之後 先君子 收以敎之 授之經史 誦聲弘亮 記性捷敏 吾輒歎其不如 及長 來留吾梨舍 課習程文 先君子 取而考之 輒多居首 華譽漸昌 同儕推詡 一再赴擧而不利 意不在必得 花朝月夕 吟詠嘯歌 必與吾同之 殆十數年 又同來于聲村 隔離而居 曉夕相從 不以衣冠 此時堂叔母先嫂氏在焉 先嫂 上而奉八耋偏姑暨兩小姑 下而訓孤兒以義方 視至親如一室 庭無間言 翁亦奉承其意 兩家和睦 實有公藝同居之樂 疾病喪親 相視如家中事 不幸丁卯 翁

遭天只之喪 天又降割于今 辛未之歲 先慈棄不肖 二人繼罹凶禍 過十餘年 又同入剡中 居室之間 又如聲村之密邇 夙夕過從 乃復如前 又如宗族相聚 凡於賙貧恤窮 可爲者爲之 間設時羞 與同人相悅 翁來我室 我宿翁家 殆無數日不相見之時 此浮世不易得之事也 顧余不孝無狀 粤在乙酉之冬 鞠凶巨釁 奄集私門 泣血苫塊 邈爾無依 三霜未畢 又喪伉儷 顧影空房 伥伥然 已作老鰥身世 翁日來慰余 余賴是而寬懷 不意今二月初七夜 翁遽患風患 余亦病臥 蹶起就診 則君已癱瘓不能語 握手扶將 經夜度日 五朔沈綿 除非身恙 殆無日不在病所 咄哉 人謀不臧 病變而藥不變 竟至於疾革而命殞 于時也 余涕蔌蔌下 手灌人乳數匙以訣之 翁其知耶 不知耶 其命也夫 病於先嫂氏晬辰 終於內從弟云亡之日 止於先嫂氏所享之年 豈非死生之前定乎 嗚呼 公坳余生 雖不同 家運之不幸則同 余之喪偶 公之捐世 人或謂輕重之有間 而兩家喪禍 大略相同 翁每稱余有兩箇子 而翁亦無子而有子托以門戶 雖非嫡子 晩年生四子 能知父子天倫之情 則翁何損於余哉 亦有彷佛而相同者 蓋同者許多 而又將添一大相同者 何謂耶 昨年之秋 室人云逝 葬于淸淵公塋下 虛其西畔 以待余歸 余之幽宅 亦已卜矣 與葬翁之地 不滿百步 則吾死之後 又與翁日夜相隨夜臺之下 凡其追遊親近之事 一如在人世同 兩魂 相先後於山光水色之中 一吟一咏 我唱翁酬 千萬年間 無死生之憂 則亦可謂居相同 業相同也 不其勝於人間之樂乎 生而到處相從 死亦萬億年同居 則其非吾所謂別緣者耶 嗚呼 翁之至行淑德 布在親戚之所覩記 余不欲縷縷於哀死之文矣 靈輀將駕 大歸不遠 相望之間 往則相逢 請翁爲吾傳語於吾子載中也 吾與渠相別 已十七年也 草土餘喘 軀殼徒存 又自渠母之歸 無一生世之樂 渠則陪其母 率其弟 同侍于吾父母之側 必如地上之常時 豈復如吾之在世憂衣食而亂心者乎 吾之今年 卽渠母昨年之年 吾亦幾何而永歸地下 與同骨肉之會耶 吾行遠 不過十餘年事 須以此傳之 以慰陟岵之懷 而又報其妻 至誠奉我之事也 情溢辭荒 語至張遑

而猶未盡意 又搆挽歌數十篇 靈其監耶 臨文嗚泣 語失先後 病中勤托 銘在肝腑 惟殮與葬 翁願是副 纍然棘兒 允克擔負 分付家豚 與同文學 又如翁我 終始以勗 是翁之望 亦吾之責 叔兮侄兮 永言佩服 嗚呼痛哉

48. 도와 이야기

陶窩記

도와자陶窩子 이경환李景煥이 당산棠山 아래에 집을 짓고 도와陶窩라고 편액하니, 근재공謹齋公이 그 일을 기록하고 또 나에게 이어서 글짓기를 명하였다. 하루는 내가 도와에 가서 도와주인陶窩主人에게 다음과 같이 물었다.

“사람이 그 거처에 호號를 붙임에 혹은 산수와 초목에다 아끼고 사랑하여 자기와 비교하는 뜻에 가탁하는데, 공이 도陶로 자호自號함은 어떤 뜻인가? 공의 거처인 당산棠山은 곧 옛날에 이른바 도당산陶唐山[371]이다. 또 도구陶丘라고 불렀으니 도구는 곧 요堯 임금이 도읍한 곳이다. 때문에 도당이라고 하였으니 스스로 도당陶唐의 백성에 비유한 것이 아닌가?

공이 바닷가에 거처했으니 대순大舜이 하수 근처에서 질그릇을 구운 뜻을 취한 것인가? 도陶라는 것은 진흙을 이겨 그릇을 굽는 것이니 도복도혈陶復陶穴[372]의 뜻을 취한 것인가?”

이에 공이 “내가 뜻을 취한 것은 근거가 있으니, 그대는 스스로 알 수 있을 것이리다.”라고 대답하여 내가 다시 말하였다.

“그렇다면 도陶의 뜻은 하나가 아니다. 질그릇을 굽는 집이 이와

---

371 도당산陶唐山 : 중국의 성군인 요堯 임금이 도陶와 당唐에 도읍을 정하여, 요임금이 사는 곳을 지칭하여 ‘도당산’이라 불렀다.

372 도복도혈陶復陶穴 : 주나라 태왕太王 즉 고공단보古公亶父가 기산岐山 아래로 옮겨와 나라를 세우고서 처음으로 국호國號를 주周라고 하였는데, 『시경』 「면緜」에 “고공단보께서는 땅을 파고 혈거穴居 생활을 하였을 뿐, 아직 번듯한 집이라는 것이 있지 않았다.[古公亶父 陶復陶穴 未有家室]”라는 구절이 나온다.

같이 작고 협소한데도 도陶의 뜻은 저처럼 넓고도 큰 것은 무엇을 말하는 것인가? 도당陶唐의 세대에는 오막살이 하는 백성들이 땅을 치며 노래를 부르고, 대순大舜이 하수 근처에서 질그릇을 구워도 마침내 훈전薰殿 부재阜財[373]하는 다스림을 이루었으니, 곧 요순도 도陶의 뜻을 취한 것인가?

고공단보古公亶父에 이르러서는 땅을 파고 혈거생활을 하여 아직 집이 없었다. 이에 '이곳에 머물러 살 만하다 하시고 여기에 집을 지으셨다.[曰止曰時 築室于玆]'[374]라고 하였으니 궁실宮室의 제도가 이로 말미암아 이루어졌다.

도陶의 뜻을 취함은 반드시 요, 순, 고공단보 이 세 가지를 먼저 하여 요순堯舜의 갓을 쓰고, 요순의 옷을 입고, 요순의 도를 즐기며 도와의 가운데에 거처하는 것이다. 그 당堂에 오르면 그 넓음이 끝이 없고, 그 방에 들어가면 그 안에도 안이 따로 없다. 도당陶唐과 도어陶漁의 도道가 육경六經에 실려 있으니,[375] 모두 도와가 가르침으로 여기는 바이다.

그 가르침이 이루어지면 아버지는 그 자애로움을 편히 여기고, 아

---

373 훈전薰殿 부재阜財 : 옛날에 순舜 임금이 오현금五絃琴을 만들어 타면서 남풍시南風詩를 지어 노래했는데, 그 시에 "남풍의 훈훈함이여, 우리 백성의 노염을 풀어줄 만하도다. 남풍이 제때에 불어옴이여, 우리 백성의 재물을 풍부하게 하리로다.[南風之薰兮 可以解吾民之慍兮 南風之時兮 可以阜吾民之財兮]"라고 한 데서 온 말이다.

374 이곳에~지으셨다 : 『시경詩經』「대아大雅 면綿」에 나오는 구절이다.

375 도당陶唐과~있으니: 맹자가 말하기를, "자로는 사람들이 그에게 과실이 있음을 말해 주면 기뻐하였다. 우왕은 선한 말을 들으면 절하였다. 대순은 이보다도 더 위대함이 있었으니, 선을 남과 함께하여 자신을 버리고 남을 따르시며, 남에게서 취하여 선을 행함을 좋아하셨다. 밭 갈고 곡식을 심으며 질그릇 굽고 고기 잡을 때로부터 황제가 됨에 이르기까지 남에게서 취한 것 아님이 없으셨다.[子路 人告之以有過則喜 禹 聞善言則拜 大舜 有大焉 善與人同 舍己從人 樂取於人以爲善 自耕稼陶漁 以至爲帝 無非取於人者]"라고 하였다. 『맹자孟子』「공손추상公孫丑上」에 나온다.

들은 그 효를 편안히 여기며, 남자는 밖을 편안히 여기고, 여자는 안을 편안히 여기며, 어른과 아이는 그 순서를 편안히 여기고, 붕우는 그 믿음을 편안히 여겨 천지만물이 각각 그곳을 편안히 여기는 것이니 이것이 도와의 교화이다.

하늘의 솔개와 연못의 물고기가 위아래에서 날고 뛰어오르며[376] 맑은 바람과 갠 달[377]이 산듯하여 끝이 없으니, 이것은 도와의 광경이다. 그렇다면 도와는 육합六合을 담과 지붕으로 삼고, 태극太極을 마룻대와 들보로 삼으며, 성誠을 문지도리로 삼고 경敬을 자물쇠로 삼은 것이니 명교名教의 이상향이다.

이에 도당陶唐과 도어陶漁의 즐거움을 즐겨 희희熙熙하며 호호皞皞하여 스스로 이르기를 '도당씨陶唐氏의 백성인가? 유우씨有虞氏의 백성인가?'라고 하였다. 이것은 바로 『시경』에서 이른바 '군자君子 도도陶陶'[378]이니, 도도라고 한 것은 한가하고 자적함을 이른다.

무릇 이와 같다면 도의 뜻이 어찌 크지 않겠는가? 도옹陶翁이 도와陶窩에서 책을 읽으며 늙음이 장차 이르는지도 알지 못하고 도와陶窩

---

376 하늘의~뛰어오르며 : 원문은 연비어약鳶飛魚躍이다. 『중용장구』 제12장에 "시詩에서 '솔개는 날아 하늘에 다다르고 물고기는 연못에서 뛰어 논다.[鳶飛戾天 魚躍于淵]'라고 하니, 이는 천지의 도가 상하로 밝게 드러나 있음을 말한 것이다."라고 하였다.

377 맑은~달 : 송유宋儒 정호程顥와 정이程頤 형제가 젊은 시절에 주돈이周敦頤를 공경하여 그에게 찾아가서 배운 것처럼 자신도 스승을 받들고서 배우고 싶다는 뜻이다. 광풍은 고상한 인격의 소유자를 뜻하는 말인데, 송나라 황정견黃庭堅의 「염계시서濂溪詩序」에 "용릉의 주무숙은 인품이 너무도 고매해서, 흉중이 쇄락하기가 마치 맑은 바람이요 갠 달과 같았다.[舂陵周茂叔 人品甚高 胸中灑落 如光風霽月]"라는 말이 나온다.

378 군자君子 도도陶陶 : 『시경』 「왕풍王風 군자양양君子陽陽」에서 "군자는 화락하여, 왼손에다 깃대를 들고, 오른손으론 날 춤추는 데로 부르니, 아 정말 즐겁도다.[君子陶陶 左執翿 右招我由敖 其樂只且]"라고 한 데서 온 말이다.

의 작은 곳에서 요순堯舜의 백성의 뜻을 지녔다면 위로 요순堯舜 임금이 있으니 끝내 어찌 들에 현자가 버려지는 근심이 있겠는가? 도陶의 뜻이 또한 도복도혈陶復陶穴에서 취하였다면 비옥한 언덕에 장차 큰 경계를 구획하고 작은 조리를 만드는[379] 날이 있을 것이다.

도와 한 지역에서 집을 이루어 온 집안이[380] 모두 흥기하기를 바라는 것이 어찌 없겠는가? 낮은 처마에 띠 풀을 깔고 앉음에 위로 비가 내리고 곁으로 바람이 불어도 화려한 방과 비단장막을 바라지 않는다. 거적을 입고 밭을 갈며 새끼를 띠로 매고 땔나무를 하더라도 고운 비단옷과 솜옷이 몸을 빛나게 하는 것을 바라지 않는다. 쌀겨도 배불리 먹지 못하지만 가득 쌓인 술과 고기로[381] 흥건히 취하며 기쁘게 즐기는 것을 바라지 않으니 즐거운 것이다. 그러니 도와가 어찌 몸을 편안히 하고 명命을 세우는 곳이 아니겠는가?"

도옹陶翁이 나의 말을 듣고 막걸리 한 병을 사서 서로 실컷 마시고 흠뻑 취하여 한바탕 크게 웃은 뒤에 마쳤다. 삼가 기문을 짓는다.

---

379 큰~만드는 : 『시경詩經』「대아大雅 면緜」에 "이에 큰 경계를 구획하고 이에 작은 조리條理를 만들며, 이에 흩어져 살게 하고 이에 이랑을 만드니.[迺疆迺理 迺宣迺畝]"라고 한 데서 온 말이다.

380 온 집안 : 원문은 백도百堵로 『시경』「소아小雅 홍안鴻雁」의 "우리들이 담을 쌓아, 백도를 모두 일으키니, 비록 고생은 하더라도, 끝내 편안한 집을 얻으리라.[之子于垣 百堵皆作 雖則劬勞 其究安宅]"라는 말을 발췌한 것이다.

381 가득~고기로 : 『춘추좌전春秋左傳』「소공昭公」 2년에, 제齊 나라 임금이 "술은 민수澠水처럼 많고 고기는 언덕처럼 많다.[有酒如澠 有肉如陵]"라고 말한 내용이 있다.

陶窩子 築室棠山之下 扁曰陶窩 謹齋公記其事 又命余續之 一日 余造陶窩 問于陶窩主人曰 人之號其居 或以山水草木 寓其愛慕比况之意 而公之以陶自號者 何意也 公之所居棠山 卽古所謂陶唐山也 又有陶丘之稱 陶丘卽堯之所都也 故謂之陶唐 得無自况於陶唐之民乎 公居于海濱 取大舜陶河濱之義乎 陶者 埏埴窰也 取陶復陶穴之義乎 公曰 余之取義則存 君可自得之 余曰 然則陶之義不一 陶之窩 如是其小且狹 而陶之義 如彼其廣且大矣 何謂也 陶唐之世 蔀屋之民 擊壤而歌 大舜之陶河濱 而終成薰殿阜財之治 則堯舜亦有取陶之義乎 及至古公 陶復陶穴 未有室家 曰止曰時 築室于玆 則宮室之制 由是而成 陶之取義 必先斯三者 而冠堯舜之冠服堯舜之服 樂堯舜之道 居于陶窩之中 則升其堂 其廣無外 入其室 其內無內 陶唐陶漁之道 載之於六經者 皆陶窩之所以爲敎也 其敎之成也 父安其慈 子安其孝 男安于外 女安于內 長幼安其序 朋友安其信 天地萬物 各安其所 此陶窩之敎化也 天鳶淵魚 飛躍上下 光風霽月 灑落無邊 此陶窩之光景也 然則陶窩以六合爲垣宇 以太極爲棟樑 以誠爲棖 以敬爲鑰也 而名敎之樂地也 於是乎 樂陶唐陶漁之樂 而熈熈皥皥 自謂曰 陶唐氏之民歟有虞氏之民歟 此正詩所謂君子陶陶 陶陶云者 閑暇自適之謂也 夫如是則陶之義 豈不大乎 陶翁讀書于陶之窩 不知老之將之 抱堯舜君民之志於陶窩之小 而上有堯舜之君 則終何有野遺賢之憂乎 陶之義 亦取於陶復陶穴則膴膴之原 將有迺疆迺理之日矣 一區陶窩 豈無俾立室家 百堵皆興之望乎 矮簷草坐 上雨傍風 而不願乎華屋錦帳 被苫而耕 帶索而柴 而不願乎纖纊之耀身 糠粃未厭 而不願乎澠酒陵肉 淋漓而歡醺 則樂哉 陶窩也 豈非安身立命之地耶 陶翁聞余言 買村醪一壺 相與痛飮 陶然一醉 大噱而罷謹爲之記

49. 근재공전서 발문

謹齋公篆書跋

근재공 이관휴는 뜻이 매우 높아 옛것을 즐기고, 서적과 그림에 있어 옛것을 모아서 고증하고 궁구하였으니 이 또한 매우 어려운 일이다. 어려서부터 전서篆書를 익힌 지 거의 수십 년이다. 관청의 편액을 쓰고 족자에 글씨를 썼는데 사람들이 간혹 이것을 받아서 법으로 삼고 근재공 역시 전서로 자부하고 있다.

나는 전서에 대해 잘 몰라 근재공의 경지에 대해서는 논할 수 없지만, 전서의 법도를 얻었다고 하니 지금 세상에 매우 어려운 일이다. 대개 옛날에 창힐은 새 발자국을 보고 글자를 만들었고, 무광務光[382]은 해엽전薤葉篆을 만들었고, 사주史籒[383]는 대전大篆을, 이사李斯[384]는 소전小篆을 만들었다. 곽충서郭忠恕[385]의 『법서원法書苑』에 "소전小篆이 흩어져서 팔분八分이 생기고, 팔분이 부서져서 예서隸書가 나오고, 예서가 무너져 행서行書가 만들어지고, 행서가 광狂이라면 초서草書는 성聖이다. 예서 이하는 나는 보고 싶지 않다."라고 했다. 그렇다면 소전은 옛것이 아니다. 세대가 내려오면서 옛 법은 황폐해지고 글씨체는 변화되었다.

---

382 무광務光 : 은나라 탕왕 때의 선인仙人으로 탕의 선양禪讓을 피해 은둔하면서 염교[薤]를 심어 먹었던 사람이다. 해서薤葉篆는 무광이 불어오는 바람에 잎이 엇갈려 쓰러지는 모습을 보고 만든 서체로, 흔히 '도해서倒薤書'라고 한다.

383 사주史籒 : 주周 나라 때 사관史官으로 학동學童을 가르쳤다.

384 이사李斯(?~BC 208) : 중국 진秦 시황始皇 때의 재상으로 순자荀子의 문인이다. 진시황을 도와 천하를 통일하고 군현郡縣 제도를 확정하였으며 분서갱유焚書坑儒를 단행했다. 문자를 통일하기 위해 대전大篆에 바탕을 두고 소전을 제정했다.

385 곽충서郭忠恕(?~977) : 북송北宋의 문신·서법가·화가이며 자는 서선恕先이다. 문자학에 자세하였으며 전서·예서에 능했다.

우리나라에 이르러서는 미수眉叟 허목許穆[386] 선생이 출현하면서 강개하여 옛것을 사모하였다. 드디어 과두蝌蚪[387]의 전서에 종사하였으니 마치 옥을 굽혀놓은 듯 황금이 드리워진 듯, 난새와 봉황이 날아다니는 듯하여 일가의 법도를 이루었다. 이것은 하늘이 글씨로써 우리나라를 보배롭게 하는 것이니, 지금까지 미수의 글씨가 세상에 전해지는 것이 많다.

근재공 또한 미수의 전서를 높이고 신봉하기를 마치 칠십 명의 제자가 공자에게 복종하는 듯하였다. 때때로 모방해서 글씨를 이루니, 이미 글씨가 집집마다 퍼져 집안사람들이 보배로 간직하고 있다.

아! 성인들이 글씨를 만든 이유를 곰곰이 생각해보고 다시 우러러 하늘을 바라보고 땅을 굽어 관찰하면, 천지와 산천에서 네모나고 둥글며 흐르고 가파른 모습을 알 수 있고, 해와 달과 별자리에서 우주의 경위와 빛이 도는 법도를 알 수 있으며, 구름과 노을과 초목에서 분포와 퍼짐의 나뉨을 알 수 있으며, 의관과 문물에서 읍양과 주선의 형태를 알 수 있으며, 수염과 눈썹, 입과 코에서 기쁘고 화나고 편안하고 참담한 모습을 알 수 있으며, 충어와 금수에서 굽고 펴지고 날고 움직이는 이치를 터득할 수 있으니,[388] 손 가는 대로 온갖 모습으로 변화되며 마음먹은 대로 성취하게 된다. 삼재의 기상을 통달하고 만물의 정황을 갖추었다고 이를 만하다.

근재공께서도 이러한 뜻을 이해하여 능하지 못한 것을 증대시킨

---

386 허목許穆(1595~1682) : 본관은 양천陽川, 자는 문보文甫·화보和甫, 미수眉叟는 그의 호이다. 정구鄭逑의 문인으로 예송禮訟 논쟁에서 남인南人을 주도하며 송시열宋時烈의 서인西人과 대립하기도 하였다. 고문과 전서를 깊이 연구하였다.

387 과두蝌蚪의 전서 : 주대周代 이전의 문자 가운데 하나로 글자 획이 올챙이 모양과 같다고 해서 붙여진 이름이다.

388 아!~있으니 : 이 구절은 당순지唐順之 찬撰『패편稗編』에 실린 이양빙李陽氷의「논고전論古篆」에 보인다.

다면 얼마 있지 않아서 고인의 경지를 이룰 터이니 이양빙李陽氷[389]이 근재공보다 못할지 어찌 알겠는가? 근재공은 비록 늙고 쇠하였지만, 만약 이런 마음을 미루어서 확대하여 문장에 이른다면 어찌 훌륭하지 않겠는가?

나는 일찍이 공벽孔壁의 유문遺文[390]과 급총汲冢의 옛 죽간[391]이 연대가 점점 후대로 오면서 오류가 많아 심지어 채중랑蔡中郎[392]이 풍豐을 두고 풍豊과 같게 보며, 이사가 속束자를 가지고 송宋으로 여기는 지경에 이르렀음을 안타까워했다. 어魚와 노魯를 한결같이 분별하지 못하며, 경위涇渭[393]가 함께 흘러서 학자들이 오류를 답습하여 회복할 길이 없으니, 유독 서법에서만 어찌 이상하겠는가?

공이 만약 옛것을 본받으면 훗날 공을 본받는 사람들이 공이 옛것을 본받는 것과 같아, 백 년 뒤에 다시 미수 허목의 전서를 도와줄 것이니 어찌 훌륭하지 않겠는가? 지금 세상에서는 옛것을 좋아하는 사람을 전혀 보지 못했다. 때문에 나는 공의 서법에 대해서 이렇게 얘기한다. 안타깝구나. 삼가 발문을 쓴다.

---

389 이양빙李陽氷 : 당나라 서예가로 자는 소온小溫이다. 하북성 조군趙郡 사람으로 소전小篆을 잘하였다. 그의 필법은 진秦나라 「역산각석嶧山刻石」에서 나왔다고 하며 진秦나라 전서의 변화에 큰 영향을 끼쳤다.

390 공벽孔壁의 유문遺文 : 한漢나라 때 노공왕魯恭王이 궁宮을 넓히기 위하여 공자孔子의 구택舊宅을 헐다가 그 벽壁 속에서 얻은 『고문상서古文尙書』, 『예기禮記』, 『논어論語』, 『효경孝經』 등을 가리킨다.

391 급총汲冢의 옛 죽간 : 진晉나라 때 급군汲郡 사람 부준不準이 발굴發掘한 선진先秦 시대의 고문서를 말한다. 죽간竹簡에 과두 문자蝌蚪文字로 수만 언言이 쓰여 있는데 내용에 있어서 육경六經과 상치되는 부분이 많다.

392 채중랑蔡中郎 : 후한 때 중랑장을 지낸 채옹蔡邕(132~192)을 말한다. 육경六經의 문자文字를 확정하여 비석을 세웠다.

393 경위涇渭 : 중국 섬서성陝西省의 경수涇水와 위수渭水를 말한다. 경수는 흐리고 위수는 맑아 서로 다른 물줄기인데, 함께 흘러 분변이 없다는 말이다.

謹齋公 嘐嘐然嗜古 凡於書籍圖畵 必裒集古蹟 以攷證攷覈 斯亦大煞難矣也 自少習於篆書 殆數三十年 扁館廨而題障簇 人或受而取法焉 公以是自任 余嘗昧於篆法 未敢論公之造詣 而已得篆籀之宗旨 今之世 大煞難矣 盖古者倉頡 觀鳥跡造書字 務光作薤葉篆 史籀作大篆 李斯作小篆 郭忠恕法書苑曰 自小篆散而八分生 自八分破而隸書出 隸書悖而行書作 行書狂而草書聖 自隸以下 吾不欲觀 然則小篆非古也 及至世降 古法茫昧 字体變化 至于我東 眉叟先生出 而慨然慕古 遂從事于蝌蚪之篆 如玉屈金垂 鸞翔鳳翥 成一家法 是天以字寶瑞吾東也 至今傳于世者多 公又尊信眉篆 有若七十子之服孔子 時或摹而成之 已書遍家 家人多寶藏 噫 緬想聖達立制造書之意 乃復仰觀俯察 則得方圓流峙之形於天地山川 得經緯昭回之度於日月星辰 得霏布滋蔓之分於雲霞草木 得揖讓周旋之体於衣冠文物 得喜怒舒慘之容於鬂眉口鼻 得屈伸飛動之理於[394]虫魚禽獸 隨手萬變 任心所成 可謂通三才之氣像 備萬物之情狀者矣 公曾亦會此意 而增益其所不能 則幾何而至於古人堦級 而安知陽氷不有愈於斯乎 公雖衰耄 若推而大之 以及於文章 則豈不多乎哉 余嘗恨夫孔壁遺文汲冢舊簡 年代浸遠 謬誤滋多 至有蔡中郎之以豐同豊 李丞相之將束爲宋 魚魯一惑 涇渭同流 學者 承訛襲謬 靡所遷復 獨於書法 奚異哉 公若一以法古爲心 則後之法公 猶公之法古 而百歲之下 又將羽翼於眉叟篆矣 豈不韙乎 今世絶未見好古之人 故余於公之書法 亦有所云爾 嗟夫 謹爲之跋

394 원문에는 於가 생략되어 있으나 이양빙의 글을 참조해서 보충하였다.

50. 부인 함창 김씨를 위한 제문

祭亡室咸昌金氏文

유세차 정해년[1767] 9월 초10일 나의 부인 함창咸昌 김씨金氏가 세상을 떴다. 이듬해인 무자년[1768] 9월 초9일 갑오에 남편 이현환은 특별히 변변찮은 제수를 마련하고 제문을 들고서 부인의 영전에서 이별을 알리며 다음과 같이 아뢰노라.

그대가 세상을 뜬 날, 내가 최마衰麻 상복[395]을 입고 있어서 그대에게 한 마디 말을 하지 못하였습니다. 내일이 곧 소상 날인데, 예에 의거하면 장차 상례의 빈소를 철수하고 사당에 들어가야 합니다. 무덤의 풀은 이미 무성하고 내가 입은 상복도 장차 벗으려 하니 내 어찌 끝까지 한 마디 말이 없을 수 있겠습니까?

슬픕니다! 죽고 사는 것은 한가지입니다. 공자께서 "사는 것도 모르는데 어찌 죽음을 알겠는가?"라고 하셨습니다. 나는 이미 그대의 삶을 알고 있으니 어찌 그대의 죽음을 모르겠습니까? 사람이 태어남에 부모의 정기를 받아 모아서 모습을 이룹니다. 자식에게 부모나, 부모에게 자식은 한 몸이면서 둘로 나뉘어져 있고, 동기同氣이면서 이식異息입니다. 비유하자면 초목에 꽃과 열매가 있는 것과 같으니, 비록 그가 죽은 이후에 기운은 소멸되어 사라지지만 정신은 감응하여 만나고, 영험함이 서로 부응하는 것은 필연의 이치입니다.

부모는 비록 천 리의 밖에서 죽더라도, 그 자식의 죽고 사는 것에 감응하지 않음이 없으니 무엇을 말하는 것입니까? 그대가 세상을 뜬

395 최마衰麻 상복: 부모의 상중에 아들이 입던 베옷 상복을 말한다.

이후에 부고를 내지 않았는데, 장인과 장모의 영령께서는 이미 천 리 밖에서 감응하여 그대를 장사 지내기 하루 전 저녁에 극보極甫의 아들이 소식을 듣지 못했는데도 와서 하관하며 곡을 할 때에 참여할 수 있었습니다.

이 사람이 비록 말은 하지 않았지만 그대 부모의 영혼이 이미 당신이 죽었다는 것을 알고 반드시 그의 손자에게 가보게 하여 하관하기 전에 도착하였던 것입니다. 신리神理가 서로 감응한 것이 어찌 밝고 밝지 않겠습니까? 그렇다면 죽고 사는 순간에 정신이 감응하는 이치는 사람이라면 모두 이와 같은 것입니까? 아니면 그대 부모의 마음이 다른 부모의 마음과 달라서 그런 것입니까?

슬픕니다! 사람치고 누군들 부모의 정이 없을 수 없지만 그대 부모와 같은 이는 없습니다. 사람치고 누구나 부부의 의리가 없겠는가마는 그대만큼 부부의 의리가 깊은 이는 없고, 사람치고 죽고 사는 한이 없겠는가마는 그대를 잃고 나처럼 한스럽게 곡을 하는 이는 없습니다.

부모의 지극한 정이 이미 이와 같기 때문에, 부부의 의리도 여기서 생겨났습니다. 부부의 의리가 깊음이 또 이와 같았기에 죽고 사는 한스러움이 또한 이로부터 생겨났습니다. 무엇을 말하는 것일까요?

장인과 장모는 일찍이 자식이 없어서 단지 그대 한 명만 있었을 뿐입니다. 때문에 그대를 대장부처럼 여기고 모든 사랑을 쏟았으니 진실로 보통을 벗어난 것이었습니다. 비록 이미 그대가 성장한 이후에도 문득 하루 떨어져 있더라도 걱정하였습니다.

그대는 본래 영남 사람으로 나를 따라 천 리 멀리 와서 이미 한양에는 성이 같거나 사사로운 친척 한 명도 없었습니다. 때문에 나의 집을 의지하고 믿는 것이 비단 다른 출가한 사람과 다를 뿐만 아니었습니다. 부모의 지극한 정 역시 누가 다시금 그대의 부모와 같겠습니까? 부부의 무거운 의리가 누가 다시 그대가 나에게 시집온 것과 같겠습니까?

사람들이 병이 있으면 반드시 약을 써서 온갖 방법을 동원하고 여러 처방을 합니다. 더러는 땅과 토지를 팔고 집을 파는 자도 있으니 대개 그것은 살리고자 해서입니다.

그대의 고질병은 다시 소생할 가망이 없지 않았으나 내가 상중에 있어서 직접 의원을 찾아보지 못하였습니다. 다행히 조금 차도가 있었지만 집안 항아리에는 곡식이 없었기에, 쌀을 새로 구하느라 병의 빌미가 되어 결국에는 그대가 죽게 되었습니다. 목숨이 이처럼 가벼울 수 있겠습니까? 이것은 나의 지나친 소홀함으로 인한 것입니다. 또한 사람이 죽은 후에 반드시 그의 수의와 관곽을 화려하게 꾸미려고 하는데 이는 빨리 썩게 하고 싶지 않아서입니다. 하지만 그대의 장례는 면으로 된 수의에 해판海板에 불과하니, 남은 한이 깊어 그대와 함께 죽고 싶을 뿐입니다. 이것이 제가 말한 부모의 정과 부부의 의리와 사생의 한입니다.

슬픕니다! 오직 우리 장인 백남공白南公[396]께서는 본래 영남 사람으로 재주가 뛰어나고 문장을 일찍 이루었습니다. 열아홉에 과거에 급제하여 서울에서 벼슬살이를 하였습니다. 벼슬한 이후에는 서울에 산 날이 영남에서 지낸 날보다 많았습니다. 그대 또한 영남에서 태어

396 백남공白南公 : 김시빈金始鑌(1684~1729)을 지칭한다. 본관은 함창咸昌. 자는 휴백休伯이며 백남白南은 그의 호이다. 경상도 영천 출신으로 숙종 때 문과에 급제하였다. 필선弼善을 거쳐 장령掌令을 맡았고, 이인좌의 난이 확대되자 현재의 울산인 학성현의 부사가 되었다. 선정을 펼치다가 임지에서 죽었다. 성대중은 『청성잡기靑城雜記』에서 김시빈과 권만 등을 영남이 배출한 문장가로 평가하였다.

나고 서울에서 성장하였으나 온 집안 가족들이 모두 영남에 있으니 어찌 영남 사람이 아니겠습니까?

지난 무신년[1728] 가을 7월에 나는 그대에게 장가를 들었는데, 그대 나이는 열일곱이고 내 나이는 열여섯이었습니다. 당시 백남공白南公께서는 대를 이을 아들이 없었고, 그대의 언니께서 하회河回로 시집을 가서 집안에 양육할 지식은 오직 그대뿐이었습니다. 장인 내외는 그대 때문에 나를 매우 애지중지하기를 그대와 다름없었습니다. 나는 몇 개월간 가르침을 받았는데, 온통 학문을 권장하는 말씀 아님이 없어서 장인의 덕을 보고 마음에 감화가 되어 장인을 훗날 어진 스승과 시귀蓍龜로 삼고자 하였습니다.

장인께서는 당시 조정의 명을 받아 학성현鶴城縣 지방관이 되어 남쪽으로 갈 때에 그대 또한 따라갔습니다. 20세의 나이에 천 리의 길을 갔지만 조금도 어려워하지 않았습니다. 그대 또한 가문이 쇠락하고 복이 없어서 장인께서 백성을 다스린 지 반 년이 되지 않아 기유년[1729] 3월 초5일에 갑자기 돌아가시게 되었으니 그대의 개인적인 비통함만이 아니고, 나 역시 장인 백남공白南公에게 건 기대가 마땅히 다시 어떠하였겠습니까?

혼인한 초기에 갑자기 이 일이 있었으니 이것은 하늘이 나를 돕지 않은 것이니 천명을 어찌하겠습니까? 공은 아들이 없었고 영남 객지에는 초상을 주관할 사람이 없었습니다. 그대는 나이 어린 부인으로 갑자기 이러한 큰 어려움을 만났으나 장례 물품을 홀로 마련하였고, 이미 초상과 종상을 처리하고 홀로 계신 장모님을 돌보아 고향 학가산鶴駕山[397]에 장인을 장사 지냈습니다. 장모가 그대를 따라와서 죽주竹州[398] 용천湧泉 집에 우거하였으니, 대개 그대를 위해 서울을 오가려 해서였습니다.

그대는 우리 집에 와 있으면서도 때때로 혹 가서 살펴보기를 수년간 하였지요. 이에 장모가 오히려 서로 오래도록 떨어져 있는 것을 근심하여 오히려 우리 이곡梨谷 종가를 사서 그대와 함께 거처하며 서울에서 분주히 편치 못했던 것은 전적으로 그대의 처지 때문이었습니다. 이러한 마음은 인간 세상에서 드문 듯합니다.

또 정사년[1737] 정월 2월 21일에 장모님이 세상을 떠났으니 하늘이 어찌 차마 이럴 수 있단 말입니까? 그대가 나에게 시집온 지 10년 만에 부모님을 모두 잃고 홀로 장례 물품을 주관하고 고향 학가산에 합장하였습니다.

전후에 걸쳐 부모님의 상을 치름에 그대는 정성을 다하였고, 책임을 다하였습니다. 비록 아들이 있었다 하더라도 어떻게 이보다 더 나을 수 있겠습니까? 나도 장지葬地에 임하여서 한 번 통곡하고 봉곡蓬谷의 집으로 가서 머물며, 우제虞祭와 졸곡卒哭을 마치고 돌아왔습니다. 그대에게는 이미 성안에 같은 집안사람이 없었으니 만약 처가가 아니었다면, 그대처럼 외롭고 의지할 곳 없는 이가 누가 있었겠습니까? 그대는 하루라도 떨어지고 싶지 않은 마음으로 영원히 의지할 곳을 잃었으니 누가 불쌍히 여기지 않겠습니까?

임술년[1742] 봄에 서울에 큰 전염병이 돌았습니다. 그대는 마침

---

397 학가산鶴駕山 : 경상북도 안동시 북후면·서후면과 예천군 보문면 경계에 있는 산을 말한다.

398 죽주竹州 : 경기도 안성지역의 옛 지명이다.

임신을 했기에 급히 경기도 섬산의 옛 집에 피했다가 성촌에 집을 짓고서 살았습니다. 신미년[1751] 정월에는 하늘이 벌을 내리시어 어머니가 제 곁을 떠나셨습니다.

연세가 크게 노년이 아니었고 갑자기 변고를 당해 전적으로 준비하지 못했습니다. 이에 그대는 시집 올 때의 옷들을 전부 다 써서 나로 하여금 여한이 없도록 해주었습니다. 이때부터 그대는 홀로 안살림을 책임지고 위로는 시아버지를 모시고, 아래로는 어린 아이를 건사했으나 자주 굶기를 면치 못하며 스스로를 돌보지 못했으니 어찌 이루 다 그 고생을 말하겠습니까?

이에 신사년[1761]에 성촌聲村의 집을 팔고 다시 섬산剡山의 집으로 들어가 살았습니다. 집안 사정이 점점 어려워져 콩죽으로도[399] 끼니를 잇기 어려웠습니다. 겨우 4년이 지나자마자 나의 불효는 커서 을유년[1765] 겨울에 아버지가 돌아가시고 점괴苫塊에서 피눈물을 흘렸습니다. 아득하니 의지할 곳이 없어졌습니다.

그런데 삼년상이 끝나기 전 정해년[1767] 9월 그대가 또 다시 나를 떠났습니다. 나는 한 가닥 목숨만 근근이 이어져 이미 대상大祥과 담제禫祭를 지났지만 그대는 상복을 벗을 날이 없었으니 이 어찌 천고의 한이 아니겠습니까?

슬픕니다. 그대가 나에게 시집 와서 죽을 때까지 족히 40년을 채우면서 그대가 나에게 바라는 것은 마땅히 어떠했겠습니까? 나는 재주도 없고 운명도 박복하여 이미 흰머리의 늙은 서생에 불과하니 누

---

399 콩죽으로도 : 공자의 제자 자로子路가 집안이 가난해서 효도를 제대로 하지 못한다고 탄식하자, 공자가 "콩죽을 끓여 먹고 물을 마시더라도 기쁘게 해 드리는 일을 극진히 행한다면, 그것이 바로 효이다.[啜菽飮水盡其歡 斯之謂孝]"라고 위로했던 고사가 있다. 『예기禮記』「단궁檀弓」에 나온다.

구를 원망하겠습니까? 그대의 성품은 강하지만 사납지 않아서 잔소리를 하지 않았고 평상시에도 큰 잘못이 없었습니다. 처음 시집 올 때에 처가로부터 약간의 논밭과 재화를 받았지만 매사를 모두 시아버지와 시어머니께 여쭈어보아 돈 한 푼, 옷감 한 조각도 애초부터 사사로이 소장하지 않았으니 이것을 두고 사람들이 모두 어질다고 하였습니다.

또한 중년 이후로는 자식들을 매우 부지런히 가르치며 나를 열심히 가르치지 않는다고 책망하여 내가 사양할 수 없었습니다. 부부의 의리가 산처럼 무겁고 바다처럼 깊어서 아들과 딸 아홉을 두었으나 아들 셋과 딸 하나는 낳기만 하고 죽어 기르지 못하였습니다.

임신년[1752]과 계유년[1753] 두 해의 화를 어찌 차마 말로 비유할 수 있겠습니까? 그대는 반드시 이 때문에 수명이 줄었을 것입니다. 막내 만아萬兒는 다행히 점점 성장했지만 그대가 살아있을 때 장가 들지 못하였으니, 이것이 그대가 눈을 감지 못하는 한스러움입니다. 내가 조촐하게 염을 하고 장례를 하여 자식에게 마음대로 화려하게 장사지내지 못하게 한 것은 비록 그대가 남긴 뜻이긴 하지만, 문득 인정에 가깝지 못한 것입니다. 하지만 집안 살림이 흔들리니 그대 또한 부득이한 계책이었을 것이지만 어찌 내 잘못이 아니겠습니까? 이것이 내 평생의 한입니다.

그러한즉 사람이 만약 그대와 함께 죽는 것이 불가능하다면 한번 부끄러움을 잊기로 마음먹는 것만 못합니다. 재작년에 그대가 나를 보고 말하기를 "우리 집은 일찍부터 수를 누리지 못합니다. 부모와 언니가 수를 누린 것이 모두 지금의 제 나이에 미치지 못하였습니다. 나도 반드시 친정의 수를 본받아서 여기에 이른 것입니다."라고 하였으니, 이것은 반드시 미리 죽음이 임박해서 한 말입니다. 진실로 그대의 말이 이와 같았으니 그대의 죽음 역시 운명인가 봅니다.

또한 나를 위로하는 사람이 다음과 같이 말하였습니다. “부인의 나이가 환갑에 가까우면 이미 늙은 것입니다. 늙어서 죽는 것은 일반적인 이치입니다. 아들과 딸이 이미 장성했고 또한 손자도 보았으며 가장이 이 세상에 살아 있는 이때에 죽는 것이 순리가 아니겠습니까?”

나는 이 말을 듣고서 생각하기를 옛사람의 말에 “만물은 삶도 죽음도, 어진 것도 어리석은 것도, 귀함도 죽음도 동등하게 한다고 하였느니 십 년 또한 죽는 것이고 백 년 또한 죽는 것입니다. 인자한 성인과 같은 사람도 또한 죽고 흉악하고 어리석은 사람도 죽는다. 살아서는 성군인 요순堯舜 임금도 있고 폭군 걸주桀紂 임금도 있지만 죽어서는 한결같이 모두 썩은 해골이 될 뿐입니다.”라고 했고, 또 말하기를 “이미 죽었는데 나와 무슨 상관이 있겠습니까? 화장해도 좋고 또한 물에 수장해도 좋고, 또한 묻을 수도, 또한 땔나무로 시체를 싸서[400] 도랑에 버려도 좋고, 화려하게 수놓은 옷을 입혀서 석관에 넣어도 좋다.”라고 했습니다.

아울러 이 말이 만약 이치에 맞는 말이라고 할 수 있다면 그대가 오십을 넘겨 죽은 것이 오히려 열 살에 죽은 것보다 낫고, 죽은 이를 위해 조촐하게 장례를 치르는 것이 오히려 화장하고 수장하고 구학에 버리는 것보다 낫습니다.

만일 이 말과 같다면 나 또한 거의 한이 없을 것입니다. 그렇다면 비단 내가 한이 없을 뿐만 아니라 그대의 죽음은 내가 살아 있는 것

400 땔나무로～싸서 : 본문의 의신衣薪은 땔나무를 입는다는 의미인데, 본래 고대에 땔나무로 시체를 감싸 장례 지내던 데서 유래하였다.

보다 좋습니다. 어찌해서 그렇습니까? 그대가 세상을 뜬 이후로부터 빈 방에는 외로운 그림자만 비치고 이미 백발의 홀아비가 되었습니다. 임종의 말을 아직 실행하지 못하였고 방 안은 텅 비어 온갖 어려움과 시련이 있으니 나의 삶이 과연 즐겁겠습니까?

어느덧 소상小祥이 문득 다가와 권씨와 이씨에게 시집간 딸[401]이 오늘 이미 왔는데, 그대는 어찌 한 마디도 없습니까? 세 딸들은 멀리 떨어져 있으니 진실로 형편이 그러합니다. 효자 아들은 지금 장차 살림을 나누어 각자 살려고 막 사방 벽만 있는 작은 집[402]을 짓고 있습니다. 걱정할 일이 많으니 더욱 슬프고 가련합니다. 하지만 그대는 이미 죽어 알지 못하니 내 홀로 어찌 하겠습니까? 내가 죽기 전에 만아萬兒로 하여금 장가 가게 하여 한 명의 부인과 두 아들로 살아갈 방법을 찾게 한다면 속히 죽어 그대를 따라가고 싶은 것이 곧 나의 소원입니다.

슬픕니다. 그대의 혼이 반드시 조카의 행차를 따라서 죽령을 넘어 남쪽으로 와서 학가산에서 떠돌고 계십니까? 아니면 표륜[403]을 타고 돌아와서 사당 사이에서 비상하고 계십니까? 아니면 그대가 이전에 죽고 싶다고 한 것처럼 죽은 세 아들과 딸 하나와 함께 날마다 시부모를 곁에서 모시고 있습니까? 진실로 이와 같다면 한결같이 지상에

---

401 권씨와~딸 : 안동安東 권상형權尙衡에게 시집간 둘째 딸과 연안延安 이명유李明儒에게 시집간 셋째 딸을 말한다.

402 사방~집 : "선비는 일무一畝 이내의 담장 안, 사방에 벽만 있는 좁은 방에서 거주한다. 대를 쪼개어 엮은 사립문을 매달고 문 옆으로 규圭 모양의 쪽문을 내며, 쑥대를 엮은 문을 통해서 방을 출입하고 깨진 옹기 구멍의 들창을 통해서 밖을 내다본다.[儒有一畝之宮 環堵之室 篳門圭窬 蓬戶甕牖]"라고 하였다. 『예기禮記』「유행儒行」에 나온다.

403 표륜 : 바람의 힘으로 도는 수레바퀴를 뜻한다.

서 있던 일상과 같으니 어찌 다시 내가 이 세상에서 두 아들과 단지 옷 걱정 먹을 걱정 하는 것과 같겠습니까?

나는 그대를 위해 평소 탑곡塔谷에 장사 지내 달라는 소원대로 그대를 청연공淸淵公의 무덤 아래에 장사 지내고 그 서쪽을 비워두어서 내가 죽기를 기다리려 합니다. 지금 나의 나이는 곧 작년 그대가 죽은 해이니 언제쯤 영원히 지하로 돌아가 그대와 영원한 삶을 함께하겠습니까? 제가 먼 길을 가는 것이 겨우 십 년 남짓에 불과할 뿐입니다. 그대께서는 모름지기 이로써 기다려주시고 나를 위해 죽은 아들 재중載中에게도 안부를 전해주십시오. 아울러 "비록 너의 어머니가 죽은 뒤에 너의 아내가 지극정성으로 나를 섬겨서 내가 여기에 의지해서 살아간다."라는 이 뜻도 전해주십시오. 부자父子가 죽고 사는 사이에 감응하는 이치가 이미 저처럼 밝고 밝기 때문에, 이렇게 얘기하는 것입니다. 아! 슬픕니다.

維歲丁亥九月初十日 余室咸昌金氏云亡 越明年戊子九月初九日甲午 夫李玄煥 別具菲薄之奠 操文而告訣于靈几之前曰 君歸之日 余衰麻在身 旣無一言於君矣 明日卽初朞也 据禮則將撤筵而入廟 墓草已宿 子服將闋 則余豈忍終無一言乎 嗚呼 死生一也 子曰 未知生 焉知死 余已知君之生 豈不知君之死耶 人之生也 受父母之精氣 聚成形 父母之於子也 子之於父母也 一體而兩分 同氣而異息 譬猶草木之有華實 雖其死後血氣消散 而精神感會 靈明相應者 必然之理也 父母雖死於千里之外 亦不無感應於其子之死生者 何以言之 君歾之後 未及訃告 而君之父母之靈 已感應於千里之外 葬君之前一日夕 極甫之子 不聞而來 及於臨壙之哭 此人雖不言 君之父母之靈 已知君之不淑 必使其孫來 及於入地之前也 神理之相感 豈不昭

昭也哉 然則死生之際 感應之理 人皆如此而然耶 抑君之父母之情 有異於他人之父母而然耶 嗚乎 人孰無父母之情 未有若君之父母 人孰無夫婦之義 未有若君之夫婦 人孰無死生之恨 未有若余之哭君之恨也 父母之情之至 旣如是 故夫婦之義 由是而生焉 夫婦之義之重 又如是 故死生之恨 亦由是而生焉 何謂也 外舅外姑 曾無一子 只有君一人而已 視君猶丈夫子 凡所眷愛 寔出常例 雖於已字之後 輒以一日離捨爲憂 君本嶺人 千里從我 旣無同姓私親之一人在京者 則其所依賴仰恃於吾家 不翅若他人之出嫁 父母之情之至 孰復如君之父母 夫婦之義之重 孰復如君之歸我乎 凡人有疾病 必以藥治之千方百劑 或有鬻田土而賣家舍者 蓋其必欲生之也 君之末疾 或不無回甦之望 而余在憂服 躬未尋醫 幸得少差 而家無盎粟之餘 新稻爲祟 終至於斯人之死 生若是其輕忽耶 此莫非余之疎闊之過也 且人死之後 必欲侈其衣衾棺槨者 不欲速其朽也 而君之殮葬 不過綿衾海板 此等遺恨 與死俱死 此余所謂父母之情 夫婦之義 死生之恨也 嗚乎 惟我外舅白南公 本以嶺外人 才藝絶倫 文章夙就 十九登第 從仕王京 釋褐以後 在京之日 多於南國 君亦生於鄕 長於京 而一家宗族 俱在南中 豈非南嶺之人乎 粵在戊申之秋七月 余委禽於君 君季十七 余則十六 時公無繼姓子 君伯兮于歸于河上 家中養育 惟一箇君耳 外舅內外 以君之故 愛重余 無異於君 余承誨數月 無非勸學之言 覿德心醉 欲以公爲他日之賢師蓍龜矣 公是年受命 佩符于鶴城縣 南爲之日 君亦隨之 弱齡千里之行 亦不以爲難 君亦門衰祚薄 公之莅民 不過半年 而己酉之三月初五 竟至奄忽 不但君之私慟 余之期望於公 當復如何 而托婚之初 奄有此事 是天不佑我也 無奈乎天 公旣無子 嶺外客土 主喪無人 君以年少婦人 遭罹叵枷 殮殯之需 獨自照管 旣遇初終 救護偏慈 反葬於故鄕鶴駕之山 外姑率君而來 寓于竹州湧泉之舍 蓋爲君徃來京中之計也 君來住吾家 時或歸覲 如是者數年 外姑猶以間多相離爲患 仍買余梨谷宗家 而與君同居 棲遑洛下 專爲君地也 似

此情界 人所罕有 又於丁巳正月二十一日 外姑別世 天胡忍此 君于歸十年 俱失怙恃 又獨幹喪需 合窆于故山 前後兩喪 殫君之誠 盡君之責矣 雖有子 何以加乎 余爲臨壙一慟 往留蓬谷之舍 畢虞卒而還 君旣無本宗之同在城中者 若非舅家 孰有如君之孤子無依者乎 君以一日不相離之心 永失依仰之地 人孰不怜之 壬戌之春 京中大疫 君適有娠 蒼黃來避于剡中舊舍作聲村第而居之 辛未之正月 蒼天降割 先慈氏棄不肖 年齡不至大耋 蒼卒禍變 專無所備 君盡用嫁時衣裳 使余得無餘憾 自是君獨任內政 上奉先君子 下率幼稚 不免屢空 君不自恤 其所酸寒 尙何言哉 粤在辛巳 賣聲村舍還入剡第而居焉 家事漸至旁落 菽水難繼 纔過四年 余不孝無狀 乙酉之冬 ■■■■■ 泣血苫塊 邈爾無依 三霜未畢 乃於丁亥九月 君又棄余 余一縷不滅 已過祥禫 而君無服闋之日 此豈非千古之恨乎 嗚呼 自君歸余 至于死日 恰滿四十年 君所仰望於余者 當如何哉 而余不才無命 已成白首老措大 是誰咎也 君性不剛猛 未嘗有叱咤之聲 平日旣無大過 新歸之初 自本家有若干田民財貨 而每事皆稟于舅姑 一錢尺布 初無私藏 此則人皆賢之 且中年以後 教子甚勤 責余以教誨不勤 余不得辭焉 而牉合之義 山重海深 產子若女凡九人 而三男一女 生而不育 壬癸兩年之禍 尙忍言喩 君必減天年於此矣 末子萬兒 幸而漸長 未娶於君在之日 此君之不瞑恨也 余之薄殮薄葬 使子不得從其心者 雖君遺意 便同不近人情 家力板蕩 君亦不得已之計 何莫非余之過也 此余終身之恨 然人若以與君同死爲不可 則不如一忘字爲心 再昨年 君謂余曰 吾家曾未享壽 父母暨兄 所享之年 俱不及於吾之今年 吾必效舅家壽而致此 此必前期迫而有此言也 苟如君言 君之歸亦命耶 且有慰余者曰 婦人年 近六十則已老矣 老而死 常理也 子女壯長 亦旣抱孫 家丈住在世中 於是而歸 豈非順理乎 余聞此言而思之 古人之言曰 萬物齊生齊死齊賢齊愚齊貴齊賤 十年亦死 百年亦死 仁聖亦死 凶愚亦死 生則堯舜桀紂 而死則朽骨一也 又曰 旣死 何在於我乎 焚之亦

可 沈之亦可 瘞之亦可 衣薪而棄諸溝壑亦可 衰衣繡裳納諸石槨亦可 此言若可謂達論 則君之死年 逾五十 猶勝於十年 亦死者殮葬之薄 猶勝於焚者沈者丘壑者 若如此言 則吾亦庶幾無恨耶 然則非但余之無恨 君之死 勝於余之生 何者 一自君歸之後 顧影空房 已作白首鰥翁 臨終之言 尙未得施 室如懸磬 百艱千辛 余之生 其果樂乎否乎 居然之間 初朞奄迫 權室李室今已來會 而君何無一言耶 三女之遠離 固其勢也 而孝兒自今 將欲分産各居 方營環堵之室 事多關念 尤極悲怜 而君旣不知 余獨何爲 余死之前 使萬兒娶妻 一婦二子 有可生之道 則速歸從君 是余所願也 嗚呼 君之魂氣必隨其姪行 踰竹嶺而南 往來飄蕩於鶴駕之山歟 抑乘彼飇輪反 而翶翔於堂宇之間歟 抑如君前日之願 歸與三子一女 日侍于舅姑之側歟 苟如是則一如地上之常時 豈復如吾之在世 只與兩子 憂衣憂食者乎 余爲君 平日死葬塔谷之願 葬君於淸淵公塋下 虛其西畔 以待余歸 余之今年 卽昨年君歸之年也 幾何而永歸地下 與同萬年之計乎 吾行遠不過十餘年事 君須以此待之 爲余傳言於亡子載中也 雖於渠母大歸之後 渠妻至誠事余 余賴生焉此意亦傳之 父子死生之間 感應之理 旣如彼昭昭 故亦有所云爾 嗚呼哀哉

51. 추옹 이재덕 묘지문

楸翁誌文

부군의 성함은 재덕載德이고, 자는 여후汝厚이고, 성은 이씨李氏로 본관은 여주驪州이다. 증조의 성함은 석湙[404]으로 부사府使를 지냈고, 할아버지의 성함은 경휴慶休[405]로 봉사奉事를 지냈으며, 아버지의 성함은 이환頤煥[406]으로 학생學生이다. 부군은 신묘년辛卯年[1711] 5월 20일에 태어나서 6세에 고아가 되었고, 13세에 장가 들었다. 위엄이 우뚝했고 성정이 두터워서 어려서부터 집안을 잘 다스리고 행실과 덕을 겸비하였다. 어머니를 섬김에 효도를 다하였고 제사를 모심에 정성을 다했다.

일찍부터 과거를 버리고 여러 책들을 두루 보았으며, 친척들에게 두터이 대우하고 가난한 자들을 구휼하였다. 편안함으로 스스로를 지켜 온 고을에서 칭송하였다. 무자년戊子年[1768] 6월 25일 신시申時에 탑곡의 집에서 돌아가셨다. 나이는 58세이다. 완산이씨完山李氏 장녕掌令 이진휘李彙晉의 따님에게 장가 들어 아들 하나를 낳았으나 세상을 떴다. 이에 족제族弟 이재우李載祐의 아들 이시류李是鏐[407]를 아들로

404 석湙 : 이석李湙(1640~1711)을 말한다. 본관은 여주, 자는 기부紀夫이다. 숙종 때 사마시에 합격하여 음보로 남원부사南原府使에 이르렀다. 『섬와잡저』에는 이름이 누락되어 있으나 족보에 의거하여 보충하였다.

405 경휴慶休 : 이경휴李慶休(1666~1720)을 말한다. 본관은 여주, 자는 군길君吉이다. 숙종 때 진사시에 합격하여 음보로 광흥창廣興倉 봉사奉事를 지냈다. 『섬와잡저』에는 이름이 누락되어 있으나 족보에 의거하여 보충하였다.

406 이환頤煥 : 이이환李頤煥(1691~1716)을 말한다. 본관은 여주, 자는 희정希正, 초명은 장환章煥이다. 『섬와잡저』에는 이름이 누락되어 있으나 족보에 의거하여 보충하였다.

407 이시류李是鏐(1749~1815) : 본관은 여주, 자는 미경美卿이다. 이구환李九煥의 문인

삼았다. 서출庶出로 아들 4명과 딸 1명이 있는데 모두 어리다. 이 해 8월 19일에 첨성리瞻星里 응교공應教公 이사필李士弼의 선영 아래 간좌艮坐의 자리에 하관했다.

府君諱載德 字汝厚 姓李氏 驪州人 曾祖諱○○ 府使 祖諱○○ 奉事 考諱○○ 學生 府君 生於辛卯五月二十日 六歲而孤 十三而娶 儀標俊偉 性情忠厚 幼能克家 行誼兼備 事慈盡其孝 祭先以其誠 早棄擧業 博覽群書 敦宗族恤貧窮 恬靜持身 一鄕稱譽 戊子六月二十五日申時 考終于塔谷之舍 年五十八 娶完山李氏 掌令李彙晉女 生一子 不育 以族弟載佑子是鏐爲子 有庶出四子一女 皆幼 是年八月十九日 窆于瞻星里應教公塋下艮坐之原

으로 예학에 밝았으며, 가승문헌을 정리하였다.

52. 모저와 소서

慕樗窩小序

대저 참죽나무의 나무됨은 큰 뿌리는 울퉁불퉁하여 먹줄을[408] 사용하지 못하고, 가지도 말려들어가고 규구規矩[409]도 사용하지 못한다. 이는 재목이 될 수 없는 나무여서 쓸 곳이 없다. 나의 방조旁祖 예판공禮判公은 '저로樗老'로 자호하였으니,[410] 대개 쓸모없다는 뜻을 취한 것이다. 그러나 공이 어찌 진짜 쓸모없는 사람이겠는가?

공은 곧 명종明宗과 선조宣祖 때의 이름난 신하이다. 관직이 정경正卿[411]에 이르렀고, 청렴한 관리로 발탁되어 그의 공덕功德이 국승國乘과 야사野史[412]에 드러나 있으니, 나는 감히 여기에 어떠한 말도 덧붙일 수가 없다.

---

408 먹줄을 : 원문은 승묵繩墨으로 『맹자』 「진심상盡心上」 상에 "큰 목수는 졸렬한 목공을 위하여 먹줄과 먹통을 쓰는 방식을 고치거나 없애지 않으며, 명궁인 예羿는 졸렬한 사수를 위하여 활을 잔뜩 당기는 규정을 바꾸지 않는다.[大匠不爲拙工改廢繩墨 羿不爲拙射變其彀率]"라는 구절이 나온다.

409 규구規矩 : 『맹자』 「이루상離婁上」에 "이루離婁의 밝은 눈으로도 규구規矩를 이용하지 않으면 방원方圓을 이루지 못한다.[離婁之明 公輸子之巧 不以規矩 不能成方員]"라는 구절이 나온다.

410 예판공禮判公은~자호하였으니 : 예판공은 이우직李友直(1529~1590)으로 본관은 여주, 자는 중익仲益, 호는 저로樗老이다. 선조 때에 여러 조의 판서를 역임하였다. 호인 저로樗老는 가죽나무와 상수리나무는 재목이 될 수 없는 쓸모없는 나무라는 '저력산목樗櫟散木'의 고사에서 온 말로, 즉 쓸모없는 늙은이라는 뜻이다. 『장자莊子』 「소요유逍遙遊」에 나온다.

411 정경正卿 : 조선시대 정2품 이상의 벼슬아치를 이르던 말이다.

412 국승國乘과 야사野史: 모두 역사서를 말하는 것으로, 국승은 그 나라의 역사를 기록한 책이며 승乘은 재載와 같은 뜻으로 기재한다는 뜻이다. 야사는 재야인在野人이 저술한 사찬私撰의 역사를 말한다. 다시 말해 관官에서 편찬한 역사, 즉 정사正史와 대립된다.

공은 후손이 없었고, 단지 이장휴李莊休[413] 한 사람이 그의 적통을 계승했다. 장휴는 일찍 부친을 여의고 집이 가난하였다. 이에 기축년[1769] 가을에 비로소 저로공樗老公의 묘소 곁에 거처를 잡고 묘역墓役 조성과 관련된 일을 마치자 그의 집에 현판을 걸고 나에게 그 이름을 요청하였다.

이장휴가 언젠가 나에게 "지난번 꿈에 어떤 사람이 말하길, '그대는 어찌 빨리 가지 않는가? 부르는 명이 있을 것일세.'라고 하여 놀라서 깨었습니다."라고 말하였는데, 나는 아직까지도 그 말을 기억하고 있다.

아! 공의 어진 성품으로도 가업을 이을 적손嫡孫[414]이 한 명도 없었는데, 이장휴의 꿈은 아마도 저로공과 서로 감응하여 그런 것이 아니겠는가? 그대가 거처를 옮겨 공의 묘소와 근접해 있으니, 명명冥冥한 가운데에서 은밀히 도와줌이 없을 수 있겠는가? 진실로 임금께 의견을 아뢰는 이가 있어서 한 번 그의 맑은 덕을 진술한다면, 반드시 그 후손을 등용하라는 명이 있었을 터이다. 애석하도다! 누가 능히 힘쓰겠는가?

내가 그 꿈을 생각하여 '모저慕樗'두 글자로 현판의 이름을 주니 이장휴는 '네, 네'라고 대답하였다. 그리고 또 시를 청하였기에 드디어 잡영 5언 절구 20수와 아울러 작은 서문을 써서 벽에 걸어둔다. 이장휴는 소리 높여 읊조리기를 마지않았다.

413 이장휴李莊休 : 본관은 여주이며 이순李淳의 아들이다.

414 적손嫡孫 : 적자의 정실이 낳은 아들을 말한다.

夫樗之爲木 大本擁腫而不中繩墨 小枝卷曲而不中規矩 是不材之木 而無所可用也 余旁祖禮判公 以樗老自號 盖取其無用之義 然公豈眞無用者 公卽明宣朝名臣 而官至正卿 被選於廉吏 其功德 著在國乘野史 余不敢贅說 公無後 但有莊休一人 承其嫡統 莊也早孤而家貧 乃於己丑之秋 始卜居于樗老公墓傍 役既訖 欲扁其齋 請號於余 莊嘗告余曰 疇昔之夢 有人言君盍速往焉 自上方有召命 仍驚而覺云 余尙記有之矣 嗚呼 以公之賢無一嫡孫繼業者 莊之夢 豈其相感而然耶 余君移居 而密邇公之墓 得無陰相於冥冥者乎 苟有人建白於上 一陳其淸德 必有錄用其裔之命 而惜乎 疇能辦哉 余思其夢而以慕樗二字錫名焉 莊也唯唯而又請詩 遂題雜詠五絶二十首 竝小序而揭于壁 莊其莊誦而勿替之

53. 사랑하는 첩 이야기

愛妾說

나는 홀아비로 지낸 지 여러 해가 되었지만 덕은 증자曾子가 아니고, 자식은 증화曾華와 증원曾元이 아니라[415] 다시 장가들 수 없었다. 나이가 이순에 가깝고 쓸쓸하게 빈 방에서 외로운 그림자와 짝하며 지냈다. 비록 더러 밥 짓고 물 긷는 여종이 있기도 했지만 키질하고 청소하는 사람이 없을 수 있겠는가? 친척과 친구들에게 적임자를 찾아보게 하였지만 몇 년이 지나도록 구하지 못했으니 대개 마땅한 사람을 구하기가 어려운 것이다.

『예기』에 이르기를 "첩을 고를 때에 그 성姓을 알지 못하면 점을 친다."[416]라고 하였으니, 사위 황상언黃尙彦이 나를 위해 강원도에서 김씨 성을 가진 사람을 수소문해 왔으니 성을 점칠 필요가 없었다. 그 가문의 근본을 잘 알았기 때문이다. 사람을 시켜 중매하니 단장해서 나에게 보냈다.

내가 그 여인을 보니 키는 훤칠하고 얼굴은 희고 수척했다. 겉모습은 남자 같아 여인의 모습이라곤 없었다. 비록 아름답다고는 말할 수

---

415 덕은~아니라 : 증자曾子(BC 505~BC435)는 중국 전국시대의 유가儒家 사상가이다. 이름은 삼參, 자는 자여子輿이며, 증자는 존칭이다. 지금의 산동성 출신이다. 공자의 만년의 제자로서 공자보다도 46세 연하이다. 알려진 대로 증자의 부인이 시아버지께 올릴 배를 설익게 여러 번 찌자 부인과 이혼하고 평생 재혼하지 않았다고 한다. 아울러 그의 아들 증화와 증원 역시 효자로 부친이 아플 때나 혼자일 때 늘 옆을 시중하며 부친의 뜻을 받들었다고 한다. 『한서漢書』「왕길전王吉傳」에 "왕길王吉의 아들 왕준王駿이 소부少府로 있을 때 아내가 죽었으나 그 후 다시 아내를 맞이하지 않았는데, 누군가 물었더니 왕준이 말하기를 '덕은 증삼曾參이 아니요 아들도 증화曾華나 증원曾元이 아닌데, 어떻게 감히 아내를 맞이하겠소?'라고 하였다."

416 첩을~친다 : 『예기禮記』「곡례상曲禮上」에 나오는 말이다.

없으나 그렇다고 추녀라고 말할 수도 없다.

저 천 리 반이나 되는 먼 곳에서 나를 따라와서 나를 위해 고생하며, 비록 밥 짓고 불 때며 물 긷고 방아 찧는 일이라도 의리상 마다하지 않을 것이다. 나는 집이 가난하고 성격이 화려하고 아름다운 것을 좋아하지 않아서, 그녀에게 당시 유행하는 여인들의 화장을 하지 못하게 하였다. 나는 한 가지 그녀의 뜻을 포용하여 그녀의 마음을 편안하도록 하는 데에만 힘썼다.

하루는 내가 어렴풋이 이 여인이 미인이 아닌 것이 나에게 다행이라는 것을 깨달았다. 아름다움을 좋아하고 추한 것을 싫어하는 것은 인지상정이지만 나는 유독 이와 반대이다. 사람들은 틀림없이 내가 속마음을 숨기고 있다고 말하겠지만, 옛 사람의 시에 "푸른 눈썹 곱게 화장한 여인의 칼이, 세상사람 모두 죽여도 사람들 모르네."[417]라고 하였다. 진실로 이 여인이 양문陽文[418]의 아름다움과 모장毛嬙[419]의 요염함이 있어서, 『시경』에서 말한 것처럼 "웃는 입이 귀엽고 눈이 예쁨이여"라고 할 정도로 아름다우면, 점차 나를 유혹하고 본성을 해치는 도끼가 되어 내 생명을 죽이고 나의 목숨을 재촉하지 않을 줄 어찌 알겠는가?

그러나 모모嫫母와 무염無鹽[420]은 천하의 추녀였지만 황제께서 총애하였고, 제齊나라 선왕이 존경하였다. 여자의 덕이 어찌 미색의 아름

---

417 옛 사람의~모르네 : 당唐나라 두광정杜光庭의 「제곽산진존사題霍山秦尊師」란 시에 나오는 구절이다.

418 양문陽文 : 중국 초楚나라의 미녀美女를 말한다.

419 모장毛嬙 : 중국 춘추시대 월왕越王이 총애했던 미녀를 말한다.

420 모모嫫母와 무염無鹽 : 중국 고대 황제의 넷째 부인으로 현명했지만 추녀로 유명했다. 무염은 전국 시대 제齊나라 무염 땅의 유명한 추녀醜女 종리춘鍾離春의 별칭이다.

다움과 그렇지 않음에 있겠는가? 옛날 허윤許允[421]의 부인은 못생겼다고 해서 남편으로부터 버림받자, 그 남편을 보고 "서방님은 선비가 지닌 백 가지 행동 중에 그 얼마나 지니셨습니까?"라고 물었다. 이에 허윤이 "모두 갖추었다."라고 답하니, 부인이 "대장부의 백 가지 행동 중에는 덕이 으뜸입니다. 서방님께서는 여색을 좋아하고 덕을 좋아하지 않는데 어찌 모두 갖추었다고 장담하십니까?"라고 말하였다. 허윤이 부끄러워하여 드디어 서로 공경하고 소중하게 여기게 되었다. 다만 나의 소실이 진실로 허윤 부인의 덕과 같은 것을 지녔다면, 얼굴이 못생긴 것을 어찌 근심할 게 있겠는가?

또한 주응朱凝의 부인은 대단한 미인이었지만, 주응은 술집의 쑥대머리에 꾀죄죄한 얼굴, 쳐진 눈썹에 똥배가 나온 여인에게 빠져 거의 침식을 잊을 정도였다. 이러하니 남자가 여인을 좋아하는 것은 진실로 얼굴이 예쁘고 못생김에 있지 않다. 내 소실은 비록 미모와 자태는 부족하지만 어찌 모모와 무염 및 술집의 여인과 비교하겠는가? 나는 드디어 내 방을 독차지 하리만큼 소실을 총애했고 책 상자 등 살림살이를 맡겼다. 간혹 빈 방에서 잠자리를 같이 할 때 긴 밤동안 잠이 오지 않으면 번번이 소실과 얘기를 나누었는데, 오순도순 쉼 없이 이야기하니 내 어찌 이 여인을 사랑하고 예뻐하지 않겠는가?

소동파의 시에 "못생긴 아내와 악한 첩도 독수공방보다는 낫다."[422]라고 했는데, 참으로 이치를 잘 설명한 말이다. 나는 일찍이 옛사람들이 처음에는 소실을 열심히 들여놓고 드디어 자기 집 문을 열

---

421 허윤許允 : 중국 삼국시대 진나라의 문신을 말한다.

422 못생긴~낫다 : 소식蘇軾의 「박박주薄薄酒」 시에 나오는 구절이다 "맛없는 술도 차보다는 낫고, 거친 베옷도 치마 없는 것보다는 나으며, 못생긴 아내 악한 첩도 독수공방보다는 낫다네.[薄薄酒勝茶湯 麤麤布勝無裳 醜妻惡妾勝空房]"한 데서 온 말이다.

어 소실을 돌려보낸 것[423]을 괴이하게 생각했는데, 지금에서야 여기에는 소실이 미인이냐 추녀이냐에 달려있음을 깨달았다.

왕돈王敦[424]은 일찍이 여색에 빠져서 몸이 황폐해졌다. 이에 주위에서 여색을 경계하라고 간언하자 그 소실을 내쫓으며 그들 마음대로 자기 가고 싶은 곳으로 떠나도록 하였다. 백낙천은 집에 번소樊素[425]를 데리고 있으면서 총애했는데, 늙어 병이 들게 되었다. 때문에 백낙천이 시를 짓기를 "이 몸이 병과 함께 살아가니, 봄이 떠날 때 번소 역시 한꺼번에 돌아갔구나."라고 하였다. 진실로 왕돈의 첩과 백거이의 번소가 만일 내 소실처럼 못났다면, 어찌 몸이 망가지고 병이 깊어짐에 이르러 결국에 내쫓기까지 했겠는가!

나는 이미 늙었다. 나의 사랑이 만약 미색에만 있으면 몸은 망가지고 깊은 병에 드는 것을 어찌 여기서 면할 수 있겠는가? 이러한 이유로 내 사랑은 얼굴이 아름다운 데에 있지 않다. 내 친구들 가운데 첩을 고르는 자가 있다면 장차 이러한 나의 마음으로 힘써 보았으면 한다. 때문에 드디어 「애첩설」을 지어 기록한다.

---

423 문을~것 : 원문은 개합開閤이다. 동진東晉의 권신權臣 왕돈王敦이 수십 명의 기녀들을 데리고 있다가 양기陽氣가 쇠하자 모두 집으로 돌려보낸 일이 있다. 합閤은 대문 옆에 달린 작은 문으로, 이 문을 열어 기생을 돌려보냈음을 말한다. 이후 개각開閣과 함께 기생을 돌려보낸다는 의미로 사용되었다.

424 왕돈王敦(266~324) : 중국 서진西晉에서 출생해서 동진東晉에서 벼슬했던 인물이다. 자가 처중處仲이다.

425 번소樊素 : 당나라 때 백거이가 집에 데리고 있으면서 총애했던 여인이다. 『구당서』「백거이전」에 "번소는 오랑캐의 자손으로 노래와 춤에 능했다."라고 기록되어 있다.

余鰥居累年 德非曾子 子非華元 不可更娶 年迫耳順 伥伥踽踽 伴隻影於空堂 雖或有任炊汲之婢 亦可無奉箕箒之人乎 使親戚知舊 求其可合者 數年不得 盖難其人也 禮曰 買妾 不知姓則卜之 女壻黃生 爲余求之 東峽有金姓人 不待卜姓 而習知家閥跟脚也 使人媒之 仍裝送于余 余見其人 身長而頎 面白而瘦 有男表而無女態 雖不可謂麗人 亦不可謂醜女 彼半千里從我 服勞於余 雖炊爨井臼之役 義不敢辭 余家貧 性不好華美 使渠不得爲時世粧矣 余務爲一箇含容意思 使得安其心 一日 余悅然覺之 此人之不美 於余幸矣 好美而惡醜 人之常情 余獨反是 人必謂余以矯情 而古人詩曰 翠蛾紅粉嬋娟劒 殺盡世人人不知 苟使此人有陽文之美 毛嬙之艶 如詩所云 巧笑倩兮 美目盼兮 則安知不浸浸媚惑 爲伐性之斧 戕余生而促余壽乎 然嫫母無鹽 天下之醜婦也 黃帝寵愛之 宣王尊敬之 女之德 安在色之美否乎 古許允之婦 以貌醜見棄於其夫 謂其夫曰 士有百行 君有幾許 許曰 皆備 婦曰丈夫百行 以德爲首 君好色不好德 何謂皆備 許慚而遂相敬重 但使此人 苟有如許婦之德 何患容貌之不美乎 且朱凝妻有美色 而酒家有蓬頭垢面偃眉皤腹之女 朱悅之 殆忘寢食 然則男之悅於女 固不在姸醜 余之小室 雖乏容姿 豈可與嫫母無鹽暨酒肆女比乎 余遂寵以專房 委以巾箱 時或薦枕空齋長夜無寐 輒與之語 刺刺不能休 豈不愛且悅乎 東坡詩曰 醜妻惡妾勝空房眞善說道也 余嘗怪夫古人之始畜妾而終開閤者 今乃覺得是姸媸之分也 王處仲嘗荒恣於色 體爲之弊 有諫之者 乃斥其妾任其所之 白樂天畜樊素而寵之 旣老且病 故其詩曰 病與樂天相伴住 春隨樊子一時歸 苟使處仲之婢妾樂天之樊姬 如余小室之不美 則豈至於體弊病甚而終至於放之耶 余年已衰余之愛 若在於色美 體弊病甚 烏得免乎玆 故余之愛 在乎色之不美也 余儕友 方有卜妾者 將以此意勉之 遂作愛妾說以識之

54. 첩을 사랑하는 것에 대한 변명

愛妾說辨

공이 「애첩설」을 보고 내가 못난 여인을 들인 것을 동해의 아름다운 부인을 내쫓은 것에 비유하면서 나를 비웃었으니, 내 어찌 한 마디 말로 변명하지 않겠는가? 나는 일찍이 예전에 본성을 해치는 여인에게 자신의 목숨을 해치는 자를 보고 괴이하게 생각했다. 장부들은 어찌해서 자기의 생명을 아끼지 않고 여색을 지닌 첩을 사랑하는가?

성인이 천하를 깊이 걱정하는 것은 생명보다 귀한 것이 없다. 대저 귀·눈·입·코는 살아가게 하는 역할이다. 소리가 귀에 있어서, 색이 눈에 있어서, 입의 맛과 코의 향기가 비록 살아가게 하는 데 이롭지만 생명을 해치면 그만두게 된다. 때문에 소리, 색, 맛, 향기가 독단적으로 하지 못하는 것은 반드시 마음이 제어하는 것에서 말미암으니, 이것은 생명을 소중히 여기는 방법이다.

사람이 비록 여색을 좋아하지만 어찌 제왕이 된 몸에 비유할 수 있겠는가? 요임금이 자주지보子州支父에게 천하를 양보하려 하자, 자주지보가 "제가 우울병이 있어서 지금 막 그것을 치료하려 합니다. 그래서 천하를 다스릴 겨를이 없습니다."[426]라고 대답했다. 월越나라 사람들이 왕자王子 수搜를 임금으로 삼고자 하자 피하여 단혈丹穴이라는 동굴 속으로 도망쳐 들어갔다. 이에 옛 사람들이 말하기를 왕자王

---

426 제가~없습니다 : 『장자莊子』 「양왕讓王」에 "요堯 임금이 자주지보子州支父에게 천하를 물려 주려고 하니, 자주지보가 '나를 천자天子로 삼으려는 것은 좋습니다. 그러나 내가 마침 우울병이 있어서 지금 막 그것을 치료하려 합니다. 그래서 천하를 다스릴 겨를이 없습니다."라고 사양했다.

子 수搜가 임금이 되는 것을 싫어한 것이 아니었다. 임금이 되어 시해 당하는 군주의 환난을 싫어한 것이다. 왕자王子 수搜와 같은 사람도 나라 때문에 자기의 생명을 손상하지 않는 사람이라 할 수 있다.

천하는 소중한 물건이고 왕은 크게 통솔하는 자이다. 그러나 모두 그 생명을 해치지 않는데 하물며 여색으로 해치겠는가? 비록 제왕으로 말해보면, 『주례』에 왕이 된 자는 "3명의 부인과 9명의 빈嬪과 27명의 세부世婦와 81명의 신분이 낮은 여어女御를 세워 내직內職을 구비한다."[427]라고 나와 있다. 비록 추녀를 택해서 충원한다는 말은 들어보지 못했지만, 또한 아름다운 사람을 선택해서 구비한다는 말도 들어보지 못했다. 후세에 예를 경시하고 경계가 느슨해져 얼굴을 먼저 하고 덕을 뒤로 하며, 감정과 욕정대로 하여 드디어 국가가 멸망되고 몸이 망가지는 데에 이르렀으니 미모로만 여인을 취하는 화를 이루다 말할 수 있겠는가?

오吳나라의 서시와 당唐나라의 양귀비 또한 그 나라를 망치게 할 뿐만 아니라, 이미 그 목숨을 해치게 하였다. 왕이란 사람도 오히려 이러하거늘 하물며 일반 사람에 있어서랴. 『장자』에 "수후隨侯의 보석으로 천 길 벼랑 위에 있는 참새를 쏜다고 하면 세상 사람들은 반드시 그를 비웃으니, 이것은 어찌해서인가? 수단으로 쓰이는 물건은 소중한데 바라는 목적물이 하찮기 때문이다."[428]라고 하였다. 나의 목숨은 비단 소중한 수후隨侯의 보석과 같을 뿐만이 아니다. 어찌 내 목숨을 여색에게 해를 당하게 할 수 있겠는가? 그러하니 경전에 말하기를 "어진 이를 좋아하기를 여색을 좋아하듯이 하라"라고 했고, 어

---

427 3명의~구비한다 : 『예기禮記』「혼의昏義」에 보인다.

428 수후의~때문이다 : 『장자莊子』「양왕讓王」에 보인다.

진 이를 어진 이로 대우하기를 "여색을 보고 좋아하는 마음과 바꾼다"라고 하였으니, 대저 사람이 요임금과 순임금이 아니라면 색에 유혹되지 않을 사람이 드물다.

진실로 고운 눈썹과 아름다운 볼, 맑은 목소리에 가벼운 몸, 빼어난 외모와 고운 마음씨를 지니고 가벼운 옷자락을 날리고 긴 소매를 드리우며, 곱고 짙게 화장한 여인들이 집에 줄지어 한가히 거처하며 총애를 질투하고 아름다움을 다툰다면 자신의 생명을 해치지 않을 수 있겠는가? 때문에 사람들이 양생을 논의하였다.

소동파가 "어려움은 욕망을 제거하는 데 있다."라고 하였듯이 욕망을 제거하는 것이 어찌 어렵지 않겠는가? 소자경蘇子卿[429]이 눈과 담요를 씹으며 등을 웅크리고 피를 흘리면서도 한 마디 말도 조금도 굽힘이 없었으니 죽고 사는 이치를 터득했다고 할 수 있다. 그렇지만 오랑캐 여인을 첩으로 두어 자식을 낳는 것은 피하지 못하였다. 곤궁하게 거처하는 남루한 여막에서도 오히려 이와 같거늘 하물며 동방洞房[430]과 아로새긴 창문 아래에서는 어떠하겠는가?

단지 첩을 두는 것이 쉽게 없앨 수 없음만을 알고 후대 사람들은 여색을 가지고 첩을 고르니, 어찌 생명을 해치는 근심을 벗어날 수 있겠는가? 이러한 이유로 군자들은 여색을 막고자 하였으니, 어찌 경계하지 않을 수 있겠는가?

---

429 소자경蘇子卿 : 한漢의 소무蘇武로 자경子卿은 그의 자字이다. 소무는 흉노匈奴에 사절로 갔다가 그들이 항복하라는 것을 거절하다가 억류된 지 19년 만에 무사히 돌아왔다.

430 동방洞房 : 그윽하고 깊숙한 내실內室로 특히 부부가 함께 기거하면서 사랑을 나누는 침실을 가리킨다.

또한 예나 지금이나 규원시閨怨詩[431] 대부분은 운명이 박복한 미인들이 지었으니, 비록 아름다운 자태가 있다 한들 무슨 도움이 되겠는가?

예전에 왕소군王昭君이 아름다운 자태로 자부했으나 끝내 흉노의 선우에게 시집가게 되자 말 위에서 비파를 타며 자신의 원한을 담아냈다.[432] 녹주綠珠 역시 미모가 아름다웠으나 계륜이 세 가마니의 구슬로 그녀를 샀고,[433] 양씨梁氏는 마을에서 미녀라고 하였지만 무익하다고 하여 돌로 그 우물을 메꾸었으니[434] 여색이 뛰어난 것이 과연 어떤 도움이 되겠는가?

슬프구나! 세상이 점차 후대로 오면서 여색 또한 시대를 따라 내려왔는데 쇠퇴했는가? 그렇지 않은가? 공사의 구분에 예쁘고 그렇지 못한 것이 수반되니 어찌해서인가? 예전에 듣자 하니 추기鄒忌의 용모에 대해서 처첩들은 모두 그가 서공徐公보다 잘생겼다고 말하고, 빈객들도 모두 그 마을의 미남인 서공보다 준수하다고 하였다. 이에 추기가 거울로 비춰 보고서야 곧 자신이 서공보다 훨씬 못생겼다는 것

431 규원시閨怨詩 : 젊은 부인의 애원哀怨을 소재로 하여 읊은 시를 총칭하는 말이다.

432 왕소군王昭君이~담아냈다 : 왕소군이 흉노의 땅으로 갈 적에 비파를 들고 변방 땅을 지나면서 다시는 돌아오지 못할 것을 생각하며 눈물을 흘리면서 비파를 뜯었다고 한다.

433 녹주綠珠~샀고 : 계륜은 진晉나라 때 부호富豪로 이름난 석숭石崇의 자이다. 녹주綠珠가 매우 아름다웠으므로, 세 가마니의 구슬을 주고 샀다고 한다. 이후 녹주는 석숭의 애첩이 되었는데, 당시의 권력자인 손수孫秀가 녹주를 빼앗으려고 하다가 실패하자, 석숭을 모함해 죽이려고 하였다. 이에 녹주는 석숭과 함께 놀던 누대에서 떨어져 자살하였다.

434 양씨梁氏는~메꾸었으니 : 양씨는 미인으로 알려졌는데, 당시 사람들이 그가 살던 곳의 우물물을 마시면 예쁜 딸을 낳는다고 소문이 자자했다. 당대 그 마을의 지식인이 미색이 당대에 도움이 되지 않는다고 하고는 큰 돌로 그 우물을 메꾸었다고 한다.

을 알았다.[435] 그러하니 이전에 거울로 비춰 보지 않았더라면 서공보다 못한 추기가 드디어 스스로 서공보다 잘생겼다고 자부했을 것이다. 처첩들이 추기를 잘생겼다고 하는 것은 사적인 감정이고, 빈객들이 추기를 미남이라고 한 것은 추기에게 하소연하며 구하는 것이 있기 때문이다.

지금 세상의 여색이라는 것이 추기의 미와 같지 않다는 것을 어찌 알겠는가? 그렇다면 세상에는 반드시 참된 아름다운 용모라는 것은 없고, 지금의 양문이 또한 예전의 돈급敦給[436]만 못하다는 것을 어찌 알겠는가?

가령 아름다움을 버리고 못생긴 것을 추구하는 자는 또한 숭상하는 것이 없어서 그러한 것일 것이다. 맹광孟光은 검은 피부였지만 거안제미擧案齊眉[437]의 칭송이 있었고, 등도자登徒子[438]의 처는 더벅머리에 손에 장애가 있고 귀는 들리지 않았지만 등도자는 그녀를 사랑하여 5명의 자식을 낳았다.

제나라 병행棅幸의 여인은 목에 큰 혹이 있었지만 민왕의 왕후가 되었다. 이런 관점에서 본다면 미인은 반드시 성을 무너뜨리고 나라

---

435 추기가~알았다 : 추기는 제나라 사람으로, 추기騶忌로 표기하기도 하고 추자鄒子라고 하기도 한다. 제나라 환공과 위공을 섬겼다. 당시 추기의 마을 북쪽에는 미남 서공徐公이 살고 있었는데, 추기는 늘 자신의 처와 첩 등 주위 인물들에게 자신과 서공 중 누가 더 잘생겼는지 물었다. 이에 그의 처와 첩들이 모두 서공보다 훌륭하다고 답하자 자신도 그렇게 믿었다가 추후 거울을 보고서 자신이 서공보다 못생겼음을 알았다는 고사가 있다. 『전국책』에 나온다.

436 돈급敦給 : 추녀로 알려진 인물인 듯한데, 자세한 인적사항은 미상이다.

437 거안제미擧案齊眉 : 후한後漢 양홍梁鴻의 아내 맹광孟光이 남편을 감히 마주 보지 못하고 밥상을 눈썹 높이에 맞추어 들었던 고사에서 나온 말인데, 부부끼리 서로 공경하는 것을 비유하는 고사이다. 『후한서後漢書』 「양홍열전梁鴻列傳」에 나온다.

438 등도자登徒子 : 전국시대 때 여색女色을 좋아했던 인물이었다. 송옥宋玉의 「등도자호색부登徒子好色賦」가 전한다.

를 망치는 화가 있지만 못난 여인이 사람과 국가에 화를 끼친다는 말은 들어보지 못했다. 이 때문에 내가 첩을 사랑한다고 한 사랑은 아름다움에 있는 것이 아니라 못남에 있다. 다시금 이 글을 써 변명하노라.

公見愛妾說 譬余於逐東海堧婦而笑之 余何無一言辨之乎 余嘗恠夫古之戕身於伐性斧者矣 丈夫不愛其生而愛其色乎 聖人深慮天下者 莫貴於生 夫耳目口鼻 生之役也 聲之於耳 色之於目 口之滋味 鼻之芬香 雖利於生 而害於生則止 故四官之不得擅行 必由一心之所制 此貴生之術也 人雖好色 豈可譬於身爲帝王乎 堯讓天下於子州支父 對曰 我有幽憂之病 方治之 未暇於天下也 越人以王子搜爲君 避而逃於丹穴 古人謂之 此非惡爲君 惡爲君之患也 王子搜亦可謂不以國害其身矣 天下重物也 王者大統也 而皆不以傷其生 又況於女色乎 雖以帝王言之 周禮 王者三夫人·九嬪·二十七世婦·八十一女御 以備內職 雖未聞擇醜女充之 亦未聞揀麗人備之 及至後世輕禮弛防 先色後德 適情任慾 終至國破身亡 則以色取女之禍 可勝言哉 吳之西施 唐之貴妃 亦不但誤其國 已有傷其生 王者尙如此 而況凡人乎 古語曰 以隋侯之珠 彈千仞之雀 世必笑之 是何也 所用重而所要輕也 吾之生 不特隋珠之重而已 豈可以吾生 見害於女色乎 然傳曰 好賢如好好色 賢賢易色 大抵人非堯舜 其不惑於色者 鮮矣 苟有曲眉而豊頰 清聲而便体 秀外惠中 飄輕裾 翳長袖 粉白黛綠者 列屋而閒居 妬寵爭姸 則其可不傷其生乎 故人論養生也 東坡云難在祛慾 祛慾豈不難乎 蘇子卿嚙雪啗氊 縮背出血 無一語少屈 可謂了死生之際 然不免爲胡女生子 窮居毳幕猶如是 矧洞房綺疏之下乎 但知此事不易消除 後人之卜妾以色者 烏得免傷生之患乎 是故君子必先防閑於女色 可不戒哉 且古今閨怨 多在薄

命之佳人 雖有美姿 何益之有 昔昭君恃美容 而終嫁單于 馬上琵琶以寄其怨 綠珠有容 而季倫以三斛珠買之 梁氏 閭里謂美女 無益以石塡其井 色之美 果何益哉 噫 世級漸降 色亦隨時而降 殺乎否乎 公私之分 姸醜隨焉 何則 嘗聞鄒忌之容矣 妻妾皆言其美於徐公 賓客皆言其美於徐公 以鏡照之 乃知其不如徐公遠矣 向使無鏡之照 則不如徐公之鄒忌 終當自以爲美於徐公矣 妻妾之美鄒忌 私也 賓客之美鄒忌 有訴求也 今世女色 安知不類鄒忌之美乎 然則世必無眞美色 今世之陽文 又安知不如古之敦給乎 假令有捨美求醜者 亦豈無所尙之然乎 孟光黑肥而有擧案齊眉之稱 登徒子之妻蓬頭攣手 耳又疥且痔 而登子悅之 生五子 齊棣幸之女 項有大瘤 而爲閔王之后 由此觀之 美者終必有傾城傾國之禍 而醜者未聞有禍人家國矣 是以余之愛妾之愛 不在乎美而在乎醜也 更作此以辨之

55. 섬중수창록 발문

剡中酬唱錄跋

시라는 것은 감정이 표현된 것이고, 감정이 표현되는 것은 그 만나는 상황에 따른 것이다. 감정이 표현되면 마음이 모이고, 마음이 모이면 정신과 부합된다. 정신과 부합되면 시를 읊조리게 되니 이른바 만나는 상황에 따라 표현된다는 것이다. 그러나 군자는 감정에 가깝지 않음이 없으니, 근심과 즐거움이 마음속에 침잠된 이후에 사물에 느껴 촉발된다. 만나는 상황은 감정으로 인해서이며 시라는 것은 만나는 상황이 표현된 것이다.

상황에 따라 칠정七情의 표현이 시가 되니 비록 필부라고 하더라도 가슴속엔 스스로 온전한 경전이 있다. 이것이 풍아의 연원인데, 시인들의 부류가 기이함에 힘쓰고 능함을 자랑하여 참모습을 상실했다. 위진魏晉 시대 이래로 고시古詩가 변하여 근체시가 되어 시를 짓는 작자들이 당唐나라 때보다 성대한 적이 없었다. 당나라 이후에는 성률에 구애되고 대우를 잘하고자 평생 목숨이 다할 때까지 강산과 초목, 운하雲霞와 어조魚鳥를 위해 꾸미고 수식하여 시를 짓고 세상에 알려지기를 구하지만 이것은 진실로 세상에 도움이 되는 것이 아니다. 이를테면 이백과 두보가 그 사이에 우뚝 솟아 대가라고 일컬어지지만 그 성취로 말하자면 보잘것없다.

그러므로 옛 선현들은 시를 모두 작은 기예라고 지목했으니 이것은 시의 잘못이 아니다. 시의 용도가 작게 되느냐 크게 되느냐는 사람에게 달려 있다. 천도天道는 말하지 않지만 사시四時는 움직이며 만물은 자라난다. 어디를 간들 시의 묘미가 쓰이지 않겠는가?

만약 사물에서 느껴 감정을 표현한다면 참모습은 자연스러워 능히 조화를 궁구하고 만물을 열고 닫을 수 있으니, 사람의 일상생활을 벗어나지 않아도 충분히 연비어약鳶飛魚躍의 기틀을 볼 수 있다. 이와 같다면 황극皇極을 도울 수 있으며, 육경六經을 보좌할 수 있어 무궁한 가르침을 드러낼 수 있으니 작은 기예라 할 수 있겠는가?

우리 여주 이씨는 예로부터 시에 능한 자가 많았다. 경헌공敬憲公 이계손李繼孫[439]으로부터 이 시도詩道가 크게 떨쳐져 집안에서 닦고 사람마다 힘써서 시문에 힘을 다하는 자가 많았다. 그 사이에 밤낮으로 힘쓰며 세월을 다하고 정신을 도려내고 생각을 고갈시키며 붓과 종이를 소비하는 자가 어지러이 추종하고 다투어 내달리니 반드시 수놓은 비단을 찢어버리고 해와 달을 평지에서 잡고, 만물의 겉을 높이 바라봄에 우뚝하니 뭔가를 하는 자가 왕왕 있었다.

이에 『여강세고』가 완성되었으니 찬란하고 빛나며 성대하도다. 유풍과 여운이 지금까지 전해져서 꽃 피는 봄과 낙엽 지는 가을에 모여서 번번이 축을 이루고 생황이 손에 닿고 아름다운 채색이 눈길을 현란하게 하며 풍월이 뜰에 머물며 꾀꼬리와 꽃이 난만하다. 신묘한 운치가 깊은 곳에서 떨치며 꽃다운 말이 청완淸婉에 의탁한다. 성정은 이로 인하여 펼쳐지고 광경은 이로 인하여 드리워지니 좋은 만남과 헤어짐, 기쁨과 슬픔이 이를 빌려서 마음을 의탁하지 않음이 없으니 한 산골의 모임이 거일 매일 이루어졌다.

훗날 우리 집안이 세고를 계속 완성하는 것이 장차 거의 몇 백 권일지 알지 못하니 어찌 찬란하게 편장을 이루지 않겠는가? 이로 인

---

439 이계손李繼孫(1423~1484) : 본관 여주驪州, 자는 인지引之, 경헌공敬憲公은 시호이다. 세종 때 문과에 급제하여, 1469년 함경도 관찰사로 나갔고 이후 한성 부윤과 병조판서를 역임했다.

하여 『섬중수창록』이라고 이름을 붙이고 근재공이 서문을 썼다. 나 또한 부족함을 잊고 그 뒤에 발문을 써서 후세에 보여주노라.

詩者 情之所發 情之發 隨其遇者也 情發則會心 會則契神 契則成吟 所謂隨遇而發也 然而君子無不近於情 憂樂潛乎中而後 感觸於物 遇者因乎情 詩者形乎遇 七情之發 隨而爲詩 雖匹夫匹婦 胸中自有全經 此風雅之淵源 而詩家者流 矜奇眩能 迷失本眞 晉魏以降 古詩變而近體 作者莫盛於唐 然自唐以後 拘聲律 工對偶 窮年卒歲 爲江山草木雲霞魚鳥 粉飾爲詩 以求知於世 此實無輔於世 若李杜者 雄峙其間 號稱大家 然語其至則末矣 故古之先儒 皆以小技目之 此非詩之病也 彼用之小 而此用之大 係乎人也 天道不言 四時行 百物生 焉往而非詩之妙用乎 若夫感於物 發於情 則本眞自如 能樞機造化 開闔萬象 不離乎人事之日用 足以見鳶飛魚躍之機 若是者 可以輔相皇極 左右六經 垂敎無窮 其可小技云乎哉 吾李 自古能詩者多 盖自敬憲公後 玆道大闡 家脩而人勵 致力於斯 其間鞠明究曛 疲弊歲月 刓精竭思 耗費毫楮者 紛趨而競馳 必欲爭裂綺綉 平攀日月 高視萬物之表 卓然而有爲者 往往存焉 於是乎 驪江世稿成 彬彬郁郁 盛矣哉 遺風餘韻 傳之至今 春花秋葉 會輒成軸 筳篁觸手 錦繪迷盻 風月留廷 鶯花爛熳 振妙韻於沈冥 托葩辭於淸婉 性情因之以暢宣 光景因之以呈獻 好會暌離 懽欣悲歎 莫不假是而寓心 一洞之會 殆無虛日 他日 吾門演成世稿 將不知幾百卷而止耳 豈不斐然成章乎 仍號剡中酬唱錄 謹齋公序其首 余亦忘拙而跋其後 以示來世云爾

56. 풍수록 시집 서문

風樹錄詩序

지금 경인년庚寅年[1770] 2월 25일은 곧 친족인 양숙陽叔 이춘환李春煥[440]의 회갑 날이다. 이춘환은 머리도 세지 않고 치아도 건강했는데 경인년보다 앞선 5년 전[1765]에 세상을 떴으니, 사람이 이순耳順을 누리기가 매우 어렵다.

슬프구나! 이춘환의 부친이자 이재성李載性[441]의 조부인 이용휴李龍休[442]께서 어린 시절 일이다. 나의 할아버지 지사공 이직李溭께서 집안의 자손들을 대대로 가르치셨는데, 친절하고 정의가 돈독함이 가까운 친척과 같았다.

경인년 회갑 날 아침에 이재성이 와서 울며 고하기를 "오늘은 돌아가신 아버님의 생신날입니다. 삼년상을 겨우 마치자 또 오늘 생신을 맞이하였습니다. 차마 그냥 보낼 수 없어서 음식을 차려놓고 제사를 지냈습니다. 제사에 쓰고 남은 술이 있어서 여러 친척들과 한 번 취하고, 더하여 시를 읊조려서 슬픈 감회를 표출하고자 합니다."라고 하였다.

내가 듣고서 서글퍼져서 "네가 육아편蓼莪篇[443]을 잘 읽었구나. 오늘이 날을 맞이했으니 어찌 마음이 그렇지 않겠는가?"라고 하고, 드디어 동인同人 여러 명과 지팡이와 짚신을 끌고 가서 술을 마시고 취하

---

440 이춘환李春煥(1710~1765) : 본관은 여주, 양숙은 그의 자字이다.
441 이재성李載性(1740~1796) : 본관은 여주, 자는 성호聖浩이다.
442 이용휴李龍休(1708~1737) : 본관은 여주, 자는 운서雲瑞이다.
443 육아편蓼莪篇 : 효자가 부모의 봉양을 뜻대로 하지 못하는 것을 슬퍼하여 읊은 시를 말한다. 『시경詩經』「소아小雅 곡풍谷風」에 관련 내용이 보인다.

였다. 이로 인하여 시의 운을 정해서 각각 몇 편의 시를 지었으니, 이재성의 효성스런 마음이 사라지게 하고 싶지 않아서였다. 이재성에게 시 한 축을 만들어서 후손들에게 보여주라고 하였다.

今庚寅之仲春廿五 卽族人陽叔 初度日也 陽叔髮不白 齒不割 先庚寅五歲而坳 人壽之享耳順 大煞難矣 嗚乎 載性之祖 在童丱也 余王考知事公 教養家中子孫世世 親切情誼之篤 與至親等也 其日之朝 載性來告而泣曰 今日卽家先君晬辰 喪制甫畢 又當是日 有不忍虛度 設饌而祭之 有灌餘酒 要與諸宗一醉 兼賦詩章 以寓感愴之懷云 余聞而傷惻曰 爾能讀蓼莪篇矣 值玆日 而烏得不然 遂與數三同人 杖屨臨過 飮而成醉 仍拈韻各賦數篇 盖不欲泯其孝子之心也 使載性 成一軸 以示來後云爾

57. 만취당 이야기

晩翠堂記

소나무가 다른 초목들과 다른 것은 그것이 늦도록 푸르기 때문이다. 『논어』에 "날씨가 추워진 다음에야 소나무와 잣나무가 뒤늦게 시든다는 것을 알 수가 있다."[444]라고 하였다. 눈서리 속에 온갖 나무들은 단풍이 들고 떨어지는데, 소나무만 홀로 푸르르니 마땅히 '만취晩翠'로서 칭송을 받는다. 저 소나무는 식물 중의 군자로, 근본은 정직한 성품으로 복숭아와 오얏 꽃의 화려한 모습을 하지 않는다. 이 때문에 옛 군자들이 반드시 소나무로 스스로를 비유한 것이 또한 마땅하지 않겠는가? 그렇다면 사람들이 소나무를 취해서 자신을 보좌하는 것은 반드시 만취의 뜻을 취하기 때문이다.

나의 마음이 더러 사악하고 바르지 못할 때 반드시 소나무의 곧음과 깨끗함을 벗해서 나의 덕을 완성한다. 이러고 보면 소나무가 사람을 도와주는 것이 어떠하겠는가? 나의 친족 숙명叔明 이재눌李載訥[445]이 만 그루 소나무 아래에 당堂을 세우고 만취당이라 이름하였으니, 앞서 언급한 만취의 뜻을 이해한 것인가?

송추松楸의 기슭에 천 그루의 오래된 소나무가 빽빽하고 울창하였다. 뿌리는 매우 단단하고 잎은 쭉쭉 뻗었다. 겨우 한 자 남짓이었다가 몇 길의 나무로 자랐고, 처음은 대나무처럼 가늘었다가 이후 아름드리만큼 우람하여 암석의 사이에서 울퉁불퉁 뒤틀려 서 있으니 마

444 날씨가~알 수가 있다 : 『논어』「자한子罕」에 나오는 말이다.

445 이재눌李載訥(1736~1808) : 이현환李顯煥의 아들로 본관은 여주, 자는 사헌士憲, 숙명은 그의 호이다.

치 용이 경련을 일으키고 호랑이가 비틀거리는 듯했다.

된서리가 치고 혹한이 몰아친 뒤 꿋꿋하게 울창하고, 밝은 달이 뜨는 깊은 밤에는 소나무의 푸른 그늘이 옹기종기하여 도끼의 화를 피하고 눈과 귀의 즐거움을 제공해준다. 고귀한 자태로 둘러싸서 만취당 창문에 어른거리고 울창하게 숲을 이루며 영험한 바람이 사방에서 일어난다. 이때에 경내는 아름답고 정신은 왕성해져서 땅에서 천척尺이나 높게 뻗어나고 뿌리는 황천까지 이르며, 줄기는 창공까지 닿아서 임금께서 정치를 행하시던 명당明堂을 받치고 큰 거물을 지탱할 수 있을 것이다.

슬프구나! 재능을 지닌 사람도 또한 이와 같다. 하늘이 훌륭한 재능을 내린 자는 일찍 그 재능을 발휘하지 못하고 반드시 그 재능을 숙련시킨 이후에 사용할 수 있다. 옛말에 "그릇이 큰 인재는 늦게 이루어진다.[大才晩成]"라고 하였으니,[446] 소나무의 재목은 반드시 백 년을 기다린 뒤에 쓰이듯 사람이 세상에 쓰이는 것도 하루에 이루어지는 것이 아니다. 소나무의 만취와 재목이 늦게 이루어지는 것이 어찌 이와 같은 것이 아니겠는가? 진실로 소나무에 의지해서 그 덕을 이룬다면 날마다 도道에 나아가 재목을 이루어 쓰일 수 있을 것이다.

숙명의 아들 이시영李是鍈[447]이 근재공에게 기문을 부탁했다. 그런데 공은 나에게 계속해서 지으라고 하여 내가 사양할 수 없었다. 이

446 옛말에~하였으니 : 후한의 마원馬援이 어릴 때 재주가 뛰어나 형들에게 사랑을 받았다. 마원의 형인 마황馬況이 변방 고을의 태수로 나가면서, 마원에게 말하기를 "너는 그릇이 큰 인재이니, 마땅히 늦게 성취될 것이다.[汝大才 當晩成]"라고 하였다. 『후한서』 「마원열전」에 나온다. 『섬와잡저』 본문에는 『시경』 구절이라고 하였는데, 이 구절은 『후한서』 구절이다.

447 이시영李是鍈(1762~1803) : 이재눌의 아들로 자는 화옥和玉이다.

시영李是鍈은 만취를 본받아 포부를 원대하게 하여 훗날에 큰 집을 지탱할 수 있는 재목이 되는 것을 기다리도록 하여라. 드디어 이와 같이 그 전말을 기록하고, 시 한 수를 짓는다. 경인년庚寅年[1770] 3월 18일이다.

夫松之異於凡卉 以其晩翠也 經曰 歲寒然後 知松柏之後凋 霜雪之中 萬木黃落 松獨也靑靑 則宜以晩翠稱焉 彼松乃植物中君子 本以正直之性 不作桃李之顔 古君子必以松自況者 不亦宜乎 然則人之取松以自輔者 必取其晩翠之義也 余之心或邪或曲 必友松之勁直高潔 以成其德 松之有輔於人 爲如何哉 余族人叔明 置堂於萬松之下 名其堂曰 晩翠 曾亦會此意否 松楸之麓 千株古松 鬱鬱蒼蒼 根柢深固 柯葉暢達 起盈尺 挺於累丈 始筳筋 大於拱把 岩石之間 磈磈然 蹙縮然 有若龍攣虎跛 嚴霜大凍 直幹森森 明月深宵 翠盖童童 逃斤斧之厄 供耳目之玩 貞姿環匝 掩翳軒窓 蔚乎成林 靈風四起 于時也 境勝神旺 拔地千尺 根到黃泉 幹摩蒼穹 可以拄明堂而撑大厦也 嗚乎 人之抱才 亦猶是焉 天之賦才之大者 早不得施於世 必老其才而後 可合於用 詩曰 大才晩成 松之爲材 必待百年之後 人之需世 亦非一日之積 松之晩翠 材之晩成 豈不若是其班乎 苟使資於松以成其德 則日進其道 可待其成而用矣 叔明之子是鍈 請記於謹齋公 公又要余續成 余不敢辭 鍈須效晩翠 而大其抱負 以待他日支厦之材焉 遂記其始末如右 四韻俱成 庚寅三月十八日也

58. 운재 황준의 회혼시 서문

雲齋黃公重牢宴詩序

대저 수壽를 누리는 것은 성인도 알지 못하고 또한 수를 보태는 수도 없다. 황미옹黃眉翁이 3천 년 만에 한 차례 뼈를 바꾸고 뇌를 씻은 것이나[448] 이소군李少君의 단사丹砂와 황금의 비법들이,[449] 비록 간혹 장생구시長生久視[450]를 누릴 수 있지만 수와 같은 반열로 칠 수 없다.

어찌해서 그러한가? 상수上壽는 백세이고, 중수中壽는 팔십세, 하수下壽는 육십세이고 그 나머지는 저녁에 으스러지는 조균朝菌과 같아서[451] 진실로 번화하고 시끄러운 마당에서 취생몽사하면서 비록 다행히 상수에 이르렀지만 앉아서 청복을 누릴 날이 얼마 되지 않는다. 이를 통해 본다면 인생 백세도 거의 봄과 가을을 알지 못하는 여름 매미들

---

448 황미옹黃眉翁이~것이나 : 황미옹은 동방삭東方朔이 홍몽鴻濛의 늪에서 노닐다가 만난 인물이다. 그는 "나는 화식火食을 끊고 정기精氣를 흡수해 온 지가 이미 9천여 년이 된다. 3천 년 만에 한 차례 뼈를 바꾸고[反骨] 뇌를 씻었으며[洗髓], 2천 년 만에 한 차례 뼈를 찌르고[刺骨] 털을 갈았으니[伐毛], 나는 태어난 이후로 세 차례 뇌를 씻고 다섯 차례 털을 갈았다."라고 말하였다. 『서경잡기西京雜記』에 나온다.

449 이소군李少君의~비법들이 : 이소군은 한무제漢武帝 때의 도사道士이다. 그는 장생불사의 술법을 알고 있고 또 신선도 직접 만난 적이 있다고 하여 한무제의 신임을 얻었다.

450 장생구시長生久視 : 우주 속에 오래 살고 만물과 함께 존재하는 선술仙術을 말한다. 구시久視란 오래도록 본다는 뜻으로, 장생長生이나 불사不死와 같은 의미이다. 『도덕경道德經』 제59장에 "나라를 소유한 어머니는 장구할 수 있으니 이는 뿌리를 깊이 하고, 꼭지를 단단히 하여 길이 살아 오래도록 보는 도라 한다.[有國之母 可以長久 是謂深根固蒂 長生久視之道]"에서 유래하였다.

451 저녁에~같아서 : 조균朝菌은 두엄더미 위에 피는 버섯으로 아침에 생겼다가 저녁에 스러져 극히 연약하고 생명력이 짧은 것을 비유한다. 『장자莊子』「소요유逍遙遊」에, "조균은 밤과 새벽을 모르고 씽씽매미는 봄과 가을을 모른다. 이것은 수명이 짧은 것들이다.[朝菌不知晦朔 蟪蛄不知春秋 此小年也]"라고 하였다.

과 같다. 노담老聃과 전갱籛鏗[452] 같은 자취는 홀로 떨어져서 들리지 않으니 어찌 장수의 반열에 끼일 수 있겠는가?

또한 수의 뜻은 오래 간다는 의미이다. 『중용』에 "지성至誠은 쉼이 없으니, 쉼이 없다면 오래간다."[453]라고 하였다. 지성은 체體요 쉼이 없는 것은 용用이니, 몸을 닦고 일에 시행되니 모두 오래갈 수 있는데 오직 수만 어찌 다른가? 하늘이 사람을 냄에 자질에는 두텁고 박함이 있고, 목숨은 길고 짧음이 있으니 이것은 운명이다. 몸을 닦고 본성을 길러서 수에 해가 됨이 없는 것 이것이 입명立命이다. 그러므로 군자는 입명立命을 소중히 여기니 명이 얕은 것을 두터이 할 수 있고, 짧은 것을 길게 할 수 있다. 장생불사長生不死의 무리들은 밀실에 화로를 두어 바람에서 불길을 지키듯 자기 목숨을 연장하는 격이다.[454] 모두 요행으로 생존하는 것이다.[455] 어찌 칭찬할 만한 것이 있겠는가?

이를테면 운재雲齋 황공의 수는 입명立命에 가깝다. 공은 중년부터 박사가업博士家業[456]을 버리고 처자식을 이끌고 강원도 광평廣平의 정연

---

452 노담老聃과 전갱籛鏗 : 노담은 전국시대 인물로 무위자연을 외치며 200세를 살았다고 하며, 전갱은 요임금 때 신선으로 700세를 살았다고 한다.

453 지성至誠은~오래간다 : 『중용』 제26장에 "그러므로 지성은 쉼이 없으니 쉬지 않으면 오래간다.[故至誠無息, 不息則久]"라는 구절이 있다.

454 밀실에~격이다 : 주희朱熹의 『근사록近思錄』「변별이단辨別異端」에, 장수의 방법을 묻는 제자에게 정자가 그 이치를 설명한 부분이 있다. 정자는 "밝은 대낮에 하늘로 날아 올라가는 것과 같은 일은 있을 수 없다. 있다면 산림 사이에 살아 몸을 보호하고 기를 닦아 수명을 늘릴 수는 있겠다. 비유하자면 화로의 불을 바람 부는 곳에 놓으면 불이 쉽게 타버리고 밀실에 두면 쉽게 타지 않는 이치와 같다. [白日飛昇之類則無 若言居山林之間 保形煉氣 以延年益壽則有之 譬如爐火置于風中則易過 置之密室則難過 有此理也]"라고 답하였다.

455 요행으로~것이다. : 『논어論語』「옹야雍也」에 "사람이 살아가는 이치는 정직함이니, 정직하지 않으면서도 생존하는 것은 요행으로 죽음을 면한 것이다.[人之生也直 罔之生也 幸而免]"라는 구절이 있다.

456 박사가업博士家業 : 가업을 계승하여 벼슬길에 나가는 것으로, 여기서는 과거에 응

亭淵에 들어가[457] 번뇌를 끊고 독서하였다. 존심궁리하며 산수에서 즐기되 몰입되지 않고, 조수와 꽃 사이에서 즐기되 지나침이 없고, 세상에 바라지도 않고 사물에 얽매이지도 않으며, 의로움을 즐기되 갈증 나듯 하고, 자식을 가르치되 옥을 쪼듯 하여 진실로 그 가르침에 맞게 하며 그 업을 힘쓰도록 하니 고향과 이웃의 사대부들이 바라보며 존경하고 사모하지 않음이 없었다.

규문의 아내와[458] 해로하여 노년의 얼굴과 흰 머리털이 푸른 절벽과 붉은 꽃 사이에 곱게 비추었다. 이에 정연亭淵 이 지역은 수를 누리는 한 곳이니, 어린 사람들은 종알거리고 장년은 즐거워하며 늙은이는 화락하여 즐겁게 그 근심을 잊었으니 모두들 운재공으로 모범을 삼았다. 이것은 운재공께서 '아내에게 모범이 되는[刑妻]' 교화가 두루 미친 것이다. 대개 운재공께서 고요히 자신을 지키고 충실히 도를 길러서 능히 중수中壽에 이르렀고, 부인 또한 공경하며 어기지 않아서 훌륭한 아내로 공의 배필이 되고, 수를 누린 어머니로 아이들을 가르치며 노부부는 금슬이 좋고 아이들은 화목하니 우뚝하게 아름다웠다.

경인년[1770]은 운재공이 혼인한 지 60년이 되는 해이다. 맏아들

시하여 사환仕宦하는 것을 뜻한다. 양梁나라 사마경司馬褧의 부친은 삼례三禮에 밝아 제齊나라의 국자박사國子博士에 이르렀는데, 사마경이 가업을 이어받아 관로에 나아가서 국가의 중요한 예제禮制를 주관했던 데서 나온 말이다. 『양서梁書』「사마경열전司馬褧列傳」에 보인다.

457 처자식을~들어가 : 이현환의 사돈 황공이 경기도 광평으로 들어가 지낸 내력은 앞의 「유정연기遊亭淵記」에 상세히 나온다.

458 아내와 : 원문은 제체齊體로 아내를 가리킨다. 반고班固의 『백호통白虎通』·「가취嫁娶」에 "아내는 똑같다는 뜻이니 남편과 아내가 체가 같은 것이다.[妻者 齊也 與夫齊體]"라고 한 데서 온 것이다.

아무개가 욕례縟禮[459]를 준비하겠다고 간청하였지만, 운재공이 이를 만류해서 성대하게 준비하지 못하였다. 4월에 좋은 날을 골랐는데, 큰 손자의 혼례가[460]가 마침 이날에 있었다. 회혼례와 신혼례로 할아버지와 손자가 함께 경사를 즐김에 온 집안이 기뻐하였다. 고을 사람들이 돌아가며 축하하고 친족들은 서로 부러워했으며, 촌 늙은이와 할미들이 지팡이를 짚고 와서 구경했다. 뜰 밖에서는 손뼉 치고 발을 구르고 흥겨워하였으니 매우 성대한 예식이었다.

나는 외람되게 사돈으로 참석하여 운재공에게 특별한 예우를 받았으니 어찌 한 마디 말을 하지 않을 수 있겠는가? 운재공의 아들은 내가 장인이라고 하여 나에게 시를 읊어 축하해줄 것을 요청하였다. 내가 감히 사양할 수 없어, 드디어 시 약간 편을 지어서 축수의 잔을 올리는 정성을 대신하고자 한다.

夫壽 聖人所不能知 亦不能增益之 黃眉翁反骨洗髓 李少君丹砂黃金之方 雖或長生久視 不可與於壽 何則 上壽百 中壽八十 下壽六十 其餘 朝菌夕化 苟使醉生夢死於紛華膠擾之塲 雖幸而至於上壽 坐享淸福之日 無幾何矣 由是言之 人生百歲 殆同蟪蛄春秋 如聃鏗之跡 落落無聞者 顧安得而爲壽哉 且壽之義 久也 經曰 至誠無息則久 誠 軆也 無息 其用也 脩之身 施之事 皆可以久 獨於壽 奚異哉 天之生斯人 禀有厚薄 年有脩短 此命

459 욕례縟禮 : 욕례는 국가에 경사가 있을 때 행하는 큰 의식으로, 여기서는 회혼례를 의미한다.

460 혼례가 : 원문은 영상우귀로, 영상迎相은 도와줄 신부를 맞는다는 뜻으로, 신랑이 신부 집에 가서 신부를 맞아오는 친영親迎을 말한다. 우귀于歸는 신부가 혼인한 후 처음으로 시집에 들어가는 것을 뜻한다.

也 緹躬養性 無害於壽 此立命也 故君子貴立命 薄可使厚 短可使脩 長生久視之倫 不過爲密室爐火之延 皆罔之生也 又何足稱乎 若雲齋黃公之壽幾於立命矣 公自中年 棄博士家業 挈妻子 歸臥亭淵 息煩讀書 存心窮理林風川月 有樂而無淫 山鳥溪花 有戱而無虐 無求於世 無競於物 嗜義若渴 誨子如琢 允迪其敎 用勵其業 鄕隣士大夫 莫不瞻敬而悅慕焉 閨門之內 齊體偕老 韶顔華髩 輝映於蒼壁丹花之中 亭淵一區 便一壽域 幼者蚩蚩 壯者怡怡 老者熙熙 樂而忘其憂 咸以公爲矜式 是又公刑妻之敎 所及者廣也 盖公澹靜自持 充養有道 克致中壽 夫人又能敬恭無違 配公爲令妻訓子爲壽母 黃髮兒齒 友瑟和鳴 頎然其姱矣 歲在庚寅 爲公重牢之年 嗣子某 請備縟禮 公止之 遂不敢張大 卜吉辰於孟夏 長孫迎相于歸 適在是日 舊姻新婚 祖孫同慶 一室懽洽 邑里交賀 族親相艶 村翁野嫗 扶杖觀光攢手蹈足於庭廡之外 甚喊禮也 余忝居姻黨 受知於公 不容無言 公之子謂余爲外舅 要余賦詩爲壽 余不敢辭 遂搆詩若干篇 以替獻酌之誠焉

59. 명춘 이재양을 위한 수서

鳴春壽序

사람이 태어남에 천성이 후덕함과 천박함의 차이가 있고 수명에도 장단의 차이가 있다. 이것은 부모에게서 부여받은 것이다. 『논어』에 "인仁한 자는 수를 누린다."[461]라는 말이 있고, 『맹자』에 "인仁하면서 그의 부모를 내치는 자는 없다."[462]라는 말이 있으니, 이것을 두고 "효는 인仁을 실천하는 근본이다.[463]"라고 했던 것이다. 그렇다면 효야말로 장수하는 근본이 아니겠는가?

대개 부모가 자식에게, 자식은 부모에게 한 몸이면서 둘로 나뉘어졌고 같은 기운이면서도 호흡이 다르다. 마치 풀들이 꽃과 열매가 있고 나무가 뿌리와 중심이 있는 듯하여 근심과 기쁨을 서로 교감한다. 부모의 장수를 아들이 이어서 누릴 수 있는 것인가?

우리 친족 중에서 명춘鳴春 이재양李載陽[464]이 있는데, 올해[1770] 9월 초6일은 명춘의 회갑일이다. 명춘의 어머니는 83세이다. 아들 명춘도 오히려 장수라고 말할 수 있는데, 하물며 그 어머니는 어떠하겠는가?

나는 어렸을 때 명춘과 함께 공부하였기에 나처럼 명춘을 아는 사람도 없다. 명춘은 성격이 내성적이고 문학을 좋아했다. 부모에게 효도하고 형제와 우애롭게 지냈다. 이것을 제외하고는 나는 명춘의 다

---

461 인仁한~누린다 : 『논어』 「옹야雍也」에 나오는 구절이다

462 인仁하면서~없다 : 『맹자』 「양혜왕」 상에 나오는 구절이다.

463 효는~근본이다 : 『논어』 「학이學而」에 나오는 구절이다

464 이재양李載陽(1710~?) : 이복환李復煥의 첫째 아들로 본관은 여주, 명춘은 그의 자이다.

른 부분을 얘기하고 싶지 않다.

일찍이 명춘이 부모님 옆에서 모실 때 부모님께서 앉거나 누울 때, 일상의 기거를 할 때마다 부축하고 보호했으며 옷을 잡고 변소에 가고, 숟가락을 들어 진지를 드린 지 거의 십여 년이었지만 매일 한결 같았다. 그러나 명춘은 세상에 요구하는 것이 없었고 세상일에도 다툼이 없었으니, 세상이 어떻게 명춘을 알겠는가? 명춘을 은군자隱君子라고 할 수 있다.

이 날 명춘의 아들 이시굉李是鋐[465]과 동생 숙명叔明 이재광李載光[466]이 종족을 모아서 술과 밥을 준비하고 축수를 올리니 기쁘고 즐거웠다. 성대한 회갑연이 끝나자 모친의 얼굴에 기쁜 안색이 있었고, 고을에서는 번갈아 축하하고 친족들은 서로 부러워하였다. 모두 아들의 나이는 거의 일흔을 바라보고 어머니는 구순을 누리시니 인간 세상에서 드문 경사이다.

옛날 중국의 노래자老萊子는 나이 일흔에 어린아이 흉내를 내었는데,[467] 명춘은 지금의 노래자이다. 내가 드디어 명춘과 어머니의 나이를 헤아려보니 144세이다. 이것은 인仁이 아니면 어떻게 그 수를 계승할 수 있었으며, 효도가 아니면 어떻게 그 가르침을 이룰 수 있었겠는가?

나는 명춘보다 3살 아래지만 효도도 하지 못하였고 사람 꼴도 갖

---

465 이시굉李是鋐 : 이재양의 둘째 아들로 본관은 여주인데 자세한 인적사항은 미상이다.

466 이재광李載光(1713~?) : 이복환李復煥의 둘째 아들로 본관은 여주, 숙명은 그의 자이다.

467 중국의~냈었는데 : 노래자老萊子는 춘추시대 사람이다. 나이 일흔에 색동옷을 입고 재롱을 떨어 어버이를 즐겁게 했던 고사가 있다.

추지 못하였다. 아! 나만 유독 어머니도 없고[468] 이 즐거움을 누리지 못하였으니, 내 오늘 명춘의 경사 날에 어찌 슬픈 마음이 없겠는가?

명춘은 인仁하여서 수를 누리고 아울러 어머님도 수를 이어서 누린다면, 명춘의 아들 역시 앞으로 명춘을 이어서 수를 누려서 반드시 대대로 수를 누리는 가문이 될 것이다. 중국의 노담老聃과 전갱籛鏗처럼 외롭게 알려지지 않는 장수가 어찌 논할 것이 되겠는가?

여러 친족들이 시를 지어서 축수하고, 근재공은 수서壽序를 썼다. 또 나에게 이어서 수서를 쓰라고 해서 의리상 사양할 수 없어서 이상처럼 전말을 대략 서술한다. 겸하여 고시 한 수를 지어서 실제의 일을 읊었다. 경인년庚寅年[1770] 9월 초10일 쓰다.

夫人之生也 禀有厚薄 壽有修短 此莫非禀受於父母也 然而語曰 仁者壽 孟子曰 未有仁而遺其親者也 此所謂孝爲爲仁之本歟 然則孝者 豈非得季之本耶 盖父母之於子也 子之於父母也 一體而两分 同氣而異息 若草莽之有華實 樹木之有根心也 憂樂必相感焉 父母之壽 子可以繼而享之乎 吾宗有鳴春者 今年九月初六 即其花甲晬日也 奉老慈八十有三歲 其子尚可

---

468 아! 나만~없고 : 춘추시대 정나라 무공은 강씨를 부인으로 맞아, 장공과 공숙단을 아들로 두었다. 그런데 강씨가 출산 때 장공 때문에 놀란 일이 있었기 때문에 둘째 공숙단을 첫째 장공보다 총애하였다. 이를 빌미로 이후 장공은 어머니 강씨를 유폐시키고 "죽어서 황천黃泉에 이르기 전에는 만나지 않겠다."라고 맹세하였으나, 곧 이어 후회하게 되었다. 이후 영곡潁谷을 지키는 관리인 영고숙潁考叔은 이 소식을 듣고서, 영고숙이 장공에게 물건을 바치니, 장공은 그에게 음식을 하사하였다. 이것을 먹던 영고숙은 고기를 옆으로 밀어 놓으면서 말하기를, "저에게는 어머니가 있는데 이것을 가져다 드리려고 합니다."라고 하였다. 장공이 "그대에게는 음식을 가져다 드릴 어머니가 있는데, 아! 나만 어머니가 없구나.[緊我獨無]"라고 하며 후회한다고 덧붙였다.

謂壽 况其親乎 余少也 與鳴春同筆研 知鳴春莫我若也 性恬靜而好文學 孝於親 友於弟 外是余不欲爲鳴春道也 嘗侍於親側 坐卧起居 輒扶護之 牽衣而如厠 執匙而進飰 殆十數年如一日 然鳴春無求於世 無競於物 世安得而知鳴春乎 此之謂隱君子也 是日也 其子是鉉 其弟叔明 會宗族 設酒饌 奉上壽 怡怡愉愉如也 盛禮告竣 慈顔有喜 邑里交賀 族親相艶 咸以爲兒望七旬 母享九耋 人世希有之慶也 昔者 老萊子七十 作嬰兒之戱 鳴春今之老萊子也 余遂數其母子之年 一百四十四歲 此非仁 曷得繼其壽 非孝曷能成其教乎 余少鳴春三歲 而不孝無狀 緊我獨無是樂 余安得無慽慽於鳴春今日之慶乎 鳴春能仁而壽 繼享賢慈之壽 則鳴春之子 其將繼鳴春而得壽 亦必爲世壽之家矣 以彼聃鏗落落無聞之壽 惡容一喙論乎 諸族賦詩爲壽 謹齋公爲序其事 又命余續之 義不敢辭 遂略叙其始末如右 兼賦古詩一章 以道實際 庚寅九月初十日也

60. 이시류의 시축에 쓴 소서

題是鏐詩軸小序

집안끼리 시로 노니는 것은 우리 여주 이씨의 오랜 풍속이다. 성호공星湖公 및 부친이 살아 계실 때에 나는 어린 나이로 자주 끝자리에 참석했었다. 그 후로 우리들은 자주 추재楸齋에 모였는데, 추옹楸翁 이재덕李載德이 돌아가신 후로는 오랫동안 이러한 모임이 없었다. 일전에 추옹의 아들 이시류李是鏐가 동년배 십여 명과 모여 운자를 나누고 시를 지어 이 시축詩軸을 완성하였다. 이시류의 시 마지막 구에 다음과 같은 구절이 있었다.

옛날 기쁘게 즐겼던 곳을 회고해보니
부모 여의고 쓸쓸히 남은 생애에 눈물이 줄줄 흐르네
回頭昔日歡娛地　　　　孤露餘生淚迸流

나는 이 구절을 십여 차례 외어 보고 다음과 같이 말하였다.

"『논어』에 이르기를, '아버지의 도를 고치지 않아야 효라 이를 만하다.[469]'라고 하였으니, 시류는 능히 아버지의 뜻을 이어 이 모임을 가졌으니, 또한 추옹의 아들이라 할 만하구나."

이어서 옛날에 노닐었던 때를 회상해보니 마치 어제의 일처럼 또렷이 떠올랐다. 그러나 추옹은 이미 저승의 사람이 되었으니 그를 위

469 아버지의~만하다 : 『논어論語』「학이學而」에 나오는 말이다. "부친이 생존해 있을 때에는 자식의 뜻만을 볼 수가 있고, 부친이 작고한 뒤에야 그 자식의 행동을 볼 수가 있다. 그러나 작고한 뒤 3년 동안은 부친이 해 오던 일을 고치는 일이 없어야 효라고 말할 수 있다.[子曰 父在觀其志 父沒觀其行 三年無改於父之道 可謂孝矣.]"

해 기뻐해 주지 못한 것이 참으로 오래되었고, 내 나이도 예순에 가까우니 얼마 있지 않아 나도 다시 추옹을 따라 세상을 떠날 것이다. 세상을 붙잡아둘 수 없는 것이 이와 같구나. 내가 이 시축을 보고 드디어 서문을 짓노라.

宗族詩遊 吾李之舊俗也 星湖公暨先君子 在世時 余以少年 累參末席 其後 吾輩頻會于楸齋 楸翁歿後 久無此會 日前楸翁之子是鏐 會同隊近十人 分韻賦詩 成是軸 是鏐之詩 落句有曰 回頭昔日歡娛地 孤露餘生淚迸流 余十回吟誦曰 傳云 無改於父之道 可謂孝矣 是鏐 能述其父 有此事 亦可謂楸翁有子 仍回思舊遊 歷歷如昨日事 而楸翁已作泉下人 爲之不怡者良久 余年又迫六旬 幾何而復追楸翁去乎 人世之不可把玩 如此 余覽是軸 而遂爲之識

61. 졸암 이야기

拙菴記

대저 졸렬한 것은 교묘함의 반대이니, 성현聖賢의 도는 교묘함이 없고 또한 졸렬함도 없다. 교화敎化가 무너진 이후로부터 군자가 이치를 따르고 분수를 편안히 여기는 것을 졸렬하다 하고, 소인의 임기응변과 그릇됨을 꾸미는 것을 교묘한 것이라 한다. 그 이익을 도모하지 않고 그 도를 밝히는 것이 군자의 도이나, 소인은 그것을 기롱하여 졸렬하다 여긴다. 그 공을 헤아리지 않고 그 덕을 밝히는 것이 군자의 덕이나, 소인은 그것을 비웃어 졸렬하다고 여긴다. 높은 관직 보기를 가시울타리같이 여기고 명예를 취하는 데에 교묘한 것을 졸렬함으로 여기며, 아름다운 옥을 보기를 기와 조각과 같이 여기고 이익을 무릅쓰는 데에 교묘한 것을 졸렬함으로 여기니 이것이 과연 참으로 졸렬한 것인가!

고어古語에 이르기를 "사람에게 졸렬한 자는 하늘에 교묘하며, 지금에 졸렬한 자는 옛것에 교묘하다."[470]라고 했다. 증자曾子의 노둔함[471]과 안자顔子의 어리석음[472]이 마치 졸렬한 것 같지만 성인이 됨에는

---

470 사람에게~교묘하다 : 명明나라 문인 송렴宋濂의 『문헌집文憲集』「졸암기拙菴記」에 나오는 내용이다.

471 증자曾子의 노둔함 : 『논어』「선진先進」에 "시柴는 어리석고 증삼曾參은 노둔하고 자장子張은 치우치고 자로子路는 거칠다.[柴也愚 參也魯 師也辟 由也喭]"는 공자의 평가가 있는데, 증삼이 바로 증자이다.

472 안자顔子의 어리석음 : 『논어』「위정爲政」에 "내가 회回와 더불어 온종일 이야기를 하였으나 내 말을 어기지 않아 어리석은 사람인 듯하였다. 그러나 물러간 뒤에 그의 사생활을 살펴보니 가르친 것을 충분히 발명發明하니, 회는 어리석지 않구나!

교묘하고, 장의張儀와 소진蘇秦은 언변言辯이 교묘한 것[473] 같지만 몸을 부지하는 데에는 졸렬하니, 이것이 과연 참으로 교묘한 것이겠는가!

나는 듣건대 교묘한 것은 졸렬한 것의 노예라고 하고, 전傳에 이르기를 "덕을 행하면 마음이 편안하여 날로 아름다워지고, 거짓을 행하면 마음이 수고로워 날로 졸렬해진다."[474]라고 하였다. 졸렬한 것은 덕을 행하는 표시이고 교묘한 것은 거짓을 하는 지름길이다. 덕을 행하는 자는 비록 졸렬한 것 같지만 몸을 편안히 하는 데에 교묘하고, 거짓을 행하는 자는 비록 교묘한 것 같지만 화를 면하는 데에 졸렬하니, 그 교묘하고 그 졸렬함이 무엇이 낫고 무엇이 못하단 말인가? 이로 말미암아 보건대 졸렬한 자는 교묘하고 교묘한 자는 졸렬한 것이니, 어찌 천하의 사람들로 하여금 교묘함을 버리고 졸렬함을 따르게 할 수 있겠는가?

나는 본래 매우 졸렬한 사람이니 졸렬함으로 기문記文을 짓는다. 졸렬함을 행하는 사람이 내가 아니면 그 누구이겠는가? 드디어 이로써 나의 거처의 이름을 삼는다.

夫拙者 巧之反 聖賢之道 無巧而亦無拙 自敎化凌夷之後 以君子之循理安分爲拙 小人之機變餙非爲巧 不謀其利而明其道者 君子之道 而小人譏之以爲拙 不計其功而明其德者 君子之德 而小人笑之以爲拙 視簪組如柴柵 而巧于取名者 以爲拙 視珠玉如瓦礫 而巧于冒利者 以爲拙 則是果

[吾與回言終日 不違如愚 退而省其私 亦足以發 回也不愚]"라는 구절이 있다.

473 장의張儀와～것 : 장의張儀와 소진蘇秦은 모두 전국戰國 시대의 변론가인데, 귀곡자鬼谷子의 제자이다.

474 덕을～졸렬해진다 : 『서경書經』「주서周書」에 이 구절이 보인다.

眞拙者哉 古語云 拙于人者 巧于天 拙于今者 巧于古 曾顏之魯愚 似若拙矣 而巧於爲聖 儀秦之言辨 似若巧矣 而拙於謀身 是果眞巧者哉 余聞之巧者拙之奴 傳曰 作德心逸日休 作僞心勞日拙 拙者 作德之符也 巧者 作僞之蹊也 作德者 雖若拙而巧于安身 作僞者 雖若巧而拙于免禍 其巧其拙孰優孰劣 由是觀之 拙者巧而巧者拙也 安得使天下之人 捨巧而趍拙哉 余本至拙者 以拙爲記 拙者之事 非余其誰 遂以名吾居

62. 옳고 그름 이야기

是非說

대저 시비是非라는 것은 군자君子와 소인小人을 나누는 기준이다. 군자는 옳은 것을 옳다고 하고 그른 것을 그르다고 하며, 소인은 옳은 것을 그르다고 하고 그른 것을 옳다고 한다. 군자의 옳음으로 소인의 그릇됨을 비난하는 것은 마땅하며, 소인의 그릇됨으로 군자의 옳음을 비난하는 것도 마땅하다.

그러나 말세에는 참된 시비是非가 없어 이른바 옳다는 것을 일찍이 옳다고 한 적이 없고, 이른바 그릇되는 것을 일찍이 그릇되다고 한 적이 없어서 옳은 것을 그릇되다고 하는 것과 그릇된 것을 옳다고 하는 것이, 이것이 어찌 참된 시비是非이겠는가?

내가 옳다고 하는 것이 여러 사람들에게는 그릇된 것이고, 내가 그릇되다 하는 것이 여러 사람들에게는 옳은 것이니, 이러한 견해로 나와 같아지기를 구한다. 옛 사람들이 이를 일러 매우 미혹되다 하니 슬프도다! 지금의 사람들은 매우 미혹되다 할 만하도다.

평소에 일을 행함에 때때로 그릇됨은 있고 옳음은 없으면서 태연히 남의 시비是非를 논하여 스스로 이르기를 남의 옳지 않음을 보고 마음으로 항상 그를 그릇되다 한다. 마치 군자의 옳음으로 소인의 그릇됨을 비난하는 격이니 그 옳음과 그릇됨을 장차 무엇으로 밝히겠는가?

도연명陶淵明의 부賦에 이르길 "지금이 옳고 어제는 잘못이었음을 알았노라."[475]라고 하였으니 어제는 알지 못했으나 지금 비로소 깨닫게 된 것이다. 지금 사람이 어찌 어제의 그릇됨을 알고 오늘의 옳음을 깨달은 것이겠는가? "거백옥蘧伯玉은 49년의 잘못을 알았다."라고 하였으니 이미 그 잘못을 알았다면 비로소 그 옳음을 안 것이다. 도연명과 거백옥은 군자의 옳음을 안다고 할 수 있으니 어찌 소인들이 그릇됨을 꾸미는 것과 비교할 수 있겠는가? 이것이 내가 지금 세상에는 참된 시비是非가 없다고 말한 것이다.

나와 뜻이 같은 사람은 옳다고 하고 나와 뜻이 다른 사람은 그르다고 하니, 어찌 남이 옳다고 하는 것을 구하여 구차히 남들과 같아질 수 있겠는가? 남이 그릇되다 하는 것을 두려워하지 말고 돌이켜 자신에게서 구하여서 능히 도연명과 거백옥의 그릇됨을 안다면 이것이 이른바 참된 시비是非이다. 지금의 사람들은 어찌 여기에 힘쓰지 않는가? 드디어 설說을 짓는다.

夫是非者 君子小人之分也 君子以是爲是 以非爲非 小人以是爲非 以非爲是 以君子之是 宜乎非小人之非 以小人之非 宜乎非君子之是 而末世無眞是非 其所謂是 未嘗是 其所謂非 未嘗非 是其所謂非 非其所謂是 此豈眞是非哉 己之所是 衆人之所非也 己之所非 衆人之所是也 而以此求同於己者 古人謂之太惑 噫 今之人可謂惑之甚者 平日行事 往往有非無是而晏然論人之是非 自謂曰 見人之不是 心常非之 譬如以君子之是 非小人之非 其是其非 將何以明之 陶淵明賦曰 覺今是而昨非 昨日不知 今日始

475 지금이~알았노라 : 도연명陶淵明의 「귀거래사歸去來辭」에 이 구절이 보인다.

覺 今之人 安得以知昨之非而覺今之是乎 蘧伯玉知四十九年之非 旣知其非 則始覺其是 淵明伯玉 其可謂君子之知是 烏可比之於小人之餙非乎 此余所謂今世無眞是非矣 同己者謂之是 異己者謂之非 豈可求人之爲是而苟同於人哉 不畏人之爲非 而反求諸己 能知淵明伯玉之非 則此所謂眞是非也 今之人 盍於此勉之哉 遂爲之說

63. 덕중 이극성의 딸을 위한 애사 서문

李衛率德中亡女哀辭序

위솔衛率 이극성李克誠[476]은 재상을 지낸 분사分沙 이성구李聖求[477] 공의 5대손이며 성호 이익 선생의 사위이다. 을해년[1755] 봄에 딸 하나를 낳았는데, 어머니가 그 딸을 가르치기를 성호공이 딸을 가르치는 것과 같았다. 게다가 이 여식의 성품이 총명하고 지혜로와 5~6세에 한글과 셈을 힘들이지 않고서 알았고 저포樗蒲[478] 놀이도 두루 통했다. 조금 자라서는 다른 사람이 책 읽는 것을 듣고 치란治亂의 역사를 환하게 깨달아서 알지 못하는 것이 없었다. 제사에 쓰일 술과 음식을 거들고 손님의 먹거리를 준비할 적에 배고픔과 추위는 말하지 않았으니, 다만 이것은 평범한 일화일 뿐이다.

나이 네 살에 달 가운데 계수나무가 있다는 것을 듣고 "저는 하늘에 올라 달을 가르고 계수나무를 보고 싶어요."라고 하니 사람들이 비록 원대한 기상이 있다고 말하였지만, 어찌 끝내 이 속세 가운데 사람이었겠는가?

열셋의 나이에 호서지방 사천리槎川里에서 죽었으니, 이극성이 남

---

476 이극성李克誠(1721~1779) : 본관은 전주全州, 초명初名은 존성存誠이며, 자는 덕중德中, 호는 고재皐齋이다. 지봉 이수광李睟光의 6대손으로, 영조 때 현감과 위솔 등을 역임했다. 위솔衛率은 조선시대 세자익위사世子翊衛司의 관직이다.

477 이성구李聖求(1584~1644) : 본관은 전주全州, 자는 자이子異, 호는 동사東沙이다. 분사分沙는 그의 또 다른 호이다. 광해군 때 문과에 급제하여 인조 때 우의정, 좌의정을 역임했다. 1636년 병자호란 때 병조판서로 인조의 남한산성 피난을 호종하였다. 그의 아내 권씨는 병자호란 때 강화가 함락되자 며느리 및 두 딸과 함께 목을 매고 자결했다. 저서로 『분사집』이 있다.

478 저포樗蒲 : 주사위 같은 것을 나무로 만들어 던져서 즐기던 놀이로 윷놀이와 비슷하다.

쪽 면천沔川[479]에 돌아가 있을 때였다. 이극성은 타고난 성품이 조심스럽고 중후하며 화평하고 공손하여 마땅히 큰 복을 누려야하나 늙어서 자식이 없고 또 딸 하나도 지키지 못했으니 하늘이 보답해 준 것이 과연 어떠한가?[480]

이극성이 자기 딸의 착하고 얌전한 성격과 아름다운 행실이 후대에 사라져서 일컬어지지 않을 것을 애석히 여겨 친구와 아끼던 사람들에게 애사를 청하니 내가 또한 이를 사양할 수가 없었다. 드디어 「월중계月中桂」라는 시 한 편을 써서 위로하니 이극성은 그 슬픔을 잊기를 바란다.

李衛率克誠 卽分沙相公之五世孫 星湖李先生之女壻也 乙亥春生一女 母氏之教其女 一如星湖公之訓女 況女性聰慧 五六歲諺書算法 不勞而知 旁通樗蒲之戲 稍長 聽人讀書 治亂古蹟 無不通曉 佐祭饎 具客膳 不言飢寒 特其餘事 季四歲 聞月中有桂曰 吾欲登天劈月看桂樹 人雖謂有遠大氣象 豈終是塵世中人哉 十三殁于湖內槎川里 蓋在其翁南歸沔上之時也 其翁天姿謹厚愷悌 宜享遐嘏 老而無子 又不能保一女 天之報施 果何如哉 其翁惜其女淑質懿行 泯沒無稱 請哀辭於知舊情愛之間 余亦不得辭焉 遂詠月中桂一篇以慰之 其翁庶幾忘其哀歟

---

479 면천沔川 : 충청남도 당진 지역의 옛 지명을 말한다.

480 하늘이~어떠한가 : 『사기史記』「백이열전伯夷列傳」에 사마천司馬遷이 "백이숙제伯夷叔齊와 안연顏淵 같은 선인은 비참하게 살다가 죽었고, 도척盜跖 같은 악인은 천하를 횡행하며 오래 살다가 죽었으니, 그러고 보면 하늘이 선인에게 보답해 준 것이 어떻다고 하겠는가.[天之報施善人 其如何哉]"라고 의혹을 제기하고 "과연 천도라는 것이 있다면 그것이 옳은 것이냐 그른 것이냐?[儻所謂天道 是耶非耶]"라고 통렬하게 물음을 던지는 대목이 나온다.

64. 기성 사또로 가는 군택 홍수보에게 증정한 서문

贈箕城使君洪君擇序

경인년庚寅年[1770] 가을에 나의 벗 군택君擇 홍수보洪秀輔[481]가 강원도 평해[482]의 사또로 나갔다. 평해에는 월송정越松亭[483]이 있는데 관동팔경 중 으뜸이다. 대개 우리나라 동쪽 지역은 본디 산수가 아름답기로 유명하다. 내가 일찍이 유람하고 싶은 소망이 있었지만 세속의 일에 자취가 막혀서 일찍부터 꿈꿔왔던 뜻을 이루지 못하였다.

무인년戊寅年[1758] 봄에 나는 금강산에 들어갔다가 한 달간 유람하고 외금강산을 나와서 고성의 삼일포와 통천의 총석정을 보고서 돌아왔다. 그러나 오히려 팔경 중 나머지 육경六景을 보지 못한 것이 한스러웠다.

지금 군택이 평해에 부임해서 산수의 경치 속에서 날마다 한가히 지내고 있으니, 내가 보건대 우화등선羽化登仙하는 신선과 전혀 다르지 않았다. 이에 반해 나는 회남왕의 쥐처럼 땅 위에서 생선의 내장만 가져다 맛보며 단약을 먹고 하늘에 올라 구름 속에 있는 개와 닭

---

481 홍수보洪秀輔(1723~1800) : 본관은 풍산豊山, 자는 함취含翠, 호는 송간松澗, 군택君擇은 그의 또 다른 자이다. 영조 때 문과에 급제하여 대사간·경기도 관찰사·한성부판윤을 지냈다. 이현환의 벗 표암 강세황의 『표암유고』에도 「희차증홍대군택수보戱次贈洪台君擇秀輔」라는 시가 전하며, 강세황의 아들 강관이 쓴 「계추기사癸秋記事」에, 1783년 이명기가 강세황의 화상을 그릴 때 홍수보의 집에서 분지粉紙와 모지毛紙를 보내왔다고 기록되어 있기도 하다.

482 강원도 평해 : 원문은 기성箕城으로 되어 있다. 기성은 흔히 평양을 뜻하는 명칭으로 주로 쓰이기도 하나, 강원도 평해읍 기성면 일대를 지칭하기도 한다. 강원도 평해는 현재 경북 울진군 평해읍에 해당된다.

483 월송정越松亭 : 현재 경북 울진군 평해읍 월송리에 있는 정자를 뜻한다.

만 바라볼 뿐이다.[484]

군택은 젊은 시절 과거에 합격하여 명성을 드날렸고, 홍문관에서 글을 짓고 임금과 정책을 논의하고 사고하는 직책을 담당하였는데, 그의 부모가 연로하자 잘 봉양할 것을 요청하였다. 이에 임금께서는 특별히 산수가 빼어난 평해 지역을 온전히 군택에게 맡겼다.

지난번에 나에게 편지를 보내오기를 "평해 경내는 호수와 산으로 둘려 쌓여 송사를 처리할 문서가 많지 않아 가을걷이를 감독하는 관리가 낮에 잠을 잡니다."라고 하였다. 군택의 재능으로 한가로운 관직에서 청복을 누리고 있으니 어찌 임금의 특별한 사랑을 받은 것이 아니겠는가?

생각해보니 군택은 날마다 망양정과 월송정 사이에서 시를 읊조릴 것이다. 그러나 이곳의 예순 넘은 쓸모없는 나는 무엇을 이루었던가? 해진 망건을 쓰고 토원책兎園冊[485]을 끼고서 과거에만 종사하다가, 끝내 과거에 떨어지고 이리저리 떠돌며 신음하고 비틀대며 한갓 다른 사람들이 명승지에서 벼슬하는 것만 부러워하고 있으니 이 또한 가련한 일일 것이다.

그러나 나는 군택에게 한 마디 할 말이 있으니 그대는 능히 수긍할 수 있겠는가?

임금께서 그대를 평해 명승지로 보내신 것이 어찌 다만 그대가 유

---

484 회남왕의~뿐이다 : 한漢나라 회남왕淮南王 때 유안劉安이 단약丹藥을 제련하여 온 가족을 데리고 백일白日에 승천昇天할 적에, 그 집의 개와 닭이 그릇에 남은 약을 핥아먹고 뒤따라 하늘로 올라와서 개는 하늘 위에서 울고 닭은 구름 속에서 짖었다는 이야기가 있다.[犬吠于天上 鷄鳴于雲中] 『신선전神仙傳』에 나온다.

485 토원책兎園冊 : 속된 말로 쓰인 비속한 책을 이르는 말로 중국 양梁나라 효왕의 장서가 모두 속어로 쓰인 데서 유래한다. 이후 주로 자기가 쓴 책을 낮추어 이르는 말로 쓰인다.

람이나 하며 시나 읊조리라고 그렇게 하신 것이겠는가? 흉년 든 해에 임금의 근심을 분담해서 지방관으로 보냈으니, 돌아보건대 그 임무가 무겁고 또한 큰 것이다.

내가 듣자하니 사람을 다스리는 자는 반드시 그 자신을 먼저 다스린다고 하였으니, 바라건대 군택은 먼저 오교五教로써 솔선수범하고 오형五刑으로 다스린다면,[486] 그 처음에는 백성들이 두려워하다가 마지막에는 백성들이 복종하며 모두 오교를 따르는 것을 당연하다고 여길 것이다. 어찌 탐욕스러운 자가 청렴하지 않으며 난폭한 자가 선량하지 않은 것을 걱정하겠는가? 백성들을 교화시키고 감동시키는 기미가[487] 진실로 나에게 있지 않겠는가?

예전에 회암공晦菴公 주희朱熹가 제동지역의 제형이 되어 엄함으로 다스렸고,[488] 청헌공淸獻公 조변趙抃은 성도成都에서 관리로 있을 때에 은혜를 기본으로 삼았으니[489] 진실로 강하고 부드러운 정치는 또한

---

486 먼저~다스린다면 : 『서경書經』「대우모大禹謨」에 순舜 임금이 옥관獄官인 고요皐陶를 권면하면서 '형이필교刑以弼教'라는 말을 했다. 여기서 말한 형刑은 묵형墨刑, 의형劓刑, 비형剕刑, 궁형宮刑, 대벽大辟인 오형五刑을 말한다. 곧 이 오형을 세상에 밝혀서 오교五教인 부자유친父子有親, 군신유의君臣有義, 부부유별夫婦有別, 장유유서長幼有序, 붕우유신朋友有信을 보좌하여 순 임금으로 하여금 지극한 다스림에 이르도록 한 것을 말한다.

487 백성들을~기미가 : 『서경』「다방多方」에 "성왕成王이 상商나라 선비 중에 선善한 자들을 유액誘掖하여 상商나라 백성 중에 악惡한 자들을 교화시키니, 전이轉移하고 감동하는 기틀이 은미하다.[成王 誘掖商士之善 以化服商民之惡 其轉移感動之機 微矣哉]"라는 구절이 보인다.

488 회암공晦菴公~다스렸고 : '제淛'는 절강성을 뜻하는 말로, '제동淛東'은 '절동浙東'과 같은 말이다. 남송시대 주희는 절동浙東 제형提刑에 임명되어 엄격함으로 형법을 다스린 고사가 있다.

489 청헌공淸獻公~삼았으니 : 송宋나라 조변趙抃이 성도成都의 전운사轉運使로 부임할 적에 오직 거문고 하나와 학 한 마리를 가져와 청렴을 보이며 은혜로써 다스린 일화가 있다.

때에 따라 변통이 있어야 한다. 군택은 분발하고 명예를 고취시켜 장차 관동 지역 전체는 물론 조정에까지 전해지도록 힘쓸지어다. 그러면 지금부터 낮에 잠잘 겨를도 없고, 밤에는 독서하여 포편蒲鞭[490]을 사용할 필요도 없다. 은혜와 위엄이 병행된다면 아버지 같은 소신신召信臣과 어머니 같은 두시杜詩[491]가 전적으로 옛날에만 있는 것은 아닐 것이다. 주희와 조변 두 공께서 했던 일을 나는 그대가 해주기를 깊이 바란다. 율시 한 편을 지어서 내 마음을 표현한다. 한 번 웃고 답장해 주는 것을 아끼지 마시길 매우 바라고 바라노라.

庚寅之秋 余友洪君君擇 出宰箕城 箕城有越松亭 關東八景之一也 盖我國之東 素以山水名焉 余嘗有一遊之願 跼促風埃 未償夙昔之志矣 戊寅之春 余入金剛 遊一月而出外山 觀高城三日浦·通川叢石亭而還 猶以未見六景爲恨 今君擇莅箕城縣 日偃仰於山光水色之中 以余觀之 何異羽化登仙 不佞如淮南王鼠 拖腸地上 望雲間鷄犬耳 君擇少登第 播聲譽 揮翰玉堂 職在論思 以親老乞榮養 聖上特以山水之郡 全付於君矣 向者 寄余以書 有曰 箕城一境 環以湖山 簿牒常稀 秋倅晝眠 以君之才 居閒官而享

---

490 포편蒲鞭 : 때려도 아프지 않도록 부들 가지로 만든 회초리를 말한다. 후한後漢 유관劉寬이 남양 태수南陽太守로 있을 적에 관리와 백성들이 혹 과실을 범하더라도 형벌 대신 포편으로 다스려서 스스로 부끄러움을 느끼게 하여 감화시킨 고사가 있다. 지방 장관이 관후하게 백성을 사랑하며 심복시킬 때의 비유로 흔히 쓰인다.

491 아버지~두시杜詩 : 소신신召信臣과 두시杜詩는 모두 한漢나라 시대의 훌륭한 수령守令이다. 소신신召信臣은 전한前漢 때 인물로 남양 태수南陽太守가 되어 백성들에게 선정善政을 크게 베풀었고, 두시杜詩는 후한後漢 광무제光武帝 때 사람으로 여남도위汝南都尉·남양 태수南陽太守 등을 역임하면서 크게 선정을 베풀었다. 이후 백성들이 이들을 아버지 같은 소신신과 어머니 같은 두시라는 의미에서 '소부두모召父杜母'라고 칭송하였다.

淸福 豈非眷遇之天恩耶 想吾君擇 日賦詩於望洋越松之間耳 顧此六十腐儒所成就者 何事也 着破巾 携兎園冊 從事於科場 卒迺無聊 流落偃蹇 呻吟蹩躠 徒羨人宦遊名區 其亦可哀也已 雖然 余有一言君擇 其能頷可否聖明之畀君以名勝地 豈徒爲君遨遊吟哢而已哉 荒歲分憂 委以字牧之責則其任顧不重且大歟 余聞治人者 必先治其己 願君先之以五敎 刑以示警則其始也人畏之 其終也人服之 皆以率敎爲當 夫何患貪者不廉 暴者不良而其所以轉移感動之機 固不在於我乎 昔朱晦菴 提刑淛東 以嚴爲治 趙淸獻 居官成都 以惠爲本 實猛剛柔之政 宜亦有以時通變者 君其勉之 吹聲鼓譽 將遍關之東 以達于朝堂之上 自今 晝不耽眠 夜則讀書 不用蒲鞭 恩威竝行 則召父杜母 不獨專美於古矣 朱趙兩公之事 余於君 甚冀焉 以律詩一篇 寫我情曲一粲而無惜報章 幸甚幸甚

65. 근재 이관휴의 서화 이야기

謹齋書畫說

속담에 이르기를 "사물은 오래되면 신령스러워진다."라고 하니, 단지 사물이 오래되면 신령스러워질 뿐만 아니라 사물이 만약 조물주를 범하게 되면 반드시 신령스러움이 그것을 지켜 보호한다. 사물도 모두 그러한데 글씨와 그림은 더욱 심하다. 대개 글씨와 그림은 모두 사람의 정신에서 나오는 것이기 때문이다.

옛날에 이용면李龍眠[492]이 용을 그렸는데 며칠이 걸려 비로소 눈동자를 그리니 용이 곧 변화했고, 봉래蓬萊 양사언楊士彦[493]이 날 비[飛] 자를 쓰자 바람을 따라 하늘로 날아가 버렸다. 이 어찌 신령스러운 물건이 지켜 보호한 것이 아니겠는가?

근재공은 옛 서화를 많이 소장하고 있었는데 모두 보배스러운 것들이다. 그것을 상자에 보관한 것이 벌써 60~70년이 지났으니 반드시 신물神物이 지켜 보호한 것이다. 근재공은 어려서부터 글에 능하고 재예가 많았다. 하늘이 운명을 부여한 것이 어찌 유독 그로 하여금 이처럼 가난하고 출세하지 못하게 하였는가? 평생 집에 모은 것은 인간 세상에서 아주 보기 드문 보배들이었다. 그 보배 됨이 비단

---

492 이용면李龍眠 : 송宋나라의 저명한 화가畫家 이공린李公麟(1049~1106)을 말한다. 자는 백시伯時, 용면龍眠은 그의 호이다. 옛것을 좋아하고 널리 배웠으며, 시에 뛰어나고 그림도 잘 그렸다. 기자奇字를 많이 알아 하夏·상商 이래로 전해오는 종정鐘鼎·준이尊彝를 모두 고증하여 연대를 바로 잡았고, 관지款識를 분별하였다.

493 양사언楊士彦(1517~1584) : 본관은 청주淸州, 자가 응빙應聘, 호는 봉래蓬萊·완구完邱·창해滄海이다. 풍채가 속되지 않고 필법이 기이하고 예스러우며 시 또한 청아했다. 국내의 명승지에 두루 자취를 남겼고, 그 중에서도 금강산을 가장 사랑하여 "봉래풍악원화동천蓬萊楓岳元化洞天"이라는 여덟 개의 큰 글자를 써서 새겼다.

돈이나 보석일 뿐만 아니니, 공의 낙척落拓[494]하고 빈궁함은 오로지 조물주의 시기로 말미암은 것인가?

또한 내가 언젠가 공에게 다음과 같이 말한 적이 있었다.

"공은 이미 늙고 아들이 없어 일생 동안의 정력을 모두 여기에 두었습니다. 낙천樂天 백거이白居易의 시에 '다시 서적을 가지고 누구에게 줄까[更將書籍與何人]'[495]라는 구절이 있으니 이것을 장차 누구에게 전하겠습니까? 빨리 내다 팔아서 공의 의금衣衾과 관곽棺槨을 마련함이 좋을 듯합니다." 이에 공이 대답하기를 "이것은 내가 평생 동안 완상하고 아낀 것으로 차마 나의 손에서 놓을 수 없다네."라고 하였다.

나는 탄식하며 "공의 집안의 완상할 만한 보배로운 물건이 장차 어느 집에서 그을음 속의 물건이 될지 모르는 일이지요"라고 말하자, 공은 웃으며 "내가 죽은 뒤에 그렇게 되는 것을 어찌 벗어날 수 있겠는가?"라고 하여 나는 아무 말 없이 돌아왔다.

하루는 침상에서 황홀히 깨닫기를, 근재공이 서화書畵를 팔지 않는 것은 또한 거기에 통달한 사람의 일이다. 공이 비록 그것을 팔더라도 또 훗날 흩어져 누구 집 벽의 휴지가 될지 모르는 일이다. 비록 상자 속에 고이 남겨두더라도 공의 백 세 뒤에 신령이 만약 지켜 보호한다면, 반드시 그대로 남아 있어서 티끌 속의 물건이 되지 않을 것이 분명하다.

옛 시에 이르기를, "신물神物은 마땅히 만나리라.[神物會當逢][496]"라고

---

494 낙척落拓 : 불우해서 실의에 빠진 것을 말한다.

495 다시~줄까 : 이 시는 「고인장인공시선역복겸능단청초예 경이시견증료획수지故人張諲工詩善易卜兼能丹青草隷 頃以詩見贈聊獲酬之」의 마지막 구에 등장한다. 『백거이집白居易集』에 나온다.

496 신물神物은~만나리라 : 이백李白의 「고풍古風」 16의 한 구절이다. "보검은 한 쌍의 교룡, 눈꽃 같은 광채가 연꽃처럼 빛나, 빼어난 검광 천지를 비추면, 천둥 쳐도 맞서지 못하더라. 쇠칼집 떠나 한 번 나가면, 날아가고 가라앉아 서로 만나지 못하

하였으니, 또한 어찌 누구 집의 상자 하나에 쌓이지 못할 것을 알겠는가? 드디어 이 설說을 지어서 근재가 한 번 보도록 하노라.

語曰 物久則神 不但物久而神 物若犯造化 必有神靈護持焉 物皆然 書若畵尤甚 蓋書若畵 出於人之精神故也 古者 李龍眠畵龍 累日而始点睛 龍卽變化 楊蓬萊書飛字 隨風騰空而出 此豈非神物護持而然耶 謹齋公多畜古書畵 皆寶莊也 莊之篋笥 已過六七十年 亦必有神物護持焉 謹齋公自少能文翰 多才藝 天之賦命 何獨使窮賤如此也 平生家畜 人世所罕有之絶寶 其爲寶也 不特銀錢珠貝而已 則公之落拓貧窮 亶由於化翁之猜忌耶 且余嘗告于公曰 公旣老而無子 一生精力 盡在於此 而樂天詩曰 更將書籍與何人 此將傳於誰耶 宜速出賣 而備公衣衾棺槨 公曰 此余平生所玩愛 有不忍釋吾手 余歎曰 公家寶玩之物 將不知爲誰家烟煤中物矣 公笑曰 吾死之後 烏得免於斯乎 余不答而歸矣 一日枕上 怳然思得 謹齋公之不賣書畵亦達者事也 公雖賣之 又不知他日散作何人之壁上休紙 雖留莊篋中 公百世之後 神若護持 必有其之其不爲塵埃中物 明矣 古詩云 神物會當逢 又安知不畜在於誰人之一篋耶 遂爲之說 以塵謹齋一覽焉

고, 풍호자 벌써 오래 전 가고 없나니, 그 칼날 감추어진 이유더라. 오나라 강 천길 만길 깊고, 초나라 산 첩첩산중 아득하여도, 자웅검 종내 떨어져 있지 않듯, 신물은 마땅히 만나리라.[寶劍雙蛟龍 雪花照芙蓉 精光射天地 雷騰不可衝 一去別金匣 飛沉失相從 風胡歿已久 所以潛其鋒 吳水深萬丈 楚山邈千重 雌雄終不隔 神物會當逢]"

66. 다시 쓴 섬은서

蟾隱序 改作

섬산剡山은 수리산을 종주로 한다. 이것이 세 번 꺾이어 들어가서 가산可山을 대하여 높이 뭉쳐 기운을 모으니 이것이 섬산蟾山이다. 산을 '두꺼비 섬蟾'으로 이름한 것은 무엇을 취한 것인가? 그 아래 빙 둘러진 곳은 사람들이 살기에 적합하다. 나는 안산 송촌松村에서 옮겨 와 살았는데, 그때에 내 조카 자천自天 이재우李載祐도 오른쪽 기슭에다 일가 사람이 살던 곳을 매입해서 생활하며 그 거처의 편액을 섬은蟾隱이라고 하였다.

하루는 자천自天 이재우李載祐가 나에게 말하기를,

"내가 섬은으로 나의 거처를 이름하였으니, 그대는 나를 위해 서문을 지어주십시오. 그대의 문장은 능히 사람 가운데 하나의 두꺼비를 잘 표현해 낼 수 있을 것입니다."라고 하였다. 내가 웃으며 말하기를, "이른바 섬은이란 것은 섬산에 은거하는 뜻에 불과하니 어찌 깊은 뜻이 있겠는가?"라고 하였다.

이에 자천이 말하기를, "사람 중에 은거를 잘하는 사람은 반드시 산으로 귀의할 곳을 삼으니, 이 은거는 높이 솟은 봉우리와 그윽하고 아름다운 골짜기와 흰 돌과 푸른 샘이 참된 감상을 도와주는 데에 있지 않다. 단지 앉아서 섬봉蟾峯을 대한 것이 두꺼비의 뜻을 취했을 뿐이다."라고 하였다.

이에 내가 다음과 같이 말하였다.

"만약 금수禽獸의 무리에서 뜻을 취한다면 기린, 봉황, 거북, 용이 때로 숨거나 드러나지 않음이 없는데, 그대가 반드시 섬은을 호로 삼은 것은 어째서인가? 저 두꺼비라는 미물은 형체가 울퉁불퉁하고 그

가는 모양이 엉금엉금 기어서 여러 벌레 가운데에 사람들이 두꺼비를 가장 경시한다. 대개 여름에는 수시로 나와서 모기를 잡아먹으며 살고, 겨울이면 땅속에 숨어 있으니, 사람에게 유익한 바도 없고, 또 해로운 바도 없다. 그렇다면 자천自天이 스스로를 두꺼비에 비유한 것은 사람에게 구함이 없고, 만물에 다툼이 없음을 취한 것일 것이다.

그러나 저 두꺼비는 미물이지만 능히 처신의 도를 알아 작을 때는 토혈土穴에 살며 그 형체를 감추기도 하고, 커서는 월궁月宮에 들어가 그 몸을 신비롭게 하기도 한다. 천지天地의 큼으로 그 은隱을 이룬 것이니, 또 어찌 다만 용, 봉황, 거북, 기린의 은거만 높을 뿐이겠는가! 자천自天의 호는 그 뜻이 작지 않다.

대개 자천이 서울에서 집을 정리하여 섬봉 아래에 들어와 그 봉우리를 보며 그 뜻을 생각하여 비록 강장康莊의 거리에 처하더라도 그 마음은 두꺼비와 함께 숨어 있다. 나는 그 은거가 마음으로써 하는 것이지 몸으로써 하는 것이 아님을 알겠으니 어찌 훌륭하지 않다 하겠는가?

그러나 내가 듣건대 '군자는 홀로 선을 행하는 것을 부끄러워한다.'라고 하니, 내가 그대와 함께 섬산의 기슭에 거처하며 나를 위해 섬은에다 발붙일 곳을 빌려주기를 원한다. 섬봉을 마주 대하고 초은시招隱詩를 외며 문지도리 위에 쓰여진 섬蟾이란 한 글자를 보고 만약 평생의 계책으로 삼는다면 한 기슭에 함께 사는 뜻을 거의 잃지 않을 것이니, 그대는 도모할지어다."

드디어 서문을 쓴다. 갑신년甲申年[1764] 5월 초 10일이다.

剡山 以秀理爲祖宗 三折而入 對可山而隆結聚氣 是謂蟾山 山之以蟾名 奚取也 其下回抱 可合人居 余自松村移居 同時 吾宗侄自天 又於右麓買宗人居而居焉 扁其居曰 蟾隱 一日自天謂余 余以蟾隱號余居 子其爲余序之 子之文 能寫出人中一蟾乎 余笑曰 其所謂蟾隱 不過隱於蟾山之意有何深義乎 自天曰 人之善隱者 必以山爲歸 斯隱也 不在於巑岏之峯 幽敻之洞 石白泉淸 有足以助益眞賞 秖爲坐對蟾峯 取於蟾之義耳 余曰 若取義於鳥獸之群 獜鳳龜龍 無不以時隱見 君之必以蟾隱爲號者 何哉 夫蟾之爲物 其形痱磊 其行爬𧎯 群虫之中 人以蟾最輕之 蓋夏則時或出而食蚊蜹爲生 冬則伏在泉壤之間 於人無所益 亦無所害 然則自天之自况於蟾者 取其無求於人 無競於物也耶 然彼蟾以微物 能知處身之道 小或居土穴藏其形 大或入月宮 秘其身 以天地之大 成其隱者也 又豈特龍鳳龜獜之隱哉 自天之號 其意不在小矣 蓋自天自京捲室 入蟾峯下 瞻其峰而思其義雖處康莊之衢 其心與蟾偕隱 吾知其隱 以心不以身 豈不多乎哉 然吾聞君子恥獨爲善 余與君同居于蟾山之麓 願爲余借菴中容足地 對蟾峯 誦招隱詩 覽楣頭一蟾字 若爲終身計 則庶不失同居一麓之意 子其圖之 遂爲之序甲申五月初十日也

67. 삼성재 서문

三省齋序

공자께서 말씀하시기를 "충신忠信을 위주로 하라"라고 하셨고, 또 "배우고 때때로 익힌다."[497]라고 하였다. 배움이라는 것은 자신에게 절실한 학문으로, 충신과 학습보다 우선적인 것은 없다. 때문에 증자曾子께서 날마다 세 가지로 자신을 성찰한다고 하였으니,[498] 세 가지는 무엇인가? 바로 충忠·신信·전습傳習이다.

자기를 다하는 것을 충忠이라 하고, 진실한 것을 일러 신信이라고 하고, 스승에게 전수받아서 자기에게 체화시키는 것을 전습傳習이라고 한다. 때문에 증자曾子는 이 세 가지로 매번 자신을 성찰하였다. 공자 문하의 학문은 모두 공자에게서 나온 것으로, 증자의 수약守約 공부 역시 이 세 가지에 있을 따름이니 어찌해서인가?

예전에 공자孔子가 위魏나라로부터 노魯나라로 돌아오다가 황하의 제방인 하량河梁에서 수레를 세워 쉬면서 물 구경을 하였다. 깎아지른 폭포와 소용돌이치는 급류가 있었는데, 한 사나이가 막 그곳을 건너려 하고 있었다. 공자는 그를 제지하여 말했다.

"깎아지른 폭포는 높이가 30길이 되고 소용돌이치는 급류는 90리를 흘러, 물고기와 자라들도 헤엄칠 수 없고 큰 거북과 악어도 살 수 없는 곳이니 건너기가 어렵다네"

---

497 충신忠信을~익힌다 : 『논어』「학이」에 나오는 말이다.

498 증자曾子께서~하였으니 : 『논어』「학이」에 "증자가 말하였다. '나는 날마다 세 가지로 내 몸을 살피니, 남을 위하여 일을 처리하면서 충실하지 않았는가? 벗을 사귀면서 믿음성이 없지 않았는가? 스승에게 배운 것을 익히지 않았는가이다.'[曾子曰 吾日三省吾身 爲人謀而不忠乎 與朋友交而不信乎 傳不習乎]"라고 한 것을 말한다.

하지만 사나이는 괘념치 않고 드디어 건너갔다 왔다. 공자가 "교묘하도다! 도술이 있는 것인가? 들어갔다 나올 수 있었던 까닭은 무엇인가?"라고 묻자 사나이가 말했다.

"처음 제가 들어갈 때에는 먼저 충신忠信으로써 하였고, 나올 때에도 충신忠信을 따라서 저의 몸을 물결의 흐름 속에 놓은 것이지, 감히 저의 사사로운 꾀를 쓰지 않았기 때문에 들어갔다 다시 나올 수 있었던 것입니다." 이에 공자가 제자들에게 "제자들아! 기억하거라. 물도 또한 충신으로써 몸을 물과 친밀하게 할 수 있거늘 하물며 사람은 어떻겠는가?"라고 말하였다.[499]

그렇다면 충신과 전습은 성인이 사람을 가르치는 제일 중요한 요소이다. 공자께서 사나이의 충신忠信의 이야기를 듣고 제자들로 하여금 기억하게 하였으니 당시 증자 역시 제자들 틈에 있었을 것이다. 그리고 증자는 충신으로써 스승 공자에게 전수받아 자신 몸에 익힌 것을 알 수 있도다.

나는 후대에 태어나서 이미 세 가지를 가르쳐주는 스승이 없다. 그러나 지금 세상은 폭포가 몇 길이고 소용돌이가 몇 리이다. 나의 충신으로는 건널 수가 없다. 어찌 능히 들어갈 수는 있지만 나올 수는 없을 상황을 구제할 수 있겠는가? 어찌 황화 제방 아래 사나이에 부끄럽지 않겠는가? 장차 성인 문하의 죄인이 될 것이다.

하루는 경기도 회안淮安[500]의 다리 근처에 사는 박상사朴上舍가 다리를 건너 와서 나에게 삼성재의 기문을 부탁했다. 곧 박군이 삼성재로

---

499 처음~말하였다 : 이 부분은 『열자列子』「설부편說符篇」에 나오는 내용을 다소 축약하여 인용했다.

500 회안淮安 : 경기도 중앙에 있던 고을인 광주廣州의 이칭이다.

자기 재실의 이름을 정한 것이다. 박 군은 능히 이 세 가지를 실행할 수 있겠는가?

박 군이 만약 이 충신을 실천하고 또 스승에게 전수받아 익힌다면 어찌 유독 황화 제방의 사나이에 비견될 뿐이겠는가? 박 군은 글씨도 잘 쓰고 그의 아들은 문학을 좋아하여 우리가 사는 섬산剡山에 와서 노닐었다. 젊은이들이 그의 재주를 칭송한 것이 대단하였다. 드디어 서문을 쓰니 신묘년辛卯年[1771] 4월 9일이다.

孔子曰 主忠信 又曰 學而時習之 學者切己之學 莫先於忠信學習 故曾子曰三省吾身 何謂三也 忠信傳習也 盡己之謂忠 以實之謂信 受之於師 熟之於己 謂之傳習 曾子以此三者 日省其身也 孔門諸子之學 皆出於聖人 而曾子守約之工 獨在於三者而已 何者 昔孔子 自衛反魯 息駕於河梁而觀焉 有懸水圜流 而有一丈夫 方將厲之 孔子止之曰 懸水三十仞 圜流九十里 魚鼈黿鼉 不能居 難可濟也 丈夫不以措意 遂度而出 孔子問之曰 子巧乎 有道述乎 所以能入而能出者 何也 丈夫曰 始吾之入也 先以忠信 及吾之出也 又從以忠信 措吾躬於波流而不敢用以私 所以能入而復出也 孔子謂弟子曰 二三子識之 水且猶可以忠信成身親之 而況於人乎 然則忠信傳習 聖人教人之第一義也 聞丈夫忠信之說 而使二三子識之 則當時曾子 亦在二三子之中 曾子之以忠信 受於師而熟於己 可知已 余生晩 旣無敎三者之師 而今之世 懸幾仞水 圜幾里流矣 余之忠信 不足以厲矣 惡能濟能於入而不能於出也 安得不慚於河梁丈夫 而其爲聖門罪人矣 一日 淮安河梁上 朴君上舍 渡河梁而來 請余三省齋記 卽朴君之號其齋也 朴君能欲行此三者乎 朴君能行忠信且受於師而習之 又豈特河梁丈夫而已哉 朴君能書 其子好文學 來遊于剡中 少輩稱其才 可尙也已 遂爲之序 辛卯四月初九日也

68. 갑주 유배객 이경연에게 증정한 시의 서문

贈甲州謫客詩序

우리나라 사람들이 북쪽으로 유배를 많이 가는 것은 어찌해서일까? 대개 길이 멀고 산수가 험난하기 때문이다. 불함산不咸山[501]은 서북쪽으로부터 일어나 동쪽으로 이어져 남쪽으로 뻗어서 우뚝 솟아 함경도의 으뜸 산이 되었다. 두만강은 여기에서 시작되어 동쪽으로 흘러가 북쪽으로 꺾이면서 내달려 함경도의 경계가 된다. 그 땅은 지극히 멀고도 험준하여 중첩된 관문과 겹겹이 솟은 봉우리들은 감은 듯이 잇닿아 가파르고도 험준하며 변방의 모진 바람과 북쪽의 차가운 눈보라는 참혹하고도 슬프다. 그러므로 나라에 죄를 지어 귀양 가는 자들이 대부분 이곳에 가게 된다.

예전에 일장日章 이경연李絅延[502]의 6대조이신 관찰공觀察公 이창정李昌庭[503]께서 함경도 갑주에 관찰사로 갔었고,[504] 이후 박천공博泉公 이옥李沃[505]이 청론淸論으로 당시 사람들의 노여움을 사서 함경도 갑산으로

---

501 불함산不咸山 : 백두산의 다른 이름이다.

502 이경연李絅延 : 본관은 연안延安, 일장日章은 그의 자이다. 이옥李沃의 증손이다. 조부祖父는 이만수李萬秀, 부친은 이지간李之幹이다. 상주 지역 대표적 학자 식산息山 이만부李萬敷가 바로 이만수의 동생이다. 이경연에게는 두 명의 아들이 있었는데, 첫째가 이명유李明儒이고 둘째가 이은유李殷儒이다. 이명유는 바로 이현환의 셋째 사위인 바, 이현환은 이경연과 바로 사돈지간이었다.

503 이창정李昌庭(1573~1625) : 본관은 연안延安, 자는 중번仲蕃, 호는 화음무구옹華陰無求翁이다. 이창정이 함경도 관찰사를 지냈기 때문에 관찰공 또는 북백공北伯公으로 불렸다. 북백北伯 역시 조선시대 함경도 관찰사를 이르는 말이다.

504 관찰사 : 원문은 안절按節로 한 지방을 맡아 다스리는 관찰사를 뜻한다.

505 이옥李沃(1641~1698) : 본관은 연안延安, 자는 문약文若, 박천博泉은 그의 호이다. 당대 문장이 뛰어나고 박식했기 때문에 박천공으로 불리었다. 그는 현종 때 문과에 급제하여 숙종 때 홍문관과 부제학 등을 역임하였다. 1678년 예송禮訟 때 남인이

유배되었다. 부인의 상을 당하여 천 리 밖에서 상여를 보내고 이리저리 떠돌며 곤경을 당하였다. 그 증손 이경연은 곧 내 딸의 시아버지로 나와는 형제처럼 과갈瓜葛[506]의 친분이 있었다. 신묘년[1771] 5월에 횡역橫逆[507]으로 임금의 견책을 받아 북쪽으로 귀양 갔다가 또한 함경도 이산夷山[508]에 있게 되었으니, 이곳 북쪽에 무슨 오래된 인연이 이처럼 있단 말인가?

우리나라 속담에 이르길, '한 번 북쪽 고개를 넘은 사람은 반드시 세 번 들어간 이후에 그만두게 된다.'라고 하였으니, 이것은 한 사람을 두고 한 말이다. 또한 그 말을 비록 멀리서 생각할 것도 없이 그대의 집에 이르러 증명이 되었으니 특이하도다!

북백공北伯公이 함경도 지방의 풍속을 자세히 살펴본 것과 박천공이 귀양가며 차고 있던 패옥에 눈물을 흘린 것이나, 이경연이 황량한 이곳으로 내쳐진 것이 모두 한 가문에 모여 있으니 그 또한 우연이 아니다. 갑산 땅은 서울과의 거리가 천여 리나 되는데, 병든 몸으로

강경파 청남淸南과 온건파 탁남濁南으로 분열되자, 허목許穆·윤휴尹鑴를 중심으로 한 청남에 속하여 송시열의 극형을 주장했다. 이후 탁남의 영수 허적許積 등의 반대로 삭직되어 북청北靑에 유배되었다. 1689년 기사환국으로 풀려났으나 직간直諫을 잘하여 여러 차례 유배당했으며 1698년 영남에서 죽었다. 글씨에 능하고 문명도 높았다. 그의 문집 『박천집博泉集』이 전해지는데, 1720년 아들 이만유李萬維가 용성 통판龍城通判으로 있을 때 편찬하고 간행한 것이다.

506 과갈瓜葛 : 덩굴이 뻗어서 서로 얽힌 외와 칡으로, 집안의 혼인으로 맺어진 관계를 뜻한다.

507 횡역橫逆 : 『맹자孟子』「이루離婁」에 "어떤 사람이 횡역橫逆으로 대할 때 군자君子는 반드시 스스로 반성하여 '내가 어질지 못하였거나 예가 없었나 보다. 일이 어찌하여 이렇게 되는가.[有人於此, 其待我以橫逆 則君子必自反也 我必不仁也 必無禮也 此物 奚宜至哉」"라고 해야 한다는 구절이 있다. 주자는 횡역을 풀이하기를 "강포强暴하여 이치를 순종하지 않는 것"을 이른다고 했다. 다만 이경연 관련 자료가 부족하여 영조의 견책을 받은 이유는 자세하지 않다.

508 이산夷山 : 함경남도 갑산甲山의 다른 이름이다.

무더위를 무릅쓰고 먼 길을 달려갔으니 그는 틀림없이 죽을 것이다. 모든 친지들이 누가 불쌍히 여기지 않겠는가?

이 당시 나는 성균관에 있었는데, 시회時晦 유광진柳光鎭[509]과 함께 공을 전송하러 갔다. 그는 유배 일정이 촉박하여 조금도 지체하지 못하고 서글프게 떠나갔다.

며칠이 지나고 호정湖亭을 나와 그의 집안이 휑한 것을 보니 그 때문에 한참 동안 마음이 아팠다. 당시 집안사람들이 근심하며 "매달 한 번씩 북쪽으로 식량과 생활거리를 인편으로 넉넉히 보내서 돕고 있습니다. 번번이 수천 금을 쏟아 부으니 집안 형편이 어찌 영락해지지 않겠습니까?"라고 말했다.

듣자하니 박천공이 함경도에 있을 때 공에게 공부를 배운 자들이 많았다고 한다. 그 사람들이 진실로 후손이 있을 터이니 그대가 박천공의 후손이라는 것을 안다면 오랜 시절 함께 우호를 유지했던 친밀감이 어떠하겠는가?

나의 선조 경헌공敬憲公 이계손李繼孫[510]께서 일찍이 함경도 관찰사로 있을 때 문교文教를 일으키고 안변安邊·영흥永興·함흥咸興 세 읍에 서원을 설치하여 제사를 지냈다. 이 때문에 함경도 사람 중에 공을 이룬 사람이 많아 그들의 성격은 질박돈후하고 평소 선대의 의리를 소중히 여기는 사람이 많았다. 반드시 그 때에 푸줏간 사람이 그냥 고기를, 곳간 지기는 그냥 곡식을 계속 그대에게 대줄 것이다.[511] 내가 장

---

509 유광진柳光鎭(1729～?) : 본관은 진주이며 시회는 그의 자이다.

510 이계손李繼孫(1423～1484) : 본관 여주驪州, 자는 인지引之, 경헌공敬憲公은 시호이다 세종 때 문과에 급제하여, 1469년 함경도 관찰사로 나갔고 이후 한성부윤·병조판서를 역임했다.

511 푸줏간～것이다 : 『맹자』「만장하萬章下」에 "곳간 지기가 곡식을 그냥 대 주고, 푸

차 그대가 오는 것을 기다려서 방문할 것이다.

여섯 달이 지나서 나라에 경사가 있어서, 함께 귀양 간 사람 중에 먼저 풀려나는 명을 받은 사람이 있었다. 이 중에서 어씨 성을 가진 사람이 행차를 따라서 돌아온 자가 있었는데, 나에게 말해주기를 "일장 이경연은 날마다 정이랑과 더불어 시를 읊는 것을 기쁨으로 삼으며, 그 자신이 변방에 있는 것도 잊고 지냅니다."라고 하니 나는 매우 기뻤다. 아마 원망이 마음에서 싹트지 않고 고질병이 날마다 몸에서 제거되었을 것이다.

박천공이 환난을 극복하는 유풍遺風을 따른 것이니, 강산의 수려함과 풍기風氣의 여유로움이 또한 족히 사람의 성정을 화창하게 펼칠 수 있을 것이며 그 할 수 없었던 것을 더해줄 것이다. 이것은 어찌 도산검수刀山劍樹의 액운이 도리어 장수를 더해주는 밑천이 되지 않았겠는가!

11월 17일 밤에 이르러 하늘에 크게 천둥번개가 치자 임금께서 덕을 닦고 은혜를 베풀어 이경연이 비로소 풀려나게 되었다. 서울로부터 온 사람에게 그 행렬의 기일을 물으니 고개에 눈이 쌓여서 길이 막혔다고 하였고, 나도 막 감기를 앓고 있다. 시문 약간 지어서 유배지에 보내어 돌아오기 기다리는 마음을 서술하는 바이다.

我國竄逐者 多在北 何哉 蓋緣道里遠而山水險也 不咸之山 起自西北 迤東趨南 屹立爲北關之宗 豆滿之水 濫觴於斯 流東折北 奔汨爲北關之界

줏간 사람이 고기를 그냥 대줄 뿐, 윗사람의 명을 거론하지 않게 한다.[廩人繼粟 庖人繼肉 不以君命將之]"라는 말이 나온다.

其地極遠而絶險 重關複嶂 線迆峭峻 邊風朔雪 慘悽憭慄 故得罪於國而被謫者 多往焉 昔者 君六世祖觀察公 按節于此 其後博泉公 以清論見忤時人 謫于甲山 遭夫人喪 送櫬千里 流離困戹 其曾孫日章氏 卽余穉女尊舅也 聯苽葛親 如兄如弟 辛卯五月 以橫逆被恩譴 北竄而又在夷山 何宿緣之存乎北 若是也 我東之諺云 一踰北嶺者 必三入後已 此謂一人之身 且其言 雖近無稽 至君家而攷驗 異哉 北伯公之觀風 博泉公之泣玦 日章氏之投荒 俱萃一室 其亦不偶也已 甲之地 距京一千有餘里 以羸病之軀 冒盛熱 趲倏程 其死無疑 凡在親知 孰不矜憐 于時也 余遊太學 與柳時晦偕往送君 君迫嚴程 不得少留 悵然而歸 居數日 出湖亭 見家室荒涼 爲之不怡者 良久 其家人憂之 每月一送伻 資糧以贍之 輒費錢數千 家力安得不旁落乎 聞博泉公在北時 人多受業者 其人苟有後而知君是博翁之孫 則其世好之親密 爲如何哉 余先祖敬憲公 嘗按關北 興文教 安永咸三邑 建院而俎豆之 以是北人多功者 其性質實悙厚 素多重先誼者 必有以廪人庖人之繼 繼之於君者 余將待君歸而訪焉 越六朔 邦有慶 同在謫者 先蒙宥命有魚姓人 隨其行而返者 爲余言 君日與丁吏郎 賦詩爲歡 忘其身在絶塞余爲之一喜 蓋怨尤不萌于心 沈痾日祛于體 克追博泉公處患難之遺風 其流峙之秀麗 風氣之盤回 又足以暢舒情性 而增益其所不能 則是豈非刀山劍樹之厄 反爲延年益壽之資耶 至至月十七日夜 天大雷電 自上倏省而有恩宥 君始與焉 有自京來者 問其行期 嶺有雪 路不通 余方苦寒疾 有詩若文 寄匪所以敍待歸之意云耳

69. 황준에게 올린 시의 서문

呈黃參議詩序

수壽의 뜻은 오래간다는 것이다. 사람이 늙으면 이를 두고 수를 누린다고 한다. 수에는 세 등급이 있는데, 백세는 상수上壽이고, 팔십세는 중수中壽, 육십세는 하수下壽이다. 오복五福 중 수가 으뜸이다. 사람의 삶에서 수보다 귀한 것은 없고, 수에 있어서는 해로보다 귀한 것이 없고, 해로는 중뢰重牢[512]보다 귀한 것이 없다. 무엇을 중뢰中牢라고 하는가? 혼인식을 다시 거행하는 것을 말한다.

예전에는 남자들이 서른에 장가 들었고, 여자들이 스무 살에 시집갔다. 최근에 이르러 조혼한 사람들이 많으니, 남녀들이 열여섯이나 열일곱이 되면 모두 혼인을 한다. 이에 혼인한 지 60년 되는 해를 계산해보면 팔순까지 살아야만 중뢰의 예를 거행할 수 있다. 때문에 세상에서 중뢰를 치른 사람이 전혀 없거나 겨우 있을 뿐이다. 겨우 있다면 얼마나 희귀한 것인지 알 수 있다. 이에 그 자손들이 반드시 연회를 열어서 기뻐하니 집안의 성대한 예식으로 중뢰 만한 것이 없다.

그러나 최근 기로과耆老科[513]가 출현하여 희귀함이 중뢰와 비슷하였지만 영광은 중뢰보다 더해졌다. 이에 나라에서 수를 축하하여 과거를 설치하고 '기로과耆老科'라고 하여, 일흔이 넘은 사람들로 하여금 이 과거에 응시하게 하였다. 과거 합격의 부름을 받아[514] 흰 머리로

---

512 중뢰中牢 : 혼인한 지 60년 만에 다시 혼인하는 회혼回婚을 말한다.

513 기로과耆老科 : 조선 시대, 왕과 왕비, 대왕대비 등이 육십 세나 칠십 세가 되었을 때, 이를 경축하기 위해 늙은 선비들을 대상으로 하여 실시한 과거 시험을 말한다.

514 과거~받아 : 원문은 여창臚唱. 임금이 과거시험에서 합격한 인물들의 이름을 불러 들어오게 하는 것을 말한다.

등용되어 임금 앞에 불려 나와 은혜를 융성하게 받게 되면, 온갖 관료들이 눈을 부비고 다투어 유쾌히 바라본다. 그 영광과 은혜가 또한 어찌 혼인식을 다시 거행하는 중뢰와 같을 뿐이겠는가?

슬프구나! 인생 칠십은 예로부터 드문 나이라고 했는데, 칠십 고희古稀도 오히려 쉽지 않은 일이거늘 하물며 중뢰에 있어서 말할 게 무어 있겠는가? 중뢰도 오히려 쉽지 않은 일이거늘 하물며 기로과에 있어서 말할 게 무어 있겠는가?

내가 근래에 이 세 가지 어려움을 갖춘 자를 보았으니 오직 사돈 운재雲齋 황준黃晙 한 분뿐이었다. 황공은 동갑인 부인과 함께 기축년[1769]년 정월에 중뢰연을 치르고, 그 이듬해 여름 5월에 조정에서 실시한 기로과에 응시하였으나 합격하지 못하였다. 임금께서 유재遺珠라고 안타까워하시고는 시제를 내어 다음날 다시 시험을 치러서 공이 1등으로 합격하였다. 임금께서 부축하여 대전大殿으로 오르라고 명령하였다. 존경받는 나이의 노인을 우대하여 임금의 은혜가 융성하고 두터웠다. 대개 공은 갑술년[1694]에 출생하여 영조英祖 임금[515]과는 나이가 같았기 때문이다.

공께서는 이 같은 덕을 지녀서 이 같은 수를 누렸으며, 이 같은 수를 누려서 이 같은 경사를 누리게 된 것이다. 아울러 임금의 특별한 총애로 발탁되어 은혜를 입었으니 또한 젊은 나이에 과거에 합격한 사람과 같을 뿐만이 아니다. 또한 이름이 미처 방에 기록되기 전에

515 영조英祖 임금 : 이름은 이금李昑으로 1694년[숙종 20] 9월 13일에 숙종과 숙빈 최씨 사이에서 태어났다.

그의 어린 손자 황석범黃錫範[516]이 먼저 경과慶科[517]에 합격하였다. 영조 임금께서 그가 황공의 손자라는 것을 알고는 총애함이 또한 남들과 달랐다. 그 이듬해에 할아버지와 손자가 같이 합격하여 함께 잠화簪花[518]를 꽂았으니 조정에서는 서로 부러워하고 친척들은 일제히 축하하였다. 이들이 임금께 인사를 드리고 돌아오자 온갖 친척들이 단란히 모여 집안에 넘쳐났다. 손뼉 치고 발을 구르며 입이 닳도록 축하하였으니, 공의 말년에 경복이 어떠하겠는가?

공의 천성은 곧고 반듯해서 세상에 구함이 없었고, 오직 바둑과 술로써 즐겼다. 노년의 훌륭한 덕을 사람들이 우러러 공경하고 사모하였다. 규방의 법도와 집안의 범절은 어린이로부터 노년에 이르기까지 늙은 얼굴과 푸른 눈동자가 서로 빛이 나서 아계鵝溪 한 구역에 수의 영역을 열었다. 어리광 부리고 즐거워하며 즐겁게 그 근심을 잊었으니 이것은 모두 아내에게 모범이 되는 황공의 가르침의 교화이다.

그 부인께서는 또한 능히 공경하고 어김이 없이 어진 아내로 공의 배필이 되어, 백발에 이가 빠지도록 금슬이 좋았으니 큰 복을 누린 이유가 또한 당연하지 않겠는가? 하늘이 사람을 냄에 기기氣機[519]

---

516 황석범黃錫範(1747~1801) : 본관은 창원昌原, 자는 맹년孟年이다. 1771년(영조47)에 정시廷試로 과거에 급제하였다. 황석범의 조부 황준黃晙 역시 이 해인 1771년(영조47) 기로과耆老科로 과거에 급제하였다. 황석범은 과거 급제이후 승문원承文院 부정자副正字, 한림翰林을 지냈으나 29세로 요절하였다. 황석범의 생부는 황재중黃在重인데 황재정黃在正의 후사를 이었다. 황석범의 아들이 바로 신유박해辛酉迫害 때 북경의 주교에게 백서帛書를 보낸 황사영黃嗣永(1775~1801)이다. 황사영은 황석범의 유복자로 태어나, 이후 어머니 평창 이씨와 증조부 황준黃晙의 슬하에서 자랐다고 한다.

517 경과慶科 : 조선시대 왕실이나 국가에 경사가 있을 때 실시한 과거를 말한다.

518 잠화簪花 : 축하연 때 남자 머리에 꽂는 조화造花를 말한다.

519 기기氣機 : 음양陰陽이 서로 조화를 이룬 기틀, 즉 음양 두 기운이 형평衡平을 이룬 상태를 말한 것으로, 『장자莊子』 응제왕應帝王의 '형기기衡氣機'란 말에서 온 것이다.

와 형야形冶로써 채우고 줄여서, 성품에는 두터움과 얕음이 있고 나이에는 길고 짧음이 있으니 이것은 운명이다. 몸을 닦고 본성을 길러서 그 수에 해가 없는 것, 이것을 명을 세운다고 하는 것이다. 때문에 군자는 명을 세워서 얕은 것을 두터이 할 수 있으며, 짧은 것을 길게 할 수 있다. 황공의 수 역시 명을 세워서 그렇게 된 것이리라.

백상건栢常騫이 제나라 경공에게 수를 연장하는 기간을 두고, 천자天子는 9년, 제후諸侯는 7년, 대부大夫는 5년이라고 답하였다.[520] 황공께서는 지금 대부의 반열이시니, 수를 연장하는 비법으로 다스려서 늘이고 또 늘여서 5차례 하신다면 상수인 백세를 기약할 수 있을 것이니, 중뢰연과 기로과에 그칠 뿐이 아니다. 내 듣자하니 "지성은 쉼이 없으니, 쉼이 없다면 오래간다."라고 하였으니, 황공께서 만약 몸을 닦고 일을 시행하면 모두 오래갈 수 있으니 어찌 유독 수만 그렇지 않을 법이 있겠는가? 황공의 명성과 사업이 오래 전해지는 것을 의심하지 않는다. 구구한 세월이 공의 수가 되기에는 부족하다. 하물며 손자가 일찍 과거에 올랐으니 앞길을 이루 다 헤아릴 수 있겠는가? 나는 공에게 대대로 친분이 있는 집안으로 특별한 예우를 받았으니, 어찌 한 마디 말을 하지 않을 수 있겠는가? 감히 시 약간 편으로 공

---

520 백상건栢常騫이~답하였다 : 백상건은 춘추시대 주周나라의 태사太史이다. '백상건柏常騫' 또는 '백상건伯常騫'으로 기록된 곳도 있다. 그는 주周나라를 떠나 제齊나라에 가서 안자晏子에게 도道를 묻기도 하였다. 이 내용은 『설원說苑』에 나오는 대목으로, 제경공이 백상건에게 자신의 수를 얼마 정도 연장할 수 있느냐고 묻자 백상건은 "천자天子는 9년이고, 제후諸侯는 7년이며, 대부大夫는 5년입니다.[公曰 能益幾何 對曰 天子九 諸侯七 大夫五]"라고 답하였다. 안자는 경공의 수를 연장하기 위해 기도하는 백상건을 보고 "기도해도 도움이 될 것이 없고, 기도하지 않아도 손해가 될 것이 없소. 세금의 징수를 경감輕減하고, 백성의 힘을 허비하지 않는 도리를 우선 임금께서 알게 하도록 하시오.[晏子曰 爲之無益 不爲無損也 薄賦斂 無費民 且令君知之]"라고 충고하였다.

을 위해 축수하고 인하여 그 일을 이처럼 기록한다.

夫壽之義 久也 人老則謂之壽 壽有三等 百爲上 八十爲中 六十爲下 而五福壽居一 人之生 莫貴於壽 壽莫貴於偕老 偕老莫貴於重牢 何謂重牢也 重行同牢之謂也 古者 男子三十而娶 女子二十而嫁 至于近世 人多早婚 男女十六七 輒皆成婚 而計其婚歲之周回 則能享八耋 然後可行重牢之禮 是以 世之過重牢者 絶無而僅有 僅有則稀貴可知 其子孫 必設宴而歡之 人家盛禮 莫重牢若也 然而近世耆科出後 稀貴等而榮耀加之 粵自國有慶壽 設科而名之以耆老 使七十以上者 許赴之 及其臚唱 白首登龍 召至前席 恩數備隆 百僚拭目 爭先快覩 其榮光寵眷 又豈特同牢之重行而已哉 噫 人生七十 自古稀年 稀年猶難 況重牢乎 重牢猶難 況耆科乎 余觀近來並其三難者 惟黃公一人而已 黃公與其相同其庚 乃於己丑之正月 過重牢之宴 其明年夏五月 國設耆老之科 公納券而見屈焉 上以遺珠歎揭題 翼日復試之 公乃居魁 上命扶而上殿 尊年優老 聖恩隆摯 蓋以公生於甲戌 與聖筭同也 公有是德而得是壽 得是壽而有是慶 其寵擢恩遇 又不翅年少釋褐者 且名未及題榜 其穉孫錫範 先登慶科 上知其爲某之孫 恩眷又復出常其翼年 祖孫同慶 老少簪花 朝廷相艶 親知齊賀 及其謝恩而歸家 九族團會 充溢庭宇 攢手蹈足 賀不容口 公之暮年慶福 爲如何哉 公天性耿介 無求於世 惟以碁罇自娛 耆年宿德 人莫不瞻敬而慕悅之 閫儀家範 自少至老蒼顔綠瞳 互相輝映 開壽域於鵝溪一區 蚩蚩熙熙 樂而忘憂 是皆公刑妻之化也 其夫人 又能敬恭無違 配公爲令妻 黃髮兒齒 琴瑟和調 其所以享遐祉者 不亦然乎 天之生人 氣機形冶以盈縮之 禀有厚薄 齡有脩短 是命也修身養性 無害其壽者 是立命也 故君子立命 而使薄者厚 短者脩 黃公之壽 斯亦立命而然歟 栢常騫對景公 益壽之數 天子九 諸侯七 大夫五 公今

居大夫之列 治之以益壽之術 益之又益 可以五數 則可期其上壽 不但重牢耆科而止耳 余聞至誠無息則久 公若修之於身 施之於事 皆可以久 何獨壽爲然哉 聲名事業 傳久無疑 區區之歲月 亦不足爲公壽矣 而況其孫早登科第 前塗其可量哉 余於公 有世好之誼 受知於公 不容無言 敢以數篇詩 爲公壽之 仍叙其事如右云爾

70. 충원으로 가는 회근 이영환을 송별하는 서문

送晦根之忠原序

천하에 부귀한 자는 적고 빈천한 자는 항상 많다. 때문에 공자께서도 "부귀는 사람들이 원하는 것이지만 정당한 도리로 얻은 것이 아니면 그곳에 처하지 않으며, 빈천은 사람들이 싫어하는 것이지만 정당한 도리로 얻어진 것이 아닐지라도 버리려고 하지 않는다."[521]라고 말씀하셨다. 성인의 말씀으로 미루어 본다면 부귀는 구할 수 없으며, 빈천은 벗어날 수 없는 것이다. 이렇다면 빈천은 선비의 일상이라고 할 수 있다.

그러나 가난하면서 원망이 없는 것은 어렵다. 가난에 처하면서 원망이 없는 것은 성인도 어려워했던 것이다. 사람들 가운데 누가 부귀를 좋아하고 빈천을 싫어하지 않겠는가? 이런 이유로 옛 사람들은 빈천해서 고향을 떠나 취식한 사람이 많았던 것이다.

『시경』에서 "자잘하고 자잘한 사람들, 이리저리 떠도는 사람이로다."[522]라고 하였고, 또 "길고 길게 자라난 칡넝쿨이여, 하수의 물가에 자라 있도다."[523]라고도 하였으니, 이것은 말세라 백성들이 흩어지는 때여서 부득이한 것이 있었다.

『논어』「태백泰伯」에 "나라에 도가 있을 때에는 가난하고 천한 것이 부끄러운 일이다."라고 하였다. 태평한 시대에 빈천을 벗어나지

---

521 부귀는~않는다 : 『논어』「리인里仁」에 나오는 말이다.

522 자잘하고~사람이로다 : 『시경』「패풍邶風 모구旄丘」에 나오는 말이다.

523 길고~있도다 : 『시경』「왕풍王風 갈류葛藟」에 나오는 말이다. 관련 주에, "세상이 쇠하고 백성들이 흩어져서 향리鄕里와 가족을 버리고 떠돌면서 갈 곳을 잃은 것이다."라고 하였다.

못했으니, 주자朱子께서 집주集註에서 "세상은 다스려졌지만 행할 만한 도가 없다."라고 하신 것이니, 선비로서 부끄러워해야 할 것이다.

지금 회근晦根 이영환李英煥이 고향을 떠나는 것은 부득이한 상황이 아니니, 부끄러워할 만한 것이다. 회근은 나의 사촌동생으로 나보다 세 살 어리다. 어린 시절 나를 따라서 나의 할아버지께 수학하였다. 그의 형제들이 고향 안산으로 돌아와 서로 화목하게 지냄에 한 마을에 사는 것은 물론이거니와 굶주리고 추위에 떨지 않은 것이 지금까지 수십 년이 되었다. 그러나 최근 가난해져 스스로 생계를 도모할 수 없어 생활하기가 어려웠다.[524]

지금 2월 24일에 비로소 온 가족을 데리고 충청도 충원忠原의 하담荷潭으로 옮기려 한다. 이곳은 하담荷潭 김시양金時讓[525]이 살던 옛 터인데, 평소 풍경이 좋기로 이름났다. 계심啓心 홍옥보洪沃輔[526]가 이곳을 매입해서 함께 화산華山 반쪽을 나누자고 하였다.[527]

---

524 생활하기가 어려웠다 : 원문은 거대불이居大不易로, 당唐나라 백거이白居易의 말에 나온다. 그가 약관 시절에 고황顧況이라는 이를 찾아가 인사를 올렸더니 고황은 백거이의 성명을 한참 보더니만 하는 말이 "장안에는 쌀이 귀해서 살기가 매우 쉽지 않을 것이네.[長安米貴 居大不易.]"라고 하였다.

525 김시양金時讓(1581~1643) : 본관은 안동安東이며 자는 자중子中, 하담荷潭은 그의 호이다. 선조 때 문과에 급제하여 광해군 때 전라도 도사가 되었지만 왕의 실정을 비난했다 해서 함경도 종성과 경상도 영해 지역으로 유배되었다. 인조반정 뒤 평안도 관찰사와 한성부 판윤 등을 역임했고 청백리에 뽑히기도 했다. 말년에 충청도 충주에 내려가 학문에 몰두했다. 저서로는 『하담파적록荷潭破寂錄』, 『하담집荷潭集』, 『부계문기涪溪聞記』 등이 있다.

526 홍옥보洪沃輔(1709~?) : 본관은 풍산豐山이고 계심啓心은 그의 자이다. 영조 때 진사시에 합격하여 제용감 주부, 사헌부 감찰 등을 거쳐 회인현감懷仁縣監과 청하현감淸河縣監을 지냈다.

527 화산華山~하였다 : 마음 맞는 두 사람이 경치 좋은 한 구역을 나누어 나란히 은거하는 것을 뜻한다. 송宋나라 장영張詠이 벼슬에 나가기 전에 화산華山에 은거하고 있는 희이선생希夷先生 진단陳摶을 만나서 "원컨대 화산 반쪽을 나누어 살고 싶은

내가 회근을 보고 “그대는 충청도 하담이 우리가 살고 있는 경기도 섬산보다 낫다고 생각하는가?”라고 하니, “산수 경치 때문이 아닙니다. 먹고 살고자 그러는 것입니다.”라고 대답했다. 내가 회근에게 “어디를 간들 빈천하지 않겠으며, 어느 지역이 낙토가 되겠는가? 또한 고향을 편히 여기고 떠나기를 즐겨 하지 않는 것[安土重遷]은 사람의 마음이다. 그대는 어찌하여 그 행차를 멈추어 생계를 도모하지 않는가?”라고 하였다.

회근이 말하기를 “생계 도모는 끝내 어찌할 수 없습니다. 제가 충주로 옮기려는 것은 대개 얼마 안 되는 땅이 있기 때문입니다. 충주 장후원長厚院 들판에서 농사일을 잘해서 때에 맞추어 농기구를 수리하고 시기에 앞서 파종하고자 합니다. 온 힘을 다하여 농사일에 힘쓰고 게으름을 경계해서 편안히 지내고, 재물을 절제하여 근본 대책을 세우며 축적을 해서 흉년을 대비한다면 굶주리는 근심을 모면할 수 있을 것입니다. 이 또한 부득이한 것입니다.”라고 하였다.

내가 말하였다.

“빈부는 사람에게 달려 있지 땅에 달려 있는 것은 아닐세. 예전에 완씨阮氏의 친족들이 지역의 남쪽과 북쪽에 살고 있었는데, 북쪽에 사는 완씨는 부유했고 남쪽에 사는 완씨는 가난했다.[528] 이것이 어찌 땅 때문에 그런 것이겠는가? 그렇지만 그대와 나는 도가 있는 나라에

데 되겠습니까?”라고 하니, 진단이 “공에게는 당연히 그렇게 해줄 수 있지.”라고 한 데서 온 말이다. 『송사宋史』 「은일열전隱逸列傳 진단陳摶」에 나온다.

528 예전에~가난했다 : 중국 위진魏晉시대 완적阮籍과 완함阮咸 등 완씨 친족들이 함께 모여 살았다. 하지만 “완함과 완적은 그 지방의 남쪽 동네에 거주하고, 다른 완씨들은 북쪽에 거주했는데, 북쪽 동네 완씨들은 부유했던 반면에, 남쪽의 완씨들은 가난했다.[咸與籍居道南 諸阮居道北 北阮富而南阮貧]”라는 말이 『진서晉書』 「완함열전阮咸列傳」에 보인다.

살면서 빈천을 면하지 못했으니 이것이 부끄러워할 만한 것이다.

그대는 지금 그 몸을 윤택하게 하는 것처럼 그 집을 윤택하게 하지 못하였다. 그대가 들판에서 농사를 지어 이삼 년 동안 축적한다면, 어찌 장석莊舃이 월越나라 노래를 읊조리며, 종의鍾儀가 초楚나라 관을 쓰는 것을 걱정하겠는가?[529]

그대가 고향으로 돌아가고 싶은 마음은 반드시 앉은뱅이가 어떻게든 일어나려 하고 소경이 어떻게든 보려는 것과 같아서,[530] 비단 죽을 때 머리를 고향 언덕으로 두는 여우나 북풍을 의지하는 오랑캐의 말[531]과 비견될 뿐만이 아니다.

훗날 섬산에 다시 형암의 높은 누각을 세워서 선대의 묘를 지키고 전택을 보존하여, 나와 함께 지팡이와 짚신으로 동쪽과 북쪽 논밭 사이를 왕래한다면 그 즐거움이 어떠하겠는가? 오직 그대는 실천하게나." 나는 몇 수의 시를 시어 그 길을 전송하고, 또 이처럼 그 일을 서술한다.

---

529 장석莊舃이~걱정하겠는가? : 모두 타국에 있으면서 자기 고향을 그리워한다는 의미로 쓰였다. 장석莊舃은 전국시대 월越나라 사람으로, 초楚나라에서 벼슬하다가 병이 들자 자기도 모르는 사이에 월나라 노랫가락을 읊조렸다는 고사가 있으며, 종의鍾儀는 춘추시대 초楚나라 사람으로 진晉나라에서 포로가 되어 초나라 관인 남관南冠을 쓴 채 자신의 고향인 초나라의 음악을 연주했다는 고사가 있다. 관련 내용이 『사기史記』와 『춘추좌씨전春秋左氏傳』에 보인다.

530 앉은뱅이가~같아서 : 『사기』 「한신열전」에 "내가 돌아가고 싶은 생각은, 앉은뱅이가 어떻게든 일어나려 하고 소경이 어떻게든 보려고 하는 심정과 같으나, 형세상 그렇게 할 수가 없다.[僕之思歸 如痿人不忘起 盲者不忘視也 勢不可耳]"는 한신의 말에서 유래한 것이다.

531 죽을 때~오랑캐의 말 : 모두 고향을 그리워한다는 의미이다. 여우가 죽을 때 고향 언덕을 향해 머리를 두고 죽는다는 수구초심首丘初心과 '오랑캐의 말은 북풍을 좋아한다.[胡馬依北風]'라는 『문선』 「고시 십구 수」의 구절을 말한 것이다. 호마의풍과 비슷한 고사성어로 대마의풍代馬依風·대마망북代馬望北이 있다. 여기서 대代 역시 북방 변새 지역을 말한다.

夫天下 富貴少 貧賤常多 而孔子曰 富與貴 人之所欲也 不以其道得之 不處也 貧與賤 人之所惡也 不以其道得之 不去也 以聖人之言推之 富貴不可求 貧賤不可免 然則貧賤 士之常也 然貧而無怨難 居貧而無怨 聖人之所難 人孰不好富貴而惡貧賤哉 是以 古人以貧賤 多去鄕而就食者 詩云 瑣兮尾兮 流離之子 又云 綿綿葛藟 在河之涘 此衰世民散之時 而此有不得已者也 傳曰 邦有道 貧且賤焉 恥也 昇平之世 不免貧賤者 是所謂世治而無可行之道 此士之可恥者也 今晦根之離鄕 非不得已也 卽其可恥者也 晦根 余之從父弟也 少於余三歲 在童穉 從余受學於王考公 及其弟兄入鄕 塤篪之樂 毋論同居一村 不饑寒 殆數十年于玆矣 挽近 貧無自資 居大不易 今仲春二十四日 始將盡室 移于忠原之荷潭 卽荷潭舊基也 素以風景稱焉 洪啓心買而要根同居 將分華一半矣 余謂根 曰 君爲荷潭之勝於剡耶 根曰 非取江山 爲口腹 余謂根曰 安往不貧賤 何鄕爲樂土 且安土重遷 人情之常也 君何不停其行而治其産乎 根曰 治産 末如之何 吾之移於忠 蓋緣薄土在也 將欲明農于長厚之野 及時而修具 先期而戒種 竭力以勤本 警惰以集事 節財以竣源 蓄衍以防歉 則可免屢空之患 此亦不得已者也 余曰 貧富 在人 不在地 昔阮氏諸族 同居道南道北 北阮富 南阮貧 是豈在於地乎 然君與我 居有道之邦 不能免於貧賤 此可自恥者 君旣不能潤其屋 如潤其身矣 君若農于野而得二三年之蓄積 何患乎莊舃之越吟 鍾儀之楚冠乎 君之思歸 必如痿人之不忘起 盲者之不忘視 不但爲首丘之狐 依風之馬而已 異日 剡中復起衡庵之高樹 守丘墓 保田宅 與余杖屨 來往於東阡北陌之間 其樂爲如何哉 惟君行矣 余以數首詩 送其行 又序其事如右云爾

71. 일장 이경연의 북관시축 발문

日章北關詩軸跋

무릇 사람의 성품은 오직 편안함을 구한다. 대저 편안함이란 천하의 큰 근심이다. 그러므로 사물이 변화를 받아들이지 않으면 그 재능이 이루어지지 않고, 사람이 환란을 겪지 않으면 지혜가 밝아지지 못한다.

『시경』에 "갈대가 푸르게 우거진 이때에, 흰 이슬이 내리다가 서리로 변했네."라고 하였다.[532] 이것은 늦가을에 차가운 기운이 이미 생겨나, 오직 저 식물이 봄여름의 비와 이슬을 맞은 뒤에 자라나 아름다움과 윤택함이 가득 넘치고 가지와 마디가 무성하였다가, 서리가 밤에 자주 내림에[533] 아침에 일어나 보면 마치 전쟁에서 패배한 군사들이 깃발을 거두고 북을 내팽개치고 상처를 싸매고서 달아나는 것과 같다. 꺾이고 훼손된 것이 많고 그 변화가 매우 혹독하다. 그러나 바야흐로 이때에 약한 것은 견고해지고 텅 빈 것은 견실해지고 젖은 것은 마르게 되니, 모두 그 아름다움을 내면으로 거두어들이고 그 성과 내기를 다툰다. 이에 크고 작은 것, 강하고 약한 것이 그 소임을 하나라도 이루지 못하는 것이 없으니, 덜어냄으로써 이익이 되고, 패배로써 성공이 되고, 학대함으로써 즐겁다는[534] 말이 바로 이것이다.

---

532 『시경』에~하였다 : 『시경』「진풍秦風 겸가蒹葭」에 나오는 말이다.

533 서리가~내림에 : 『시경』「소아小雅 정월正月」 장 첫머리에 "정월에 서리가 자주 내리니, 내 마음이 불안하고 서글퍼진다.[正月繁霜 我心憂傷]"라고 하였다.

534 덜어냄으로써~즐겁다는 : 노자의 『도덕경』에 "사물 가운데에는 간혹 손실이 오히려 이익이 되는 경우도 있고, 간혹 이익이 오히려 손실이 되기도 한다.[物或損之而益 或益之而損]"라는 구절이 있다.

나의 벗 일장日章 이경연李絅延은 강산을 좋아하고 집에 머무르기를 좋아하여 늙어가며 굶주림이나 추위가 몸에 닥치는 것을 알지 못하였다. 비록 부귀한 자라도 이보다 더 좋지는 못할 것이다. 불행히도 신묘년[1771] 5월에 횡역橫逆으로 임금님의 노여움을 사서 함경도 이산夷山의 유배객 신세가 되었다. 이것은 진실로 남들이 혹 허물이 아니라고 여겼던 것이고 스스로도 그것이 무슨 죄인지를 알지 못하는 것이었다. 여덟 달 만에 비로소 용서를 받았으나 이리저리 떠돌고 곤궁함이 더할 나위 없었다.

그가 돌아옴에 나는 편지를 써서 그를 위로했다. 그 답장에는 '일겁一劫의 시간을 겪으니 나의 눈물이 먼저 떨어지네.'와 같은 말이 있었다. 나는 편지를 보고 다음과 같이 위로했다.

"그대의 전날 즐거움은 봄과 여름의 풀과 나무요, 오늘날 슬픔은 갈대 위에 내린 서리이다.

서리가 내렸지만 풀이 시들지 않는 것은[535] 사물의 재앙이요, 편안하고 즐거움이 죽을 때까지 계속되는 것은 인간의 행복이 아니다. 지금 그대가 전날 겪은 일을 생각하면 후회할 것도 많겠지만 그 사이 깨달은 것도 많을 것이다. 지조는 더욱 견고해지고 식견은 더욱 깊어졌을 것이다. 지금 비로소 자신을 돌이켜 편안하게 여기고 천하에 실행한다면 두려울 것이 없을 것다. 어찌해서인가? 예로부터 충성스러운 사람과 어진 사람이 위험을 겪지 않고 편안함을 누린 경우는 없었다. 그러므로 우번虞翻은 황량한 시골 외진 곳에 쫓겨나서 스스로 자

535 서리가~않는 것은 : 『춘추공양전春秋公羊傳』 희공僖公 33년 조에 "서리가 내렸는데도 풀이 시들지 않고, 오얏과 매실이 열렸다. 이것을 기록한 이유는 무엇인가? 괴이한 변고이기 때문이다. 무엇이 괴이한가? 시절에 맞지 않기 때문이다.[隕霜不殺草 李梅實 何以書 記異也 何異爾 不時也]"라는 말이 있다.

신의 죄라고 말하였고,[536] 자후子厚는 오랑캐 땅에 배척되어서 비로소 자신이 지혜롭지 못했다는 것을 깨달았다.[537] 곧 이 사람들은 바야흐로 그들이 궁박함에 처하여 우환을 겪을 때에, 험난함이 그 단점을 보강해주고 그가 할 수 없는 것을 더 잘할 수 있게 하였으니 입이나 귀로 배운 자들의 천박함과는 같지 않다. 지금 그대가 겪은 일들은 거의 저 사람들과 같으니 어찌 그 단점을 보강해주고 그 할 수 없는 것을 더 잘할 수 있게 하지 않았겠는가?"

지금 내가 그대가 북관北關에서 지은 시를 보니, 또한 어찌 이리도 이전의 문장과 다르단 말인가? 대개 『시경』 삼백 수는 대부분 감개함과 근심이 드러난 것이요, 「고시 십구 수」 또한 삭막하고 괴로울 때 읊은 것이 아님이 없다. 지금 그대의 시 또한 이와 같은 처지여서 그런 것인가?

대개 이별하고 유배갈 때에 그 깊은 회포를 펼치고 답답한 생각을 풀어낸 시들이 다만 격식이 기이하고 격조가 놀라울 뿐만이 아니다.

---

536 우번虞翻은~말하였고 : 우번은 삼국시대 인물로, 오왕吳王인 손권孫權과의 술자리에서 자주 실수를 한 끝에 교주交州로 좌천되어 갔다. 이에 스스로 한탄하기를 "소절疏節 때문에 골체骨體가 아름답지 못하게 된 것이 유감이나, 상을 범해 죄를 얻었으니 바다 모퉁이에서 죽는 것이 마땅하다."라고 하였다. 『삼국지三國志』 「번열전翻別傳」에 나온다.

537 자후子厚는~깨달았다 : 자후子厚는 당나라 유종원柳宗元의 자이다. 「징구懲咎」는 그가 굴원屈原의 「이소離騷」를 본떠서 지은 부賦의 이름으로 과거의 잘못된 생각을 후회하며 징계한다는 뜻이다. 유종원이 당 순종唐順宗 때 잠깐 권력을 장악했던 이른바 왕숙문王叔文의 당에 속해서 예부 원외랑禮部員外郎의 신분으로 국정에 참여하다가, 헌종憲宗이 즉위하면서 소주 자사邵州刺史를 거쳐 영주 사마永州司馬로 좌천되고 다시 유주 자사柳州刺史로 나가 그곳에서 죽었는데, 「징구懲咎」는 영주 사마 때에 지은 것이다. 『신당서新唐書』 「유종원열전柳宗元列傳」에 "지난날의 잘못에 대해서 민망하게 여기고 가슴 아프게 생각하며 후회하는 뜻에서 스스로 경계하는 부를 지었다.[閔悼悔念往咎 作賦自儆]"라고 하고 이어서 전문全文을 소개하고 있다.

옛날의 화려함이 지금은 질박해졌고 옛날의 나약함이 지금은 웅장해졌다. 지금 이후에 비로소 그대의 지조가 견고해지고 식견이 깊어짐을 알겠다. 예전에 재주가 이루어지지 않고 지혜가 밝아지지 않았다고 말한 것이, 지금은 곧 이루어지고 또 밝아졌다. 덜어냄으로써 더하고 패배함으로써 성공하고 학대함으로써 즐겁다는 것이 어찌 과연 여기에서 증명되지 않겠는가?

속담에 이르길, 음식을 양보하여 남에게 주는 자는 항상 굶주렸던 자이고, 수레와 말을 받는 것을 사양하는 자는 잘 걷는 자라고 하였다. 진실로 혹 배고픔을 두려워하고 걷는 것을 싫어하는 자는 장차 구차하게 얻을 마음이 있어 반드시 폐해가 많을 것이다.

그대는 또한 이 두 가지를 실천하고자 하는 생각을 마음에 둔다면 어찌 편안함을 구하는 근심이 있겠는가? 지금 비록 일장日章의 마음에 원망과 허물이 싹틈이 없겠지만, 나는 선을 권하는 뜻에서 그의 일을 이처럼 서술한다. 일장日章은 어떻게 생각하는가? 삼가 발문을 쓴다.

凡人性 惟安之求 夫安者 天下之大患也 故物不受變 則才不成 人不涉亂 則智不明 詩云 蒹葭蒼蒼 白露爲霜 此季秋之時 寒氣已生 惟彼植物 生於春夏雨露之餘 華澤充溢 支節美茂 及夫繁霜夜零 朝起而視之 如戰敗之軍 卷旗棄鼓 裹瘡而馳 摧折拉毁者多 其爲變也甚酷 然方是時 弱者堅 虛者實 津者燥 皆斂其英華於腹心 而爭效其成 於是 巨細强弱 無一不勝其任者 此之謂 損之而益 敗之而成 虐之而樂者 是已 吾友日章 老於好江山好家居 而不知飢寒之至於身 雖富貴者 無以過此 不幸辛卯之五月 以橫逆被恩譴 作夷山謫客 此眞人或謂之非辜 自不知其何罪者 八朔而始乃蒙宥

流離困厄 蔑以加矣 及其歸 吾以書慰之 其答有一劫經來 我淚先墮等語 余見書而解之曰 子之前日之樂 春夏之草木也 今日之悲 蒹葭之霜也 隕霜不殺 物之災也 逸樂終身 非人之福也 今子思前日之所爲 其可悔者衆而其所知多矣 志操益堅 見識愈深 今乃反身而安之 行於天下 無可憚矣 何者 自古忠賢 未有不歷危險而處安逸 故虞翻放棄荒陬 自云其罪 子厚擯斥蠻鄉 始悟不智 數子者 方其羈窮憂患之時 險益其所短而進其所不能 非如學於口耳者之淺淺也 今子之所經歷 殆數子若也 豈無益其所短 而進其所不能耶 今見子北關之詩 又何文章之異於前也 蓋詩三百 多感慨憂傷之發 而古風十九首 亦莫非索落羈苦之詠也 今子之詩 亦如斯而然歟 蓋於別離遷謫之際 其所以發舒幽懷 宣吐滯思者 不但格之奇雋 調之驚絶 昔之華麗今焉質實 昔之萎靡 今焉雄勤 今而後 始知子之志操堅而見識深矣 向所謂才之不成 智之不明 今則成且明矣 損之而益 敗之而成 虐之而樂者 其果不驗於斯乎 語云能推食而與人者 常饑者也 辭車馬之賜者 善步者也 苟或畏饑而惡步者 將有苟得之心 爲害必多 子亦以行二者之心爲心 則夫豈有求安之患哉 今日章雖無怨尤之萌于心 余以責善之意 叙其事如右 日章以爲如何 謹跋

찾아보기

ㄱ

ㅊ

ㅌ

ㅍ

ㅎ